Índice

1

4 de diciembre de 2000
EL SECUESTRO

Me desperté temprano, a las 5:00 a.m., como era mi costumbre. Ese día cumplía años Mónica, mi esposa, con quien me había casado siete meses atrás. Interrumpí sus sueños con ternura y celebramos llenos de amor su primer cumpleaños de casada.

Nos bañamos y le hice masajes para combatir las estrías, que su imaginación le hacía ver como un problema mayúsculo. Pude apreciar, una vez más, su extraordinaria belleza. Era la mujer de mis sueños. No sólo por su belleza física sino por todo su ser. Llenaba plenamente todas mis expectativas: cariñosa, inteligente, trabajadora, responsable, sensible, sencilla, positiva, buen miembro de familia, amable con todos, integrada con mis hijos, dedicada a mí. A su lado la vida era una aventura maravillosa; con ella me sentía fuerte, capaz, exitoso.

Definitivamente, estaba feliz.

Esa mañana trabajé en el análisis de los problemas económicos de una empresa a la que estaba asesorando, con el objetivo de ayudar a sus administradores a resolver los múltiples problemas que enfrentaban; trataba de imaginar opciones que representaran nuevas oportunidades de negocios.

Con Camilo Caviedes habíamos iniciado una sociedad de hecho, para ofrecer asesoría gerencial y financiera a muchas empresas que afrontaban dificultades a causa de la recesión económica que golpeaba a la economía colombiana y en razón de que las altas tasas de interés que cobraba el sistema financiero se habían vuelto impagables.

Me gustaba trabajar con él y sentía que estábamos desarrollando una acción benéfica para muchos negocios y para la economía local, puesto que sacar a flote compañías en problemas representaba también salvar numerosos empleos en peligro. Algunos negocios, con altos niveles de endeudamiento y disminuciones en sus ventas por la recesión, se enfrentaban a la quiebra. Y nosotros nos esforzábamos para evitarlo.

Me ayudaba la experiencia que había adquirido como ministro de Desarrollo Económico en la administración del presidente Andrés Pastrana. Había desempeñado ese cargo desde agosto de 1998 hasta agosto de 1999. Salí del gobierno a causa del escándalo periodístico que orquestó la oposición por la compra que había liderado, cuatro años atrás, de los terrenos de Chambacú, en Cartagena, y que el gobierno nacional había vendido por medio de un proceso de licitación pública. Más adelante contaré los detalles.

Ese 4 de diciembre, un poco antes del mediodía, llamé por teléfono a Ruby, mi primera esposa, la madre de mis cuatro hijos. Ella se había sometido días atrás a una operación quirúrgica y estaba convaleciente. Quise saber cómo evolucionaba de su intervención y la noté muy triste, por lo que decidí ir a visitarla.

Ruby me contó sus angustias sobre la situación de seguridad en el país y sobre el porvenir de nuestra familia. La tranquilicé con los argumentos de quien tiene fe en el futuro, convencido de que el proceso de paz iniciado por el presidente Pastrana con las FARC sería exitoso y nos permitiría recuperar la tranquilidad a todos los colombianos.

—No te preocupes, que no nos va a pasar nada —le dije, y me fui a almorzar con Mónica.

En la tarde estuve con Fernando Nicolás y Sergio Alejandro, dos de mis hijos, que fueron a mi apartamento cuando salieron del colegio. Ferni se despidió alrededor de las 3:00 p.m. y me dijo que el miércoles siguiente habría entrega de calificaciones en su colegio, por lo que sólo tendría clases en la mañana.

—Si me esperas, podemos ir juntos a la finca en la tarde —me propuso antes de despedirse.

En eso quedamos.

Sergio me pidió plata para comprar una cartulina para un trabajo sobre la Luna; tenía que dibujarla y estudiar su relación con la Tierra, su distancia y otros elementos. Le ayudé un rato y luego me senté en el computador a redactar una carta para aceptar una propuesta de una compañía de diseño y construcción en Miami, relacionada con la elaboración de los planos de una discoteca en esa ciudad.

Mi hermano mayor, Alberto Ignacio, había estado en ese negocio muchos años y quería hacer una nueva sucursal en Estados Unidos. Yo le colaboraba y juntos habíamos decidido que Miami era el sitio adecuado. Así que redacté la carta, se la envié a mi hermano por correo electrónico y a su destinatario vía fax.

Después me vestí para salir a trotar y me despedí de Sergio, diciéndole que a mi regreso le ayudaría a terminar su tarea escolar.

Durante la tarde había hablado telefónicamente con mis otros dos hijos: Luis Ernesto, el mayor, a quien cariñosamente apodamos Lue, y Manuel Santiago, el menor. Con Lue había conversado de su llegada a Cartagena esa noche, procedente de Bogotá, en donde había terminado el quinto semestre de derecho. Nos veríamos esa noche, si el avión no se retrasaba mucho.

Manuel Santiago, Manolete, me había llamado para contarme que había jugado fútbol, por primera vez, con el equipo de sus compañeros mayores. Cursaba segundo año de elemental y por su porte y su capacidad atlética el entrenador lo había seleccionado para jugar en el equipo de los estudiantes de tercero, cuarto y quinto. Estaba muy orgulloso. Me contó, además, que tenía el pelo muy largo y que quería ir a la peluquería para que se lo cortaran. Como ese día él asistiría a clases de karate, quedamos citados para ir juntos al día siguiente.

Después salí a correr, como lo hacía todos los días. Quería prepararme para correr una maratón. Lo hacía por simple gusto, para esforzarme, tener buen estado físico y gozar de buena salud. Correr también me brindaba el espacio para evaluar mi vida y mis ideales.

Corrí ocho kilómetros porque quería regresar temprano a la casa y estar pendiente de Mónica y de mis familiares, que irían a felicitarla por su cumpleaños. Cuando terminé de correr, caminé cinco minutos para relajar los músculos y me dirigí a mi apartamento.

No sabía si ir por la carrera cuarta o por la quinta. Me decidí por la cuarta porque pasaría por el frente del edificio Caracolí, donde vivían mis hijos, y quizás me podría tropezar con alguno de ellos. La idea de volver a verlos me alegraba.

Pasé de largo frente al Caracolí y seguí hacia mi residencia, en el piso doce del edificio Caribdis, una cuadra más adelante. Caminaba distraído pensando en el cumpleaños de Mónica, en la visita de mis familiares para felicitarla y en mis planes para el futuro. Sacaba cuentas de mis obligaciones y estudiaba escenarios para resolver mis problemas más acuciosos.

Al acercarme a mi edificio, mientras miraba al piso para no tropezar con los desniveles del andén, me agarraron. Primero, por detrás. Un hombre que estaba escondido detrás de un muro de la casa vecina se abalanzó sobre mí y me sujetó fuertemente. Enseguida su compañero me atacó de frente. Me di cuenta de inmediato de qué se trataba.

Intenté zafarme, grité pidiendo auxilio, pataleé, pero fue en vano. Me dominaron y, a la fuerza, me entraron a una camioneta de cuatro puertas. Me tiraron al suelo y le dieron al conductor la orden de arrancar, todavía con las puertas abiertas.

Después supe que algunas personas presenciaron esta escena y escucharon mis gritos, pero quedaron tan asustadas que se paralizaron. Nadie denunció el hecho a las autoridades.

Me sacaron de la ciudad. Al principio muy lentamente, porque algunas calles del barrio estaban en reparación por los trabajos de ampliación de las redes del alcantarillado sanitario. La única vía de salida estaba cerrada y había que transitar en contraflujo por la vía de entrada.

Pasamos enfrente de las instalaciones de la Infantería de Marina y de la Base Naval de Cartagena. Yo iba pensando que alguien tenía que haber visto mi secuestro y que en cualquier momento montarían un retén militar o de policía para rescatarme.

Pero no ocurrió nada.

Al salir de Bocagrande, viví una gran decepción al notar que nada detenía mi secuestro. Se me vino a la cabeza el número dos, sin saber por qué y sin entender su significado.

«Dos meses de ausencia», pensé y me pareció una eternidad.

Mis secuestradores me pusieron una pistola en la sien y una subametralladora sobre el pecho, al tiempo que me tapaban los ojos con una mano, para que no les viera los rostros.

Yo intentaba concentrarme para entender qué camino tomábamos y mantenerme orientado, mientras me lamentaba de mi mala suerte.

«¡Carajo, me secuestraron!», pensaba y me parecía irreal.

Cuando salíamos por la avenida Santander recordé el CAI (Centro de Atención Inmediata) de la Policía ubicado al llegar a Crespo, y abrigué la esperanza de que allí me rescataran; pero tampoco pasó nada.

Dejamos atrás Crespo y salimos por el anillo vial, rumbo a Barranquilla. Seguía tirado en el suelo, intentando comprender hacia dónde me llevaban.

Fui consciente de haber tomado el camino hacia Pontezuela y luego hacia Barranquilla, pasando por Bayunca. Al cruzar el peaje, mis secuestradores subieron al máximo el volumen del equipo de sonido del vehículo para evitar que se escuchara un llamado mío de auxilio.

Diez o quince minutos después nos detuvimos. Uno de mis secuestradores se bajó del vehículo, abrió un portal rústico al lado derecho de la carretera y el conductor entró por una trocha húmeda. Unos metros adelante se detuvo.

—¡Bájese! —me dijeron.

—¡De rodillas! —fue la orden siguiente.

En ese momento pensé que me iban a matar. Pero acto seguido, noté la presencia de dos hombres armados de fusiles, pistolas y granadas, con uniformes camuflados. Deduje que eran guerrilleros.

—¡Las manos atrás! —me dijo uno de mis secuestradores.

«Viene el tiro de gracia, soy hombre muerto», pensé, sin atreverme a hacer nada. Por eso me sentí aliviado cuando noté que me estaban amarrando las muñecas con una cinta transparente y luego cuando me ordenaron levantarme.

Los secuestradores y los guerrilleros intercambiaron algunas palabras que no pude escuchar. Los primeros se subieron nuevamente a la camioneta y se fueron de regreso por donde habíamos llegado.

Apuntándome con sus fusiles, los guerrilleros me dieron la orden de caminar. No podía creer lo que me estaba pasando, pero comencé de inmediato a pensar en fugarme.

«¿Cómo me escapo, cómo me salgo de esto?», me preguntaba mientras caminaba por la trocha húmeda, resbaladiza, con las manos amarradas a la espalda.

Lo primero era soltarme, por lo que puse manos a la obra. Forcejeando con total disimulo comencé a aflojar mis amarras.

Más adelante apareció otra pareja de guerrilleros: un hombre y una mujer, Nilson y Érika, que estaban escondidos a lado y lado de la trocha y que inicialmente no respondían a las llamadas de Guillermo y de Changua, los guerrilleros que me conducían, como después supe que se llamaban.

Yo trataba de conservar la calma y continuaba mis intentos de zafarme, hasta que Guillermo decidió soltarme para facilitar mi equilibrio porque me resbalaba continuamente, por lo baboso del piso sobre el que caminaba.

Lo que hizo fue que me soltó el amarre pero dejó la cinta en la muñeca derecha, para agarrarme por ella, y me obligó a avanzar.

Noté que la trocha comenzaba a elevarse en un terraplén y que a cada lado aparecían huecos profundos y peligrosos. Aprovechando esto, concebí un plan para escaparme.

«Si empujo a uno de estos huecos al guerrillero que me lleva, ganaré el tiempo que necesito para escaparme», me dije, pero no sabía qué hacer con el otro. «Ya veré», decidí.

Changua se había adelantado con Érika. Guillermo, a mi derecha, me llevaba cogido por la cinta y Nilson caminaba a mi izquierda. Pasamos al lado de un hueco y no tuve el valor de hacer nada.

«En el próximo lo haré», me consolé mentalmente.

Así fue. Cuando nos acercamos al siguiente hueco, empujé con el hombro y todas mis fuerzas a Guillermo para hacerlo caer; su reacción natural fue agarrarse de mí, de la cinta por donde me sostenía, y entonces su fuerza y la mía se sumaron en mi contra.

El resultado fue que quien terminó en el piso fui yo, y muy golpeado.

Guillermo se enfureció. Sacó su pistola y me amenazó.

—¿Te quieres morir, hijueputa, te quieres morir? —me gritó.

—Tranquilo, tranquilo, tú ganaste, me equivoqué —le contesté. Pero no se calmaba.

Vociferaba improperios en mi contra y me seguía amenazando. Después le contó a alguno de sus compañeros que en medio de su ira apretó el gatillo de su pistola para matarme, pero que no había cargado el arma con una bala en la recámara. Eso me salvó.

Finalmente se calmó. Me obligó a pararme amenazándome con la pistola y el fusil. Noté que me había golpeado contra una piedra en la nalga izquierda, pero no tenía nada grave. Un golpe, una raspadura y un dolor inmenso en el alma por el fracaso.

Guillermo perdió su teléfono celular en el forcejeo, así que nos demoramos mientras lo buscaba en la oscuridad. No lo encontró y seguimos la marcha.

Un poco más adelante llegamos a un rancho. Los guerrilleros tenían escondidos allí sus equipos de campaña y fueron turnándose la guardia para vigilarme mientras se cambiaban la ropa húmeda por uniformes secos. Me ofrecieron agua para bañarme pero la rechacé, aunque acepté un uniforme camuflado, que me puse sobre mi ropa de correr para protegerme del frío.

Continuamos la marcha toda la noche. A veces tenía la sensación de que caminábamos en círculos. Me parecía volver a pasar sobre el mismo terreno y me quedaba la impresión de que trataban de despistarme. Nos detuvimos en algunas ocasiones para descansar. En una de esas divisé a lo lejos las luces de Cartagena, pero no logré entender, en medio del miedo y de la confusión, en dónde estaba.

Más tarde, en la última parada antes de dormir, Guillermo, que era el jefe del grupo, les ordenó a Érika y a Nilson ir a comprar galletas y bebidas para todos. Demoraron una media hora y regresaron.

Una vez más yo intentaba encontrar cómo escaparme. «Si se duerme mi guardia, me voy», pensaba. Pero no pude hacer nada. Fueron sólo ilusiones.

Reanudamos la marcha, que duró otra media hora hasta llegar a una finca. Allí, bajo un árbol, al lado de un rancho, pusieron un toldo y me dieron la orden de acostarme en el suelo. Eran casi las 4:00 a.m. y había pasado la primera noche de mi secuestro; no alcanzaba a imaginarme lo numerosas que serían.

En mi apartamento, Mónica había regresado de su trabajo y había extrañado mi ausencia. Pensó que me había entusiasmado corriendo y había alargado el ejercicio. Poco a poco fueron llegando mis familiares. Mis padres, mis hermanos, mis hijos.

—Qué raro que Ferna no haya llegado —comentaron.

—Debe estar todavía corriendo —decía Mónica, mientras atendía las llamadas telefónicas que le hacían para felicitarla por su cumpleaños.

Gerardo, uno de mis hermanos, de inmediato sospechó. Había llegado a las 8:00 p.m., puntual como siempre, con Gretel, su esposa. Ella comentó:

—Me extraña, porque yo lo vi terminar de correr y me dijo que nos veíamos esta noche.

Gerardo salió enseguida, con Fernando Nicolás y Sergio Alejandro, a la casa del comandante de la Policía, el coronel José Javier Toro Díaz. El coronel estaba comiendo, pero al escuchar la insistencia de Gerardo por hablar con él, se paró muy amablemente de la mesa y salió a atenderlo:

—Creo que secuestraron a mi hermano porque Fernando no está en su casa, a pesar del cumpleaños de su esposa. Él es muy cumplido y no hay ninguna explicación para que no haya llegado —dijo Gerardo.

El comandante entendió la gravedad de la denuncia y dio las órdenes pertinentes para poner en ejecución la Operación Candado, con el fin de cerrar las vías de acceso y salida de la ciudad y no permitir que me sacaran del perímetro urbano.

Los tres se fueron después al hospital a ver si de pronto yo había sufrido un accidente: no encontraron nada.

Entonces Ferni le dijo a Sergi:

—Prepárate para lo peor.

Su siguiente acción fue buscar al comandante de la Fuerza Naval del Caribe, el almirante Humberto Cubillos, quien estaba en el restaurante Donde Olano, en el centro de la ciudad. Gerardo le dijo lo mismo:

—Almirante, secuestraron a Fernando.

Cubillos dejó la reunión de inmediato. Había que evitar que me sacaran de Cartagena. Pero ya era muy tarde.

Mi hermana Judith, que vivía muy cerca, decidió ir caminando hasta mi apartamento para felicitar a Mónica por su cumpleaños. En el camino se cruzó con una vecina, que muy asustada le dijo:

—¡Cómo está de insegura Cartagena! Imagínate que esta tarde se llevaron a un señor en una camioneta, a la fuerza.

—Qué miedo —contestó Judith.

Al llegar a donde Mónica refirió la historia. Todo el mundo se miró… Ya sabían por qué yo no había llegado.

Lue, entonces a punto de cumplir veintiún años, viajaba esa noche a Cartagena. A bordo del avión notó que había recibido varios mensajes en su teléfono celular. Lleno de curiosidad, escuchó el primero: «Lue, supimos lo de tu papá, y queremos que sepas que estamos con ustedes».

De inmediato llamó a mi celular y le contestó Mony.

—Secuestraron a tu papá —le dijo ella y rompió en llanto.

Después le pasó el teléfono a Ruby, quien en tono más calmado le confirmó la noticia. A Lue le dio una angustia existencial espantosa y pidió un vaso de agua sin saber qué hacer. Se sentía con claustrofobia.

Su viaje de Bogotá a Cartagena, que dura una hora, se le hizo eterno. No sabía que mi secuestro duraría otra eternidad.

2

14 de febrero de 1995
EL DÍA EN QUE CONOCÍ A MÓNICA

Estábamos en el Salón Imperial del Hotel Las Américas, en la reunión para la constitución de la Fundación Proboquilla. Ésta sería una institución sin ánimo de lucro, que tendría como objetivo mejorar las condiciones de vida de los pobladores de La Boquilla, un corregimiento de pescadores muy pobres, a cinco minutos del aeropuerto de Cartagena.

Acabábamos de inaugurar el Hotel Las Américas, en Cartagena, y consecuentes con nuestra visión cristiana de la vida, deseábamos compartir nuestros éxitos con los más necesitados; queríamos trabajar con los boquilleros y ayudarlos a mejorar sus condiciones de vida.

Habíamos invitado a la reunión a todos los que pensábamos que podían ayudar: los pocos empresarios de la zona, el inspector de Policía, el sacerdote de la parroquia, las monjas de la caridad, la directora del puesto de salud, el presidente de la junta administradora local, los dirigentes del poblado y algunos familiares nuestros.

Después de presentar la propuesta de los estatutos de la fundación, promovimos un debate sobre sus alcances y avanzamos en la reunión. Un poco más tarde apareció una mujer bellísima, de cabello largo, cejas gruesas, cuerpo esbelto, rostro juvenil y sonrisa deslumbrante.

—¿Quién es esa joven tan linda? —le pregunté a mi vecino.

—Es la médica del puesto de salud de La Boquilla —me contestó—. Si quieres te la presento —dijo a continuación.

—Sí, gracias —afirmé.

Al finalizar la reunión la conocí.

—Me llamo Mónica Yamhure Gossaín —me dijo, al tiempo que me daba la mano, con su sonrisa cautivante—. Soy médica y dirijo el puesto de salud de La Boquilla.

Yo también me presenté. Le di mi nombre, le expliqué mi vinculación con el hotel y mi deseo de trabajar con la Fundación Proboquilla.

Conversamos un poco sobre el tema y convinimos en reunir-nos para ir construyendo programas específicos con la población boquillera.

El primer programa que montamos fue para mejorar la nutrición de los niños de La Boquilla. Le pedí a Mónica que dirigiera el pro-grama, seleccionando a los cincuenta infantes más necesitados; que diseñara la dieta que deberíamos suministrarles y que supervisara los resultados.

El programa se desarrolló exitosamente con su acertada direc-ción.

Cuando me divorcié, un año después, comencé a cortejarla.

Para esos días, me desempeñaba como gerente del Proyecto Chambacú; un proyecto inmobiliario para desarrollar diez hectáreas de terreno en el centro de Cartagena de Indias, mi ciudad natal.

Se trataba de un terreno que adquirimos varios constructores lo-cales en una licitación pública —lo que equivale a una subasta— del Inurbe, un instituto del gobierno nacional, en noviembre de 1994. Habíamos pagado una suma bastante superior al presupuesto oficial, en un proceso público anunciado en los medios de comunicación de mayor circulación nacional.

Cuatro años después, en 1998, me nombraron ministro de Desa-rrollo Económico en el gobierno del presidente Andrés Pastrana, que se inauguró el 7 de agosto de ese año. Entonces el clima político era muy complejo.

Terminaba el gobierno de Ernesto Samper, el cual estuvo mar-cado por un proceso judicial, conocido como el proceso 8.000, que se centraba en la investigación de la responsabilidad del presidente en el ingreso de varios millones de dólares, provenientes del cartel de Cali, a su campaña política.

En el transcurso del proceso el gobierno fue muy cuestionado y el presidente Samper fue investigado por la Comisión de Acusaciones de la Cámara de Representantes, que finalmente lo exoneró de responsabilidades.

Se hablaba de intentos de golpe de Estado, de la responsabilidad de varios ministros del gabinete de Samper en el recibo de los dineros del cartel de Cali. Se capturó al ministro de Defensa, Fernando Botero Zea, y asesinaron al líder conservador y excandidato presidencial Álvaro Gómez Hurtado.

La dimensión del escándalo conmovió hasta las entrañas al país entero. La capacidad de gobernar y el margen de maniobra del presidente Ernesto Samper se vieron muy reducidos. Los escándalos por corrupción alcanzaron niveles inauditos. La economía se resintió, los intereses se dispararon, el crecimiento económico se detuvo y el desempleo se incrementó como nunca.

En esas circunstancias se produjo la victoria de Andrés Pastrana sobre Horacio Serpa, en las elecciones presidenciales de 1998. Horacio Serpa era el mejor aliado de Samper y representaba la continuidad de su gobierno. Era el candidato del presidente.

Andrés Pastrana había sido el opositor de Ernesto Samper en 1994 y había sido derrotado, en gran medida, por el ingreso de los dineros del narcotráfico en la campaña de Samper, que se utilizaron para comprar votos. Pastrana había denunciado el ingreso de esos dineros y había desatado el escándalo del proceso 8.000. Esto hacía que los deseos de venganza contra él y su gobierno fuesen inmensos.

El 28 de febrero de 1999 apareció un artículo en el periódico *El Espectador* de Bogotá, titulado «Chambacú, corral de empresarios». Allí, con base en medias verdades, el director de la Unidad Investigativa de ese medio sentaba las bases para iniciar un escándalo por corrupción contra mí, que era en ese momento ministro de Desarrollo Económico del gobierno nacional.

Los senadores más cercanos al expresidente me citaron a un debate político en la Comisión VI del Senado de la república. El ataque fue demoledor y tuve que retirarme del gobierno para no perjudicar su imagen, aunque la mía quedaba destrozada.

En marzo del año 2002, los fiscales terminaron la investigación y precluyeron el caso a mi favor. No solamente no me acusaron ante los jueces correspondientes, sino que admitieron que la realización del negocio de venta de los terrenos de Chambacú fue transparente y favorable para la nación. El país había recibido en pago por esa venta una suma superior al avalúo comercial elaborado por el Instituto Geográfico Agustín Codazzi, que es el organismo del gobierno competente para determinar el valor comercial de los inmuebles de la nación.

Para entonces, yo estaba secuestrado.

Después de retirarme del cargo de ministro de Desarrollo Económico, en agosto de 1999, regresé a Cartagena y retomé mis negocios particulares. El 22 de abril del año siguiente me casé con Mónica. Me sentía dichoso, el hombre más feliz del mundo, y comencé a vivir un período de trabajo productivo, reposado, lleno de entusiasmo, dedicado a mi esposa, a mis hijos, a toda mi familia, a mis negocios y a estudiar.

Aunque soy ingeniero civil, ahora quería estudiar genética, una de las ciencias del futuro; en el año 2000 ya se conocía algo sobre el proyecto para descifrar el ADN, el genoma humano, y estaba convencido de que a partir de allí se abrirían nuevos horizontes para la investigación y el desarrollo médico y científico de la raza humana. Me movía una enorme curiosidad al respecto y quería acercarme al milagro de la vida, para tratar de entenderlo un poco mejor.

El amor, la relación con Mónica me hacía sentirme transportado, feliz, realizado. En esas circunstancias sucedió mi secuestro. El cambio fue brutal. Un golpe devastador.

3

5 de diciembre de 2000
LOS PRIMEROS DÍAS

Dormí una hora; medio dormí, a decir verdad.

Entre las 4:00 y las 5:00 a.m. estuve en una especie de duermevela, tratando de divisar a mis captores a través del toldillo negro que me pusieron para protegerme de los mosquitos. Acostado directamente sobre el suelo de tierra, estaba obsesionado con la idea de escaparme y trataba de encontrar cómo hacerlo.

A las 5:00 a.m. apareció un joven campesino, montando una mula, sentado a horcajadas sobre la silla y con dos cargas de yuca a los lados. Llevaba pantalones cortos y una gorra de beisbolista.

Habló con Guillermo y se fue.

Al rato regresó y nuevamente habló en secreto con Guillermo. Entonces me ordenaron levantarme y me amarraron las manos con una cuerda negra, sostenida por un guerrillero. Así me movieron hasta un nuevo lugar en donde pasé todo el día, sentado en el suelo y lleno de incertidumbre.

Al mediodía apareció Luis con una libreta y comenzó a hacerme preguntas:

—Nombre, hermanos, padres, hijos, esposa. suegros, etc.

Después llegó otro jefe, de mal humor, bravo, a regañarme airadamente:

—¡Conque trató de desarmar a su guardia! —vociferó en tono amenazante.

—Desarmarlo no, pero escaparme sí, que es mi derecho —le contesté.

—Quítenle los zapatos —ordenó, y me dejó descalzo el resto del día.

Después me trajeron una sopa con huesos, papa, plátano y yuca. Con mucho esfuerzo me comí algo, porque estaba llena de grasa. Nunca había sido amigo de las sopas; no sabía que tendría que acostumbrarme a tomarme una todos los días. De ahora en adelante ese sería mi almuerzo, durante seis años.

Al final del día me amarraron nuevamente, esta vez por las manos y por el cuello, me devolvieron los zapatos y, cuando ya estaba oscuro, me condujeron a un campamento guerrillero.

Cuando llegué a este nuevo destino noté la presencia de varios guerrilleros con uniformes camuflados, pero no los pude distinguir a causa de la oscuridad. También vi, a mi derecha, lo que me pareció un fogón para cocinar, con brasas encendidas, en un nivel más abajo.

Me asustaba mucho el hecho de no poder ver la cara de mis captores ni poder reconocer el lugar en donde estaba.

—Por aquí —me ordenaron, y me llevaron a una hamaca preparada, otra vez, con un toldo para protegerme de los mosquitos.

—¡Acuéstese! —fue la nueva orden.

Me quité los zapatos y la cumplí.

Ya acostado, intenté orientarme. Tenía la cabeza llena de preguntas: ¿en dónde estoy? ¿Quiénes me tienen? ¿Qué quieren? ¿Qué me harán? ¿Qué pasará con Mony? ¿Con mis hijos?

Finalmente me dormí.

Al siguiente día me despertaron muy temprano. Creí que eran como las 4:00 a.m. Me entregaron mis zapatos y me trasladaron a unos quinientos metros de distancia.

Me resultó muy incómodo caminar a esa hora; el piso estaba húmedo por el rocío de la madrugada y me resbalaba fácilmente. Además, la oscuridad me hacía sentir temeroso de caerme o de puyarme con algún palo o con una espina. Tendría que acostumbrarme a las espinas porque abundaban en la región.

Caminábamos entre matorrales, con mucha dificultad. Me acompañaban Guillermo, Érika, Nilson y Kate. Después llegó Henry y, por último, Janeth.

Permanecí todo el día en ese lugar. En algún momento en que quise ir al baño, Guillermo llamó a Nilson.

—Hágale un hueco al señor, por allá —le ordenó.

Al principio no entendí la orden, hasta que vi cómo cavaba un hueco en la tierra con su machete.

Cuando Nilson terminó de cavar, me avisó que el hueco estaba listo. Entonces yo no sabía cómo agacharme sin caerme. Todo me resultó difícil y vergonzoso.

En el curso del día me entregaron dos sudaderas, dos camisas, dos pares de medias, dos interiores, un jabón, un cepillo para peinarme, un cepillo de dientes, una crema dental, un desodorante y dos rollos de papel higiénico. Como no tenía en dónde guardar mis nuevas pertenencias y sentía que se me caerían, quise devolver un rollo de papel higiénico.

—Con uno tengo —dije.

—Quédese con los dos que eso a veces se pone escaso —me replicó el guardia.

Quedé aterrado. ¡Qué tragedia que se me acabara el papel higiénico y no consiguiera más!

Desde entonces tuve la obsesión de usarlo con mesura para tener siempre un inventario adecuado. Cada vez que lo utilizaba contaba los cuadritos que gastaba para asegurarme de que me durara hasta que me dieran uno nuevo. Esa angustia me acompañó durante todo el tiempo que permanecí secuestrado.

A las 8:00 de la noche me regresaron al campamento, directo a la hamaca, y me ordenaron acostarme a dormir. Estaba medio oscuro y tampoco pude ver la cara de los guerrilleros presentes.

Así transcurrieron los primeros días, el miércoles 6 de diciembre, el jueves 7, el viernes 8, el sábado 9 y el domingo 10, del año 2000.

Ese día, cerca de las 7:00 p.m., me trasladaron.

Afortunadamente había luna llena y su luz me facilitó la marcha. Recuerdo que subimos una ladera empinada y luego bajamos casi por un precipicio. No entendí cómo no me caí. Tuve que bajar agarrándome, con mucha dificultad, de las raíces de los árboles que sobresalían en el terreno y de algunos bejucos. Llevaba mis enseres en una bolsa plástica y además tenía en las manos una cantimplora para el agua, por lo que se me dificultaba sostenerme.

Cuando superé esta prueba, tuve un sentimiento de orgullo.

«Qué bien. No me hice daño», me dije.

En realidad sólo me enterré algunas espinas en las manos y me di un pequeño golpe por una caída.

Caminamos un poco por un terreno plano y luego me apartaron, bajo la vigilancia de Érika y Henry. Como los demás se marcharon, creí que era una oportunidad para escaparme pero mis guardianes no se separaron de mí ni un instante.

Henry pareció leerme el pensamiento y me dijo en tono amenazante:

—A nosotros no se nos escapa nadie.

Un poco después me llevaron a mi nuevo lugar de dormir. Habían colocado mi hamaca y el toldo entre dos árboles, en una zona con poca vegetación.

En este lugar, repitieron el esquema anterior. Me levantaban alrededor de las 4:00 a.m., me llevaban a un sitio retirado, bajando una ladera, en donde atravesaba una alambrada, y me ubicaban en medio de un área muy arborizada, escondido de todos. Luego me regresaban al lugar donde dormía, a las 8:00 p.m.

Las noches eran estrelladas y yo trataba de localizar al planeta Venus, que brillaba de manera especial en esta época del año, a partir de las 6:00 p.m., y que me indicaba el oeste. Soñaba con que Mony lo mirara y recordara aquella vez en que le había hecho notar su brillo y su posición.

En la noche del martes 12 decidí hablar con el guardia. Le manifesté mi interés en negociar mi liberación.

—Resolvamos esto de una vez, en lugar de convertir mi secuestro en un proceso demorado —le dije.

Me contestó que lo transmitiría a sus superiores.

Al día siguiente, me prestaron un ejemplar de *El Universal*, el periódico de Cartagena, del día 12 de enero. Encontré una columna escrita por mi hermana, que se titulaba «Oración Mensaje de Jesús». La recorté y comencé a leerla todos los días, hasta que más adelante decidí memorizarla y rezarla fielmente y con devoción, una o dos veces al día. Me ayudó muchísimo.

Dice así:

¿Por qué me confundo y me agito ante los problemas de la vida, si Jesús está conmigo? Te entrego, Señor, el manejo y el cuidado de todas mis cosas, de todos mis asuntos. Me abandono en Ti, Señor, y espero que todo se resuelva según tus designios. No me desespero. No te dirijo una oración agitada como si quisiera exigirte el cumplimiento de mis deseos. Cierro los ojos del alma y digo con calma, Jesús yo confío en Ti...

Cuando digo Jesús yo confío en Ti, no pretendo decirte cómo debes hacer las cosas. Me dejo llevar en tus brazos divinos porque sé que Tú me amas. Cuando siento que las cosas empeoran o se complican, a pesar de mi oración, sigo confiando. Cierro los ojos del alma y confío...

Señor, que tus enseñanzas, las de la Virgen María y san José, penetren profundamente en mí, transformando mis pensamientos, mis sentimientos y mis acciones para que sea siempre luz de amor, luz de fe y luz de alegría, en cada uno de los actos cotidianos de mi vida. Amén.

De niño había sido muy creyente. Estudié en el Colegio de La Salle, de los Hermanos de las Escuelas Cristianas, y recibí una formación católica. Era creyente y practicante. Pero luego, durante mi adolescencia, comencé a dudar y a perder la fe. Para la fecha de mi secuestro tenía muchas dudas en esta materia.

Compartía y comparto los principios del evangelio de Cristo; creo en su mensaje de amor y perdón, de generosidad, de caridad; creo en los valores que predicó y en la vida que vivió. Pero tengo vacíos de fe. Sin embargo, en mi condición de secuestrado, en esa soledad, enfrentado a la incertidumbre, al dolor, a la ansiedad, era bueno contar con un amigo, con un compañero. Era bueno y necesario depositar mi esperanza en Dios y así lo hice.

Así que medité sobre el sentido y el mensaje de esta oración y me puse bajo la protección de Dios. Convertí esta oración en mi credo, en mi acto de fe, en mi acto de humildad, en mi guía de vida, pero sabía que no podía dejarle todo a Él. Yo tendría que poner de mi parte, hacer equipo con Él y empeñarme en adoptar una actitud positiva, constructiva, proactiva. Tomé la decisión de no rendirme, de confiar y trabajar activamente para no dejarme vencer por las circunstancias, para salir adelante.

En la noche siguiente, cuando ya estaba dormido, se me acercaron dos guerrilleros con el ánimo de concretar la conversación anterior en la que yo solicitaba una definición de las exigencias para mi liberación, y me preguntaron:

—¿Qué nos ofrece?

—¿Ofrecer? Pues nada, No les ofrezco nada —les contesté—. Estoy aquí en contra de mi voluntad, pero supongo que ustedes saben para qué me trajeron. Díganme qué quieren.

—Ofrezca usted —replicaron.

Así transcurría la conversación hasta que me di cuenta de que no iba para ninguna parte. Por proponer algo, les dije:

—Les ofrezco veinte millones de pesos.

—¿Cuánto es eso en dólares? —me preguntaron.

—Diez mil dólares —contesté.

—Vamos a informar —fue su comentario final y se retiraron.

Transcurrió otra semana sin nada que hacer, controlando mi angustia y enfrentando mis miedos. En uno de esos días apareció en los árboles una culebra grande.

Nilson, que la vio primero, se las ingenió para derribarla y matarla. Medía más de dos metros y me encendió nuevas alarmas. Ahora tenía un motivo adicional de preocupación.

Un poco después llegaron a mi guardia dos nuevos guerrilleros: Peter y Gabriel. Peter se distinguía por su enorme nariz, su cuerpo alto y delgado y su juventud. Era muy activo pero se notaba poco experto, novato e ignorante. Trataba de engañarme y luego iba a donde sus compañeros a burlarse de mí y a contar sus hazañas. Tenía habilidad para el trabajo y decía haber pertenecido al Ejército.

El negro Gabriel me pareció muy inteligente, bien parecido, ordenado y organizado. Siempre bien presentado, con las botas emboladas y brillantes y su arma, una subametralladora, limpia y aceitada. Le gustaba conversar, con disimulo.

—Háblame sin mirarme y en voz baja —me decía con la mano sobre la boca.

Permanecimos cinco días en este lugar, hasta el viernes 15 de diciembre. Ese día, a las 4:00 p.m., después de comer, nos mudamos. Yo tomé nota de que habían servido la comida más temprano para mudarnos. En adelante, cuando observaba algún cambio similar, me ponía alerta de inmediato.

La verdad, cada vez que me movían me ponía nervioso. Me daba pavor pensar que me trasladaran a lug.. más lejanos: a la Sierra Nevada de Santa Marta, a los Montes de María, al sur de Bolívar o al Caguán. Presentía que un traslado a cualquiera de esos lugares sería como ser enterrado en vida. Cada vez que me trasladaban se revivían esos temores.

Nadie me había dicho que me tenían las FARC pero para mí era evidente. ¿Quién más podría ser? Nunca había oído de la presencia de otros grupos en la zona, por lo que sólo podían ser ellos; además, el nivel de organización que notaba me reafirmaba en mi creencia. Sin embargo, Peter se encargaría de hacerme dudar. Pero eso fue después.

Para entonces ya había decidido memorizar todo lo que pudiera para contarles a las autoridades, cuando pudiera regresar, los detalles que recordara y colaborar así en la captura de estos criminales.

Esa tarde puse en marcha mi plan. Tratar de orientarme para saber la dirección en que me movían, y contar mis pasos para calcular la distancia. Comencé a contar mentalmente, uno, dos, tres, cuatro, cinco... cien... doscientos..., mil ochocientos. Dirección: este.

Me detuvieron al borde de una trocha, a esperar a que oscureciera, y luego me llevaron a una choza de palma, directo a la hamaca, en total oscuridad. En la madrugada, me sacaron otra vez. Durante el día, pasaba en el monte sin nada que hacer, asustado, incómodo, en la incertidumbre total, enfrentado a todo tipo de plagas. En la noche, adentro a dormir. En la madrugada, otra vez afuera.

El domingo 17, en la mañana, se me acercó Luis con una propuesta:

—Veinte millones de dólares y se va —me dijo.

Quedé turulato, sin poder decir nada coherente.

—Yo sólo tengo deudas —alcancé a balbucear y me privé.

Caí al suelo desplomado; cuando me reanimaron, estaba desorientado. No sabía en dónde me encontraba. Un momento después recordé mi realidad y me sentí profundamente angustiado, triste, frustrado, sin esperanzas.

«Esto va a ser larguísimo», pensé.

El día siguió su transcurrir. Recordé que era el cumpleaños de mi sobrina Natalia y de don Nicolás del Castillo, el bisabuelo materno de mis hijos, que había muerto unos años atrás, y a quien quise y admiré entrañablemente. En la tarde el guardia escuchó la final del campeonato de fútbol colombiano entre Junior de Barranquilla y América de Cali. Oí, de carambola, cómo América sumaba una nueva estrella.

Cuando comenzaba a caer la noche, nos movimos 1.200 pasos al este. Paramos al lado de una cerca, vecina a un corral de ganado, y allí dormimos. En la mañana, temprano, hicimos un nuevo desplazamiento. No recuerdo los pasos pero sí la dirección. Otra vez al este. Me volvió el susto. Me imaginé que íbamos hacia el canal del Dique y que me iban a sacar en una lancha al sur de Bolívar. Afortunadamente no fue así porque me parecía terrible.

Estuvimos en ese lugar una semana, hasta el 25 de diciembre.

Tengo en mis recuerdos la llegada de un nuevo guerrillero, Cambalache. También el cumpleaños 21 de Luis Ernesto, el 24 de diciembre. En esos días me pareció escuchar al director del DAS, el coronel Jaramillo, decir en RCN que mi secuestro era extorsivo y que mi familia ya había recibido una comunicación de mis secuestradores en la que hacían una exigencia económica. Creí en esa explicación pero me pareció que sería imposible llegar a un acuerdo por lo exagerado del valor del rescate.

Fui tomando conciencia de la situación en que me encontraba; poco a poco, con altibajos. Se habían modificado todos mis puntos de referencia cotidianos, mis seguridades, mi entorno, mis responsabilidades, mis deseos.

Me quedaban el Sol y la Luna para diferenciar el día de la noche; mi cuerpo que estaba intacto y mi mente para ayudarme a salir adelante. Me llenaba una sensación de haber perdido todo: mi familia, mis amigos, mi ciudad, poder correr, poder estudiar, mi ropa, mi cama, mi amor… mi ubicación en el tiempo y también en el espacio; dónde estaba y con quiénes. Esto me produjo un impacto tal que debí reaccionar para no quedar derrumbado por el dolor y la depresión.

Me sentía muy angustiado todo el tiempo hasta que una tarde, casi milagrosamente, sin entender por qué, me sentí tranquilo, en paz conmigo mismo, relajado. Se me calmaron la angustia y el dolor. Decidí concentrarme en esa sensación, aprender de ella y buscar revivirla con frecuencia para contrarrestar los sentimientos negativos y destructivos que me invadían.

Mi primera conclusión fue que necesitaba ser paciente y proactivo. Pondría en práctica todo lo que había leído y aprendido sobre el liderazgo personal, sobre la libertad interior, sobre el autocontrol, sobre la serenidad y la calma. Me ayudaría también con todo lo que había aprendido durante mi experiencia psicoanalítica.

Decidí que me concentraría en conservar la calma. Debía actuar guiado por mi inteligencia, por lo que me convenía y no por mis sentimientos, no por mis temores. Puse en práctica las enseñanzas que mi padre me había transmitido desde niño. Para comenzar, que la serenidad depende de la buena respiración, e inicié un programa de respiración diafragmática, que practicaba acostado transversalmente en mi hamaca mientras me mecía llevando el compás, de acuerdo con mi pulso; contaba tomándome el pulso en la muñeca, 1, 2, 3, 4... 10, inspirando, y luego 1, 2, 3, 4... 10, espirando. Con la práctica y los días fui subiendo la cuenta hasta 30 y alargando la duración del ejercicio hasta dos horas.

Ya tenía algo que hacer.

Sin embargo era necesario desarrollar una rutina, una agenda más variada. Esa sería la tarea de los próximos días.

4

25 de diciembre de 2000
FIN DE AÑO

El 25 de diciembre iniciamos otro traslado en las horas de la tarde. Regresamos por el camino que habíamos recorrido, en dirección contraria al canal del Dique, y sentí cierto alivio. No me llevaban hacia el río, no iba al sur de Bolívar. Caminamos 3.800 pasos y, ya de noche, nos detuvimos al lado de una cerca, bajo unos árboles. Colgaron mi hamaca y me dormí. Había una brisa fría que me despertó a medianoche y me dificultó el sueño.

Muy temprano en la mañana me movieron para esconderme en un lugar más espeso; allí apareció un nuevo guerrillero, Alexander, *el Muñeco*, que era el nuevo jefe de la escuadra que me vigilaba. Un rato después llegó una nueva guerrillera, Catherine, con una blusa anaranjada muy llamativa. Era alta, blanca, de cabellos rubios y mirada triste. Piernas largas y tronco corto, con las caderas elevadas. Tenía su gracia en cierto aire de inocencia. Era muy joven y le gustaba conversar. Me contó que era la compañera de Alexander y que conocía de pájaros porque su madre le había enseñado mucho sobre ellos.

Al caer la tarde me trasladaron a un nuevo dormidero, en donde permanecí tres días. Pedí que me permitieran comunicarme con mi familia. Luis, que ahora se llamaba Juancho, me dijo que no, que para eso debía esperar al menos dos meses. Me pareció que nunca iban a transcurrir.

En la noche, me levanté a orinar. Al regresar a acostarme hice un mal cálculo y al tratar de sentarme en la hamaca, terminé en el piso. Me golpeé duro en las nalgas con una piedra. Afortunadamente, sin mayores consecuencias: una pequeña raspadura y sólo mi dignidad aporreada. A partir de entonces siempre tuve el cuidado de no dormir con piedras debajo de mi hamaca. Me dab. ¯ror caerme, o tener algún accidente mientras dormía que me significara una lesión en la espalda, en la columna o un trauma en la cabeza. Tuve, desde entonces, la precaución de retirar siempre cualquier pedrusco de debajo de la hamaca.

El 30 de diciembre llevaron ropa nueva para los guerrilleros. A cada uno le dieron una nueva dotación de medias, interiores, elementos de aseo personal y otros menesteres. Regalos de Navidad y Año Nuevo.

Nos pusimos otra vez en marcha, ya de noche, y si bien no reconocí el camino, sí identifiqué el lugar al que llegamos. Era el campamento a donde me habían trasladado el 5 de diciembre, aunque ahora me ubicaron en un lugar diferente.

En la mañana del 31 de diciembre, temprano, me llevaron a un lugar con vegetación muy densa que me resultó muy incómodo. Juancho insistió en colocarme de forma tal que no pudiera tener vista sobre el paisaje. Alrededor del mediodía le tocó la guardia a Peter. Mi tristeza y mi aburrimiento eran mayúsculos.

—Treinta y uno de diciembre —le dije al guardia—; buen día para estar con la familia.

—No tengo familia, me la mató la guerrilla —me contestó.

—¿La guerrilla? Y entonces, ¿por qué eres guerrillero? —le pregunté.

—No soy guerrillero —me respondió—, aquí somos paramilitares.

Logró confundirme inicialmente. Acostumbrado a vivir entre personas honestas y veraces, no podía entender que alguien mintiera con tanto cinismo.

¿Paramilitares? No me cuadraba, pero ¿por qué me lo decía? Comencé a dudar.

Esa noche marchamos otra vez. Sentía que me estaban regresando. Tuve un atisbo de esperanza. ¿Habrían decidido devolverme? Más tarde nos detuvimos a dormir en una arboleda. Me acosté en mi hamaca y divisé la Luna.

«Treinta y uno de diciembre», pensé. Otra vez regresaron las mismas preguntas que me angustiaban: ¿en dónde estarán Mony, mis hijos, mis hermanos, mis padres, mis amigos? ¿Cómo se sentirán? ¿A mis hijos los cuidan, los acompañan, los ayudan? ¿Tendrán el dinero, los medios, para atender sus necesidades, la comida, la ropa, el colegio?

Con estas angustias me dormí, lejos de los que en Cartagena celebraban el Año Nuevo.

Al día siguiente, muy temprano, me llevaron a un lugar retirado. Sentado en el suelo, lo que me resultaba muy incómodo, trataba de orientarme. Dibujé sobre la tierra, con un palito, mis últimos traslados. Las marchas nocturnas me despistaban, pero aun así tenía confianza en mi sentido de orientación y trataba de entender en dónde me encontraba. Ya me había dado cuenta de que estaba en una zona cercana a Villanueva, al norte del departamento de Bolívar. El no haber cruzado ninguna carretera me hacía suponer que debía hallarme cerca de los límites entre Bolívar y Atlántico.

Intenté conversar con uno de mis guardias. Le hablé sobre una cría de lombrices que estaba iniciando: que su propósito era producir abono orgánico con base en desperdicios de conchas de plátano; le comenté cómo eran las camas para las lombrices, el proceso de su alimentación, la colecta del abono, su secado y cribado, y luego el empaque para venderlo. Deseaba que se formaran la idea de mi condición de pequeño empresario agropecuario, sin mayores recursos económicos y sin importancia política.

Me gustaba hacer proyecciones mentales sobre el potencial de ese negocio, que podría crecer hasta convertirse en una fuente de ingresos estable y permitirme incursionar en el campo de la exportación agroindustrial a nuestros vecinos. Pasé el día distraído con esas ideas.

Alrededor de las 6:00 p.m. nos pusimos nuevamente en movimiento. Esta vez parecía algo más organizado, de mayor alcance. Me dio la impresión de que los días previos habían sido de preparación para este movimiento. Gente nueva, dotación de elementos y de alimentos, y planeación detallada.

Caminamos hasta después de la medianoche y, ahora sí, atravesamos por primera vez una carretera. Parapetados detrás de un pequeño accidente geográfico, que nos hacía invisibles desde la carretera, esperamos el paso de un vehículo —me pareció por su ruido que pudo haber sido un bus— y atravesamos hacia el sur la carretera Santa Rosa-Villanueva-Arenal. Cruzar la carretera validaba mis sospechas de dónde estaba.

Recordé el secuestro de un buen amigo, unos meses atrás, al que sacaron de su finca, ubicada sobre esta carretera, y pensé que estos hombres debían ser los mismos que se lo llevaron a él. Aquél había sido un secuestro extorsivo, así que concluí que éste sería lo mismo.

En ese trayecto divisé las luces de algunos pequeños poblados pero no pude saber cuáles eran. Juancho, el mismo Luis de antes, se esforzaba en no permitirme mirar nada. Ordenó ponerme una gorra con visera para taparme la visión y me dio la orden de mirar siempre hacia abajo.

Yo, por supuesto, fingía obedecerle.

A medianoche, y en una completa oscuridad, nos detuvimos a dormir. No entendí cómo en esas condiciones Peter, que ahora se llamaba Mau, y Henry, que ahora se llamaba Jerry, lograron limpiar un lugar y colgar mi hamaca. Pero lo hicieron y dormí un rato.

Reanudamos la marcha antes del amanecer y nos desplazamos durante unas cinco horas. Conté 4.000 pasos hacia el sur. En el trayecto escuché, por primera vez, a los micos aulladores.

—¿Qué es ese ruido? —le pregunté a Érika, mi vecina de marcha.

—Micos aulladores —me contestó.

Pensé que era un buen dato en caso de que algún día pudiera regresar a buscar el camino.

El día transcurrió muy lento, hasta que al caer la tarde hicimos una nueva marcha. Ahora al oeste, 1.200 pasos, en un trayecto muy difícil, con la clara intención de estar bien escondidos. Avanzábamos con dificultad y el comandante exigía reiteradamente que los últimos borraran cualquier rastro de nuestro paso.

Las precauciones eran extremas, lo que me llevaba a pensar que me estaban buscando intensamente y los guerrilleros hacían los máximos esfuerzos para esconderme.

Nos detuvimos al lado de una poza a tomar agua. Sandino me ofreció una bebida: agua con un polvito colorante y azúcar. La tomé.

Mientras todos se refrescaban, Cambalache le contó a Sandino cómo había enamorado y convencido a una compañera en ese lugar, en una ocasión en que fueron juntos a recoger agua, por lo que pude concluir que la zona les era familiar.

Allí cerca pasamos la noche, en lo más alto del terreno.

Acostado en la hamaca, sentía múltiples picadas en la rodilla que no podía entender, pues dormía con sudadera y protegido con un toldo.

—Son los mosquitos, que traspasan todo —me dijo Sandino.

De ahí en adelante me puse doble sudadera para dormir y se acabaron esas picadas. Después vendrían las picadas en la frente, que me amanecía llena de punticos rojos. Lo solucioné durmiendo con la toalla amarrada en la cabeza y, más adelante, durmiendo siempre con algún cubrecabeza.

En otras épocas fueron las manos o la cara. En todas las ocasiones encontré alguna solución. Incluso aprendí a convivir con el incómodo zumbido de los mosquitos en la noche.

—No les preste atención —me sugirió Sandino—, la molestia es psicológica.

Le hice caso y, en adelante, dormí sin complejos.

Estuvimos varios días en ese lugar siguiendo el mismo formato. En la madrugada me apartaban con seis guerrilleros, que se turnaban en guardias de dos horas, y en la noche de regreso a la parte alta, a dormir con todo el grupo.

Continuaba con la obsesión de escaparme. Estaba en función de encontrar un momento de distracción de mis guardias para aprovecharlo. Al mismo tiempo me inquietaba no conocer el terreno que debía afrontar y ser capaz de atravesarlo. Pero esa era mi obsesión principal.

Recuerdo al grupo que me retenía: Juancho, el jefe, y Juanita, su compañera; Jerry y Janeth, Cambalache, María, Sandino, Liliana o *la Chocolate* y Mau; el Negro, Alexander y Catherine, Palacio, el Enano y Ortiz.

Comencé a estudiarlos uno por uno, mientras me vigilaban; si eran amigables y corteses, o distantes y antipáticos; si les daba sueño en la guardia; si eran ágiles o pesados. Durante la noche también me mantenía alerta, esperando una ocasión para volarme. Pero nada. El terreno estaba lleno de hojas y palos secos que me hacían imposible caminar sin que me escucharan y los matorrales y bejucales me impedían avanzar sin tropezarme. Además, enfrentaba el problema adicional de que después de acostarme me escondían los zapatos.

Esto me preocupaba y me molestaba, porque en caso de un intento de rescate no podría moverme fácilmente. También lo percibía como una agresión personal.

Una de esas noches, estando de guardia María, se le acercó Cambalache, que era el relevante, encargado de visitar a los guardias para evitar que se durmieran.

Creyendo que yo estaba dormido, Cambalache se le insinuó a María y ella lo rechazó:

—Tú sólo quieres pasar el rato conmigo y después te vas. Así no me interesa —le dijo.

El hombre fue insistente, pero la muchacha se mantuvo en lo suyo:

—No, Yesid viene en estos días y yo lo estoy esperando —terminó diciendo.

Me gustó la fidelidad de María, pero en ese momento caí en cuenta de mi prolongada abstinencia. Comenzaba un nuevo calvario para mí. Tendría que asumir cabalmente el control de mi sexualidad reprimida.

El aburrimiento y el tedio eran totales. Siempre había tenido un concepto muy valioso del tiempo y no hacer nada me resultaba muy angustioso. El sentimiento de impotencia, la frustración del secuestro, la nostalgia de los ausentes, el dolor de las ausencias, la incertidumbre frente al futuro y el temor de la situación se me hacían insoportables.

Después de mucho insistir conseguí que me prestaran un radio, pero le prefijaron una emisora de FM para que no pudiera mover el dial y escuchar las noticias. Sólo me sirvió dos días, durante una hora cada día.

El 5 de enero rompí a llorar. Me salía del alma la sensación de dolor, de nostalgia, de frustración. Fue el principio del duelo por mi pasado. Fue el producto de haber tomado conciencia de mi realidad, de mis limitaciones. Lloré, lloré, lloré. Todo mi ser se unió en mi llanto y logré descargar parte de mi dolor. Después sentí un poco de alivio.

El 7 de enero, domingo, cambiamos de ubicación. A otra cima cercana. Me acosté a pensar en el cumpleaños de mi mamá, a recordar con nostalgia a toda la familia y de pronto escuché un ruido que me asustó. Mi guardia reaccionó con rapidez y comenzó a perseguir algo que yo no entendía qué era.

Finalmente lo cogió. Era un armadillo. Gurri, le decían los guerrilleros, y fue el primero de los cientos que conocí en mi cautiverio. Al día siguiente lo cocinaron. No me atreví a probarlo en esa ocasión, pero después, en los Montes de María, aprendí a comerlo. Su carne es magra y de buen sabor.

El 9 de enero me levanté recordando el cumpleaños de mi hermano Rodrigo José. Después del café quise ir al sanitario. Como no habían preparado ninguno, Gabriel, que estaba de guardia, improvisó con su machete un hueco en la tierra y yo me dispuse a utilizarlo.

Entonces comenzaron los disparos. Era la primera vez que los escuchaba y no supe calcular su distancia. Parecía el fuego de una ametralladora y también disparos de fusil.

De inmediato pensé que me buscaban y que debía escaparme. Pero el guardia me ordenó vestirme rápidamente y me evacuaron del lugar. Un grupo de guerrilleros organizó una retaguardia para contener el ataque.

Huyendo apresuradamente, regresamos a la zona en donde habíamos estado una semana antes. De inmediato reforzaron las medidas de seguridad a mi alrededor y me escondieron más, me aislaron más, me vigilaron más.

Yo comencé a conversar con Gabriel, en busca de un aliado para fugarme.

5

Las primeras búsquedas

El general Rodrigo Quiñones, comandante de la Primera Brigada de Infantería de Marina, estaba en Sincelejo, en su puesto de mando, cuando le avisaron de mi secuestro. El presidente de la república, Andrés Pastrana, lo llamó para citarlo al día siguiente en Cartagena, a una reunión en la que además participaron el almirante Humberto Cubillos, comandante de la Fuerza Naval del Atlántico; el general Leonidas Gallego, comandante del Gaula de la Policía —un grupo especializado en rescate de secuestrados—; mi esposa Mónica y Gerardo, uno de mis hermanos. Hubo intercambio de ideas, informaciones y apreciaciones. En ese momento nadie sabía quién había realizado el secuestro.

Se especuló sobre varias posibilidades, pero la teoría que tenía más fuerza era la que responsabilizaba a las FARC. Por eso, la primera medida que se ordenó fue montar varios retenes para evitar mi salida a los Montes de María, hacia donde se podría presumir que ese grupo intentaría llevarme. Ese mismo día el presidente Pastrana ordenó que se creara un grupo interinstitucional para mi búsqueda. El grupo estaba integrado por gente del DAS, de la Policía, de la Fiscalía y de la Armada. El coordinador del grupo sería el general Quiñones.

En ese momento el plan estratégico de las FARC en esa zona del país estaba consolidado. Habían logrado un corredor estratégico entre el Magdalena Medio y la Costa Norte. Habían llegado a unir Atlántico con Bolívar. Santa Rosa y Villanueva con Barranquilla.

El esfuerzo de inteligencia se dividía en tres líneas: la inteligencia humana, la inteligencia técnica, para tratar de captar lo que se transmitiera en las comunicaciones, y la comunicación directa con los guerrilleros que pudieran llamar a pedirle plata a la familia.

Una tarde mi hermana Judy llamó a Quiñones y le pidió una entrevista para compartir una información que podía ayudar a localizarme.

A la reunión asistió Ana Francisca, *el Ángel Azul*, que decía tener capacidades extrasensoriales para encontrar a personas perdidas. A pesar de su incredulidad, Quiñones aceptó que el Ángel Azul hiciera el ritual: echó las cartas y describió un sitio pantanoso por los alrededores de Coveñas y Lorica.

Al día siguiente, Quiñones ordenó una revisión del área que Ana Francisca había señalado, pero no apareció nada.

Los oficiales que manejaban la inteligencia humana y la parte técnica y de análisis comenzaron a buscar informantes y a tratar de meterse en las FARC. Entonces supieron que me habían sacado de Cartagena por la vía al Mar hacia Santa Rosa y después por el canal del Dique hasta los Montes de María, aunque esta última parte era falsa.

El presidente Pastrana llamaba todos los días al general Quiñones para conocer lo que iba pasando con el trabajo del grupo interinstitucional, pero no había avances. Nadie sabía en dónde me tenían. La Policía decía que estaba en el sur de Antioquia, otros aseguraban que estaba en la antigua zona de distensión, otros que en Venezuela. Por eso había que penetrar a las FARC.

Inteligencia militar capturó, entre julio y septiembre de 2001, a varios guerrilleros. A Curruco, el segundo del frente 35; a Guillermo Barrientos, alias *Mauricio*, jefe de finanzas del 37, y a Higuita, que en ese entonces era un hombre muy importante para Caballero.

A los tres los cogieron saliendo para citas médicas. Higuita no habló, pero Mauricio sí y dijo que a mí me habían sacado del norte de Bolívar y me habían llevado por María La Baja, a los Montes de María; que allá me había recibido Silvio, *el Francés*, quien me puso bajo el cuidado de William, *el Maestro*, que a su vez me había llevado al sector donde estaba un grupo de gnósticos, por Arroyovenado, en las Aguacateras norte. También dijo que la orden del secretariado era matarme si había un intento de rescatarme.

Esto llevó a que la inteligencia militar decidiera que la única manera de sacarme era desde adentro.

Las primeras acciones concretas de inteligencia se dirigieron a ubicarme a través de dos informantes que tenían acceso a Manuel y a Caballero, jefes de las cuadrillas 35 y 37 de las FARC, respectivamente. Ambos están muertos ya.

El primero usaba el seudónimo de Lorena.

Los guerrilleros descubrieron el papel de Lorena. Además de facilitar la captura de los tres ya mencionados, Lorena había dado la ubicación de Caliche, que iba a poner unas bombas en Cartagena y lo habían agarrado con los explosivos. Era muy evidente quién había dado información. Camacho, para ese momento jefe de finanzas del frente 37, lo llamó y lo citó en el monte. Lorena no hizo caso de las recomendaciones de inteligencia militar y fue donde Camacho, que lo ajustició. Un miliciano contó después cómo había sido su muerte. Lo último que dijo fue «yo no he hecho nada, ustedes son mis hermanos y yo amo al frente 37», y pum, le pegaron el tiro.

Nunca se supo si lo mataron por trabajar para el Ejército o porque tuvo algo que ver con un español secuestrado que había por la zona.

El otro pelado fue ajusticiado por Caballero.

6

9 de enero de 2001
LOS MESES EN EL NORTE

Gabriel había llegado al grupo el 16 de diciembre. Era negro, alto, bien parecido. Muy joven, de unos diecinueve años. Me contó que ingresó a la guerrilla siendo muy niño, de diez u once años. No sabía bien su edad, pero se sentía orgulloso de haber recorrido muchos lugares en su transitar guerrillero. Me dijo que había llegado a ser comandante de escuadra, pero que fue herido por esquirlas de granada que se le incrustaron en el cráneo durante un combate contra las tropas oficiales.

Había estado hospitalizado en una unidad especializada en Cartagena. Incluso me mostró el recibo, donde aparecía con un nombre falso, y me explicó que aún tenía las esquirlas, que le producían con frecuencia fuertes dolores de cabeza. Por esto lo habían retirado del mando.

A veces, cuando hacía guardia en la noche, me despertaba para que habláramos. Yo me asustaba pensando que podrían descubrirlo y tomar represalias contra los dos. Él me decía que estaba cansado de la violencia y que se había convencido de que por ese camino nada se arreglaría.

—La violencia trae más violencia —sentenció.

También me contó que estaba enamorado de una muchacha llamada María, de quien había sido su primer amor. Descubrió, al escucharme hablar de Mónica, que estar enamorado de una mujer es algo natural y no una señal de debilidad, como le habían enseñado los comandantes guerrilleros. Y comenzó a soñar con regresar a buscarla al pueblo en donde la había dejado. Ella le había prometido esperarlo para siempre, pero él le dijo que si no regresaba en dos años la relevaba de su promesa. Todavía estaba a tiempo para volver y empezó a hacer planes.

Buscando ganarme su confianza y construir una alianza para escaparnos, incentivé su imaginación y le pinté con esmero las bellezas del amor y de la libertad. Pero debía hacerlo por etapas.

Al principio no me entendía. Acostumbrado a vivir cumpliendo órdenes, no comprendía cuando le hablaba de la posibilidad de hacer lo que quisiera, sin darle cuentas a nadie.

El primer enfoque era planear su fuga después de mi liberación, sobre la base de que mi familia les pagaría a mis secuestradores; le prometí esperarlo y ayudarlo a recuperar a María y después, apoyarlo para que estudiara y trabajara. Le ofrecí mi amistad y mi protección. Comenzó a confiar en mí.

Fuimos estructurando un plan. Conversábamos durante su guardia y repasábamos los detalles.

—Me compras una maleta negra y la llenas con ropa, dinero en efectivo, unas gafas oscuras, una gorra, un anillo de oro, una cadena de oro, un *discman*, discos de vallenato, una libra de langostinos… —decía.

Cada día añadía un nuevo pedido a la lista.

Le di un número telefónico para que me llamara cuando él saliera que grabó en la memoria de su reloj y, después, en la suya propia para evitar que lo descubrieran.

Me tomó confianza y me dio indicaciones de la zona en donde estábamos. Yo ya lo sabía, pero me sirvió para confirmar mis apreciaciones y para comprobar su lealtad. Se sintió muy ilusionado con ser mi amigo y me preguntaba por mis amigos en la ciudad. Me insistía en su deseo de conocerlos y compartir con ellos.

En una ocasión posterior nos desplazamos de emergencia. Había tropas en el área y debíamos escondernos y permanecer callados.

Buscando entender lo que pasaba, le dije:

—Deben estar buscándome, ojalá nos encuentren.

Me contestó que mejor que no, porque me matarían.

—Yo soy el encargado de sacarte en caso de un ataque y yo no te mato —me aseguró—, pero otro sí lo hará. Así que mejor que no nos encuentren.

Nunca quiso confirmarme qué grupo me tenía. Yo le decía que estaba seguro de que me encontraba en poder de las FARC, y él me lo negaba.

—Cuando nos vayamos te digo —me prometió—, pero aquí no porque es muy peligroso que lo sepas.

Me contó que Mau, el mismo Peter, les había comentado su conversación conmigo del 31 de diciembre cuando me dijo que eran paramilitares y que se burlaba de mí por haberme engañado.

—Es mentira, sus padres viven, no les ha pasado nada.

Cuando creí que podía confiar en él, le propuse un cambio de planes.

—No esperemos, a que negocien mi liberación, vayámonos juntos de una vez, esta noche.

No se atrevió. Me contestó que era muy peligroso y difícil. Que había muchos guerrilleros en la zona y que les sería fácil recapturarnos.

—Conocen muy bien el terreno y saben seguir un rastro con facilidad. Antes de seis horas estaríamos de vuelta. A ti no te pasaría nada, pero a mí me matarían de inmediato —sentenció.

Después me refirió la historia de un guerrillero que intentó fugarse con un secuestrado, pero fue capturado por sus compañeros y ajusticiado de inmediato por traidor.

Pensé que tendría que esperar hasta que las circunstancias fuesen propicias y comencé a prepararme físicamente para estar en condiciones de resistir una fuga sin desfallecer. Además, incrementé mis observaciones sobre mis guardias para ver si encontraba una oportunidad de escaparme.

A los pocos días, Gabriel me notificó que lo cambiarían de escuadra. Al parecer algún compañero denunció que nos veían hablar mucho y los jefes, para evitar que simpatizara conmigo, decidieron sacarlo de mi guardia.

Perdía mi primer aliado y pensé que debía empezar de nuevo, con mayor cautela pero con más efectividad.

Sin embargo, Gabriel no desapareció del todo. Lo mantuvieron en el grupo de dieciséis guerrilleros que me cuidaban, pero ocupado en otras actividades diferentes de vigilarme directamente.

Cuando me trasladaron a los Montes de María, formó parte del grupo de seis guerrilleros que me llevó hasta las vecindades de Arjona, donde me entregaron a King para que me movilizara. Más adelante lo volví a ver en otras oportunidades.

Pero eso vendrá después. Regresemos ahora al 9 de enero.

Ese día lo pasé sentado en un tronco. Oía a lo lejos, hacia la zona de los Montes de María, el sobrevuelo de helicópteros. En los alrededores no escuché más disparos. El guardia, Mau, recibió la visita de Janeth. La noté muy amigable con él y se lo comenté:

—Esa muchacha es muy simpática contigo, pero he visto que es la compañera de Henry.

—Eso aquí no importa —me contestó—. Pero no, ella me está ayudando a cuadrarme con otra muchacha —continuó.

—¿Con cuál? —le pregunté.

—Con Liliana, *la Chocolate* —me respondió—. Ya le propuse que nos juntáramos y estoy esperando su respuesta.

Mau era flaco, narizón y desgarbado, parecía muy activo y participativo. Ya me había inventado la historia de que ellos eran paramilitares y me causaba desconfianza, pero a mí me convenía hacer amigos. Así que, a pesar de los antecedentes, lo intentaría.

Cuando oscureció me movieron una distancia corta, hasta el lado de una cerca. Había luna llena y la aprecié en toda su belleza. Allí dormí en mi hamaca hasta que muy temprano en la mañana me trasladaron a otro lugar cercano.

Quedé en la parte baja de una ladera, donde me ubicaron para evitar que me orientara; para que no tuviera ninguna visibilidad. Allá llegó Yesid, conocido entonces como Pinocho o Pinochet. Era el compañero de María y sufría de problemas en la parte posterior del cuello y en la zona superior de la espalda. Se le formaba una costra gruesa y debía permanecer todo el tiempo con una crema verde que le aplicaba María. Tenía la mirada torcida y me causaba poca confianza, pero le gustaba conversar y preguntar. Lo integraron a mi guardia, así que me gané un interlocutor.

Me contaba historias del Tío Conejo, historietas infantiles que había aprendido en su infancia en el sur de Bolívar, de donde venía, proveniente de una familia de mineros, buscadores de oro. Decía ser buen jugador de billar, pero su pasión era manejar un carro. Soñaba con ser perseguido por la Policía a bordo de un vehículo y fantaseaba con las peripecias de su fuga increíble. No llegó a cumplir sus sueños; supe que murió en un combate algunos meses después de mi fuga.

En este lugar empecé a ejercitarme. Había decidido ocuparme en algo y no dejarme vencer por la adversidad. Empecé con pequeños ejercicios de estiramiento y algunas flexiones de pecho y de rodillas. Fui construyendo una rutina en la que desarrollé sesenta ejercicios diferentes de sesenta repeticiones cada uno, que me tomaban hasta dos horas de actividad. Los abdominales, las flexiones y el trote en el mismo lugar eran mis favoritos. Fue un proceso constante aunque con algunas interrupciones por causa de las lluvias, las plagas o los desplazamientos.

Los ejercicios fueron uno de los elementos vitales que me permitieron superar esta experiencia. Me ayudaron a ocuparme de algo, a sentirme bien, a recortar el día, a esforzarme, a aumentar mi autoestima. Para mi primer cumpleaños en cautiverio, en junio de 2001, me puse la meta de hacer 500 flexiones de pecho y 1.500 de rodillas y trabajé para lograrlo día tras día, haciendo siempre un esfuerzo adicional. El 27 de junio lo logré. Fue mi regalo de cumpleaños. Me ayudó mucho sentirme capaz de fijarme metas y alcanzarlas.

Tuve un segundo incidente por cuenta de Mau. Juancho me envió un ejemplar de la revista *Semana* que incluía un artículo sobre los paramilitares de Carlos Castaño y los secuestros que cometían.

—Para que veas —me dijo Mau— que los paras también secuestramos.

Juancho se molestó y fue a reprenderme. En tono airado me recriminó por haberle preguntado a Mau por el grupo que me tenía. Al principio no entendí el motivo de su molestia. Después comprendí que Mau había ido, otra vez, a presumir ante sus compañeros sobre sus habilidades para confundirme. Concluí que debía ser más cuidadoso con este señor porque en cualquier momento podía meterme en un lío innecesario.

Pero Mau esa vez no logró confundirme. En la misma revista se publicaba «La foto de la *Semana*», correspondiente a un guerrillero de las FARC, en la zona de despeje del Caguán. Vestía botas pantaneras de caucho, un fusil, uniforme camuflado, y en el cinto, un machete envainado en una cubierta adornada por un corazón tejido en plástico sobre el cuero. No fue sino comparar esta foto con mi guardia para confirmar que se trataba de los mismos.

Por esos mismos días me llevaron un ejemplar de *El Tiempo*, de Bogotá, con un artículo en el que Manuc' ' farulanda negaba que yo estaba en poder de las FARC. Esto confirmó mis creencias.

Aquí también tuve mi segunda experiencia con las culebras. Esta vez fue un ejemplar de color verde naturaleza, una bejuquillo, que se mimetizaba plenamente con la vegetación. Me sorprendió la agudeza visual del guerrillero que notó su movimiento.

—No es venenosa —me dijo el Muñeco, por lo que no me preocupé; más bien quedé admirado por su belleza, la gracia de sus movimientos y su capacidad de pasar inadvertida «Sin veneno, sólo puede sobrevivir si es capaz de esconderse bien», pensé. Era un buen dato para un intento de fuga.

Con mucho esmero y disimulo seguía estudiando todo el tiempo a mis guardias cuando me vigilaban, buscando pistas para mis planes de fuga, lo que además me distraía y me ayudaba a superar el tedio.

Sentía que el secuestro era una secuencia ininterrumpida de frustraciones. Frustración al despertar y comprobar la realidad. Frustración al reprimir los deseos de compartir con los míos, de estar con mi mujer, con mis hijos. Frustración por no poder hacer nada productivo, por no estudiar, por no aprender. Frustración por no ver progresos en la situación, por las desilusiones, por tantas limitaciones.

La primera vez que supe de un mensaje de mi familia fue por boca del Muñeco. Me dijo, exigiéndome todo el secreto, que había escuchado un mensaje de Mony. Que me pedía estar tranquilo y me manifestaba su amor; que los negocios iban bien y que pronto estaría de regreso.

Mi emoción fue infinita. Me sentí amado y acompañado. Comencé a tener esperanzas de volver.

Pocos días después, el mismo guerrillero me pidió que les diera alguna señal para entrar en contacto con mi familia. Le referí una anécdota que compartí con mi hermano Gerardo cuando participamos en el campeonato nacional de natación en Ibagué, por allá en 1969.

—Dígales que cuando fuimos a Ibagué mi papá se emocionó mucho porque Gerardo le contó por teléfono, con orgullo, que yo había clasificado para la final de mi prueba y, a su vez, yo le conté lo mismo sobre Gerardo.

A mi papá le había impresionado que a cada uno le importara más el éxito de su hermano que el propio.

Después pensé que el mensaje parecía un trabalenguas para quien tuviera que transmitirlo, pero esto no opacó mi ilusión de que a través de este mensaje se facilitara mi regreso.

Pasada la emoción me hice una reflexión más profunda. Si se me llegara a presentar una nueva ocasión de enviar un mensaje tendría que aprovechar para enviar información sobre el sitio en donde estaba.

No tuve ningún retorno de este mensaje. Me quedé esperando alguna señal de que avanzaba una posible negociación, pero nunca más me dijeron nada. Una semana después me preguntaron las direcciones de la residencia de mis hermanos y me negué a revelarlas. Me pareció muy peligroso y me causó una desconfianza tremenda. Me dio pavor que pudieran intentar hacerle daño a otro miembro de la familia, amenazarlo, o asustarlo.

El 6 de febrero me cambiaron de lugar. Llegué a la misma zona donde había pasado la noche del 9 de enero.

Volvieron al esquema de moverme durante el día y regresarme por la noche a mi hamaca. Eran días muy calientes y los árboles perdían sus hojas. No encontraba cómo protegerme del Sol y la sensación de peligro era evidente. Seguramente había tropas en la zona y la disciplina era muy estricta. Ni agua se conseguía. Con un galón al día me tocaba vadearme para el aseo y para tomar.

Pero no me dejaría vencer. Seguía mis ejercicios físicos y me pasaba el día correteando una sombrita para esconderme del sol.

La mayor novedad de esos días fue el inmenso susto de Jerry, que salió corriendo espantado por una zorra a la que confundió con soldados que se preparaban para atacar. Fue el blanco de todas las burlas. Pero para mí fue una señal del nerviosismo que había entre los guerrilleros y la seguridad de que me estaban buscando.

Allí pasamos tres semanas. Luego nos desplazamos ochocientos pasos abajo, en la misma colina. Un terreno más escondido, más cerrado.

Aquí supe de un segundo mensaje. Esta vez de alguno de mis hijos. Que todos estaban bien, que me cuidara, que hiciera ejercicio, que tuviera paciencia. Que pronto estaríamos juntos. Que me querían mucho.

La nueva caleta me resultó mejor que la anterior. Ya no me movían durante el día sino que podía pe   necer en el mismo lugar todo el tiempo. Como el terreno era muy inclinado, Gabriel hizo una miniexplanada a unos metros de mi hamaca, en donde podía hacer mi rutina de ejercicios. Jerry me preparó una silla para sentarme a almorzar. Para él fabricó una silla y una mesa para trabajar. Una y otra las preparó con pequeños troncos que cortó y que luego amarró con bejucos.

Estas actividades me hicieron pensar que estaríamos en el lugar un tiempo prolongado y que quizás las operaciones de búsqueda habían cesado.

Intenté distraerme tratando de hacer algo con las manos. Pedí que me cortaran unos palitos y me puse a intentar construir un entramado. Después de varios intentos, desistí. No fui capaz de hacer nada útil o práctico. Ni siquiera una bandeja para colocar mi plato de comida. Terminé botando los palitos.

Entonces se me ocurrió que de pronto podría estudiar algo. Antes del secuestro tenía la intención de aprender de genética y pensaba que para entender el tema debía estudiar química, biología y otras materias afines. Había estado asistiendo a clases de química en la Universidad de Cartagena para orientarme. Preparé una lista de textos y se la envíe a Juancho, a ver qué me conseguía. Incluí química, biología, bioquímica y genética.

—O cualquier otro libro que se consiga —le mandé a decir.

7

Las vivencias de Mónica

Los minutos y las horas de Mónica se consumían en los recuerdos. Sus pensamientos repasaban cada uno de los días de esos siete meses que llevaba casada antes de que secuestraran a Fernando. Lo tenía grabado en el cuerpo y en el alma, y su ausencia se le clavaba en el centro de sí misma como un dolor incurable.

El lunes 11 de diciembre, siete días después de que se lo llevaran, el corazón le decía que regresaría ese día. Pero no fue así, la noche cayó y no apareció. Esa sería la primera de las muchas veces que tendría que resignarse a no verlo pronto, y la primera de las muchas que tendría que recoger los pedazos para reconstruir la armadura que le permitía seguir en pie.

Las semanas pasaban y nadie sabía quién lo tenía. Sus captores no se comunicaban con ella y eso la desesperaba. Ni siquiera sabía si estaba vivo. Aun así, decidió escribir un diario para que a su regreso supiera cómo habían transcurrido los días sin él. Mónica encontró un refugio en la escritura, las palabras le daban fuerza y representaban la única forma de sentirlo más cerca.

Viernes 15 de diciembre de 2000

Mi amor, han pasado once días desde la última vez que te vi, estoy desesperada; cuando me levanto en las mañanas y salgo de nuestro cuarto siempre espero encontrarte sentado en tu silla frente al computador, y me parece que el mundo se me acaba cuando salgo y tú no estás. Hoy me he levantado terrible, me siento sin energías y es que el sol que a mí me recarga eres tú, y ya es mucho tiempo sin ti. No sé qué hacer, qué decir,

no sé nada. ¿Dónde estás? Te necesito tanto, tú eres mi vida entera; hay
días como hoy en que no sé por qué motivo me levanto, o cómo hablo
si tú no estás aquí.

Desde que se conocieron, se convirtieron en la brújula del otro.
Sin saber nada de Fernando, empezó a sentirse perdida. El mundo
era un lugar infinitamente grande para su soledad.

DOMINGO 17 DE DICIEMBRE

Tú sabes que eres la vida mía, tú eres todo para mí, y ahora que no
estás aquí, que no te escucho, estoy como perdida, desubicada, no sé qué
debo o no hacer, lo único que sé es que te amo con todas mis fuerzas y
que estoy desesperada por tenerte junto a mí. Te amo.

Lue, Ferni, Sergio, Manolete —los cuatro hijos de Fernando— y
Mónica conformaron una fortaleza para soportar el golpe que el destino les deparó. Ella intentó conservar las rutinas de los niños para
que pudieran manejar mejor la ausencia de su papá. Pero las suyas
estaban completamente rotas y parecían irreparables. El vacío que le
había dejado el secuestro había decidido instalarse en sus días y en sus
noches. El dolor, en ocasiones, se hacía insoportable, pero la ilusión
de un pronto regreso le devolvía las fuerzas:

LUNES 18 DE DICIEMBRE

Cómo añoro nuestra vida de todos los días, cómo extraño tus bromas
y chistes, mi gozada gratis, como tú la llamas; extraño ver tu sonrisa y
escuchar un Te Amo. Dios mío, cómo nos vamos a desquitar cuando
regreses. Te extraño y te pienso todo el tiempo.

A los quince días del secuestro llamaron para pedir cinco millones de dólares a cambio de la libertad de Fernando. Esa cifra era
descabellada. Además, Fernando tenía problemas financieros que se
acrecentaron con el secuestro al no poder estar al frente de los negocios
a los que les había puesto su fe y su empeño. Mónica se derrumbó,
sabía que esa cifra era imposible de conseguir:

MIÉRCOLES 20 DE DICIEMBRE

Hoy es el día 16 sin ti, y pensar que esto puede demorar aún mucho
más es absolutamente aterrador para mí, espero que recuerdes cuánto

te amo porque yo no hago otra cosa que recordar cuán amada me siento
yo por ti. Te adoro.

DOMINGO 24 DE DICIEMBRE

... Hoy sería nuestra primera Navidad juntos y me haces toda la falta
del mundo... Si sólo pudiera escuchar tu voz, y me dijeras que estás bien
y que me amas; cuanto necesito oírte, verte, tocarte y decirte que eres
lo más importante en mi vida, que realmente tú eres mi vida.

Las fechas de fin de año, que por primera vez pasarían juntos como
esposos, estuvieron llenas de tristeza y desasosiego. No se parecían en
nada a lo que había soñado. Mónica se resistía a aceptar la realidad:

DOMINGO 31 DE DICIEMBRE

... Me da terror que te llegues a sentir abandonado, que sientas que yo
no te quiero porque no estoy contigo, y creo que ese temor te lo estoy
proyectando a ti. Por qué hay momentos en los que me pregunto, ¿cuánto
me querrás cuando regreses? Sé que todo ese pensamiento es una estu-
pidez de mi parte porque creo que te debe estar pasando lo mismo que a
mí. Cada día que ha pasado he amanecido queriéndote y amándote más
que el anterior, pero esta situación es tan miserable que me hace dudar
aun de que estoy viva, y la verdad es que sin ti, quién sabe.

El hombre que pidió cinco millones de dólares no volvió a co-
municarse para entregar la prueba de supervivencia que la familia le
exigió. Mónica sentía el dolor del paso de los días, acrecentado por
no tener ninguna noticia:

MIÉRCOLES 17 DE ENERO DE 2001

Ya son 44 días sin ti, espero que por lo menos la angustia de saber
que estás bien y quiénes son ellos se acabe pronto, es que ya es un mes
y medio que ha pasado y aún a ciencia cierta no sé nada, siento que todo
ese tiempo ha sido perdido en cuanto a gestiones que pudiéramos hacer
si supiéramos quiénes son...

Casi dos meses después del secuestro, Mónica recibió una información que le devolvió la esperanza y la recargó de ánimo. Los hombres
que pedían dinero por la libertad de su esposo por fin se habían vuelto
a comunicar para dar la prueba de que lo tenían y estaba vivo:

Viernes 26 de enero

Al mediodía vino Gera a darme la que es quizás la mejor noticia de todos estos días: los tipos lo volvieron a llamar y le dieron la respuesta a la pregunta que él les hizo. Gera y yo estamos seguros de que eres tú porque esa respuesta no la conoces sino tú, yo me puse a llorar enseguida de la emoción de pensar que al fin algo me demuestra que estás vivo... Esperamos que vuelvan a llamar para ver si se puede empezar ya a negociar para tenerte con nosotros lo más rápido posible...

Saber que él estaba vivo y que por fin tenían una certeza que les permitía negociar la ponía en una montaña rusa emocional. Nada era tan rápido como ella confiaba en que fuera, y eso la desesperaba. En ese momento no sospechaba la cantidad de años que le esperaban a Fernando en cautiverio:

Jueves 1° de febrero

Nada que llaman los tipos, seguimos esperando... Mi amor, hay una canción de Alberto Plaza que dice: «Qué será que no llegas, este mundo ya es duro y más duro sin ti». Eso siento yo, hay momentos en que no entiendo por qué no llegas a la casa, por qué no estás a mi lado, esto está demasiado difícil para mí sola sin ti. Espero que todo este amor que yo siento por ti a cada instante, te llegue estés donde estés y te acompañe. Te adoro, vida mía.

Martes 6 de febrero

Cada día que pasa me parece una eternidad sin ti, no veo el momento de estar juntos otra vez y ser felices como antes; hay momentos en que no entiendo qué es mi vida ahora, una simple sucesión de días y noches sin mucho sentido. Te amo más que a nada en este mundo. Un beso.

Su angustia la llevaba a escribirle palabras de fortaleza, aunque supiera que él no podía leerlas. Fue la manera que encontró para transmitirle calma y que no desfalleciera. Le daba fuerza, aunque ella misma, a veces, no tuviera más:

Viernes 9 de febrero

... Yo sé que tú eres fuerte, pero también sé que no te gusta estar solo, así que recuerda que yo siempre estoy contigo, yo hago lo mismo cuando me acuesto en las noches y nuestra cama me parece un estadio

de lo grande que la veo sin ti, así que cierro los ojos y pienso que tú estás ahí cogiéndome la mano, así como te dormías casi todos las noches.
Te extraño cada segundo de mi vida, te amo.

Domingo 11 de febrero: 69 días

Yo sigo aquí esperándote, pensando en ti dormida o despierta, con
ganas de tener realmente vida otra vez, y es que tú sabes que mi vida eres
tú. Fernando, te amo, creo que más de lo que está permitido.

Viernes 16 de febrero: 74 días

La verdad, mi amor, es que ya han pasado demasiados días sin ti, ya la
fortaleza se me quebró, y todo lo veo complicado, nada me parece fácil,
me estreso con cualquier cosa... ¿Sabes algo? Eres mi vida. Anoche soñé
contigo toda la noche, fueron al principio sueños extraños y enredados,
pero después la cosa se puso buena, fuiste tan tierno y tan espectacular
como siempre, qué falta me haces, me hace falta sonreír a tu lado, extraño
tanto un beso y un abrazo tuyo. Te adoro, vida mía.

El día en que cumplieron diez meses de matrimonio recibió como
regalo una dosis de esperanza a la que se aferró. El portador de las
noticias era Camilo Gómez, que no había descansado en la búsqueda
de la liberación de Fernando:

Jueves 22 de febrero: 80 días

Estuvimos con Camilo en su cuarto, nos contó todo, no me atrevo a
ponerlo aquí, pero parece que las cosas van bien, yo quedé con muchas
esperanzas...Tengamos mucha confianza, mi amor, porque yo ahora sí
veo una luz al final del camino. Me muero de ganas de ti. ¡Te amo! Hoy
cumplimos diez meses de casados, yo estoy absolutamente feliz de ser
tu esposa. Te adoro con todo.

8

Gestiones para mi liberación
El proceso del Caguán

En el momento en que me secuestraron, el gobierno del presidente Andrés Pastrana llevaba a cabo un proceso de paz con la guerrilla de las FARC. Para este efecto había aceptado desmilitarizar una zona de 42.000 kilómetros cuadrados, en nuestros Llanos Orientales, equivalente al tamaño de Suiza, o dos veces el tamaño de El Salvador, que la gente llamó la zona de distensión o del Caguán.

Para el gobierno se trataba de un esfuerzo de fondo para ofrecerle a la guerrilla la oportunidad de integrarse a la democracia. Para la guerrilla no era más que un paso adelante en su estrategia de la combinación de todas las formas de lucha para tomarse el poder.

En lugar de disminuir, las acciones terroristas se incrementaron por todo el país. Tomas de poblaciones, atentados contra la infraestructura petrolera, atentados contra la infraestructura vial y energética, asesinatos y masacres, secuestros y extorsiones. Todos los delitos se incrementaron. Usaron la zona del Caguán como retaguardia estratégica para resguardarse. También se incrementaron las actividades relacionadas con el narcotráfico: aumentaron las áreas de siembra de coca, los laboratorios y las transacciones con narcotraficantes que venían del exterior a concretar envíos de droga con los comandantes guerrilleros.

Las FARC estaban envalentonadas, en su mayor avance militar. Tenían secuestrados a cuatrocientos hombres de la fuerza pública y un volumen altísimo de civiles, muchos de los cuales eran trasladados a la zona del Caguán. En ese momento exigían una ley de canje: que por cada soldado secuestrado se devolviera a un guerrillero preso del mismo nivel.

Pensaban que así obtendrían lo que ellos llamaban el estatus de beligerancia, que les permitiría obtener reconocimiento político de otros gobiernos y comenzar a ejercer como un Estado dentro del Estado colombiano. Eso se convirtió en el centro de su política y recurrirían a todo tipo de acciones terroristas para lograrlo.

El Caguán era el centro de la atención nacional. Periodistas y personalidades de todo el mundo acudían allá, con el beneplácito del gobierno, para ser parte de ese proceso. Incluso, el gobierno organizó una gira de algunos dirigentes de la guerrilla a Europa, para que conocieran modelos democráticos de otros lugares y actualizaran sus conceptos a la realidad mundial. Deseaba que entendieran que la violencia como arma política ya no tenía espacio.

Pero la guerrilla nunca entendió el proceso. Como una primera muestra de su arrogancia y de su ceguera política expidió, en marzo de 2000, la «Ley 02», que causó una situación muy compleja porque era la expresión pública de que las FARC secuestraban y boleteaban. Con esta ley pretendían exigir a los empresarios colombianos el pago de una contribución obligatoria. Quienes no lo hicieran voluntariamente serían secuestrados y obligados a pagar.

En el Caguán se estableció una metodología de trabajo en dos líneas simultáneas. La primera era la mesa de negociación, donde se ventilaban los temas de la paz. La segunda, la mesa paralela, tenía como objetivo definir el tema de los secuestrados. Esta mesa era atendida directamente por Manuel Marulanda, *Tirofijo*, fundador y máximo líder de las FARC.

En las últimas semanas del 2000, las FARC habían realizado unas operaciones supremamente agresivas: el secuestro de Juliana Villegas, hija del presidente de la Asociación Nacional de Industriales, la más poderosa e influyente organización empresarial del país; una semana después mi secuestro y, en los últimos días de diciembre, el asesinato salvaje de la familia Turbay, en una carretera del Caquetá.

El 4 de enero de 2001, Camilo Gómez, alto comisionado para la paz del presidente Pastrana, responsable de estas negociaciones, se reunió con Marulanda:

—Si ustedes no nos dicen qué está pasando con el asesinato de los Turbay, y los secuestros de Juliana Villegas y de Fernando Araújo, el proceso se termina —le dijo en tono amenazante.

Marulanda no contestó.

Pero después, el Mono Jojoy, jefe militar de la organización guerrillera, le dijo sobre mi secuestro:

—Hombre, yo le averiguo.

El 30 de enero el presidente Pastrana, en medio de la crisis del proceso producida por estos hechos y por la falta de avances concretos, tomó la decisión de decirle públicamente a Marulanda que iba al Caguán, para resolver si el proceso seguía o si se acababa. La zona de distensión, que se vencía al día siguiente, fue prorrogada por cinco días.

La reunión se realizó en Los Pozos, y allí, mientras el presidente Pastrana hablaba a solas con Marulanda, Camilo Gómez conversaba, sentado en un tronco, con el Mono Jojoy:

—Sí, nosotros lo tenemos —reconoció Jojoy—. Es por el tema de Chambacú.

—Ustedes no pueden hacer esa cosa —le contestó Camilo—. Fernando es amigo del presidente, mi amigo, ¿cómo van a dejarlo por allá?

Cuando terminaron de hablar el presidente Pastrana y Marulanda, entraron Camilo Gómez y el Mono Jojoy a la oficina donde se había celebrado la reunión. Camilo tomó la palabra:

—Presidente, acabo de hablar con Jojoy, y sí lo tienen las FARC.

El presidente ya lo sabía por las informaciones de la inteligencia militar, pero no había una ratificación pública de parte de la guerrilla.

Jojoy le contestó al presidente que en efecto lo tenían, mientras Marulanda se mostraba evasivo.

—Libérenlo ya; ¿usted por qué tiene a Fernando, que era ministro de mi gobierno? ¿Cómo secuestra a mi amigo y pretende que yo siga negociando con usted? —le recriminó el presidente a Tirofijo.

—Pongamos a Camilo y a Jojoy a ver qué hacen con lo de Araújo —le propuso Marulanda al presidente.

A partir de ese día, Camilo Gómez habló de mi liberación cada vez que se reunió con Marulanda o con Jojoy, pero sólo consiguió evasivas. En abril les insistió:

—Ustedes nada que avanzan en el caso de Fernando —les dijo más adelante.

—Es que eso no lo podemos resolver acá —contestó Tirofijo—, eso lo tiene Iván Márquez.

—Pero ¿usted no es el jefe de Iván Márquez?

—Sí, pero eso depende de él.

—Llame a Iván Márquez y que me diga a qué horas y en dónde, y yo llego allá —dijo Camilo.

—Eso es difícil —replicó Marulanda.

—No, Manuel, usted tiene un compromiso conmigo y usted, Mono, me dio su palabra, antes de entrar a la reunión con Pastrana y con Marulanda, de que iba a hacer algo y hasta ahora nada. Díganme que pasa y si es Márquez, pues no hay ningún problema, yo me voy para donde Márquez.

Marulanda nunca respondió sobre la reunión con Márquez.

—Camilo, es que Márquez está muy metido, eso está muy lejos —diría más adelante.

—¿Cuál es el problema, si yo voy a verlo a usted por allá en la quinta porra? —contestó Camilo, que hacía viajes hasta de ocho horas en carro para ir a hablar con Marulanda y luego otras ocho para regresar.

—Mire, yo para qué discuto con usted, si usted no es el que toma la decisión para liberar a Fernando —le dijo en otra ocasión—. Dígale a Márquez que si tiene los celulares del hotel, que listo; que yo voy y le explico cuál es el error que cometieron con Fernando, porque no tienen ninguna cosa en el tema de Chambacú.

Finalmente, Marulanda embolató el asunto.

9

Marzo de 2001
TODAVÍA EN EL NORTE

La novedad de marzo fue la noticia de la liberación de Juliana Villegas, a quien habían secuestrado unos pocos días antes que a mí. La noticia me hizo abrigar la esperanza de mi posible libertad. Yo estaba seguro de que mi familia estaba haciendo todo lo posible para mi pronto regreso y de que el gobierno, con el presidente Pastrana a la cabeza, no descansaba para ayudarme a regresar cuanto antes. Pero pasaron los días del mes de marzo sin que nada ocurriera.

Hacía mucho calor y los árboles cada vez estaban más deshojados. Así que yo permanecía casi todo el día sentado en la hamaca, bajo mi carpa. Siempre intentaba ganar autonomía. Aprender a poner y quitar la hamaca, la carpa, el toldo para dormir. Pero muchas veces no me dejaban. La orden era que un guerrillero se ocupara de todos mis asuntos.

El 29 de marzo, desde por la mañana, noté los preparativos para otra mudanza. Había más movimientos que de costumbre y un afán superior por recoger todo y ocultar cualquier rastro.

Al caer la tarde salimos de marcha. Al momento de abandonar el terreno Juanita se devolvió a buscar a su mascota. Era una ardillita recién nacida que se puso en el hombro. Me llamó la atención durante los días siguientes el cariño con que trataba al animalito y todas las atenciones que le dispensaba. Para mí fue un descubrimiento ver esas expresiones sentimentales. Hasta entonces me había hecho a la idea de que los guerrilleros eran totalmente insensibles. A partir de entonces comencé a cuestionar cómo era posible que un animal les inspirara ternura y en cambio fueran insensibles ante el dolor de mi secuestro. Ante mi propio dolor y el daño que me estaban causando. No lo comprendía.

Caminamos 4.000 pasos y nos detuvimos durante casi una hora. La noche estaba despejada y se veían las estrellas titilando. María señaló unas luces rutilantes.

—Un lucero —anunció, y explicó su teoría sobre las luces que brillaban en la noche, una mezcla de superstición india y lecturas ilustradas.

Continuamos la marcha otros 5.000 pasos. Me parecía que íbamos en dirección norte, hasta que nos detuvimos en un paraje boscoso, atravesando una cerca. Estaba oscuro y colgaron mi hamaca de dos árboles. Los guerrilleros se acomodaron a mi alrededor. Debía ser cerca de medianoche.

Allí pasamos la Semana Santa. Yo trataba de encontrar pistas sobre mi futuro. Preguntaba por aquí y por allá, con disimulo. Palacios, uno de los guerrilleros de mi guardia, me anunció que de pronto comería dulces en mi casa durante los días santos. Hay una costumbre en la costa caribe colombiana de preparar platos dulces durante la Semana Santa y compartirlos con los vecinos. Me ilusioné y estuve muy ansioso. Pero pasaron los días sin ninguna novedad y me sentí muy triste.

Lloré como un niño; con dolor en el alma.

Un tiempo después comprendí que habían planeado trasladarme en esos días para los Montes de María pero que las condiciones de seguridad en la zona, y en especial en la carretera, no lo permitieron. Palacios, que supo que yo me marcharía, se había imaginado que sería para mi casa, pero me faltaba mucho tiempo todavía.

El 7 de abril volvimos al campamento anterior. Llegué a ilusionarme cuando noté los preparativos para la marcha. Pero mi frustración fue brutal cuando caí en cuenta de que estábamos regresando sobre nuestros pasos, esta vez 4.800; paramos y luego los mismos 4.000 hasta la guarida anterior. No supe qué pensar. La angustia fue descomunal.

La ardillita no regresó; se la comió una boa. Yo sí regresé a mi rutina. Los mismos ejercicios en el mismo lugar. La rutina de respiración diafragmática. Hablar con Gabriel, con Mau, con Alexander, con Jerry o con Palacios.

Recuerdo un par de anécdotas de estos días. Me contó el Muñeco sobre un mensaje de mi hijo Sergio: «Papi, metí un golazo jugando en el colegio». Lo celebré con alegría y lloré de nostalgia.

La otra anécdota es que decidí escaparme en la noche aprovechando la oscuridad. Coloqué la carpa lo más bajo que pude para que no se notaran mis movimientos y practiqué con cuidado cómo bajarme de la hamaca sin mover los árboles que la sostenían. Como me escondían mis zapatos en la noche me puse dobles medias.

Con todo el cuidado que pude me salí del toldo y de la hamaca. Primero una pierna, sin ruido. Después me senté. Los pies en el suelo; me paré. Ahora, a salir de la carpa, de rodillas. Lo logré y comencé a avanzar. Otra vez de pie, en la oscuridad, hasta un árbol dos o tres metros adelante.

No pude seguir sin hacer ruido porque el suelo estaba lleno de hojas secas que crujían bajo mis pies y tuve que deshacer mis pasos. Pero me hice el propósito de estudiarlo mejor y reintentarlo.

Así fue. Al día siguiente intenté aprenderme de memoria el camino. Dos pasos adelante, uno a la izquierda, dos más al frente, y así, en detalle. Y en la noche, otra vez me aventuré.

Tenía todo muy estudiado y puse manos a la obra. La salida de la hamaca, bien. La salida de la carpa, bien. Los primeros pasos, bien.

Y de pronto, el sonido de los pasos del relevante y la luz de su linterna.

Regresé de prisa a la hamaca, tosí y dije:

—Voy a tomar agua.

La relevante, que era Érika, me contestó:

—Tranquilo, toma la que necesites.

Érika se fue y yo volví a acostarme.

En los días siguientes le di muchas vueltas al asunto pero no tuve el coraje de intentarlo de nuevo. Me parecía imposible salir, en medio de la oscuridad, sin hacer ruido, sin tropezarme con la vegetación y poder caminar mucho tiempo sin zapatos. «Por aquí no es el camino», me dije. Tendría que idear otros planes.

Llegó el 1º de mayo. Ese día Mau me preparó una silla. Quedó majestuosa, y me disponía a disfrutarla cuando llegó la orden de trasladarnos. Fueron sólo doscientos metros, así que al día siguiente Mau me trasteó la silla y organicé mi caleta, y ¡oh sorpresa!, me llegó un libro de química, además de manzanas y uvas. No lo podía creer. Y panes y arequipe.

Ordené mi mercado sobre unas piedras y me dispuse a revisar el libro.

Era un libro de química básica de quinto de bachillerato que empecé a estudiar, en un programa de dos horas diarias. Así me duraría más.

Completaba mis horarios de la mañana: ejercicios de 6:00 a 8:00 a.m., tareas varias hasta las 10, estudio de química hasta el almuerzo. Por las tardes: ejercicios de respiración diafragmática, tedio programado; meditaciones, oraciones, la comida y a dormir. A medida que me ocupaba iba ganando en serenidad.

Estudié el libro de química con mucha atención. Hice todos sus ejercicios, me aprendí de memoria la tabla periódica, con sus números atómicos y demás calidades básicas. Cuando me despertaba a medianoche, en lugar de contar ovejas, la repasaba hasta volver a dormirme.

Era una dicha para mí poder distraerme pero me preocupaba terminar el libro y quedarme sin nada que estudiar, así que cada tres lecciones retrocedía. Le saqué todo el provecho que pude y lo conservé hasta cuando me mudaron a los Montes de María.

Para estos días ya había recuperado mucha autonomía mental. Meditaba profundamente sobre mis posibilidades de regresar pronto y tenía la idea de que era cuestión de un poco de paciencia y confianza en la gente que me quería. Recordaba mis lecturas inspiradoras y todo lo que había aprendido en mi proceso de superación personal y crecimiento continuo.

Revisé mis retos y decidí seguir con mis objetivos de vida.

Un tiempo atrás, tratando de encontrar el sentido de mi vida, en un proceso de autorreflexión, había decidido que me dedicaría a crecer y a compartir mi crecimiento con mis semejantes. Ahora no iba a renunciar a mis metas. Daría lo mejor de mí para seguir creciendo y para ser cada día mejor. Sería una mejor persona cuando regresara a mi hogar.

Recordaba el ejemplo de Viktor Frankl, al que había conocido en las lecturas de Stephen Covey, quien a pesar de haber estado preso en los campos de concentración nazi y haber sido sometido a torturas, nunca había renunciado a su libertad interior.

Yo tampoco renunciaría. Nunca me dejaría secuestrar mentalmente. Conservaría mi capacidad de escoger mi comportamiento ante la adversidad, ante el maltrato, ante las dificultades, ante el odio.

Era el momento de ser yo mismo. De responder auténticamente a este reto que la vida me imponía. Era el momento de afirmarme en los principios que regían mi vida y que venía cultivando.

Me daba vueltas en la mente la frase que había leído en el libro de Covey: «Si la vida te da limones, haz limonada».

Decidí cultivarme interiormente. Había aprendido de la biografía de Benjamín Franklin el valor de las virtudes para crecer y ser una mejor persona. Me esforzaría en ser prudente, generoso, valiente, paciente, positivo, creativo, humilde, fuerte. Trataría de aprender todo lo que pudiera. Y nunca me permitiría perder la esperanza. «Se recoge lo que se siembra», es la ley de la cosecha. Sembraría con mi actitud, con mi ejemplo: respeto, orden, disciplina, serenidad, pulcritud, honestidad intelectual, amabilidad, gratitud, paciencia, amor al prójimo.

«¿Cómo ser un buen padre o un buen hijo estando secuestrado?», me preguntaba en mis cavilaciones.

«Actuando siempre de manera que mis hijos, que mis padres, que mis hermanos, que mis amigos, se sientan orgullosos de todo lo que haga en este trance de mi vida, si algún día lo conocen», me respondí.

Estos pensamientos marcaron mi determinación de superar esta experiencia sin renunciar a mis convicciones.

Ya tenía un norte. Ya sabía para dónde iba. Me propuse un objetivo principal: regresar sano y salvo a mi hogar, siendo una mejor persona. Me comportaría siempre de acuerdo con mis principios, con los valores que aprendí en mi formación cristiana.

Por estos días comenzaron las lluvias. Me llamó la atención la actitud de los guerrilleros con el agua y la forma como se esforzaban para almacenarla y aprovecharla. Para ellos la lluvia era una fiesta. Había muy poca agua en la región en los meses secos y pasaban semanas enteras sin conseguir más que para beber y cocinar. Por eso yo pensaba que el control de las escasísimas fuentes de agua les permitiría a los militares expulsar a los guerrilleros de esos terrenos. Me sorprendía que no lo hicieran.

Definitivamente, la lluvia era una fiesta. La mayoría de los guerrilleros suspiraban por ella y cuando caía la recogían en sus carpas, lavaban la ropa, se bañaban y la guardaban con celo para que les durara el máximo tiempo posible. Viendo su actitud al llover pensé que allí se me presentaba una oportunidad para escaparme, porque se relajaba la vigilancia sobre mí, y me dediqué a esperar a que se me presentara una ocasión para aprovecharla.

Fue otro motivo de frustraciones, pero muchas veces soñé con esa posibilidad.

Por esos días sufrí el primer ataque de pachacas. Son hormigas que se comen la ropa durante la noche. Fue después de una marcha nocturna en la que instalaron mi hamaca en medio de la oscuridad y mis zapatos y mi tula quedaron en el suelo. Al levantarme en la mañana las pachacas los habían invadido y se habían comido mis calzoncillos, mis camisas y mi sudadera. Además del susto, quedé con la ropa llena de agujeros.

Había alertas con frecuencia. Desplazamientos silenciosos. Cuidados excesivos. Palacios me contó que por radio habían informado del ingreso a la zona de una operación militar para rescatar a un secuestrado.

—Muy bobos —me dijo—. Cuando anuncian sus acciones nos dan tiempo de cambiar de lugar.

Y eso hicimos.

Estuve muy atento por los días de mi cumpleaños para ver si me comentaban algún mensaje. Palacios era mi nueva fuente de información. Por él supe que se había organizado una marcha para exigir mi liberación a los seis meses de mi secuestro.

Con él intenté una acción similar a la que hice con Gabriel y aunque alcancé a avanzar un poco, no logré concretar nada porque lo sacaron a buscar «economía», o sea, alimentos, y no lo volví a ver.

Después de su salida, mi contacto fue Juanita, a quien sólo veía ocasionalmente cuando remplazaba a algún guardia ocupado. Le pedí que estuviera pendiente en esos días para ver qué mensajes me enviaban.

La vi a principios de julio y me actualizó. Me dijo que durante varios días me habían enviado algunos mensajes de apoyo, de felicitaciones, y me dio un dato muy importante: me dijo que en los próximos días me iban a entregar.

—Pero no a su familia. Será a otro grupo para que lo cuide —me aclaró.

Esta información me preocupó y me produjo una enorme ansiedad. Pero cuando llegó la fecha del traslado, el 11 de julio, no me cogió desprevenido.

Ese día, Jerry me anunció:

—Buenas noticias, te vamos a entregar.

Le di las gracias y traté de mostrarme alegre aunque cauteloso para no delatar a mi informante anterior.

A medianoche me trasladaron. Caminamos hasta las seis de la mañana. Me escoltaron Juancho, Cambalache, Jerry, Gabriel, Mau y el Flaco.

El 12 y el 13 estuvimos quietos, a la espera de noticias. El 14 de julio, sábado, me sacaron a un camino. Cambalache y Jerry me escoltaron y me entregaron a King, que me obligó a subir a una *pick-up* roja, de estacas.

King, amenazante y con la cara tapada, me mostró una granada de fragmentación que tenía en la mano y con la otra mano me ordenó embarcarme en la camioneta.

En la cabina íbamos el conductor, un miliciano y yo. Atrás, King y otro miliciano. Todos vestidos de civil pero con pistolas y granadas. Yo cargaba una bolsa con un cepillo para peinarme, una cuchara, el cepillo de dientes y la crema dental.

Antes de entregarme, Juancho me había dado instrucciones. Me dijo que tenían a Mónica, mi esposa, y a mi hijo Manuel, y que si yo intentaba algo, ellos pagarían las consecuencias. Pero no le creí. También me dijo que me llevarían a un nuevo lugar para negociar mi rescate, que me tratarían bien, que no me preocupara.

Yo no podía creer lo que estaba viviendo. Me trasladaron a plena luz del día, con un cinismo total. Trabajaba febrilmente tratando de idear como fugarme. Llamar pidiendo auxilio, empujar al conductor, encontrar una patrulla, algo, algo.

Salimos a un poblado que reconocí. Era Arjona, municipio del norte de Bolívar, cercano a Cartagena. Allí hicimos una parada para recoger dos refuerzos que se subieron a la camioneta en la parte trasera. King se pasó como parrillero a una moto con la granada en una mano y la pistola escondida en una cartera.

Salimos a la Troncal de Occidente. Por orden de King, el conductor se detuvo y él retrocedió en la moto hasta una tienda; una venta de carne de res fresca. Allí entregó una tula y conversó con el tendero.

Tomé nota del lugar, pensando que a mi regreso lo informaría a las autoridades.

Mis esperanzas se centraron en Gambote, el puente para cruzar el canal del Dique. Recé para que allí hubiera un retén militar. ¡Vana ilusión!

Estos señores conocían muy bien la carretera y habían esperado pacientemente hasta que estuviera libre para hacer mi traslado. Sin embargo, al llegar al peaje vi a dos policías. Un hombre y una mujer. Tuve la ilusión de que la mujer fuera Patricia, una suboficial joven a quien yo conocía. Pero no era.

Cuando nos acercamos, el policía hizo una señal para que nos detuviéramos y se dirigió al conductor. La joven policía entró a la caseta que estaba a su lado.

«Aquí está mi oportunidad», pensé, y comencé a gesticular mirando al policía para llamar su atención. Éste pidió ver los documentos del vehículo y los del conductor. Me imaginé que iba a ordenar una requisa, que nos bajáramos del vehículo, y continúe gesticulando para que me reconociera.

No hizo nada. Se limitó a preguntar acerca de nuestro destino.

—Vamos a una mudanza a María La Baja —contestó el conductor y el policía nos dejó continuar.

Yo quedé perplejo. Me pareció todo muy extraño, pero supuse que no me pudo reconocer por mi mal aspecto, flaco, sin afeitar, sucio y desarreglado. Sentía que ese día me habían vuelto a secuestrar. Que arrancaba de cero. Que los siete meses anteriores los había perdido por completo. Sentía ganas de llorar de la desesperación.

10

La soledad de Mónica

Mónica sentía la cercanía de la gente que hacía una u otra cosa para acompañarla en la angustia. Pero la soledad terminaba siempre por consumirla:

VIERNES 2 DE MARZO DE 2001: 88 DÍAS

Este fin de semana no viene mi familia, así que voy a estar un poco sola en estos días. No hago otra cosa que pensar en ti, en cómo estarás, si te tratan bien o no, si por lo menos pudiera escuchar tu voz un instante, o verte en una fotico, no sé, cualquier cosa, te extraño cantidades enormes, y te amo aún más.

La liberación de otros secuestrados la llenó de esperanza. Suponía que lo mismo ocurriría con su esposo muy pronto, pero la ilusión nuevamente se convertiría en tristeza:

SÁBADO 3 DE MARZO: 89 DÍAS

Amor mío: ayer muy temprano me enteré de la liberación de Juliana Villegas. Por supuesto llamé a tus hermanos, papás, a Lue. Todos estamos muy contentos e ilusionados con el hecho de que suceda lo mismo contigo muy pronto, especialmente porque después de la conversación con Camilo Gómez lo de Juliana era de esperarse y lo tuyo también lo es. En el momento en que me enteré no podía dejar de llorar, era una mezcla de emociones, alegría por ella y Luis Carlos, ilusión porque podía suceder lo mismo contigo, y tristeza porque no fue a ti a quien liberaron.

DOMINGO 4 DE MARZO: 90 DÍAS

Quiero que tengas la total seguridad de que aunque no estés, yo sigo aquí esperándote y amándote cada día más que el día anterior, tú eres mi vida y mi amor.

El secuestro de una persona acaba con la paz familiar. La paranoia hace de las suyas con los demás, y eso la angustiaba, sobre todo que los niños no pudieran seguir su vida con tranquilidad:

MARTES 6 DE MARZO: 92 DÍAS

Ayer sucedió algo que me dio mucha tristeza: en la mañana me llamó Lue a mi celular para decirme que estaba en un supermercado haciendo compras, y que un tipo como raro lo seguía a todas partes, y que esa persona no estaba comprando nada, que estaba nervioso, que qué hacía. Yo por supuesto me preocupé cantidades, pero me acordé de que en esos sitios ponen unos supervisores para vigilar que la gente no se robe las cosas, así que le dije que se acercara al gerente o algún trabajador de allá y preguntara quién era ese señor. Al minuto me volvió a llamar para decirme que efectivamente era un supervisor del almacén, y que ya estaba más tranquilo. Me da tristeza que vivamos así, pero especialmente ellos, los niños, pero lo que hizo está muy bien, me demuestra que está alerta. Yo me pregunto ¿qué vamos a hacer cuando tú regreses, cómo haremos para tener una vida tranquila para nosotros y ellos?

Las semanas se le habían convertido a Mónica en una sucesión de días sin mucho sentido. A la tristeza que colmaba sus horas se le sumaba el dolor de imaginar la soledad de su marido y las dificultades que seguramente estaba enfrentando:

MIÉRCOLES 7 DE MARZO: 93 DÍAS

Yo pienso absolutamente todo el día en ti, pero en la noche, cuando ya apago el TV, me quito las gafas y me acomodo para dormir, ese momento es desgarrador, porque veo mi cama tan vacía, porque no entiendo qué sucede, por qué no estás junto a mí. Las últimas noches han sido insoportables, al final, y muy tarde, me quedo dormida del cansancio de tanto pensar en ti, cómo estarás, qué sentirás, en qué piensas, qué piensas cuando te acuerdas de mí. Si cuando te tenía junto a mí pensaba que tú eras todo para mí, ahora que no te tengo estoy completamente segura de que es así. Yo sé que para ti debe ser mucho más difícil que para los que estamos acá, tú estás solo, sin comodidades, entre extraños, y todo eso, saberlo, lo único que logra es desgarrarme el corazón, porque tú sabes que yo hago cualquier cosa por verte y sentirte feliz. ¿Sabes por qué? Porque TE AMO.

Las emociones cambiaban de un día para otro. El tránsito de la ilusión a la desolación, de la fuerza a la impotencia, de la risa al llanto estaba condicionado por una llamada, una noticia, o por la simple y humana razón de ver pasar los días sin que nada significativo ocurriera:

SÁBADO 10 DE MARZO: 96 DÍAS

Amorzote: ayer estuve toda la mañana en la casa trabajando. Maturana vino a visitarme un rato, ha estado superpendiente de lo tuyo. Al mediodía llamaron aquí a la casa, yo contesté, el tipo me dijo que era quienes te tenían, que son de las FARC, que quieren negociar, les pedí una prueba de supervivencia, me dijeron que sí. Yo realmente pensé que eran los mismos que habían llamado hace unos días y habían resultado ser unos extorsionistas comunes que no tenían nada que ver contigo. De todas formas traté de hablar lo más largo posible, me demoré como diez minutos y los derivé a hablar con nuestro negociador. Por supuesto cuando colgué, llamé al Gaula, ellos vinieron y se llevaron la grabación de la conversación. Más tarde me llamó el mayor del Gaula para decirme que la llamada provenía de la misma zona de las llamadas a Gera y a nuestro negociador, así que es muy posible que sí sean los secuestradores; yo espero que así sea, porque ya tenían cinco semanas sin llamar, pero no entiendo por qué a mí, y no llamaron directamente al negociador. En fin, hay que esperar a ver si vuelven a llamar.

DOMINGO 11 DE MARZO: 97 DÍAS

En la tarde me llamó Camilo Gómez que está aquí en Cartagena y se quería reunir conmigo en el Hotel Las Américas. Yo llamé a Gera y a tu papá y nos fuimos para allá. Nos contó que estuvo otra vez reunido con los tipos altos de allá, que siguen esperando que llegue el informante de ambos lados, que tenemos que esperar, que es posible que en esta semana que empieza ya se defina algo, y que él apenas le definan algo me contará, me dio su e-mail supersecreto donde le escribe una sola persona y ahora yo. Te amo, mi corazón, y cada vez que me reúno con Cami, siento que tu regreso está cerca. Ojalá así sea porque me muero por tenerte conmigo.

MARTES 13 DE MARZO: 99 DÍAS

Se me olvidó contarte que los tipos que me llamaron aquí a la casa, al día siguiente llamaron a nuestro negociador y le pidieron 500.000 dólares por la prueba de supervivencia; por supuesto él se negó, y es que están absolutamente locos, a mí me parece que no son los reales, pero igual hay que esperar a ver qué pasa. No te imaginas lo difícil que es para mí tener todas las comodidades que tú no tienes en estos momentos, es difícil saberte alejado de toda tu gente allá donde estés, y aunque sé que no es mi culpa, es bastante complicado manejar toda esta situación. Cada día te extraño el doble que el día anterior, así que imagínate cuánto te extraño en este momento; si tan sólo pudiera decírtelo, y saber que tú lo has oído. Araújo, no te imaginas lo tragada que estoy de ti, te amo con todo mi corazón.

MIÉRCOLES 21 DE MARZO: 107 DÍAS

Lo siento, mi amor, pero la verdad es que estoy vuelta nada, totalmente deprimida, no me salen las palabras para escribirte como todos los días. La verdad fue que estuve llorando toda la noche montada en el mueble de nuestro baño, sí, debo estar loca, no sé hasta qué hora estuve allí, no sé a qué hora el sueño me venció, sólo sé que hoy no me sale nada que no sea rabia y dolor, perdón por esto, pero estoy vuelta mierda. ¡TE AMO!

LUNES 26 DE MARZO: 112 DÍAS

Corazón mío: ayer al mediodía me llamó un señor aquí a la casa, que se identificó como el conductor de Carlos Espinoza, dice que tú lo conoces, se llama Wilman, y me dijo que venía de Barranquilla, y que Orlando Rodríguez, el concejal que estuvo secuestrado en lo de la ciénaga El Torno y cuyo hijo es el único que no han liberado, que ese señor quería hablar conmigo, con nadie más, y me mandó un teléfono fijo en Barranquilla para que lo llamara. Yo lo estuve llamando toda la tarde pero nadie respondió, así que hoy volveré a intentarlo. Por fin me contestó los *e-mails* Camilo Gómez. Me dice que no ha sucedido nada nuevo, por lo tanto ha decidido cambiar de estrategia, y ahora sí quiere utilizar aquella famosa carta que nosotros tenemos de la familia de uno de los cabecillas de las FARC, y que Jorge Tawa llevó al Caguán pero no se pudo encontrar con el indicado. Pues parece que Camilo quiere llevarla él mismo esta semana, estoy esperando que me dé instrucciones para saber qué debemos hacer. No sabes las ganas que tengo de salir corriendo a buscarte: si sólo supiera hacia dónde debo coger, te juro que Forrest Gump sería una tachuela a mi lado. Te amo, Araújo, con todo mi corazón, mi alma, mi mente y mi cuerpo, que por cierto este último se muere de ganas de ti.

Sentir que habían pasado casi cuatro meses sin volver a ver a Fernando la estaba desgarrando por dentro. Extrañaba todo de él, la vida cotidiana que habían empezado a construir en los siete meses que llevaban casados:

DOMINGO 1° DE ABRIL: 118 DÍAS

Me hacen tanta falta nuestros detalles: oírte decir que tú eres un man serio, saber cuántos kilómetros corriste, que me despiertes a las 5:00 a.m., oírte los cuentos de tu trabajo, que escuches mis problemas y me ayudes, que me cojas de la mano cuando caminamos, que me digas en el carro que el lugar de mi mano es en tu pierna, que te asomes mientras yo me baño y digas «pensar que todo eso es mío», que me desfiles en las noches o en el día cuando te quitas la ropa, que me beses, que me abraces, que me digas que me amas, yo decírtelo a ti, poder mirarte mientras duermes o trabajas. ¡Por Dios, tú me haces falta para vivir!

Mónica viajó varias veces a Bogotá para reunirse con Camilo Gómez y con todo el que le diera la mínima posibilidad de ayudar en la liberación de su marido. Pero la angustia la acompañaba a donde fuera, dormida o despierta, como un equipaje demasiado pesado:

JUEVES 19 DE ABRIL: 136 DÍAS

Hoy me siento muy triste, estuve soñando toda la noche contigo, en las condiciones que te tenían, lo triste que te veías en mi sueño; esto me está matando, Fernando, hay momentos en que creo que no podré un segundo más estar sin ti, esta incertidumbre, ¿para qué, hasta cuándo? Esto es horrible, pero lo peor es saber que para ti es más terrible. Tengo tanto amor para ti, sólo para ti, que no sé dónde meter tanto sentimiento y sensaciones. ¡Te amo!

Aunque sospechaban quiénes tenían a Fernando, la incertidumbre se despejó sólo unos días antes de que cumpliera cuatro meses en cautiverio. La simple certeza le abría a la familia una puerta por donde se colaba una luz de esperanza:

SÁBADO 21 DE ABRIL: 138 DÍAS

Mi amor: qué día el de ayer. Tempranito me metí en mi *e-mail* secreto y encontré mensaje de Camilo Gómez donde me cuenta que al fin esos tipos aceptaron ser tus secuestradores, e incluso aceptaron que es el grupo de Iván Márquez el que te tiene. Yo llamé inmediatamente a Gera y a tu papá, ellos se vinieron para acá y le contestamos que esa información es buenísima y que Gera y yo estamos dispuestos a reunirnos con él cuando quiera y donde quiera para comentarle que hay una serie de personas muy importantes que se vienen ofreciendo para ayudar, que sólo esperábamos saber quiénes te tenían para escoger quiénes pueden servir, y que no debemos desestimar la gran ayuda de estos personajes.

El día de su matrimonio había sido uno de los más felices de su existencia. Jamás pensó que la vida le impediría celebrar su aniversario al lado del hombre que tanto amaba. Contrario a lo que había soñado, ese día sentía un dolor incurable:

Domingo 22 de abril: 139 días

Hace exactamente un año fue uno de los días más felices de mi vida, me estaba casando con el único hombre que he amado realmente; se suponía en ese entonces que un año después estaríamos felices celebrando nuestro primer aniversario, pero en cambio de eso lo que estamos viviendo lo hace uno de los días más tristes de mi vida. Cómo quisiera que estuvieras aquí para celebrarlo y yo poder decirte: ¡Feliz Aniversario! Pero no puedo, esto es muy berraco, mi amor, te juro que estoy cansada de tanto dolor, tanta angustia, y tantos problemas y responsabilidades. Te necesito, Araújo, en verdad te necesito con el alma. Te amo, y en medio de todo, estoy feliz de ser tu esposa, gracias por hacerme una mujer amada.

Los oportunistas que llamaban a pedir plata por la liberación de un secuestrado que no tenían, abundaban. Por eso, las llamadas de desconocidos, más que darle esperanzas, la llevaban a la confusión y a la rabia:

Martes 24 de abril: 141 días

(...) Volvieron a llamar, ahora era otra voz; me dijo que tú me mandabas saludos, que ellos eran de las farc y que tenían todo listo para entregarme una prueba de supervivencia, que le dijera a José Cruz que estuviera pendiente, que lo iban a llamar al celular para indicarle dónde la podía recoger. En seguida llamé a Gera, a Cami y al mayor del Gaula, y ellos se vinieron para acá; el pobre Cami ya estaba acostado, pero bueno, escucharon la grabación de las dos llamadas, discutimos las posibilidades, y parece que no tienen nada que ver.

DOMINGO 29 DE ABRIL: 146 DÍAS

Ayer me llamaron los tipos extorsionistas. Uno de ellos me dijo que él era un guerrillero que quería desertar e iba a aprovechar para sacarte, que yo le diera quince millones para viáticos y listo. Puro cuento, ese tipo está en la cárcel en Barranquilla. Qué miserables.

DOMINGO 13 DE MAYO: 160 DÍAS

Aún es domingo, son las 6:00 p.m. Está cayendo un aguacero tremendo, así que todo está gris, como mi corazón y mi alma; estoy demasiado triste, demasiado sola, por eso volví a buscar el cuaderno para escribirte, así me siento un poquitico más cerca de ti. Necesito saber de ti, estoy muy mal y muy cansada. No le encuentro sentido a nada, me parece increíble que cuando encuentro a la persona que amo, cuando todo parece ser felicidad, y me siento una mujer dichosa y completa, entonces sucede, me quitan todo lo que necesito para ser feliz; no lo puedo entender, no lo quiero aceptar, no sé qué hacer, estoy cansada de tener paciencia, estoy agotada de esperar y al final nada sucede: DIOS, CÓMO TE NECESITO JUNTO A MÍ. ¿HASTA CUÁNDO?

Cuando ya se iban a cumplir seis meses desde el secuestro de Fernando Araújo, los amigos de toda la vida empezaron a cocinar la idea de hacer una marcha para pedir su liberación. Sentían que no podían ver correr el tiempo sin hacer nada para traerlo de vuelta:

MARTES 15 DE MAYO: 162 DÍAS

(...) cuando iba entrando a Puerto Rey, me llamó Toya Maldonado para decirme que ella quería organizar una marcha por ti. Después de almuerzo estuve hablando un rato con Ferni, a quien invité a que fuera conmigo a la reunión donde Toya, así que fuimos juntos. No te imaginas todo lo que demanda organizar eso, todos escucharon atentamente mis ideas; por ejemplo, ellos sólo lo querían hacer en Bocagrande, y yo les pedí que nos fuéramos hasta el centro, así que vamos a llegar a la plaza de la Aduana.

MARTES 22 DE MAYO: 169 DÍAS

Bueno, ahora a las 9:30 a.m. tengo rueda de prensa con todos los medios de comunicación para lo de la marcha, ellos son fundamentales para que esto funcione. Ojalá colaboren como esperamos, así que deséanos suerte. TE AMO - TE ADORO - TE EXTRAÑO - TE NECESITO - TE DESEO. No me canso de decírtelo y mucho menos de sentirlo.

Si se lo hubieran permitido, Mónica habría ido hasta el mismo Caguán para hablar con los jefes guerrilleros que le habían arrebatado la felicidad a su vida. Ella sólo quería tener a Fernando de vuelta y recomenzar:

Miércoles 30 de mayo: 177 días

Ayer estuve totalmente vuelta nada, lloré esta vida y la otra; es que estoy desesperada, Araújo, no sé qué hacer y necesito que pase algo bueno contigo, pero ya, te quiero conmigo aquí, pero ya, necesito tus besos y que me ames, pero ya.

Jueves 31 de mayo: 178 días

El tipo que me llama, «Carlos», quien supuestamente me iba a traer una prueba de supervivencia tuya, se desapareció; ni vino, ni me ha llamado.

Domingo 3 de junio: 181 días

Ayer se dio el primer acuerdo para el canje. Gerardo está convencido de que con eso tú estarás libre en quince días. Tu papá también me llamó muy contento con el cuento, yo no estoy muy segura que por lo uno ocurra enseguida lo otro. Anoche me llamó Camilo, acababa de llegar del Caguán de lo del acuerdo, para decirme que a pesar del enredo en el que anda, no se ha olvidado del tema, él tampoco cree que haya una relación directa entre el canje y tu liberación, quedó en escribirme un *e-mail* hoy. Anoche encontré dos mensajes en mi buzón de «Carlos», donde dice que lo llame, que ya tiene en sus manos la prueba de supervivencia, así que voy a discutir con Gera ahora para llamarlo y citarlo.

Lunes 4 de junio: 182 días

En algún momento después de la misa, Nohra me abrazó y nos pusimos a llorar como dos chiquitas; ella me dice que el otro día vio las fotos de ustedes en el viaje a México, y que no soportó y se puso a llorar, esa mujer te quiere mucho. Hoy lunes, hace exactamente seis meses, nos separamos de la peor forma posible, nunca creí que pudiera pasar tanto tiempo sin ti, pero me imagino que me alimento del recuerdo de tu fortaleza. Araújo, hazme saber que estás bien. Son seis meses, son 182 días sin ti, que eres mi felicidad, eres mi alimento, mi energía, mi todo. Tú eres mi vida y mi amor. ¡TE AMO!

Viernes 8 de junio: 186 días

Pero este tipo («Carlos») me dejó como las novias de Barranca, no apareció, no llamó, nada, supongo que eso es parte del *show*, yo realmente quería ver la bendita prueba, creo que eso me va a ayudar a sentirte más cerca y además saber que estás bien. Se me olvidaba contarte: ayer, al final de la mañana, vino a la casa Augusto Ramírez Ocampo, vino con Juanqui. Ese tipo es espectacular, qué gran señor, no hace sino hablar maravillas de ti, dice que en el ministerio te adoran, te recuerdan todo el tiempo, él ya no es el ministro, pero me dijo que iba a llamar para confirmar una gente que viene del ministerio para la marcha. Me llamó Néstor H. Martínez para confirmarme que él y Claudia van a marchar con nosotros. Hablé con Chicho, él y Hernán Guillo vienen hoy, anoche debió llegar Tico y mañana viene Carlitos Otero; se está juntando tu combo maravilla.

El cariño de los amigos y la solidaridad de los cartageneros se reflejaron en las calles teñidas de blanco:

Domingo 10 de junio: 188 días

Lo que diga es poquito, no puedo contarte lo que fue esa marcha. Según los noticieros asistieron más de 5.000 personas. No te imaginas el río de gente, cinco cuadras seguidas repletas de gente. En verdad no puedo contártelo, ya lo verás en la grabación. Esto fue espectacular. ¡Te amo y te adoro!

Las visitas de Camilo Gómez al Caguán eran una llamita que iluminaba los oscuros días que vivían Mónica, los niños y toda la familia. A pesar de los portazos de las FARC, prevalecía la ilusión:

Viernes 15 de junio: 193 días

Yo me había pasado los últimos tres días tratando de conseguir una cita con Camilo Gómez, y por fin me llamó él mismo anoche. (...) Me pude desahogar con él, realmente no tiene nada nuevo, lo único es la posibilidad de que este fin de semana, cuando esté recogiendo a los soldados que van a liberar en el intercambio, se pueda ver con Iván Márquez, quien según Marulanda, quiere hablar con Cami sobre lo tuyo. Eso sería lo mejor que podría ocurrir en estos momentos, porque yo sé que Camilo aprovecharía muy bien esa conversación.

Si todo este despelote no me hubiera cogido tan tragada de ti, la cosa sería más fácil, pero para males míos estoy perdidamente enamorada de ti. ¿Qué hago con todo este amor y estas ganas de ti? Te adoro, Araújo, en verdad te adoro.

JUEVES 21 DE JUNIO: 199 DÍAS

Ayer me llamó Camilo Gómez para decirme que no se vio con Iván Márquez, pero que en esta semana o el fin de semana va para el Caguán y se va a ver con Marulanda y nuevamente le preguntará por ti.

VIERNES 22 DE JUNIO: 200 DÍAS

Me parece imposible aceptar que llevamos 200 días separados, esto es demasiado, me siento tan impotente, quisiera hacer tantas cosas por lograr liberarte, sacarte de donde estás, traerte conmigo y vivir nuevamente mi vida junto a ti, te quiero aquí. Amor mío, hoy cumplimos catorce meses de casados, y la mitad ha sido separados, pero eso lo único que ha hecho es que te ame aún más, espero que a ti te esté pasando lo mismo. Te extraño, mi vida, necesito tanto que me mires a los ojos y me digas que me amas. (...) Necesito estar junto a ti.

MIÉRCOLES 27 DE JUNIO: 205 DÍAS

Me acabo de levantar, son las 5:15 a.m., hoy es tu cumpleaños: te deseo muchos más... Pero junto a mí. TE AMO - TE ADORO - TE EXTRAÑO - TE NECESITO - TE DESEO - TE SUEÑO - TE ESPERO...

Cuando el sentimiento de impotencia empezó a ganarle la batalla, porque las gestiones del gobierno no daban frutos y los guerrilleros evadían cualquier posibilidad de hablar sobre el secuestro de su marido, Mónica estaba decidida a enfrentarlos como fuera:

MARTES 3 DE JULIO: 211 DÍAS

Ayer a las 11:00 a.m. me reuní con Camilo Gómez (...) me contó que no se pudo ver con Iván Márquez pero que la semana pasada habló con Manuel Marulanda y le preguntó por ti y éste le dijo que le va a conseguir y cuadrar una cita con Iván Márquez Yo le comenté que ya estoy desesperada y que deseo presionar a esos tipos y desenmascararlos ante el país con lo de tu secuestro, pero él me pidió que le diera ocho a diez días para lograr la reunión, y que si eso no sucedía él estaba de acuerdo en que los presionemos por todos lados. Voy a tratar de cuadrar reunión con Gera y el comité, igualmente con toda la familia para definir posiciones y estrategias de aquí en adelante. Te amo, vidita mía, y te voy a sacar del sitio donde te tengan metido.

DOMINGO 15 DE JULIO: 223 DÍAS

Anoche sentí demasiada soledad. Esto es horrible, Araújo, y me imagino que tú la pasas peor, lo cual me angustia aún más.

Araújo, te amo tanto que ahora mismo me hace daño.

MARTES 17 DE JULIO: 225 DÍAS

... llamé a Camilo Gómez, no te imaginas la decepción cuando me dice después de dieciocho días de no hablar que no tiene nada, que Marulanda no le ha dado la cita con Iván Márquez y que él considera que mi propuesta de utilizar otras estrategias se debe iniciar. Es increíble pero las FARC les han tomado el pelo a Camilo Gómez y a Andrés todo el tiempo con lo tuyo. Corazón, yo no sé qué vamos a hacer, pero pienso empezar a moverme por todos lados, por donde pueda entrar voy a hacerlo. Te amo, Araújo, y estoy desesperada porque regreses junto a mí, junto a todos nosotros.

11

La marcha de junio de 2001 en Cartagena

Como se ve en los diarios de Mónica, a mediados de mayo, cuando estaba por cumplir seis meses de secuestrado, algunos amigos de la familia, como Toya Maldonado, Clímaco Silva, Sonia Londoño y María José Bustillo, tuvieron la idea de organizar una marcha para exigir mi regreso y el de las otras personas secuestradas.

Mis hijos, especialmente Ferni, que vivía en Cartagena y tenía el entusiasmo de un joven de dieciocho años, se metieron de lleno en la organización. Ferni fue a los colegios a pedir que los alumnos participaran, habló por televisión y convocó a todos los que pudo. Él y todos los amigos, que todavía desconocían la implacable dureza de los corazones de mis captores, esperaban que quienes me tenían se dieran cuenta de que toda la familia me necesitaba.

La caminata solidaria, como se llamó el acto, era también una manera de avivar la fe de mis familiares, que en ocasiones se veía duramente golpeada por el paso de los días sin ninguna noticia sobre mí. El objetivo era que la marcha fuera un mensaje de doble vía: para mí y los demás secuestrados, un mensaje de cariño y apoyo. Para los secuestradores, uno de repudio.

Se unieron a la organización de la marcha familiares de otros secuestrados cartageneros, como el estudiante Carlos José González, el médico Jaime Blanco y Gustavo Cano; por la libertad de todos ellos unas 5.000 personas llegaron al punto de encuentro para iniciar su recorrido hasta la plaza de la Aduana, portando pancartas con mensajes esperanzadores, fotografías ampliadas de los cautivos, banderas de la ciudad de Cartagena, del país y de la anhelada paz.

En la tarde del sábado 9 de junio de 2001 muchas personas se dirigieron hacia los alrededores del parque Flanagan, frente al Hotel Caribe, para participar en la marcha.

Allí se encontraban mi esposa Mónica, mis cuatro hijos, Ruby, mis padres, mis hermanos, mis amigos. Junto a ellos abrieron la marcha la primera dama de la nación, Nohra Puyana de Pastrana; el alcalde de Cartagena, Carlos Díaz Redondo; Noemí Sanín, quien había sido candidata presidencial; la ministra de Cultura, Araceli Morales; la señorita Colombia, Andrea Nocetti, y la virreina nacional de la belleza, María Rocío Stevenson.

Un carro de bomberos les seguía el paso en el recorrido, adornado con un enorme lazo amarillo, símbolo del regreso, el mismo que lucían las palmeras plantadas en los separadores de la avenida San Martín y que los caminantes lucían como broches en el pecho. Otros abrazaban astas con banderas blancas desplegadas, símbolo de la paz.

Representantes de las fuerzas vivas de la ciudad y gente del común vivieron una gran emoción cuando se juntaron por algunos minutos en el parque de la María Mulata y presenciaron el momento en que Manolete encendió, en un pebetero elevado, «la llama de la esperanza» por mi regreso y el de todos los secuestrados, desde una escalera que al elevar su figura de ocho años también mostraba en toda su magnitud el drama del secuestro, el dolor de la ausencia.

«La llama de la esperanza» debería permanecer encendida hasta que la pudiera apagar yo mismo. Cinco años y medio después, a mi regreso, me reuní con mis familiares y amigos en el mismo lugar y la apagué, agradeciendo a todos los amigos su solidaridad.

El día de la marcha, frente al pebetero de tres metros de alto, donado por la empresa Surtigás, entre lágrimas y aplausos, se escucharon las palabras de Luis Ernesto pidiendo mi liberación:

«Sé que los captores de mi padre se han podido dar cuenta de que su familia lo necesita. ¡Libérenlo!».

Con pancartas que decían «Todo es posible para los que creemos en la paz» y «Cartagena en pie por el regreso de los secuestrados», los caminantes tomaron la calzada opuesta al Hospital Naval y se dirigieron a la plaza de la Aduana.

Entre abrazos y saludos afectuosos marcharon mimos tristes personificados por niños médicos expresando con pancartas solidaridad con su colega, empresarios, políticos y amigos. A su llegada a la plaza de la Aduana cantaron *Amigo,* del artista Roberto Carlos, mientras encendían cada una de las velas que llevaban como emblemas de paz y reconciliación.

«Recuerdo que juntos pasamos muy duros momentos y tú no cambiaste por fuertes que fueran los vientos» entonaban, a la vez que encendían en sus manos la luz de la esperanza.

Miles de velas iluminaban la tarde cuando los caminantes se acomodaron en las sillas desplegadas por la plaza para dar inicio a la homilía de la paz y la reconciliación que ofició el arzobispo auxiliar de Cartagena, monseñor Ismael Rueda.

«Por el pronto regreso de Fernando a su hogar, protégelo en estos momentos de prueba y dale la fortaleza que necesita», fue una de las plegarias, pronunciada por Gerardo, entre muchas que se elevaron por todos los secuestrados y por el milagro del reencuentro, mientras se lanzaban al aire cientos de globos blancos y amarillos, en medio de voces y cantos clamando libertad.

«La multitudinaria marcha de ayer se constituyó en una viva muestra de solidaridad con todas las personas que se encuentran secuestradas y un clamor por su pronta liberación», reseñó al día siguiente el diario local *El Universal,* en la crónica «Cartagena marchó por la liberación», del periodista Germán Mendoza.

Las FARC, aunque se enteraron de la marcha, no escucharon nada. Su fanatismo demencial les producía sordera.

12

14 de julio de 2001
LLEGADA A LOS MONTES DE MARÍA

Después de pasar el peaje de Gambote seguimos hasta la Cruz del Viso, donde viramos a la derecha, en dirección a María La Baja. Fui observando el kilometraje sobre la carretera. El último mojón que vi fue el del kilómetro 38 porque un poco adelante salimos de la carretera, a la izquierda, tomando un camino destapado por una corta distancia.

Nos detuvimos enfrente a una puerta de malla, que abrieron mis captores. El paraje era despejado y estaba lleno de charcos. Era resbaloso y había barro por la lluvia reciente. Avanzamos a pie, con mucho sigilo, mientras King, que era el jefe de la operación, llamaba insistentemente por su radio sin obtener respuesta.

Divisé una casa a mi derecha y pensé que sería mi destino. Pero no lo era. Poco a poco me fueron adentrando en un terreno boscoso, hacia la izquierda, donde después de avanzar un poco nos sentamos a esperar.

No tardaron mucho en aparecer varios guerrilleros con dos mulas. Alcancé a contar doce, al mando de David, que se veía confiado y tranquilo. Me acercó una mula y me indicó que subiera. Él se montó en la otra y comenzamos la marcha hacia dentro del monte. Calculé que serían las tres de la tarde.

El primero en la fila se llamaba Asprilla, por su parecido con un astro del fútbol colombiano; luego seguían Hugo, Elder —que iba escaldado—, Denise o *la Mula*, muy joven y bonita; Efraín, y después yo en mi bestia. Me seguían varios guerrilleros más: Maicol, Wílmer, Aleida, Emiliano y otros.

Salimos del bosque inicial, caminamos por una pradera y luego nos adentramos nuevamente en otro terreno boscoso. Subimos y bajamos lomas durante toda la tarde. En algún momento atravesamos un potrero con reses de buena estampa, cebúes en buen estado, y me ilusioné con que alguien me viera y denunciara mi presencia, pero no vi a nadie. A las 6:30 llegamos al campamento.

Recuerdo la hora con exactitud porque en el momento de llegar escuché en el radio de David un gol que el equipo de fútbol de Colombia le anotaba al de Ecuador en el inicio de la Copa América del año 2001. El locutor, Paché Andrade, de RCN, cantó el gol con el alma, como lo hace siempre que anota la selección de Colombia, y dijo que era el minuto 30. El juego había comenzado a las 6:00 p.m.

Ya estaba oscuro y no pude distinguir nada ni a nadie. Me ordenaron bajarme del animal y me condujeron hacia el fondo del campamento; allí me indicaron una caleta en el suelo para mí, en la que me metí asustado.

Dormir en el suelo me resultó muy incómodo, especialmente porque para suavizar lo duro del terreno habían puesto hojas de palma de iraca, a manera de colchón, y sus venas me molestaban en la espalda, por lo que no lograba acomodarme para dormir. Además, el traslado a los Montes de María me causaba muchas angustias e incrementaba mi incertidumbre.

Al despertar en la mañana, noté que el guerrillero que me custodiaba hablaba solo. Hacía juicios en voz alta, referentes a mi aparente tranquilidad e inmovilidad. Se apodaba Wílmer, también conocido como Míster Bean, por su similitud física con un personaje cómico de la televisión.

Al rato lo remplazó Emiliano. Un muchacho de unos veinte años, recién ingresado a la guerrilla, al que habían reclutado en Barranquilla. No tenía dientes, pero se mantenía de buen humor tratando de acoplarse con sus compañeros. Ambos murieron poco tiempo después en un combate con las tropas de la Infantería de Marina.

Para desayunar me trajeron una carne muy dura, que no pude partir con mi cuchara, por lo que le pedí al guardia que la hiciera cortar con algún cuchillo.

El guerrillero que estaba en la rancha, Piñeres, se burló de mi solicitud:

—¿Es que no tiene dientes, o es que no tiene manos? —preguntó.

Su tono poco amigable me preocupó aún más.

Después del desayuno nos pusimos en marcha. Bajando y subiendo lomas nuevamente, atravesando quebradas y riachuelos y deteniéndonos para descansar o comer. Prepararon el almuerzo escondidos en el cauce seco de un arroyo, donde Piñeres escuchó rancheras en una radiocasetera.

Caminamos toda la tarde hasta llegar a un terreno agrietado. Pensé que eran los playones secos de la represa de María La Baja. Nos detuvimos a esperar a que oscureciera y después nos acercamos a una casa para organizar la dormida.

Me instalaron en el patio, con mi hamaca colgada de dos árboles, hasta la madrugada. Varios guerrilleros se instalaron a mi alrededor y otros adentro de la casa.

Al amanecer, aún oscuro, hicimos una marcha corta. Deduje que era sólo para que yo no reconociera el sitio y cuando salió el sol nos detuvimos en un paraje lleno de frutales: mangos, mameyes, cocos, aguacates, guanábanas y otros. Allí nos desayunamos y nos bañamos. Me trajeron un balde con agua del que gasté la mitad. Ya me había acostumbrado a bañarme ahorrando al máximo porque en la zona norte, en donde estuve los primeros siete meses del cautiverio, el agua era muy escasa.

Me causó curiosidad la habilidad de un guerrillero para treparse en un palo muy alto y bajar algunos cocos. Éstos son muy apetecidos por su carne y por el agua dulce que contienen. Subió con más destreza que un mico y me hizo meditar en la certeza de la teoría evolutiva de Darwin.

En la noche llegamos a dormir a una escuela. Como siempre, antes de llegar, los jefes esperaron a que oscureciera y, en la madrugada, la partida fue antes de la salida del sol.

Al llegar a la escuela, David le dijo a Fausto:

—Tú y tus hombres deben dormir hacia ese lado.

—Mis hombres no, los hombres de las FARC —contestó Fausto.

Una vez más confirmaba plenamente la identidad de mis secuestradores.

El nuevo día de caminata sería especial. A la hora del almuerzo me pidieron mi ropa para lavar pero sólo tenía la que llevaba puesta, por lo que dije que no. Mientras unos lavaban, otros cocinaban y otros no hacían nada. Alguno le pidió prestado el radio a Piñeres para escuchar las noticias del mediodía.

Cuando se lo devolvió, yo se lo pedí y cuando se terminaron las noticias se lo regresé a Piñeres.

—Gracias —le dije, e hice el ademán de entregárselo.

—Quédese con él, que cuando yo lo necesite se lo pido —dijo y me lo dejó.

Era el 17 de julio del año 2001, y desde entonces el radio se convirtió en mi mejor compañero. Me ayudó muchísimo para distraerme, escuchando noticias y eventos, y en especial los mensajes que mis familiares me enviaban. Fue una herramienta de un valor incalculable para mí. Éste me duró tres años y medio, hasta que el Zorro me regaló uno nuevo, a finales del 2004, que me acompañó hasta mi fuga, y que traje conmigo a mi regreso.

Continuamos la marcha después del almuerzo. Al caer la tarde llegamos a un caserío, donde nos detuvimos a tomar gaseosas y comer galletas y pan. Me llamó la atención la naturalidad con la que los campesinos aceptaban la presencia guerrillera.

Luego nos adentramos por otro cauce seco, lleno de piedras, en medio de una total oscuridad. No comprendía cómo los guerrilleros y los animales podían caminar sin tropezarse o caerse. Me resultaba inverosímil.

La marcha era en ascenso y al llegar a la cumbre, David organizó una comisión para definir la dormida en un lugar habitual de parada. A los pocos minutos regresaron los emisarios con la noticia de que el lugar no estaba disponible. Una cuadrilla del ERP lo ocupaba por esa noche. Así que tuvimos que desplazarnos nuevamente y después de otros intentos fallidos por encontrar un dormidero, llegamos a una instalación que tenía una casa y un gallinero.

En la mañana siguiente llegamos a nuestro destino. Un campamento guerrillero muy concurrido, bajo las órdenes de Silvio, *el Francés*, a quien pude ver cuando llegó hasta mi caleta para conocerme. Encendí el radio y escuché la noticia del secuestro de Alan Jara, exgobernador del Meta, quien había sido bajado de un vehículo de un organismo internacional que cumplía labores humanitarias en la zona. Entró a formar parte de la lista de canjeables con otros colombianos secuestrados.

Quería escribir una nota, a manera de testamento, para llevar siempre conmigo en el bolsillo de mi camisa para que, si me mataban, la encontraran con mi cadáver. No tenía papel disponible para escribir, por lo que utilicé la envoltura del papel higiénico que me dieron en esos días, e hice la siguiente nota:

18 DE AGOSTO DE 2001

Montes de María
Mony:
Son hoy 257 días de ausencia. ¡Cuánto te he extrañado! El gran dolor del secuestro es la ausencia. Sin ti, sin los niños, sin mi papá ni mi mamá, sin mis hermanos, cuñados, sobrinos, suegros, amigos y demás familiares, la vida es muy dolorosa.

Siempre estás presente en mi pensamiento. Siempre me doy ánimos pensando que esto tendrá final y que podré regresar a compartir nuestras vidas y ser felices. ¡Pero qué triste me siento!

Sé que estoy en las mejores manos. Sé que todos hacen lo mejor que pueden para ayudarme, para recuperarme pronto, para que mis asuntos marchen bien.

¡A todos muchas, muchísimas gracias y todo mi amor! ¡Cuánto los amo!

Siempre me doy ánimos pensando que todos están bien. Que todos se están ayudando mutuamente y que los niños tienen el apoyo y la atención de todos. Sé que es así.

Lue, Ferni, Sergi y Manolete, cuídense mucho, únanse mucho y quiéranse mucho. Yo los adoro, con toda mi alma, con todo mi ser.

Les recomiendo a su mamá, a quien siempre he querido con un gran amor.

Mony, alma mía, la vida me cambió cuando entendí a tu lado lo que es amar y ser amado. Ojalá el Señor permita que la felicidad que conocí a tu lado perdure por muchos años más. Te amo, te amo, te amo. Fer A.

Estuve cinco días en ese campamento. Luego me sacaron con un grupo que comandaba Gira, la compañera de King, el encargado de mi secuestro y quien me había trasladado a los Montes de María.

Con Gira estuve durante la semana en que se produjo el canje de 300 soldados secuestrados por unos 45 guerrilleros presos, durante el gobierno del presidente Pastrana, como resultado de las negociaciones que se hacían en una mesa paralela en la zona del Caguán. Pero las FARC no aceptaron liberar a los oficiales ni a los suboficiales de las Fuerzas Militares y de la Policía que también mantenía secuestrados, ni a los políticos que había estado secuestrando como parte de su nueva estrategia para imponer una ley de canje en el Congreso, o lo que ahora se conoce como el intercambio humanitario.

Un mes después escuché en las noticias que la Infantería de Marina había allanado un campamento en los Montes de María donde encontró varias toneladas de explosivos. Se trataba del campamento donde estuve esa semana.

El 30 de julio, en las primeras horas de la noche, nos trasladaron. Para el efecto llegó nuevamente King el día anterior. Caminamos de noche, y no pude orientarme porque las nubes no me dejaron divisar la Luna.

Tarde en la noche ascendimos a una colina y nos quedamos a dormir en la terraza de una casa de material, con piso de baldosa de cemento. Creo que fue la única que visité en mi largo secuestro. Muy temprano, como de costumbre, me sacaron de la casa y me llevaron a un paraje apartado, donde permanecí oculto todo el día.

Al caer la tarde nos pusimos en marcha, cubriendo dos trayectos. Primero subimos hasta La Cansona, la parte más alta de ese cerro, y luego, en las primeras horas de la noche, descendimos hasta un quiosco en donde pasé la noche. Al acostarme mis recuerdos se centraron en mi hermana Judy, cuyo cumpleaños se celebra ese día, 31 de julio. Mi mente evocaba los cumpleaños familiares, el amor profundo que compartimos y la nostalgia de la ausencia. Le canté a Judy el *happy birthday* en silencio y luego me dormí.

Al siguiente día llegamos a nuestro nuevo destino. Un paraje de acceso imposible, al que sólo se llegaba bajando a través de una quebrada llena de peñascos. En ese trayecto me tropecé, y para no caerme, apoyé la mano sobre un árbol de ceiba espinosa que estaba a mi lado. Las puntas me lastimaron y la mano me quedó sangrando por varias heridas.

Un día después a Gira la remplazó William, *el Maestro*, que llegó con Angélica, una indiecita amable de cabello negro y lacio que le llegaba a la cintura y que se convirtió en mi proveedora de baterías para el radio. Con este cambio también llegó Judy para ser la ecónoma del grupo.

El nivel de aislamiento me hizo sentir que mi secuestro sería muy largo. Mis esperanzas de un pronto regreso se desvanecieron, pero al tiempo, mi determinación por luchar hasta el final se fortaleció. Me prometí esperar todo lo que fuera necesario. También me pareció imposible fugarme desde allí. Las dificultades topográficas del lugar no me lo permitirían.

Me dediqué a buscar en el radio alguna señal de esperanza, el mensaje de algún familiar. Lo encendía desde las 4:00 a.m. y repasaba permanentemente las pocas emisoras que conseguía en el dial. Pero nunca escuché nada para mí en ese lugar.

Fueron días muy tristes. La única novedad amable fue la visita de un grupo de monos aulladores y de titíes cabeza blanca, que movidos por la curiosidad y quizás en busca de comida, llegaban a visitarnos desde las copas de los árboles.

Un ataque militar nos sacó del lugar. Ocurrió el sábado 18 de agosto. Ese día hubo ametrallamientos desde un helicóptero en la zona y salimos de carrera, a través de los peñascos, hasta el quiosco donde habíamos pasado la noche del 31 de julio. Al caer la tarde pasamos al lado de la casa de material y continuamos caminando hasta muy avanzada la noche, con muchísimas precauciones, hasta la vecindad de un caserío. Subimos a un cerro y permanecimos muy ocultos, quietos y sin hacer ruido, hasta el lunes 20 de agosto, que era festivo.

Otra vez tuvimos un desplazamiento muy largo. En esa ocasión me distraía mirando las filas interminables de hormigas arrieras que desfilaban cargando cada una un pequeño trozo de alguna hoja verde. Creía yo que para devorarlas en el verano, pero luego aprendí que las hormigas no se comen estas hojas sino que las almacenan para que con la humedad se produzca un moho sobre ellas, que es lo que las alimenta. ¡No sólo son arrieras estas hormigas sino que practican la agroindustria!

Al término de esta marcha nos ubicamos detrás de una casa de un pastor evangélico. Encendí mi radio cuando ya estuve instalado y encontré un programa especial por ser día festivo. Era un programa musical, en RCN, preparado por Marco Antonio Álvarez, en memoria de mi buen amigo Sofronín Martínez, un bolerista excepcional, apreciado, querido y admirado por todos sus conocidos. Sofronín había muerto dos años atrás, durante una visita a Bogotá que realizó para recibir un homenaje de sus admiradores, a pesar de las advertencias de su médico que le había prevenido sobre los peligros que para su salud representaba la altura de Bogotá.

Así que entre la nostalgia por el amigo, la nostalgia por el amor y la alegría de escuchar la bellísima música de Sofronín, con todos los recuerdos de las veladas maravillosas que compartimos, terminó esa jornada.

Pero no pudimos permanecer quietos. El acoso militar era continuo. Escuchaba el sobrevuelo de helicópteros, explosiones y ametrallamientos, y percibía un clima de mucha inquietud.

Dos días después, el miércoles 22 llegamos a una pequeña finca, desde donde se divisaba el mar Caribe, el golfo de Morrosquillo, para ser más exacto. Me parecía mentira que estuviera viendo el mar. Al principio pensé que era una ilusión óptica pero luego comprobé que no había tal. Era realmente el azul de nuestro mar.

La sorpresa fue muy grande cuando vi a Gabriel. Llegó con un grupo de apoyo y de alguna manera se las ingenió para prestarme guardia. Con mucho disimulo me saludó con afecto y me dijo que había hablado con Mónica durante ocho minutos. Que me mandaba a decir que todos estaban bien, que tuviera paciencia y que me querían mucho. Sentí gran alegría con estas noticias y al mismo tiempo bastante ansiedad. Le dije a Gabriel que era más afortunado que yo por poder hablar con ella, y le pedí que si podía volver a hacerlo le expresara mi amor infinito. Me prometió que lo haría.

Volví a verlo el 31 de agosto, con sus botas brillantes, y con un nuevo sombrero, de media ala. Me dijo que no había podido hacer contacto Mónica.

Antes, el día 24, habíamos salido del campamento a toda prisa. Ya me había acostado en mi hamaca cuando el guardia me dio la orden de recoger mis pertenencias. Así que guardé todo y estuve caminando, por parajes imposibles y en total oscuridad. Paramos luego para dormir en el camino sólo un par de horas. Las tropas estaban muy cerca, por lo que cada noche dormíamos en un lugar diferente.

El lunes 10 hicimos otro desplazamiento. Judy me había contado que tenía una hija que vivía en Cartagena, en el barrio Olaya Herrera, con su hermana melliza y con su madre. Ella ya no vivía con el padre de la niña y ahora estaba enamorada de Rodrigo, un guerrillero de catorce años, de tez blanca y ojos azules. Judy, con mucha dedicación, lo inició en las artes amatorias en esos días. Después fue la pareja de Elder, con quien murió al explotarles una granada que ellos mismos habían elaborado y que manipularon descuidadamente.

En este lugar, en medio de las marañas del monte, escuché en directo la noticia del atentado contra las Torres Gemelas de Nueva York, narrada por Juan Gossaín y su equipo de periodistas de RCN, con la misma incredulidad de todas las personas. No comprendía cómo pudo efectuarse un hecho tan audaz en el corazón del país más potente del mundo. La noticia me aturdió y me produjo mucho dolor y tristeza por las muertes causadas y la destrucción producida.

En cambio, los guerrilleros celebraban jubilosos la derrota y la vergüenza del pueblo americano. Esto me llevó a reflexionar en la complejidad del ser humano y en la capacidad que tenemos de amar y de odiar. De construir o destruir. De movernos entre extremos.

Sabía que me estaban buscando y consciente del peligro agradecí la presencia y las acciones militares. Puse en manos de Dios mi futuro pero, dispuesto a hacer mi parte, estuve muy alerta para minimizar mis riesgos e intentar aprovechar cualquier oportunidad para escaparme. No fue posible porque la vigilancia era estricta e incesante.

Siguieron los traslados por el acoso militar. El siguiente fue a la cima de una colina el 21 de septiembre. Allí escuché las trágicas noticias del secuestro y asesinato de Consuelo Araujonoguera, *la Cacica*, exministra de Cultura y esposa del procurador general de la nación, Edgardo Maya Villazón.

Un crimen inconcebible que golpeó duramente el alma nacional. A mí me impresionó mucho y me movió a reflexionar con profundidad. Me preguntaba por qué la habían asesinado. Por medio de las noticias me enteré de que su cadáver estaba sin zapatos y con llagas en los pies. Seguramente no podía caminar. Viendo que no podía continuar huyendo, sus verdugos la asesinaron para evitar que fuera rescatada por el Ejército.

No sabía si este razonamiento correspondía a la realidad de los hechos, pero no tenía forma de corroborarlo. De todas maneras, a partir de entonces decidí minimizar mis riesgos mediante una estrategia completa: estar en el mejor estado físico posible, tener mucho cuidado de no lastimarme, obedecer las órdenes de desplazamiento que recibiera, tener mis pertenencias listas para cargarlas y no darles a mis guardias la posibilidad de asesinarme por creer que me iban a rescatar.

La puse en práctica con esmero. Siempre estuve listo para cumplir las órdenes de desplazamiento cuando los campamentos fueron atacados, por tierra o por aire, hasta el punto de que hizo carrera entre mis captores esta condición. Algún día, Martín Caballero me dijo:

—Sé que usted es muy piloso para estar listo.

Mi estrategia, como ya lo dije, incluía complementar esta actitud con un nivel de atención máxima y una concentración extrema para evitar el peligro y aprovechar cualquier confusión para escaparme.

Este asesinato me dolió inmensamente. Aunque nunca conocí a la Cacica, siempre sentí por ella una enorme admiración porque encarnaba el espíritu natural de la mujer costeña, inteligente, activa, trabajadora, comprometida, insolente, atrevida, irreverente. Una gran mujer, querida por todos.

El viernes siguiente, 5 de octubre, me cambiaron de grupo. Llegaron nuevos guerrilleros al mando de Alexis. Reconocí a María, la enfermera que me había acompañado en los primeros meses, quien traía su mascota, una guacharaca que cargaba en el hombro. El animal ya estaba emplumado y había aprendido a graznar. María había recuperado su alias habitual, ahora se llamaba Yovana. Era una india embera que había venido desde las montañas del Quindío.

Con Yovana llegó Catherine, a quien también había conocido en el norte. Los demás eran Nelsy, o *Puerca Flaca*, Nelly, Gladys, Eder, Darinel, Castillo, Winston y Gabino. Después se sumarían al grupo Arturo o Katire, que era el jefe de la cuadrilla, Manuela o *Mañoco*, su compañera, y Honorio, un joven flaco y desgarbado, inocentón e ingenuo. Este grupo se encargó de trasladarme al sector suroriental de El Carmen de Bolívar, entre la cabecera de este municipio y Ovejas, en Sucre.

El traslado comenzó el lunes 8 de octubre en horas de la tarde. Yo iba en una mula y los guerrilleros, a pie, tomaban muchas precauciones. Las tropas estaban en el área y mi búsqueda se había intensificado, por lo que la orden era atravesar la Troncal de Occidente para trasladarme a otro sector y burlar el acoso.

Alexis me previno:

—No te preocupes si hay disparos que no te va a pasar nada.

En este trayecto me encontré nuevamente con Gabriel. Era evidente que quería decirme algo, pero no pudo. Caminaba a mi lado, se adelantaba, se retrasaba, corría, se notaba inquieto. Pero la presencia permanente de sus compañeros no le permitió contarme lo que quería. Algún guerrillero notó su comportamiento y le comentó a otro, en tono de burla, el agite de Gabriel causado por mi presencia. Por mi parte, fiel a sus indicaciones anteriores, no hice ningún comentario ni manifesté ningún interés. Nunca más volví a verlo. Algún tiempo después, y con mucho disimulo, pregunté por él. Me contaron que lo habían destinado al sur de Bolívar, donde operaba otra compañía del frente 37 y que durante un combate contra las tropas del Ejército había muerto. Uno de sus compañeros lo mató por la espalda, aparentemente en forma accidental. La noticia tuvo para mí sabor a ejecución. Es el estilo de las FARC. Asesinan con frecuencia a sus guerrilleros.

13

Operaciones de inteligencia
El caso de Gabriel o *Perfumito*

La inteligencia militar seguía buscando nuevos contactos que confirmaran mi ubicación y procuraba llegar a alguno de los miembros de la comisión que me cuidaba para intentar sacarme desde adentro.

La comunicación era muy difícil y los contactos muy riesgosos e inestables. Los informantes de adentro incumplían las citas permanentemente, pero había que esperarlos a que se comunicaran según sus posibilidades porque no había modo de contactarlos sin delatarlos.

En el 2001, cuando me tenían entre El Salado y El Carmen de Bolívar, un informante hizo el croquis con las coordenadas de la ubicación del campamento y de los hombres que me cuidaban.

Con estos datos los militares pensaron hacer una operación de rescate, aunque sabían de la orden de matarme.

Mi familia pidió que no se hiciera la operación. Sólo mi papá dijo que sí. Que me sacaran como fuera.

El general Quiñones se fue con el general Fernando Tapias, comandante de las Fuerzas Militares, a donde el presidente Pastrana con el croquis del lugar en donde me tenían, para solicitar su autorización y realizar la operación.

El presidente miró a Quiñones y le preguntó:

—¿Usted qué porcentaje de garantía me da de que salga con vida?

—Tenemos diez segundos para sacarlo porque la orden es matarlo. El porcentaje es bajo —le respondió Quiñones.

La operación no fue aprobada.

Al general le preocupaba no rescatarme con vida. Prefirió insistir en tratar de comprar a uno de los doce hombres que me custodiaban a cambio de que me perdonara la vida cuando empezara la operación.

Los militares hicieron varias operaciones sobre la zona, pero no de rescate. Buscaban cercar al grupo y presionar a los guerrilleros para que algunos desertaran y entregaran más información. Siempre había la duda de si los informantes eran dobles, si daban información falsa o si, de pronto, estaban tendiendo una trampa.

Por información de desertados se supo que en la comisión de cuido estaba Gabriel o *Perfumito*, que salía con frecuencia para un tratamiento médico. El mismo Gabriel, *el Negro*, con quien yo había hecho amistad, pero a quien no había vuelto a ver desde mi traslado de las Aguacateras, en octubre de 2001.

Lograron contactarlo a principios de 2002. La inteligencia naval tenía información de que no era muy querido en la organización y que había la posibilidad de hablar con él cuando asistiera a la próxima cita médica, en Cartagena, para revisarse, en una unidad especializada, las esquirlas de granada que tenía incrustadas en el cerebro.

Lo cierto es que Gabriel me había contado que mucha gente no lo quería. Le criticaban que siempre estuviera bien presentado, impecable, con el uniforme limpio, los zapatos lustrados, oloroso a perfume, con el arma brillante, etc. Sus compañeros decían que era «muy pulido» porque su disciplina y su cuidado personal les parecía una demostración de arrogancia. Cuando salió a su cita, los agentes de inteligencia lo contactaron y entonces él les contó de mi situación.

Gabriel pidió una prueba de que actuaban de parte de mi familia y, a su vez, a él le pidieron una prueba de que había hablado conmigo. A cambio de sacarme le prometieron la recompensa, que era de quinientos millones de pesos. Pero aunque la relación duró cuatro meses, nunca hubo ninguna confirmación posterior.

Habían hablado de diferentes opciones. Sacarme hasta cierto punto y avisar por un celular que le iban a dar o protegerme durante una operación de rescate militar, etc., pero Gabriel se perdió y nunca más se supo de él.

Al parecer, cometió una falta grave: se le metió en la cama a la mujer de Camacho, Jackeline, una guerrillera de quince años. Gabriel era enamoradizo e indisciplinado con las mujeres y Camacho, desconfiado y mañoso, tenía a su favor toda la confianza de Caballero; era su jefe de finanzas. Con el ánimo de quitarse a un potencial competidor amoroso hizo que trasladaran a Gabriel a la compañía Rodolfo Moncada, en el sur de Bolívar, donde uno de sus compañeros lo mató por la espalda. Nunca supe si por orden de Camacho o por equivocación, aparentemente en medio de un combate.

14

Mónica resiste en medio del dolor

Aunque el gobierno de Pastrana tenía toda la voluntad para abogar ante las FARC por la liberación de Fernando, no había podido lograr nada. Esa especie de letargo tenía destrozada a Mónica, ella necesitaba con urgencia que se iniciaran otras gestiones. Estaba dispuesta, por ejemplo, a ir al Caguán a hablar con los jefes guerrilleros.

MIÉRCOLES18 DE JULIO DE 2001: 226 DÍAS

Nos reunimos a las 6 p.m. en la casa de tus papás. Para mí fue una reunión espantosa, donde pasé por todas las emociones: tristeza - rabia - impotencia - depresión. Les conté que ya Camilo Gómez dijo que deberíamos hacer cosas nosotros, cambiar de estrategia, esta vez no se opuso Gera, pero sí tu papá y Al; no te imaginas qué vaina tan frustrante para mí, cada vez que nos reunimos me condicionan el hacer gestiones a algo nuevo...

MARTES 31 DE JULIO: 239 DÍAS

... me llamó Lue para decirme que se acababa de reunir con Camilo Gómez como yo le pedí, y éste le dijo que no fuéramos al Caguán, que él va el jueves para allá a reunirse con Marulanda para tratar tu tema como cosa política, y que si nosotros vamos se vuelve económica, que debemos tener paciencia. Hablé con Diana Calderón a quien Lue le contó su conversación con Camilo Gómez; ella piensa que estamos cometiendo un error al no ir y que estamos corriendo un riesgo con esos tipos... No sé nada, sólo sé que te amo y adoro y que voy a hacer todo lo necesario por traerte de vuelta con nosotros muy rápido.

La tristeza de Mónica crecía con el paso de los días. Se negaba a aceptar que el amor que había entre los dos no pudiera contra todo.

DOMINGO 5 DE AGOSTO: 245 DÍAS

Estoy desesperada, Araújo, hoy siento que no doy más, quiero salir corriendo y no sé para dónde, quiero gritar y no me sale, he llorado tanto que no me salen las lágrimas o cuando salen ya no me tranquilizan, no sé qué hacer, estoy vuelta mierda, tengo miedo de que se me acabe la energía para manejar esto, para enfrentar tus problemas y líos, que se me acabe esta fortaleza de papel que he construido a mi alrededor, necesito que ocurra algo muy pronto, así sea sólo una prueba de supervivencia, no sé, algo.

MIÉRCOLES 15 DE AGOSTO: 253 DÍAS

¿Sabes algo? Sentía que te amaba tanto que yo podía contra cualquier cosa, que tuvieras cuatro hijos, que no quisieras casarte nuevamente, que no quisieras tener más hijos, contra la diferencia de nuestras edades y generaciones, contra todos los problemas legales y económicos que tienes, mejor dicho, yo sentía que el amor que tenía por ti me alcanzaba y sobraba para proteger esta unión tuya y mía, y vinieron esos h.p. y en un instante mostraron que no podía protegerte a ti, que no podía evitar que ellos nos separaran, y he quedado con este amor que se creía invencible, con el orgullo y el ego heridos porque no pude hacer nada para retenerte a mi lado. Me haces tanta falta...

La familia de Mónica estaba repartida entre Bogotá y Barranquilla. En Cartagena, a pesar de que tenía todo el apoyo de los Araújo, sentía una especie de orfandad. La soledad se la estaba tragando viva, por lo que empezó a contemplar la idea de irse a vivir con su hermana.

DOMINGO 2 DE SEPTIEMBRE: 273 DÍAS

Mi familia también está desesperada de verme sufrir... ellos y Patry consideran que debo pensar en la posibilidad de irme a vivir a Bogotá con Patry para no estar sola hasta que logremos que tú regreses; yo no sé qué hacer, cualquier decisión que yo tome me parece terrible, irme y cerrar este apartamento, dónde meto nuestras cosas, dejar Cartagena es horrible, pero quedarme aquí como voy es espantoso, me estoy amargando cada día un poquito más, las cosas me desesperan; en fin, no sé qué hacer. Dime, Fernando, ¿qué hago, qué debo hacer?

MIÉRCOLES 5 DE SEPTIEMBRE: 276 DÍAS

¿Sabes? Anoche soñé que te liberaban y volvías a la casa, no te puedo describir la sensación tan espectacular cuando te vi parado en la puerta, era como si el corazón se me saliera dando saltos, fue un sueño divino, lo triste fue despertarme y ver que era eso, sólo un sueño.

VIERNES 7 DE SEPTIEMBRE: 278 DÍAS

Tengo tanto miedo de que nuestra relación cambie por todo este tiempo separados, últimamente todo el mundo me lo dice, los testimonios de los soldados liberados hablan del tema también, y yo tengo pavor de que eso nos suceda a nosotros. Cata me preguntó: «¿Hasta cuándo les va a alcanzar el amor?».

Aunque la zona de distensión en el Caguán seguía vigente, las FARC arremetían cada vez en forma más violenta. Las posibilidades de que Fernando saliera libre pronto se venían abajo.

MARTES 25 DE SEPTIEMBRE: 296 DÍAS

Ayer secuestraron en el Cesar a Consuelo Araujonoguera. Increíble, dos exministros de Andrés secuestrados, y ella además esposa del procurador, qué burla tan grande, a este país se lo llevó el diablo. Araújo, yo no sé cómo aguantar más tiempo esta agonía y martirio que es mi vida sin ti. Todo el mundo me dice que me admira por como yo sigo mi vida y soy capaz de trabajar y de sonreír con la gente, lo que ellos no saben es que las noches son horribles y de llorada continua y los días son de aguante y represión.

LUNES 1º DE OCTUBRE: 302 DÍAS

El día de ayer fue terrible desde el momento en que nos enteramos de que las FARC habían asesinado a la Cacica Consuelo Araujonoguera, los muy cobardes le dieron dos tiros en la cara y la dejaron tirada descalza en la vía, con un uniforme camuflado.

A diez meses del secuestro no había una carta, una llamada, una foto que demostrara que Araújo seguía con vida. Todo estaba como el primer día. Pronto se cumpliría un año y no había ningún avance. El norte de la vida de Mónica se hacía cada vez más borroso.

Jueves 4 de octubre: 305 días

Hoy se cumplen diez meses de estar separados, es increíble que esto nos esté sucediendo y que después de tanto tiempo aún no sepamos nada y no tengamos un norte o algo a qué aferrarnos. Me imagino que debes estar desesperado, los días se pasan y no sé qué haces con tu tiempo, pero si yo estoy que me enloquezco tú debes estar peor. Mi vida es nada sin ti, una sucesión de momentos que van del trabajo a la casa y viceversa, todas las noches me acuesto sola en nuestra cama a llorar por no tenerte junto a mí, lloro por los momentos que nos estamos perdiendo y nos arrebataron, lloro porque no sé qué va a suceder, cuándo volverás, cómo volverás, si seguirás siendo el hombre del que me enamoré locamente o habrás cambiado, qué querrás hacer con tu vida cuando vuelvas, hasta cuándo nos vamos a seguir amando aunque no nos veamos y alimentemos este amor de ninguna forma, no hablamos, no nos vemos, no hay cartas, fotos o algo, son tantas y tantas preguntas, temores e interrogantes que a diario están en mi cabeza que creo que un día va a explotar. No tengo a mi esposo, no tengo hijos, no tengo a mis papás y tíos aquí, no tengo a mi hermana y sobrinas aquí, no tengo mis verdaderos amigos de siempre aquí, no tengo nada, estoy absolutamente sola, triste, angustiada y mamada de estar así, sin ti.

Domingo 14 de octubre: 315 días

En la tarde me quedé sola en la piscina con mi tío, y él como todos los de mi familia está muy preocupado por mí; estuvimos hablando un rato largo y él piensa que yo debo irme a vivir a Bogotá para cambiar de ambiente y lo más importante, estar cerca de mi familia y amigos. Para mí va a ser increíblemente difícil, pero creo que puede ser lo mejor en estos momentos; yo al principio pensaba que era una locura, pero con el paso de los meses y los días me he dado cuenta de que es quizás la única opción que tengo ahora, ya veremos qué pasa.

15

12 de octubre de 2001
LAS AROMERAS SUR

El 12 de octubre atravesamos la carretera Troncal hacia el oriente y después continuamos un desplazamiento en el que conté un poco más de 5.000 pasos, por lo que calculé que habíamos caminado tres kilómetros, en dirección al río. Un helicóptero que al caer la tarde sobrevolaba el área a baja altura me hizo pensar que me buscaban y abrigué la esperanza de que me vieran, pero los guerrilleros se escondían detrás de los arbustos cuando el aparato se acercaba y no nos divisaron.

En la mañana siguiente salimos muy madrugados, antes de las 5:00 a.m. y caminamos todo el día. Al final del día acampamos al lado de un pozo de agua y después de una merienda ligera nos acostamos a dormir. Yo estaba pendiente de escuchar la transmisión de la carrera de Fórmula Uno del Gran Premio de Japón para seguir el desempeño del piloto colombiano Juan Pablo Montoya. A medianoche encendí mi radio y escuché la transmisión con mucha emoción hasta cuando Montoya quedó segundo, detrás de Michael Schumacher.

El domingo 14 continuamos la marcha, otra vez madrugados. Después del mediodía nos detuvimos y a mí me instalaron en un lugar apartado de los guerrilleros, con un guardia que me vigilaba. Allí se presentó un comandante vestido con uniforme y fusil nuevos, pañoleta, sombrero de ala y otros adornos.

Aunque no se identificó, se notaba que mandaba y que estaba mejor informado que el resto. Me pareció arrogante y sobrado.

Me dijo que venía del Caguán. Que allá habían montado un gobierno paralelo:

—Un Estado dentro del Estado —dijo con orgullo—. Allá van muchos empresarios a negociar con nosotros. A pagarnos los impuestos de la Ley 02. Tenemos tres leyes: la Ley 01 sobre la reforma agraria, la Ley 02 sobre los impuestos y la Ley 03 sobre la corrupción.

Después me dio una cátedra de política y de su supuesta ética revolucionaria, expresando claramente que muy pronto se tomarían el poder.

«Pura paja», pensé, pero no dije nada.

Se despidió diciendo que iba para lejos y que le esperaba un camino difícil.

—Hable con Arturo —terminó diciéndome—. Él tiene instrucciones para arreglar con usted.

—¿Quién es Arturo? —le pregunté.

—El jefe que lo acompaña, «Katire» —me aclaró y se fue.

Continué caminando con mis captores el resto de la tarde hasta llegar al campamento que nos habían destinado. Allí me ubicaron cerca de un quiosco con techo de palma. Al día siguiente me mudaron unos metros y en mi nueva caleta me armaron un escritorio para que dispusiera de un lugar más cómodo para leer o escribir.

Aunque era época de lluvia y caían unos aguaceros torrenciales, nunca me mojé. Unos días después llegaron refuerzos: Bernardo, Víctor y Margarita.

A Víctor le gustaba conversar y por él me enteré de que mi interlocutor del día 14 era Martín Caballero, el comandante del frente 37 de las FARC. Pero nunca revelé que lo sabía para no perder la confianza de Víctor. Margarita, su pareja, era alegre y amable; sonreía con simpatía. Bernardo, en cambio, era desconfiado y depresivo.

Nos trasladamos dos veces en ese mes, el 1º y el 5 de noviembre. Caballero había ordenado que me dieran un buen trato y mandó que me instalaran en mi caleta un televisor en las primeras horas de la mañana para distraerme. Para utilizarlo debían colocar un cable muy largo desde la pequeña planta de energía que tenían y que usaban principalmente para recargar las baterías de sus equipos de comunicación.

Yo renuncié al televisor porque en las horas en que me lo prestraban sólo presentaban dibujos animados. En cambio mejoré mi nivel de ejercicios y aumenté el número de flexiones y de abdominales, aprovechando que el terreno era plano.

El 6 de noviembre viví una emoción infinita: escuché por primera vez, en el radio, mensajes para mí. De mis hijos Sergio y Fernando, que me contaban que todos estaban bien, que me extrañaban, que me querían y que esperaban verme pronto. Sentí una dicha enorme. Se había producido un milagro.

En los días siguientes oí algunos más. De mi hijo Manuel y de mi cuñada Katherine Porto, que me informaba que se había casado con Alberto, mi hermano mayor. Finalmente escuché a Mónica. Dulce y cariñosa como siempre, me transmitía amor y esperanzas. También me anunciaba que su hermana Patricia, que era viuda, se había casado de nuevo:

—Ella decidió rehacer su vida —me dijo.

Yo lo tomé como un campanazo de alerta; una señal de su inconsciente. Iba a cumplir un año de secuestrado y no debían saber nada de mí: si estaba vivo o muerto, o quién me tenía. Me asusté.

Permanecimos un mes en ese campamento. A medida que pasaban los días mis planes de fugarme me parecían más factibles, en especial porque el terreno era plano y la vegetación liviana, pero no encontraba la ocasión para irme.

En esos días Katire, en cumplimiento de las órdenes de Caballero, me abordó y me dijo que el frente 37 de las FARC era el responsable de mi retención, como eufemísticamente llaman al secuestro. Me dijo que para devolverme debía pagarles cinco millones de dólares. Tomé nota del descuento: de los veinte millones que me habían pedido un año atrás habían bajado a cinco millones.

Pero también pensé que faltaba mucho tiempo para regresar. Necesitaría mucha paciencia.

A los pocos días me habló nuevamente y me pidió que les hiciera una oferta económica. Le expliqué mis limitaciones económicas y le dije que si me permitían hablar con mi familia quizás podría obtener alguna ayuda. Como me insistió en que dijera alguna cifra, le contesté que podría conseguir treinta millones de pesos. Me escuchó pero no me comentó nada más.

El 29 de noviembre, en las vísperas del primer aniversario de mi secuestro, me ordenó escribir una carta a mi familia, solicitando la designación de un negociador con facultades para convenir el pago de mi rescate. Fue la primera oportunidad que tuve de enviar una prueba de supervivencia. Me llené de esperanzas y escribí la carta. Pero cuatro días después me dijeron que no la habían enviado porque contenía un tachón que les causaba desconfianza. Me exigieron volver a escribirla y, además, me tomaron una foto que supuestamente acompañaría la carta.

Quedé convencido de que la segunda carta era la que habían enviado pero, ya de regreso, encontré que no. Enviaron la primera que escribí y la foto que me tomaron. Esta fue la carta:

29 DE NOVIEMBRE DE 2001

Adorada Mony de mi vida.

Adorados hijos: Lue, Ferni, Sergi, Manolete. Los adoro.

Adorada familia. Todo mi amor.

Estoy bien. Al 100%. De salud, de ánimo, de amor, de ilusiones. Igual de peso, igual de feo. Más enamorado.

No puedo creer que esté escribiendo esta carta. Tengo un año pidiendo que me dejen comunicarme con Mony o con cualquier otro familiar. Parece que hoy se da el milagro. Los he pensado, extrañado y adorado en cada instante de esta ausencia y prácticamente no he sabido nada de ustedes.

Durante los primeros meses no me permitieron escuchar noticias. Sólo desde mediados de julio me prestaron un radio. Desde entonces estoy superpendiente de oírlos. El 6 de noviembre, este mes, escuché a Sergi y a Ferni, a las 8:30 a.m. por RCN. ¡Qué felicidad! Fue mi primera alegría, mi primera noticia. El 7 oí a Manolete, el 8 en la mañana a Katherine y en la tarde a Mony. El 9 a Sergi y a Manolete. A propósito, felicitaciones para Alber y Katherine y para Patri y su esposo. Y gracias. Mil gracias, un millón de gracias. Ojalá puedan mantenerme informado permanentemente. Veo que RCN casi no pasa mensajes. Pero seguiré pendiente todos los días de 5:45 a 10:00 a.m. y de 12:00 m. a 2:00 p.m. (desde que oí a Mony el 8 no me la pierdo). También hay un programa por RCN del Atlántico los sábados de 12:30 a 1:00 p.m. que tiene mensajes para los secuestrados. Lo oigo. Caracol tiene un programa los domingos de 12:30 a.m. a 3:00 a.m., *Amanecer en América – Las voces del secuestro*, y todos los días alrededor de las 5:30 a.m. También escucho el programa de Radiodifusora Nacional los martes, miércoles y jueves a las 6:15 p.m., pero la señal es muy débil y a veces no se escucha nada. Depende mucho de dónde estemos.

Para confirmar que soy el autor de la ca   les cuento: con Lue quedé pendiente de recogerlo en el aeropuerto, aunque le había dicho que a su llegada estaría durmiendo; con Ferni estaba pendiente de ir a la finca el miércoles siguiente porque sólo tendría clases medio día. Con Sergi estuve haciendo una tarea en una cartulina en el comedor y con Manolete quedé pendiente de acompañarlo a motilarse. Con Mony quedé pendiente de ir a Bogotá a pasar un fin de semana con la familia y hacer algunas compras. Los adoro. Con el alma.

Se me pide que faculte a algún familiar para que negocie mi liberación. Para que me represente. He designado a Gerardo. Para atender este asunto, Gera debe tener un celular exclusivo. Espero que puedan ayudarme. Los extraño muchísimo.

Papá, mamá, me han hecho mucha falta. Los quiero con todo el corazón. Y tranquilos. Lue, Ferni, Sergi, Manolete, quiéranse mucho y quieran mucho a su mamá. Los adoro. Mil besos.

Mony, mi vida. Sabes que te quedaste con mi corazón. Te amo, te amo, te amo.

Hasta el infinito.

Fernando

Escribir la carta me representaba una nueva esperanza. Era una señal de que las cosas comenzarían a moverse y me hacía pensar que sólo me correspondería tener un poco más de paciencia y de fortaleza para superar esa prueba tan difícil. Confiaba en que mi familia tendría la sabiduría y la habilidad para resolver el problema trabajando de la mano con las autoridades. No sería fácil ni rápido, pero tampoco imposible. De todas maneras yo no renunciaría a la posibilidad de escaparme, pero iría evaluando las posibilidades de éxito y los riesgos para tomar la decisión más acertada. Había sido capaz de soportar el martirio de mi situación durante un año y sería capaz de resistir un poco más.

Había otro aspecto muy importante: era la primera prueba de que continuaba con vida. Ahora habría más tranquilidad para Mónica, para toda la familia. Y para todos, nuevas esperanzas.

Pero el elemento esencial de la carta lo constituía la clave que introduje para que se supiera en dónde estaba. Un giro idiomático que puse con mucho temor, con mucha cautela. Aunque me parecía imposible que los guerrilleros lo encontraran, me producía mucha ansiedad ser descubierto.

Mis secuestradores nunca se dieron cuenta, pero mi hermano Gerardo sí lo entendió de inmediato, y se lo hizo saber a los jefes de la inteligencia.

—Fernando está en los Montes de María. No pierdan tiempo buscándolo en otras partes —les dijo, y les explicó la clave.

En este lugar tuve el único percance de salud que recuerdo y fue una cuestión menor. Los guerrilleros acostumbraban a servirse mucho arroz con la comida de la tarde para guardar un poco para el desayuno. Un día hice lo mismo y en la mañana me comí mi guardado con el café de las 6:00 a.m.

Al rato tenía diarrea y aunque no entendí qué me la había causado, pensé que era por cuenta del arroz trasnochado. Nunca más guardé arroz para comer al otro día y creo que hice bien porque unos años después observé que el arroz que había botado en el hueco de los desperdicios se cubrió, a los dos días, de una capa de moho blanco, que parecía un copo de algodón. Ese moho no era visible el primer día pero seguro que cuando me enfermé ya estaba allí y fue el que me hizo daño.

Esta fue la mayor dificultad de salud que recuerdo haber sufrido durante mis seis años de secuestro. También tuve algunas manifestaciones alérgicas por efectos de la lluvia, o por el frío ocasional de las noches de febrero, pero nunca me enfermé de nada serio.

Por esos días me prestaron un ejemplar del periódico *El Universal* de Cartagena, donde encontré una nota que invitaba a una misa con ocasión del primer aniversario de mi secuestro. La recorté y en su margen escribí: «Muchas gracias»; luego la guardé en el bolsillo, al lado de la nota que siempre cargaba a manera de testamento.

Una de esas mañanas escuché un disparo. Me puse alerta para ver qué sucedía, pero mi guardia no dijo nada y yo tampoco le pregunté. Ya había aprendido que mis preguntas no me las contestaban por la desconfianza de los guerrilleros. Con los días investigué con disimulo y supe que Bernardo se había suicidado. Se puso el fusil en la boca y apretó el gatillo.

Unos días antes, en la penumbra de la madrugada, me había preguntado sobre el cielo y el infierno. Yo le había contestado muy genéricamente, sin mayores precisiones, porque no comprendí su interés en el tema. Los guerrilleros se declaraban marxistas y negaban la existencia de Dios, y ante su pregunta había creído que su interés era debatir mis creencias religiosas. Eso no me interesaba.

El 22 de diciembre supe que mi carta había llegado. Un mensaje de mi papá me alegró la vida.

«Estallaron nuestros corazones…», decía para describir la inmensa alegría que le había producido, a toda la familia, recibir mi carta y saber que estaba bien. Se notaba lleno de esperanza y me transmitía mucha fortaleza.

La carta había llegado a Servientrega el día 19, es decir, un año y quince días después de mi secuestro, a nombre de Mónica. Ella tuvo que enviar, desde Bogotá, una autorización a nombre de Gerardo para que la reclamara.

En los días siguientes recibí muchos mensajes más. Llenos de amor, de ilusiones.

Pero el mensaje de Mónica, aunque alegre, me dejó preocupado:

—Te cuento que decidí irme a vivir a Bogotá —me comentaba, entre otras noticias.

Entendía su decisión. Al fin y al cabo, allá vivía su hermana con su familia y sus padres también querían mudarse para allá. Pero me asaltaban dos preocupaciones: su decisión de mudarse a Bogotá era una señal de que no esperaba que yo regresara pronto y además me hizo recordar su mensaje anterior sobre la decisión de su hermana de rehacer su vida.

Me quedó una espinita, una duda en el corazón.

16

Mónica se desespera

Las expectativas de Mónica crecieron cuando apareció la posibilidad de que Álvaro Leyva intercediera ante las FARC por Fernando.

DOMINGO 4 DE NOVIEMBRE DE 2001: 336 DÍAS

En la tardecita me llamó Gerardo para decirme que los tipos de las FARC que están en Costa Rica con A. Leyva prometieron hacer desde allá la gestión para que te liberen; según ellos, eso es un hecho. Hoy tengo once meses de infierno sin ti.

JUEVES 8 DE NOVIEMBRE: 340 DÍAS

... Germán llamó para decir que A. Leyva llamó y dijo que todo iba muy bien, que no desesperemos, que la cosa va avanzando, y por supuesto todos nos ilusionamos, pero en la noche veo el noticiero y el proceso de paz está en su peor momento, a punto de romperse por parte de las FARC, y Gera y yo creemos que eso vuelve y enreda lo tuyo, así que voy a tratar de no ilusionarme mucho con lo otro. Te siento tan lejos... Anoche en el avión recordaba tantos instantes nuestros y los veía tan lejanos, así como si no fueran reales, me siento tan sola sin ti, y lo más triste es saber que tú estás peor.

Después de pensarlo días y noches enteras, Mónica tomó la decisión de dejar Cartagena e irse a vivir con su hermana y sus sobrinas a Bogotá. Viajó primero a explorar sus posibilidades laborales y rápidamente consiguió trabajo. Ya en Cartagena, mientras empacaba la vida que había construido con su marido, mantuvo viva la ilusión, hasta el último minuto, de que Fernando regresaría antes de cerrar las puertas de la que había sido su casa.

DOMINGO 11 DE NOVIEMBRE: 343 DÍAS

Tengo miedo, Araújo, no sé de qué, no sé si estoy haciendo lo correcto, todos me dicen que es lo mejor, incluso tu familia, pero a mí me da muy duro venirme de Cartagena, pero igual pienso que puede ser bueno para mí para no estar tanto tiempo sola. Te extraño, mi amor, me haces toda la falta del mundo.

JUEVES 15 DE NOVIEMBRE: 347 DÍAS

Me quedé con las ganas de que vieras el apartamento con la sala nueva y las cosas que le fui metiendo y comprando durante estos once meses. Será en otro lugar, porque éste ya está totalmente desbaratado, igual que mi corazón, todo el día tengo ganas de llorar.

LUNES 26 DE NOVIEMBRE: 358 DÍAS

En la nochecita me fui para el balcón, me entró la nostalgia en pleno, pensar que era el último domingo que pasaba en este apartamento, el único lugar que he podido llamar realmente «mi casa», y ahora la dejo para volver a la casa de otra persona, porque por el momento voy a vivir donde Patry. Empecé a acordarme de cuando te mudaste para acá, de cómo íbamos comprando cositas, y recordaba cuando yo llegaba de la alcaldía y te encontraba en tu silla frente al computador, y cuando me veías decías «llegó mi princesa», y yo me sentaba en tus piernas a contarte cómo me había ido, hasta que nos llamaban a almorzar.

VIERNES 30 DE NOVIEMBRE: 362 DÍAS

¡¡¡ESTOY VIVIENDO EN BOGOTÁ!!! Estoy muerta del susto, pero a lo hecho, pecho.

Llegó el día en que Mónica cumplía treinta años de edad y uno de estar viviendo en el infierno. Un año desde que las FARC la condenaron, a ella y a su esposo, a la soledad y el horror.

MARTES 4 DE DICIEMBRE: 366 DÍAS

¡UN AÑO! Qué puedo decirte, es un año sin verte, sin oírte, sin tocarte, sin poder decirte todo lo que sentía en cada momento de estos 365 días, no puedo creer que se nos haya pasado un año de nuestras vidas así. No puedo seguir, mañana te escribo.

Miércoles 5 de diciembre de 2001: 367 días

Qué día tan extraño el de ayer. La gente se esmeró mucho para hacerme pasar un buen cumpleaños, empresa nada fácil... Al final del día se hicieron tres misas simultáneas por tu liberación, en Bogotá, Cartagena y Miami... Al final de la misa yo dije unas palabras de agradecimiento a la gente, me costó mucho trabajo aguantarme para no llorar, la gente se emocionó y aplaudió.

Un año y dos semanas después de ese lunes triste en el que no volvió a saber de su esposo, finalmente llegó una prueba que le demostraba que él seguía con vida.

Jueves 20 de diciembre: 382 días

¡NO LO PUEDO CREER, AL FIN APARECISTE! ¡DIOS MÍO, QUÉ CARTA TAN DIVINA! ME VOLVIÓ EL ALMA AL CUERPO... ¡¡¡ESTÁS VIVO Y BIEN!!! Tú no te alcanzas a imaginar lo que yo sentí cuando vi tu letra, no necesitaba pruebas para saber que eras tú, la carta es divina, gracias por todo lo que nos dices, gracias por cuidarte... Gracias por escribirme que me amas, necesitaba saberlo. Mi amor, te ves muy bien en la foto, tienes el mismo motilado, estás afeitadito, Lue dice que la camisa es horrorosa, pero para mí estás divino. Anoche casi no pude dormir de la emoción, ahora sólo esperamos que esos tipos contacten nuevamente a Gera, ojalá sea rápido para iniciar la negociación lo más pronto posible. ¡Yo también te amo!

La felicidad que le produjo la prueba de supervivencia se fue extinguiendo con el paso de los días. Para las fiestas de fin de año, la tristeza ya había vuelto a ocupar el lugar que habitaba desde tiempo atrás.

Lunes 24 de diciembre: 386 días

Otra Navidad sin ti, qué sensación tan horrible, siento como si me apretaran el corazón, tengo ganas de llorar pero no lloro, a veces creo que tengo ya el afecto plano y eso es terrible, como si ya no fuera capaz de sentir nada de nada, como si a golpe de tanta tristeza y angustia ya no me quedara nada, y eso me asusta tanto...

La maternidad fue un tema recurrente en los diarios que le escribió a su esposo en cautiverio. Mónica tenía la ilusión de ser mamá y la angustiaba ver correr su reloj biológico mientras Fernando seguía secuestrado. Como si fuera poco, las relaciones entre el gobierno y las FARC empeoraban y las posibilidades de que liberaran a su esposo disminuían cada día.

Domingo 6 de enero: 399 días

Por hoy, sólo una pregunta: ¿aún querrás tener un hijo conmigo cuando regreses?

Lunes 7 de enero: 400 días

Estoy muy mal, he llorado y llorado por horas desde anoche y no puedo detenerme, es horrible porque no me proporciona alivio. Es tan desesperante tener que hacer este teatro ante el mundo de que estoy bien, que puedo manejar la situación, que puedo seguir esperando y esperando sin derrumbarme, pero la realidad es que interiormente estoy vuelta nada, estoy destrozada, y tengo miedo de que aun volviendo tú ya no pueda recoger todos los pedazos y volverme a armar por dentro. No tengo a mi esposo, no tengo a mi amor, mi compañero, no tengo mi casa ni mi hogar, me siento tan perdida y no sé a quién decírselo, si tú sabes que yo lo más interno de mi ser no lo comparto con nadie, sólo contigo, y ahora a pesar de estar rodeada de gente me siento tan sola, no te imaginas cuántas veces he deseado haber sido la secuestrada, tú hubieras manejado todo mejor, tú tendrías más paciencia y objetividad que yo. Estoy destrozada, Araújo, y no sé qué hacer, tengo tanto miedo de tantas cosas, me cuestiono todo lo que hago y aun lo que dejo de hacer, no me gusta vivir así.

Jueves 10 de enero: 403 días

Estoy absolutamente preocupada y estresada porque ayer se rompió el proceso de paz con las FARC, nunca había estado el proceso en un peor momento, y aunque lo tuyo se está manejando como económico y no político, igual todo puede complicarse e incluso ayer «Juan Carlos» tampoco encendió el celular, así que no se ha vuelto a hablar con él, y los días se van pasando y yo me muero de angustia e impotencia por no poder sacarte de donde te tienen. Te juro que me siento inútil e ineficiente, aunque sé que no está en mis manos... Y yo con tantas ganas de ser feliz que no sé qué hacer con ellas.

17

Enero de 2002
AÑO NUEVO CON ESPERANZAS

El 24 de diciembre de 2001 recibí de regalo de Navidad una caja de galletas y un libro con el resumen de las rondas de conversaciones que se llevaban a cabo, en desarrollo del proceso de paz, en la zona desmilitarizada del Caguán. Me costó mucho trabajo leerlo por la presentación amañada de las intervenciones que allí se relataban y por la manera en que se utilizaban esos diálogos para mostrar un matiz político que justificara el terrorismo guerrillero.

Esta lectura la combinaba con estudios de cálculo diferencial e integral. Me habían prestado dos libros universitarios, del programa de la UNAD, la Universidad Abierta y a Distancia del gobierno nacional, que creó el presidente Belisario Betancur en los años ochenta. Estos libros me eran de una ayuda invaluable para paliar el tedio de esos larguísimos días.

Llegaron al grupo nuevos guerrilleros: Cristina, Ovidio y Edenso, apodado *Cacharro Bravo*. Por esa época me llevaban los sábados en la tarde al patio de reunión de los guerrilleros, a ver películas, y Cacharro siempre estaba enfrente del televisor con el control en la mano.

Nuevamente me prestaron un libro que había conocido cuando estuve en la zona norte. Se llamaba *Geografía humana* y aunque me parecía un mal texto, contenía varios mapas que para mí eran oro en polvo. Lo releí y lo conservé para poder consultar los mapas. Algún tiempo después los arranqué y los escondí entre mis pertenencias porque me resultaban esenciales para conocer la zona en la que estaba. Los mapas me ayudaron a mantenerme orientado y a preparar mi plan de fuga.

Había conseguido un cuaderno para hacer anotaciones, a manera de diario, dirigidas a mi esposa, a mis hijos, a todos mis familiares. A finales de enero de 2002 agoté el primer cuaderno y pedí uno nuevo. Me lo dieron, pero el primero me lo quitaron. Después supe, por un comentario de Arturo, que lo habían estado leyendo.

Seguí escribiendo, a pesar del temor de que también me lo quitaran pero al mismo tiempo guardaba la esperanza de que me devolvieran el primero, lo que nunca pasó. Esto me obligaba a ser muy cuidadoso al escribir para evitar que me prohibieran continuar haciéndolo.

En la última hoja del segundo cuaderno escribí un decálogo que repasaba con frecuencia, especialmente cuando me sentía angustiado. Lo llamaba «mi análisis de realidad». Era una forma de enfrentar los temores y fantasmas que me surgían. Era algo como esto:

1. Estoy vivo.
2. Estoy bien, gozo de buena salud, no me ha pasado nada.
3. Cuento con Mony y con su amor. Me está esperando.
4. Mis hijos están bien. La familia los apoya, los acompaña y atiende sus necesidades.
5. Muchas personas están pendientes de mí y hacen todo lo que pueden para que regrese lo más rápidamente posible.
6. Mis negocios están bien atendidos.
7. Si sufro o no, las cosas no cambian. No gano nada con sufrir.
8. Hasta ahora he podido sobrellevar la situación. Soy capaz de continuar.
9. Cuando esto termine, estaré orgulloso de haber resistido y feliz de volver.
10. Esto también pasará; esto tendrá final y podré regresar.

Releía estas notas con frecuencia, meditaba sobre ellas y recuperaba mi tranquilidad.

Sabiendo que mi familia había recibido mi carta, estaba atento a los posibles avances de una negociación para mi liberación. Pero no tenía ninguna información y el tiempo se me hacía eterno. Escuchaba las noticias, leía, estudiaba, hacía ejercicios físicos y esperaba.

Un día le pregunté a Alexis sobre este tema. Me dijo que no había avances, que no estaban negociando. Que hiciera yo una oferta. Le contesté que no tenía nada que ofrecer y le pedí que me dejaran conversar con algún familiar para ver qué ayuda podía conseguir, pero se negó.

El 5 de febrero nos cambiamos de campamento. Habíamos estado dos meses sin movernos. Creo que fue la estadía más larga de todo mi cautiverio en un mismo lugar.

No había llovido durante los dos últimos meses y los árboles comenzaban a quedar sin hojas. Katire ordenó levantar una pequeña empalizada cubierta con ramas secas para protegerme del sol. Aquí, gracias a que mi techo era fijo, comencé a notar que la sombra cambiaba un poco cada día y me interesé en entender el movimiento del Sol. Aprendí su desplazamiento entre los trópicos de Cáncer y Capricornio y desarrollé un pasatiempo: clavaba una estaca alargada y revisaba la longitud de su sombra, siempre a las doce del día. Ésta crecía o se recortaba en los diferentes meses del año. Así entendí mejor los desplazamientos aparentes del Sol.

Cuando comprendí con alguna claridad el tema del Sol, me interesé en analizar el movimiento de la Luna. Esto fue mucho tiempo después, pero la técnica que utilicé fue mirar la posición de la Luna en el momento en que se hacía visible cada noche, aproximadamente a la misma hora, para percibir cuál había sido su desplazamiento entre un día y otro, sin confundirme por la rotación de la Tierra. Entendí sus desplazamientos, el ciclo lunar, y aprendí a calcular mentalmente las fechas de las diferentes fases de la Luna. Este conocimiento fue esencial para planear mi fuga en el 2006.

En el grupo que me vigilaba bajo las órdenes de Katire pude entablar alguna relación amable con mis vigilantes. En especial con Darinel, Winston y Castillo. Los dos últimos eran buenos jugadores de damas —un juego de mesa que se hace sobre un tablero igual al del ajedrez—, y me enseñaron las mejores estrategias. Al principio me resultaba muy difícil ganarles alguna partida, pero con los días fui adquiriendo una visión más completa del tablero de juego y después lo difícil era que perdiera. Organicé un campeonato entre los tres, que perdí, pero que me sirvió para estrechar mi relación con mis guardias. Tenía la esperanza de que alguno de ellos me ayudara a salir.

Winston era inteligente, analítico y tenía un nivel académico, que aunque bajo, era mejor que el de la mayoría de sus compañeros. Además, era enamoradizo y le gustaba referirme sus éxitos con las mujeres. Un tiempo después se escapó de la guerrilla.

Castillo era muy joven e impulsivo. Había estado detenido en una correccional de menores y en la cárcel en Cartagena, y luego ingresó a la guerrilla. Le oí hablar del asesinato de un concejal de El Carmen de Bolívar como parte de su proceso de adiestramiento y para confirmar que era capaz de ejecutar las órdenes de sus superiores.

Darinel era más torpe en el juego, pero se veía muy orgulloso de ser guerrillero. Fue capturado en un combate y está sentenciado a treinta años de prisión.

En febrero, las noticias sobre el proceso de paz del gobierno del presidente Pastrana eran malas. Los secuestros de las FARC se multiplicaban, al igual que otros atentados terroristas. La opinión pública arreciaba sus críticas en contra del proceso, que se percibía como una burla de la guerrilla. La zona de despeje del Caguán se había convertido en una guarida para ellos. El rompimiento del proceso parecía inminente.

Continuaban jugando doble. Cometían atrocidades por toda la geografía nacional y culpaban al gobierno de no querer la paz. El país se desesperaba. La opinión pública perdió la confianza en el proceso y la única salida era un cese de hostilidades que permitiera recuperar la credibilidad en las intenciones de la guerrilla.

Después de varios anuncios de que el proceso se acabaría, seguidos de ingentes esfuerzos de la comunidad internacional para evitar la ruptura, el secretariado de las FARC planeó y ordenó el secuestro del senador huilense Jorge Eduardo Géchem Turbay, en una acción en la que los secuestradores obligaron al avión en que se desplazaba hacia Bogotá a aterrizar en una carretera y lo sacaron a la fuerza.

Después de este secuestro el presidente Pastrana terminó el proceso y ordenó a las Fuerzas Militares recuperar el área que se había despejado para llevar a cabo el proceso de paz. Esto sucedía el 20 de febrero de 2002.

Terminado el proceso de paz, se esfumaban las esperanzas de liberación de los llamados canjeables. Para entonces yo no me sentía parte de ese grupo porque estaba convencido de que mi secuestro era extorsivo. Escribí una nota en mi diario sobre la desesperanza de estos compatriotas. Me parecía imposible que el gobierno aceptara las condiciones que exigía la guerrilla para devolverlos, que consistían en tramitar ante el Congreso de la república una ley de canje permanente, para que el gobierno pudiese excarcelar a los guerrilleros capturados, a cambio de la devolución de militares secuestrados.

La ley debería aprobarla el Congreso y la estrategia de las FARC consistía en secuestrar congresistas para aterrorizar a los demás e imponer a la fuerza sus exigencias. Yo pensaba que acceder a esta ley significaría el colapso del Estado de derecho en Colombia; el fin de nuestra institucionalidad. Frente a los canjeables, mi futuro me parecía más esperanzador.

Después de la ruptura del proceso de paz vino el secuestro de Íngrid Betancourt, que quería llegar a la antigua zona de despeje para participar en un acto político en San Vicente del Caguán. Este secuestro le dio una dimensión internacional al tema porque al tener Íngrid doble nacionalidad, colombiana y francesa, el gobierno francés se involucró muy activamente, e involucró a otros gobiernos en el tema.

El 10 de marzo se celebraron elecciones para el Congreso que yo seguí a través de RCN Radio. Hicieron un programa especial con concursos y premios para mantener la audiencia mientras se desarrollaban los comicios. En la envoltura de un papel higiénico hice el crucigrama que Juan Gossaín les dictaba a los oyentes y lo conservé con otros papeles sueltos que tenía.

El día 27 de ese mes, en la mañana, hubo movimientos precipitados para recoger el campamento.

Darinel me dijo:

—Fercho, recoja todo que nos vamos. Los libros se quedan porque vamos lejos y son muy pesados y voluminosos para llevar. Bote lo que no sirva.

Yo le entregué los papeles sueltos que tenía, incluido el que había utilizado el 10 de marzo para el crucigrama. Después lo perdí de vista mientras recogía mis motetes, pero quedé con la impresión de que él había botado los papeles en el hueco del trillo, como los guerrilleros llamaban a todo lo que pudiera ser un rastro para ser descubiertos, la basura, las huellas, etc. Después vi que lo tapó y se fue a atender otros asuntos.

Winston me explicó que una patrulla de Infantería de Marina se disponía a atacarlos. Pensé que sería la ocasión para que supieran que había estado allí y siguieran buscándome.

Se me ocurrió dejar dentro de uno de los libros de cálculo, que Darinel había escondido en las palmas del techo de mi caleta, el recorte de periódico que hablaba de la misa para mi regreso y que guardaba en el bolsillo de mi camisa.

Me pareció que Winston se dio cuenta de lo que hice, pero ya no tenía cómo echar marcha atrás.

Después oí una fuerte explosión, seguida de disparos y la llegada de helicópteros.

—¡Se mataron! —dijo alguien.

Me trasladaron de inmediato a unos mil metros de distancia, hasta donde fueron llegando los guerrilleros en fuga. Al mismo tiempo, noté que enviaban comandos para detener a las tropas militares.

Cuando cesaron los disparos y las explosiones, emprendimos la marcha. Caminamos toda la tarde hasta que nos detuvimos para cocinar, comer y dormir. En la huida los guerrilleros alcanzaron a recoger unos pollos que estaban criando en el campamento, pero los transportaron colgados de unas varas y la mayoría se murieron de asfixia. Tuvieron que cocinarlos de una vez y repartirlos en la comida.

Esa noche hubo doble ración de pollo para cada uno.

En la mañana recompusieron el grupo. John Wílder y Francisco fueron remplazados por Lorena, el gordo Marcial y Santander. Con ellos hicimos una larga travesía para mudarnos de las Aromeras sur, o Camboya, como llamaban a esta zona los guerrilleros, a las Aromeras norte. El límite entre las dos zonas lo marcaba la carretera que conduce de El Carmen de Bolívar a Zambrano en el centro del departamento de Bolívar.

El 28 de marzo iniciamos la marcha muy temprano. Unos pocos metros adelante llegamos a un pozo y dieron la orden de recoger agua:

—Hacia donde vamos no hay agua, así que recojan todo lo que puedan —dijo Cacharro.

Fue una larga caminata hasta la hora del almuerzo. Escondidos en la espesura del monte, los guerrilleros prepararon arroz y fríjoles.

Mientras almorzaba escuché el ruido de aviones de combate. Era la primera vez que los oía y me dio mucho miedo porque creí que las bombas me caerían encima.

Los aviones sobrevolaban el área en busca de sus objetivos y se venían en picada arrojando las bombas.

Los guerrilleros trataban de tranquilizarme diciéndome que el bombardeo era lejano, pero nadie se movía para no ser detectados. En cualquier momento podrían venirse sobre nosotros. Pensé que si era una operación para rescatarme no tenía sentido que bombardearan sobre mí.

A pesar del miedo y de las circunstancias, me puse alerta para ver si se daban condiciones propicias para escaparme en medio de la confusión. No me fue posible intentar nada.

Después del bombardeo seguimos caminando. Nos desplazábamos hacia el nororiente y nuevamente tuve el temor de que nos dirigiéramos al río Magdalena. Reviví mis angustias de que me llevaran hacia el sur de Bolívar a través del río.

Al caer la tarde subimos a una colina para dormir. Las precauciones eran totales y la vigilancia muy estricta. Colocaron mi hamaca en medio de los guerrilleros y me acosté. Dormí profundo y de buen ánimo. Sentir que me estaban buscando, a pesar del peligro que implicaba, hacía renacer mis esperanzas y me ayudaba a sentirme ilusionado. Además, el ejercicio de la larga caminata me estimulaba.

En la mañana del 29 salimos temprano otra vez, pero paramos en la base de la colina a esperar a que una avanzada trajera información de inteligencia. Los guerrilleros se dedicaron a hacer flexiones de pecho mientras esperábamos. No quise participar en la competencia pensando que debía guardar energías para una jornada difícil y larga. No era conveniente hacer esfuerzos innecesarios.

Alrededor de las 9:00 a.m. reanudamos la caminata. Primero al norte, después al oriente durante casi dos horas, hasta llegar a una casita, con techo de zinc, pintada de rojo. Los comandantes guerrilleros entraron a la casa y a mí me dejaron a unos metros de distancia, bajo la sombra de algunos árboles.

El terreno era estéril, con muy poca vegetación. Cactus y trupillos, principalmente. Un grupo fue a hacer una inspección y regresó con coca-colas, galletas y cigarrillos que estaban escondidos por allí cerca.

Al amanecer hice algunas anotaciones en mi diario contando los últimos acontecimientos, hasta que me ordenaron recoger mis pertenencias para un nuevo traslado. Eran las 6:30 a.m.

El contralmirante Guillermo Barrera, comandante de la Fuerza Naval del Caribe en ese momento, en declaraciones radiales que pude escuchar en esos días se refirió a la operación militar y dijo que una patrulla de Infantería de Marina había caído en un campo minado y que habían muerto algunos militares, entre ellos el sargento que comandaba las tropas.

—Perdimos a uno de nuestros mejores hombres —dijo en la entrevista.

Se trataba del sargento José Asprilla Mosquera, quien iba delante de sus hombres, ingresando a la zona de El Salado, en donde yo me encontraba. Era un héroe de la patria que caía en una operación para rescatarme. Quedé muy triste e impactado.

Me llamó la atención que los guerrilleros hubieran descubierto la presencia militar con mucha antelación y que hubieran preparado la emboscada, enterrando minas por el camino que debían recorrer.

También me mortificaron los comentarios de los guerrilleros sobre la desmoralización que producía en las tropas ver los cadáveres mutilados de sus compañeros, hasta el punto de que se negaban a seguir avanzando por el temor de caer en trampas similares. Después de estas explosiones mortíferas era necesario evacuar a las patrullas en helicópteros. Esto envalentonaba a los guerrilleros que, en consecuencia, se sentían intocables.

El uso de estas minas, me explicaría más tarde Martín Caballero, tenía un sentido defensivo para evitar la llegada de las tropas, pero su efecto desmoralizador era tan fuerte, que se había convertido en un arma netamente ofensiva con enormes ventajas, como su bajo costo, su alta efectividad y el bajo riesgo para los propios guerrilleros. Claro que a Martín Caballero no le importaba para nada que los campesinos también murieran o resultaran mutilados, víctimas de estas minas asesinas.

Los primeros días de abril de ese año 2002 fueron muy calientes y difíciles. Desde donde estábamos yo alcanzaba a divisar el río, y en la noche, algunas luces de algún caserío en sus márgenes. Durante el día trataba de leer para distraerme, correteando la sombra de algún arbusto, y desplazándome a su alrededor para evitar, en lo posible, el sol. Tenía en las manos un libro cubano que me había prestado Winston, sobre la pérdida de los nacionalismos por cuenta de las transnacionales del imperialismo.

También observaba presencia militar en la zona, ametrallamientos esporádicos y sobrevuelos de helicópteros que descendían en diferentes lugares, en todas las direcciones, pero distantes de nuestro campamento.

Me preocupó de manera especial que mis guardias habían regresado a la costumbre inicial de retirar mis zapatos cuando me creían dormido y devolverlos a su lugar, al lado de mi hamaca, antes de levantarme. Me pareció muy grave porque en caso de un ataque nocturno me sería muy difícil caminar sin zapatos o perdería mucho tiempo poniéndomelos. Me quejé al respecto pero no conseguí ninguna respuesta.

El 6 de abril cruzamos la carretera hacia las Aromeras norte, a través de un *box-culvert* —una caja cuadrada por donde se drena el agua debajo de las carreteras—, con el agua y el barro en los tobillos. Yo estaba superalerta, tratando de entender para dónde me llevaban, de orientarme y de memorizar todo lo que pudiera. Era sábado y estaba pendiente del programa de RCN Barranquilla que de 12:30 a 1:00 p.m. transmitía ocasionalmente mensajes para secuestrados. Pero como mi radio estaba sin pilas, en una parada de descanso le pedí a Darinel que me prestara el suyo. Me respondió que no, con la excusa de que estábamos en marcha. Pero el tono poco amable que utilizó me pareció raro.

Después de cruzar la carretera seguimos caminando los días 6 y 7, y en la mañana del 8 llegamos a nuestra nueva morada, donde permanecimos el resto del mes, hasta el 1º de mayo.

Marcial, un guerrillero que se había sumado al grupo durante la última marcha, veterano, gordo y fuerte, muy aficionado a la comida y con una panza que podía utilizar como su propia mesa, preparó a escondidas un fogón, vecino a mi caleta, para preparar comida extra, en especial algún armadillo que pretendía cazar. Pero al día siguiente decidió desbaratarlo por temor a una sanción. Ante este acto de indisciplina tan flagrante concluí que la glotonería daba para todo.

Un día después me prestaron la novela de Robinson Crusoe, que
releí tres veces, con mucha lentitud, para disfrutarla por más tiempo.
En una oportunidad, mientras la leía sentado en la hamaca, vi por el
rabillo del ojo que una hormiguita intentaba capturar a un gusanito
verde que se defendía valientemente para liberarse de su agresora. Una
segunda hormiguita vino en su contra, haciendo más difícil la defensa
del gusano. Por supuesto que me puse del lado del más débil, pero no
hice nada. Seguí leyendo y mirando de reojo la desigual lucha. Pasó
más de una hora hasta cuando decidí intervenir. Con mucho cuidado
obligué a las hormigas a soltar a su presa y deposité al gusanito sobre
una piedra, a unos metros de distancia. Pero no había tenido tiempo
de regresar a mi hamaca cuando un pajarito llegó raudo hasta la piedra
y de un solo picotazo se tragó al gusanito.

«De buenas intenciones está tapizado el camino al infierno; es
mejor no meterme en lo que no me toca», concluí. Todavía trato de
aplicar esta máxima.

Otra historia de estos días se relaciona con mis diarios. Como
me había quedado sin baterías para mi radio, no podía escuchar las
noticias. Le pedí autorización a Darinel para acercarme a su radio a
escuchar las noticias. Me dijo que no y, además, me quitó mi radio
y mis cuadernos de diario sin darme ninguna explicación. Quedé
sorprendido, pero supuse que no querían que escuchara alguna noticia relacionada conmigo o con las operaciones militares que había
en el área.

Katire me visitó y me contó sobre el secuestro (retención, decía
él) de los doce diputados del Valle del Cauca y del golpe de Estado
contra el presidente Chávez en Venezuela el 11 de abril.

Cuando parecía que se iba sacó del bolsillo de su pantalón unos
papeles y me los mostró:

—¿Esto qué es? —me preguntó.

Reconocí los papeles que le había entregado a Darinel antes de
salir del campamento, cuando el ataque de la patrulla de la Infantería
de Marina.

Le expliqué lo que eran y le conté que yo estaba convencido de que
Darinel los había botado al hueco de la basura antes de salir huyendo.
No creyó mi historia y me acusó de haberlos dejado entre los libros
de cálculo para que los encontraran las tropas que nos perseguían.

Darinel, en lugar de botarlos, los había dejado dentro de uno de mis libros. Como no me percaté de eso, yo había colocado el recorte del periódico que anunciaba la misa del aniversario de mi secuestro en el otro libro. Entonces recordé que Winston me había visto con el libro en las manos y supuse que le informó ese hecho a su comandante.

Por fortuna, Katire no encontró mi pista sino los documentos que le entregué a Darinel para la basura. Finalmente el tema se superó cuando Darinel explicó lo que había sucedido, pero yo duré muchos días sin radio.

En todo este tiempo, Mónica había comenzado a tomar distancia de mí. El 27 de enero, por primera vez desde el día en que inició el diario, Mónica no me escribió. Lo volvió a hacer el 3 de febrero, cuando tenía un poco más de ánimo, pero nuevamente dejó pasar varios días sin cumplir con el ritual del cuaderno. Desde ese momento, sus relatos fueron cada vez más esporádicos.

Domingo 17 de febrero de 2002: 441 días

He pasado exactamente dos semanas sin escribirte, es que realmente me parece que ya son demasiados cuadernos y es posible que nunca los leas, quién sabe si tengas ganas de leer todo esto cuando regreses... Te extraño mucho, ya no quiero estar sola, sin ti.

Viernes 1° de marzo: 452 días

Han pasado varios días sin escribirte y han ocurrido algunas cosas: tristemente le tocó al pre romper el proceso de paz, tú lo habrás escuchado en los noticieros, esa situación me preocupa mucho por ti y por el país... Los tipejos han vuelto a llamar en estos días, la mayoría de las veces se corta la comunicación, pero cuando al fin hablaron volvieron a pedir los mismos cinco millones de dólares, o sea que no hemos avanzado nada con ellos.

Domingo 24 de marzo: 474 días

Hace varios días que no te escribo, voy a contarte algunas cosas: el general Quiñones al fin tiene comprado a uno de los guerrilleros que está contigo, un tal Gabriel, así que me pidió que te escribiera una nota muy pequeña donde yo aproveché para que Lue también te escribiera y recibieras algo de ellos; dicha nota se la dan a Gabriel para que te la dé a ti y tú confíes en él y aceptes salir acompañándolo en el día que se planee el rescate. Te podrás imaginar la ilusión que tenemos todos y tal como te escribí en la nota, le tengo envidia a ese papelito que va a poder estar contigo.

Sábado 6 de abril: 486 días

Los tipos con los que estamos negociando han seguido llamando, claro que hace más de quince días que no hablaban, según me dijo Camilo Caviedes cuando lo llamé, y además ya están agresivos, las dos últimas veces amenazaron que si no pagamos los cinco millones de dólares van a colocarles explosivos a las propiedades de la familia. Estoy mamada, ya no estoy segura de qué piensas, qué quieres. ¿Será que me quieres como antes? ¿Estarás muy cambiado? Yo me muero por ser mamá. ¿Será que aún tú quieres tener un hijo conmigo? Tantas dudas, me estoy enloqueciendo. ¿Qué hago con todo este amor que siento por ti?

En mayo de 2002 estuvimos en dos campamentos, sin mayores novedades. Aunque no tenía radio, algo alcanzaba a oír en los radios de los guerrilleros. Escuché, por ejemplo, hablar en mi contra en la emisora que tenían las FARC en los Montes de María, que los guerrilleros escuchaban con total atención y devoción.

Esta emisora era una verdadera tortura para mí. La sintonizaban a alto volumen, por lo que me resultaba imposible no escucharla, a pesar de que me tapaba los oídos con los dedos. Su programación duraba dos o tres horas en la mañana y dos o tres horas en la tarde y se basaba en canciones revolucionarias, como las llamaban los guerrilleros, en las que hacían la apología de sus delitos, y transmitían artículos injuriosos contra el gobierno y la sociedad. Cuando transmitía, era obligatorio para los guerrilleros escucharla.

Pretendían justificar sus actos violentos y difundían los principios marxistas de la lucha de clases y de combinación de todas las formas de lucha. Como complemento presentaban «partes de guerra» en los que narraban asesinatos, atentados y actos terroristas contra las fuerzas armadas, contra campesinos, contra la infraestructura del país y contra el gobierno, adornados con eufemismos y mentiras sobre triunfos militares increíbles. Escuchar esa emisora era un auténtico martirio, pero no tenía cómo evitarlo.

Cuando oí que hablaban de mí, hice llamar a Katire y le dije que había escuchado los insultos en mi contra. Me llamaban la rata de Chambacú y reconocían tenerme secuestrado. Era una injusticia

total porque mi actuación en ese negocio, como en todos los actos de
mi vida, había sido honorable, honesta y transparente. Le expliqué
ese negocio y le solicité transmitirles a sus superiores la verdad de los
hechos, tal como se los acababa de narrar.

Me descalificó de plano:

—Todos dicen lo mismo —concluyó.

Unos días después, el 28 de mayo, fue la elección presidencial de
Álvaro Uribe Vélez. Toda esa noche una avioneta sobrevoló la zona,
causándome una gran zozobra por el temor a un ataque aéreo, lo que
afortunadamente no sucedió.

El 3 de junio, Katire me informó que yo también era parte del
grupo que llamaban de «canjeables», o sea, que mi secuestro era político
y que mi liberación dependía de que el gobierno aceptara canjearme
por guerrilleros presos. Fue un golpe moral devastador. Mis esperanzas
de regresar se desvanecieron.

Sin embargo, al poco tiempo logré asimilar el impacto y tomé
la decisión de enfrentar este hecho con total entereza, sin claudicar a
mis principios, a mi fe, a mi dignidad. Decidí dar la batalla por mi
regreso todo el tiempo que fuera necesario.

Unos días después me ordenaron grabar un mensaje, en un video, para el presidente en ejercicio, Andrés Pastrana, y otro para el
presidente electo, Álvaro Uribe. Me instruyeron sobre su contenido,
haciendo énfasis en recurrir a la amistad como argumento central para
pedir el canje de militares y políticos por guerrilleros.

Con dificultad logré convenir el texto del mensaje, que grabé
en contra de mi voluntad. Me tranquilicé pensando que el país entendería las condiciones en que me tocaba grabarlo y que el mensaje
serviría para que mi familia recibiera una prueba de que estaba vivo.
Además, era una nueva oportunidad de utilizar la misma clave que
había usado en la carta de diciembre, para que se conociera en dónde
me tenían.

Era la primera vez en un año y siete meses que mi familia podía
verme y oírme, así que aproveché para enviarles un mensaje más
íntimo: «A mis familiares les digo que estoy bien, que los adoro, que
los extraño, que me hacen muchísima falta y que siento un enorme
dolor por su ausencia».

Recuerdo que con la supervisión de mis captores, mientras miraba el lente de la cámara, agregué: «Andrés, acudo a la amistad, a tu bondad y a tus mejores sentimientos para solicitarte que intervengas activamente en la solución de los problemas y en la liberación de los secuestrados de Colombia».

Después de la grabación cambiamos de campamento. El 5 de junio nos movimos por un terreno difícil, escarpado y resbaloso, en medio del fango producido por la lluvia, hasta la cima de un cerro. Allí pasé mi cumpleaños número 47 y me enteré, a través de los radios guerrilleros, de los resultados del mundial de fútbol de Japón-Corea del 2002.

El 28 de junio volvimos a mudarnos y tuve que repetir la grabación del video para los presidentes porque me dijeron que el anterior se había dañado. Pero ahora sé que, al igual que hicieron con la carta, el video que enviaron fue el primero.

En el nuevo campamento me pude organizar un poco mejor. Durante los primeros días supe de algunos mensajes de mis hijos y familiares por mi cumpleaños. Me los contaban los guerrilleros porque yo seguía sin radio. También me prestaron una edición del *Diario* del Che Guevara en Bolivia. Me devolvieron mi cuaderno de diario número dos y me regalaron uno nuevo.

Me fabricaron una silla y una mesa a manera de pupitre escolar y al lado de mi hamaca habilitaron un espacio en donde pude ejercitarme con mayor comodidad. Fue una larga estadía, desde el 29 de junio hasta el 13 de agosto.

Aquí supe que el video había sido difundido y pude escuchar las reacciones de Mónica y de Luis Ernesto, que me pasaron en un casete y que pude transcribir a mi diario.

18

La llegada del primer video

El 8 de julio del 2002, el Canal Caracol dio a conocer a la opinión pública un video enviado por las FARC en el que aparecían el gobernador de Antioquia, Guillermo Gaviria; el exministro Gilberto Echeverri Correa y once soldados de la fuerza pública que se encontraban cautivos en el mismo campamento. En otros dos videos, que se divulgaron al mismo tiempo, aparecíamos Óscar Tulio Lizcano, representante a la Cámara por el departamento de Caldas, y yo.

Cada uno de nosotros, en un campamento distinto y distante, reiteraba ante la cámara nuestra condición de canjeables. Fui yo, sin embargo, el encargado de hacer una breve exposición de la propuesta que el grupo guerrillero le enviaba al gobierno de Andrés Pastrana —al que le quedaban pocos días en la Casa de Nariño— y al entrante gobierno de Álvaro Uribe: las FARC proponían la libertad de algunos de los secuestrados políticos a cambio de la libertad de los guerrilleros que estaban presos en las cárceles.

El mensaje decía así: «... Para pedirle al presidente de la república, Andrés Pastrana Arango, y al presidente electo, Álvaro Uribe Vélez, convenir con esta agrupación guerrillera un proceso de canje para la liberación de los oficiales y los suboficiales de la Policía y del Ejército, de las personalidades políticas retenidas por las FARC y mi liberación».

Cuando el video empezó a circular, el presidente electo Álvaro Uribe dijo que no se pronunciaría al respecto antes de asumir el cargo ese 7 de agosto. El presidente Pastrana, a través de su ministro del

Interior, Armando Estrada Villa, rechazó de inmediato la propuesta de canje aduciendo que no era viable intercambiar funcionarios públicos que fueron secuestrados mientras le servían al país, por guerrilleros presos que pagaban una condena a causa de sus crímenes.

Seguramente mi condición de exministro del gobierno de Andrés Pastrana, pero sobre todo mi gran amistad con él, fueron argumentos definitivos para que las FARC decidieran que el emisario de ese mensaje debía ser yo y no alguno de los otros secuestrados.

El contenido del video indignó al gobierno, que no tardó en rotularlo como monstruoso: «Esto pone de presente la bajeza con que las FARC proceden en todas sus actuaciones... Utilizar estos secuestrados, el prestigio y la manera sensible como el país trata este problema para pedir el canje, hay que calificarlo como una monstruosidad. Frente al canje, el gobierno ha tenido una política de tiempo atrás y es rechazarlo», dijo el ministro Estrada Villa.

Mónica y Lue, que eran los voceros oficiales de la familia, se mostraron emocionados ante los medios de comunicación por haberme visto de nuevo y saber que estaba vivo, pero preocupados por las orillas opuestas en las que se encontraban plantados las FARC y el gobierno.

Horas después de que se hiciera público el video, Luis Ernesto fue entrevistado por Yamid Amat en el programa *Pregunta Yamid*. En la entrevista le recordó al país que el canje —como término genérico— se había utilizado ya en otras ocasiones:

—Con el M-19 en la toma de la embajada de República Dominicana. Con Juan Carlos Gaviria Trujillo. Hace un año, con policías y soldados del Ejército —dijo ante el rechazo tajante del gobierno a la propuesta de mis captores.

Con serenidad, pero con tristeza continuó:

—Se nos pide a los familiares de los secuestrados que pongamos el país delante y se les olvida que estamos haciendo un gran esfuerzo por Colombia. Esto no va a abrir una puerta para que siga ocurriendo, porque esa puerta ya se abrió y por eso nosotros lo estamos viviendo. Si eso no hubiera ocurrido antes, quizás el secuestro con objetivos políticos para la liberación de guerrilleros no se estaría dando.

En el programa de opinión *Lechuza*, con Darcy Quinn, Mónica reiteró la solicitud de buscar caminos que acercaran a las dos partes.

—Para nosotros no es una sorpresa la posición del gobierno de no al canje. Lo que decimos es que busquemos posibilidades, acuerdos humanitarios o intercambios. No somos los familiares los indicados para decir cuál es la figura apropiada ahora. Para eso hay gente experta que puede buscar vías. No nos quedemos en un lado y otro, y nuestros familiares en el medio.

La preocupación por la inviabilidad de la propuesta del grupo guerrillero de todas formas dejó espacio para un asomo de felicidad. Desde diciembre del 2001, cuando pude mandarles la primera carta, no sabían nada de mí. Ese video les devolvía mi imagen, mi voz. Me veía delgado, pero en buenas condiciones, seguro y fuerte.

Las emociones se agolparon en sus corazones. Al mismo tiempo estaban la alegría inmensa por tener noticias mías, la impotencia y la tristeza. Les dolía ver que todas sus gestiones habían sido infructuosas hasta el momento, y que la verdad llana y dolorosa era que yo no estaba en casa, junto a ellos.

A Mónica la llenó de angustia ver a los once oficiales y suboficiales de las Fuerzas Armadas que aparecían en el video y que llevaban cuatro y hasta cinco años en cautiverio:

—Me tumba ver hacia adelante y creer que ese va a ser el futuro de Fernando. Que tengamos que esperar cuatro y cinco años a que llegue otro video en el que pida nuevamente una solución al problema. Me niego a creer que con tanta gente que sabe del tema no podamos llegar a un punto de común acuerdo entre las FARC y el gobierno —les dijo a los periodistas.

Con ese video les llegó a mis familiares un poco de vida, un pequeño alivio a la angustia cotidiana de no saber sobre mi suerte. Las esperanzas y los sentimientos se renovaron, pero la preocupación de ver a las dos partes distanciadas, cada una en su trinchera, les puso de presente las inmensas dificultades que tendríamos que seguir sorteando antes de poder encontrarnos otra vez.

Mónica escribió en su diario en esos días:

Lunes 22 de julio de 2002

Tengo tres meses y medio que no te escribo, no sé exactamente por qué dejé de escribir, e incluso no sé por qué lo estoy haciendo hoy nuevamente. No te imaginas todo lo que ha ocurrido en este tiempo. Tu video,

Dios santo bendito, me parecía mentira estar viéndote y escuchándote. Me dio de todo, alegría, tristeza, nostalgia, etc. Desde ese día mi vida ha sido una locura con los medios de comunicación, he grabado con todos los noticieros de radio y televisión e incluso revista *Cromos*. Además hice el programa *Pregunta Yamid* y *Lechuza* con tu amiguísima Darcy. A raíz de ese programa me gané unos tipos que me llaman al celular y además me están siguiendo, mejor dicho, tengo un rollo de seguridad personal y en este momento ando con escolta del DAS, me tienen mis dos celulares interceptados y vivo con una angustia constante... Te extraño demasiado y te adoro.

19

Agosto de 2002
NUEVO PRESIDENTE

Los guerrilleros se veían tranquilos. Organizaron un aula para ver televisión, incrementaron sus actividades académicas e intensificaron los ejercicios físicos. Eran los últimos días del gobierno del presidente Pastrana y pude enterarme de los esfuerzos que se hacían para lograr una negociación con las FARC, a través de la Cruz Roja, para la liberación de los secuestrados.

El 7 de agosto escuché el discurso de posesión del presidente Uribe Vélez. Antes del acto de posesión hubo un atentado criminal en su contra: milicianos de las FARC lanzaron varios morteros contra la Casa de Nariño, matando a un grupo de indigentes que vivían en la calle del Cartucho, a varias cuadras del palacio presidencial. La guerrilla lo recibía en plan de guerra.

El discurso fue muy firme en contra de los grupos armados ilegales. La negociación de un posible acuerdo humanitario para la liberación de los secuestrados dependería de que se iniciara un proceso de paz con la guerrilla, con cese de hostilidades, por parte de las FARC. El presidente Uribe empezaba su mandato con la firmeza que había ofrecido durante su campaña y que le había significado un triunfo indiscutible en la primera vuelta electoral. Mis esperanzas de regresar se esfumaban, pero no me dejaría abatir por las noticias.

El 13 de agosto terminé de desayunarme a las 8:30 a.m. Mientras lavaba mi plato, escuché unos disparos. Al principio no entendí de qué se trataba.

El guardia, Ovidio, cargó su fusil y me miró dubitativo.

—¿Qué hago? —le pregunté.

Siguió mirándome sin contestarme, quizás pensando en matarme, ante el temor de que me rescataran. Entonces apareció Lorena y Ovidio le ordenó ayudarme a recoger mis cosas: la carpa que estaba desplegada, la hamaca, todas mis pertenencias.

El combate se había intensificado y a los disparos de fusil se añadían explosiones de granadas combinadas con insultos de los infantes que llamaban a los guerrilleros a enfrentarlos sin huir:

—¡Párense a pelear, guerrilleros malparidos! ¡No corran, hijueputas! —gritaban los infantes, cada vez más cerca.

Recogí a las carreras mis pertenencias, me eché mi tula al hombro y me fui detrás de Katire, que apareció para llevarme.

—¡Sígame! —me ordenó, con todo su equipo a cuestas y sus grandes orejas desplegadas como Dumbo.

Otros guerrilleros comenzaban a escapar conmigo subiendo por el cerro, mientras un comando se enfrentaba a la tropa para darnos tiempo de alejarnos.

Guardaba la ilusión de que nos persiguieran y me liberaran, por lo que me mantenía en máxima alerta, pero nuevamente no fue posible.

Cuando el peligro quedó atrás, nos detuvimos para organizar la fuga un poco mejor. Además de la tula yo cargaba un balde que utilizaba para bañarme. Al momento de salir, por la prisa y el peligro, metí en el balde algunos artículos que tenía sobre mi escritorio: mis diarios, o sea los cuadernos dos y tres; el libro del Che, mi cepillo de dientes y la crema dental, mi termo para café, el cepillo para el pelo, un frasco de ají y otros elementos que no alcancé a empacar.

Para aliviar la carga y facilitar la huida me ordenaron dejar el balde, que quedó escondido con mis pertenencias. Aunque los guerrilleros regresaron después a recoger todo lo que dejamos, no pude recuperar mis cuadernos. Creo que consideraron peligroso que las tropas los pudieran encontrar y los quemaron.

Caminamos todo el día en dirección al este y en la noche llegamos a un campamento lleno de guerrilleros, al que ingresamos en medio de una oscuridad absoluta. A esa hora los helicópteros estaban combatiendo un poco al sur, hacia Zambrano. Se veían en el cielo las trazas de los cohetes que disparaban.

Antes de la madrugada me sacaron del lugar. Así yo no conocía nada y tampoco me veían a mí. Sin embargo, pude enterarme de que era el campamento central del frente 37, donde estaba su cabecilla principal, Martín Caballero. A pesar de la oscuridad pude notar algunas instalaciones para el entrenamiento de los guerrilleros, como pistas para arrastrarse debajo de alambres de púas, troncos para saltar y cuerdas para trepar.

Esa mañana, cuando me sacaban del campamento, vi a una muchacha que me llamó la atención por la blancura de su piel. Cuatro años después pude reconocerla cuando volví a verla. Se llamaba Talía y era hemana de Carolina, otra guerrillera que conocería después. Talía murió durante la operación de mi rescate.

Todo ese día continuaron los combates en la zona. Los guerrilleros comentaban que algunos compañeros habían ido a atacar a las tropas que nos asaltaron. Oí decir que un soldado murió víctima de una mina. Se llamaba Abel Muñoz Berrío. Otro héroe anónimo que dio su vida buscándome.

En los días siguientes de ese mes de agosto estuvimos en retirada, en dirección al sur. Hubo algunos cambios en el grupo, como el regreso de Piñeres, y la llegada de Arnold, Silverio, Patricia y Vicky. Esta última produjo un accidente que pudo ser mortal.

La tensión era alta por el acoso de las tropas. La retirada se hacía en medio de los ataques de los helicópteros. Esa noche tuvimos que movernos permanentemente para evitarlos. Ya en la mañana, Catherine se puso a revisar un estopín mientras conversaba con Vicky, que descuidadamente lo conectó a una batería y lo hizo explotar.

Catherine quedó sin sentido por la explosión y con la oreja destrozada. Cuando recobró el conocimiento, Darinel estaba a su lado.

—No me dejes morir. Yegua, no me dejes morir —le decía a Darinel, aturdida y asustada por la sangre que le manaba del oído.

Al rato llegó el médico que formaba parte de la cuadrilla. La curó y alcanzó a coserle el pabellón de la oreja. Quedó muy mal herida y sus compañeros la sacaron de la zona en una hamaca habilitada como camilla. Se salvó, pero perdió la audición por el oído izquierdo. Algún tiempo después volvería a verla.

Otro guerrillero, a quien no conocí, de nombre Salomón Ruiz, se voló el mismo día mientras intentaba desactivar una mina que él mismo había colocado. Cuando le pregunté a Silverio cómo había quedado Salomón, me contestó comiéndose las letras: «Se despareció».

A finales de agosto cruzamos hacia el sur la carretera El Carmen-Zambrano. Regresábamos a donde habíamos estado hasta los primeros días de abril. Esa sería la rutina en los años siguientes: un tiempo al norte de la carretera, un tiempo al sur; en las Aromeras norte, en las Aromeras sur.

El cruce fue al caer la tarde, después de caminar durante todo el día. En la mañana, al salir del campamento, había una hilera de guerrilleros apostados a lo largo de nuestra ruta de salida, lo que no era frecuente y mostraba medidas especiales de seguridad. Luego salimos a un camino donde nos detuvimos para vestirme con un uniforme camuflado que me prestó Ovidio.

Utilizamos una vía que quedó a medio construir, que finalmente no conectaba con nada. Se veía un afirmado en balastro y un puente de concreto con vigas bien construidas para atravesar un caño a una altura de varios metros. Calculé que eran casi las cinco de la tarde cuando apareció un guía que caminaba descalzo, a pesar de las piedras y de lo difícil del camino. Nos detuvimos a esperar la señal de que podíamos cruzar y Katire ordenó preparar un refresco para aliviar la sed, algo usual en estas marchas.

Reanudamos la marcha cuando el sol se ocultaba. Antes de cruzar se nos unió una guerrillera a quien cambiaban de escuadra, hacia las Aromeras sur, acompañada por Ortiz, uno de los guardias que me vigilaron en los primeros meses de mi secuestro. Esta vez cruzamos corriendo, y enseguida bajamos a un terreno lleno de chupa-chupas, que se me pegaban permanentemente en los pantalones y me puyaban las piernas. Como siempre, iba contando los pasos y después de cruzar puse mi contador en cero, para reanudar la medición a partir de mi línea principal de referencia: la carretera El Carmen-Zambrano.

Quinientos pasos adelante nos detuvimos nuevamente, mientras algunos guerrilleros se encargaban de llenar los bidones de agua. Después de otra marcha corta encontramos a otra cuadrilla que nos estaba esperando con galletas y latas de atún. Finalmente nos desplazamos unos cuantos metros hasta el sitio previsto para dormir.

Era un lugar inhóspito, con poca vegetación y con pendientes pronunciadas, desde donde salimos muy de madrugada para reanudar la marcha, que duró hasta caer la tarde. Llegamos a la casita del techo rojo que ya conocía. Reconocí el lugar cuando paramos para descansar pero no nos quedamos allí. Antes de anochecer nos desplazamos otros 1.200 pasos a nuestro nuevo dormidero. Allí encontramos alimentos para cenar: un pescado muy salado y maloliente que no fui capaz de comerme y que regalé a mi guardia, quien se lo comió con evidente placer.

Al siguiente día, 2 de septiembre, seguimos. Yo había recogido, al lado de la casita roja, una canasta de plástico de color vino tinto que seguramente había sido robada de un camión lechero. Me pareció que me podía servir de asiento y la cargaba a mis espaldas, colocada de manera que abrazaba mi morral.

Al amanecer me encontré nuevamente víctima de las terribles pachacas. Creo que la canasta, que debía tener impregnado algún olor o sabor a leche, atrajo a las hormigas que, otra vez, acabaron con mi ropa. Tuve que desocupar mi tula para espantarlas y volver a empacar mis pertenencias cuando comenzaba el desplazamiento del día.

La noche anterior, ya acostado en la hamaca, había escuchado a los guerrilleros hablar entre ellos. Me resultó espeluznante oír los relatos de Silverio refiriendo con orgullo sus actividades de pistolero cuando se encargaba de asesinar a sangre fría a las víctimas que le asignaban sus jefes. Decía que estaba acusado de 38 asesinatos. Contó algunos de ellos, como el de un concejal de El Carmen a quien le propinó un disparo en la cabeza. Contó también que su abogado logró anular un juicio que lo condenó y que cuando se lo repitieron, la Fiscalía no pudo presentar al principal testigo en su contra porque sus compañeros ya se habían encargado de asesinarlo. Después supe que Silverio estuvo en varias cárceles de la Costa y que finalmente se fugó del vehículo en que lo desplazaban cuando se detuvo en Sincelejo. A mí me había contado que había salido de la cárcel por cumplimiento de la pena, que se la habían reducido por su buen comportamiento.

Dos anécdotas adicionales de estos días de traslado. El día 5 de septiembre nos detuvimos al mediodía para almorzar.

Algún guerrillero comentó:

—Aquí fue donde se mataron los chulos.

Se refería a la muerte de los infantes de marina de finales de marzo que conté antes. Allí habían puesto las minas que acabaron con esos valientes patriotas.

En este traslado conocí la planta del tabaco cuando nos detuvimos al lado de un cultivo. Un guerrillero arrancó una hoja y me la entregó para que la guardara y viera cómo se secaba. Veinte días después, Aníbal preparó con la hoja un cigarro y se lo fumó. Preparó otro para mí pero no pude fumármelo porque me resultó muy amargo.

El 8 de septiembre terminamos el desplazamiento. En esa fecha llegamos al territorio de Camacho, quien nos visitó en compañía del Chueco. Después acampamos bajo unos árboles de ciruela, de donde tomó su nombre el campamento: Ciruelos.

Las noticias hablaban de un comunicado de las FARC en el que descalificaban al gobierno y denunciaban la ausencia de contactos para el canje. Me preguntaba cómo era posible tanto cinismo y no lograba entender la desfachatez con la que las FARC se atribuían el derecho de secuestrar a quienes quisieran y después responsabilizaban al gobierno de no permitir avances para nuestra libertad. «El mundo de lo absurdo, el mundo al revés», pensaba.

De aquí nos trasladamos al campamento Torres, el sábado siguiente, 14 de septiembre. Era un desplazamiento táctico, cercano, a un sitio más escondido, más alto y de más difícil acceso. Me regalaron tres tabacos que me fumé para quemar el ocio de esos días interminables.

Nos mudamos el 22 porque escuchamos disparos. Esta nueva marcha incluyó una parada para pasar la noche en el pico de un cerro y después tres o cuatro días en el campamento Marrana, bautizado así en honor de una cerda que llevaron y nos comimos completa.

El 25 de septiembre es el cumpleaños de mi hermana Carolina. Mientras pensaba en ella, escuché al ministro Fernando Londoño declarar que el canje propuesto por la guerrilla era un imposible moral, que no se podía pretender intercambiar a las personas como si fueran mercancías y, menos aún, poner en el mismo nivel a delincuentes y a personas de bien que se habían distinguido por su servicio a la sociedad. Compartía plenamente esos puntos de vista, pero me quedaba una incertidumbre muy grande y la idea de que mi secuestro se prolongaría por varios años.

Nos mudamos nuevamente el 26 de septiembre. Me llamó la atención que la marcha fuera nocturna y que hubiéramos tenido que trepar por un terreno muy empinado, en medio de una absoluta oscuridad y con enormes dificultades. En la mañana siguiente nos desplazamos unos pocos metros y allí nos quedamos cuatro días.

En este sitio preparé un tablero para jugar damas sobre un cartón de una caja de verduras. Jugamos de nuevo algunas partidas. En una de esas Darinel y Piñeres convinieron en que el perdedor se tomaría un vaso de agua. Era una penitencia que utilizaban mucho los guerrilleros porque obligaba al perdedor a orinar continuamente, sobre todo si perdía varias veces. Pero además era un símbolo de humillación.Cuando ganó Piñeres, que era mejor jugador, Darinel se negó a tomarse el agua, lo que produjo una gran discusión entre ellos que me llevó a intervenir, haciéndoles notar que era un simple juego y que no valía la pena crearse enemistades por eso. Finalmente propuse reducir el tamaño del vaso de agua que debía tomarse Darinel y la discusión terminó. Ese día comencé a actuar de mediador.

El 30 de septiembre nos trasladamos seiscientos pasos, en ascenso. En este lugar Arnold se preparó una cama haciendo un entramado a cincuenta centímetros del suelo, por lo que pensé que la estadía sería larga. Me distraje mirando la naturaleza y vi a una pareja de mariposas copulando. Las observé atentamente y descubrí que es una cópula larga y aburrida porque lo hacen de espaldas, casi sin moverse. Aun así era mejor que mi larga abstinencia.

Después de algunos días de calma regresó la inquietud al grupo. Órdenes de silencio permanente, medidas extremas de cuidado en los desplazamientos para recoger agua y sobrevuelos de helicópteros en las noches. Todo esto nos llevó a que el 12 de octubre nos mudáramos otra vez.

Yo tenía una tabla para sentarme, de unos dos metros de largo, y creyendo que haríamos un desplazamiento corto, me la llevé. Quedé agotado de cargarla porque la marcha fue muy larga, de todo el día, y terminó, al caer la noche, después de ascender por un terreno muy agreste a través de hondonadas que en ocasiones me costaba trabajo superar. Silverio se ofreció a ayudarme pero yo insistí en llevarla como un ejercicio para fortalecer mi voluntad, para no dejarme vencer por las dificultades, para no rendirme ante la adversidad. No desfallecer era mi consigna y quería probarme que seguía dispuesto a luchar.

El domingo 13 y el lunes 14, que era festivo, lo pasamos muy incómodos en un campamento debajo de las líneas de transmisión de energía del sistema de interconexión eléctrica. En los festivos la programación de la radio cambiaba y eso me producía ansiedad porque los días se me hacían más largos.

El 15 tuvimos otro traslado. Otra vez en ascenso, por un sendero muy estrecho, hasta un paraje alto y boscoso. Aquí me distraje tratando de aprender a hacer pitas con hilos de maguey. Aníbal, que era hábil con las manos, me enseñó la técnica. Había que poner en agua varios días una penca para sacarle los hilos. Me maravillaba la calidad estructural del tejido interno del maguey y la doble condición simultánea de flexibilidad y rigidez, obtenida por el tejido de sus fibras y la consistencia de su albúmina. Un modelo para nuevos materiales que lleguen a remplazar al concreto estructural. Obtenido el hilo, Aníbal hacía un entorchado que iba engrosando con dobleces hasta obtener una cuerda del calibre requerido. Me pareció estupendo.

Tengo grabados en la memoria los mensajes que por estos días enviaban los familiares de un secuestrado: «Hola, José, soy Tata...». Eran mensajes amorosos y llenos de esperanza que yo tomaba para mí.

El 31 de octubre hubo otra mudanza, cercana al campamento Ciruelos. Dos recuerdos de este sitio: la muerte de una mula atacada por abejas africanizadas que la picaron sin clemencia, ante la mirada atónita de los guerrilleros, que la llevaban con los tanques para recoger el agua. Ellos tuvieron que correr para no ser atacados. Lo otro fue haber visto a Lucho, el guerrillero que se había encargado de vigilarme durante los primeros meses de mi secuestro y por quien sentía aversión. Me dio angustia pensar que regresaba a ocuparse de mi vigilancia pero, afortunadamente, no fue así. Estaba escondido en los Montes de María por un tiempo mientras concluía un operativo en el norte para dar con él.

Llegó noviembre y pasamos otra vez por las torres de energía. En una parada, Piñeres armó unos cigarros de tabaco y les puso canela en polvo antes de envolverlos. Me dio a fumar uno y lo encontré dulce y aceptable. Él, en cambio, se mareó con el tabaco y quedó medio borracho. Juró que nunca más volvería a fumarlo así.

Avanzada la tarde subimos a un cerro empinado, bastante descubierto, pero luego nos internamos en un bosque donde quedamos muy ocultos. Durante nuestra estadía Honorio, un guerrillero joven e ignorantón, que estaba enamorado de Cristina, una guerrillera adolescente, amable y gordita, me pidió que le escribiera una carta para ella, porque él no sabía escribir. Cristina era la pareja de Ovidio, por lo que a mí me parecía inapropiada la solicitud de Honorio y me negué. Pero el enamorado me insistió de mil maneras hasta que me sentí comprometido a escribir la misiva, aunque tomé algunas precauciones.

En primer lugar, le dije a Honorio que no pondría el nombre de la destinataria para evitarme responsabilidades con Ovidio, su compañero. Además, Honorio se comprometió a copiar la carta, de su puño y letra, en otro papel. Por último, me garantizó que no me involucraría en ninguna disputa que se pudiera producir.

Honorio me incumplió y entregó la carta que yo había escrito. Cristina la recibió, la leyó y se disgustó mucho. Reaccionó con tanta rabia que rompió la carta y la echó en la candela. Esa tarde, en la relación con todos sus compañeros, Cristina presentó la queja ante el comandante por el irrespeto de Honorio, que fue sancionado. A mí no me mencionaron, pero aprendí la lección y me tomé más en serio aquello de ser prudente. Me sería muy útil después.

De aquí nos trasladamos al campamento Mata, 1.200 pasos al sur. Se llamaba así porque estaba un poco descubierto de vegetación y los guerrilleros lo camuflaron colocando matas de piñuela sobre varios entramados que construyeron con varas. Fue una estadía corta porque a finales de noviembre una alarma nos hizo salir corriendo. Allí dejé mi tabla, que para entonces era también mesa para jugar triqui, un nuevo juego que me había enseñado Aníbal y cuyo tablero yo había dibujado sobre la tabla.

Antes de llegar al campamento Mata, habíamos dormido en un cerro vecino durante una noche. Era una precaución que los guerrilleros practicaban con frecuencia para inspeccionar en detalle el lugar escogido para acampar. Era el 15 de noviembre de 2002, y recién llegados al nuevo campamento escuché la noticia del rescate de monseñor Jorge Jiménez Carvajal, que había sido secuestrado por guerrilleros de las FARC unos días antes. Su liberación por la Policía Nacional revivió mis esperanzas en una operación de rescate militar. Otra vez se me encendió una lucecita de esperanza.

Hicimos una travesía larga y llegamos a un nuevo campamento el 3 de diciembre. Yo estaba muy pendiente del radio porque se iban a cumplir dos años de mi secuestro y seguramente mis familiares me enviarían algún mensaje.

Aunque no tenía un cuaderno para escribir desde la huida de agosto, había guardado una hoja de papel que me había sobrado a raíz de la carta de Honorio para Cristina, y allí llevaba una relación de las últimas noticias.

El 19 de noviembre de 2002 escribí:

Caracol: Mony no acepta rescate por el Ejército. Entrevista a Lue: confianza en el acuerdo. Esperanza de superar problemas de procedimientos.

El 20 de noviembre escribí:

Alerta en el campamento por presencia militar en el área. Tercera alerta del mes. Una por semana. En la segunda semana cambiamos de campamento por alerta. Últimos mensajes: diez en la primera semana de octubre, ocho en la última. Todos bien. Sergi jugando fútbol y voleibol, Manolete haciendo goles. Mi papá habló con Uribe. Mi mamá con fe y amor. Gabi muy cariñoso. Liani de abuela. ¡Felicitaciones! Ferni superpilas y feliz con su carrera. Contacto permanente con mi papá. Lue cariñoso, serio, responsable, trabajador, pendiente de mi liberación. Mony adorada. Saludes de su familia. Las novias de Ferni y Sergi. Su trabajo. Noticias de Delvis. Lo grande de Manuel. Saludes de todos. Gera ayudando, superpendiente. Rodri en mis negocios. ¡Gracias a todos! ¡Cuánto los extraño! Todo mi amor. Mony, te amo con todo mi ser. ¡Qué falta me haces! ¡Qué triste la vida sin ti! Te adoro.

Estas notas las escribí para dejar constancia de que las Fuerzas Armadas me estaban buscando y que yo era consciente de esto, y también para ayudarme a recordar los mensajes que había escuchado en el radio. Para mí era un mecanismo muy útil y valioso, especialmente cuando pasaban largos períodos de silencio sin escuchar a ningún familiar y recaía en mis sentimientos infantiles de abandono. Entonces releía estas notas, recordaba los mensajes y encontraba alguna explicación mental para el silencio que me permitía superar el sentimiento de abandono.

Sobre la negativa de Mony a autorizar el rescate militar me enfrentaba a un dilema. Por un lado, deseaba fervientemente ser rescatado, pero por otra parte me asustaban los antecedentes de asesinatos de secuestrados por los guerrilleros en intentos de rescate. Por eso, ante esta eventualidad, continuaba con mi línea de acción permanente: en caso de una acción militar, mantener siempre una actitud de obediencia a las órdenes guerrilleras para minimizar el riesgo de que me asesinaran, y al mismo tiempo estar lo más atento posible para aprovechar la oportunidad de escaparme en medio de alguna confusión.

Frente al acuerdo y las esperanzas de Lue, debo decir que me parecía imposible una liberación sometida a los términos que la guerrilla exigía, pero en el fondo de mi corazón deseaba que se encontrara un camino factible, aunque a mí no se me ocurría cuál podía ser. Era de todos modos una fuente de esperanza, una segunda posibilidad.

La tercera era mi ilusión de escaparme. Una y otra vez pensaba en esto. Imaginaba situaciones, buscaba cómplices, hacía mapas mentales, sacaba cuentas, calculaba tiempos, trazaba rutas, pensaba, suponía, soñaba. Pero nada.

Así me la pasaba. Un día confiado en una opción, otro día en la otra, el tercero en la siguiente y después, de vuelta a empezar. O por temporadas, según las noticias, dependiendo de la presencia militar en el área o refugiado en las esperanzas de mi soledad.

El 25 de noviembre de 2002 anoté que el gobierno les propuso a las FARC negociar en Venezuela y que las autodefensas anunciaban una tregua para iniciar conversaciones con el gobierno. Esta noticia me parecía importante porque consideraba que el desmonte de los paramilitares podría abrir el camino para una nueva negociación con la guerrilla, con la correspondiente atención para el tema de los secuestrados. En medio de una negociación podría pactarse el regreso de los secuestrados sin atentar contra la institucionalidad.

El 1º de diciembre tomé nota de una carta dirigida por los familiares de los secuestrados al expresidente Alfonso López Michelsen, solicitándole ser intermediario entre el gobierno y la guerrilla. Entre los firmantes aparecía Mónica Yamhure de Araújo. Fue una alegría saber que seguía pendiente de mí.

El 3 de diciembre anoté que las FARC no aceptaban negociar en Venezuela y además un mensaje de mi papá que decía:

¡Hola, campeón! Se cumplen dos años de tu secuestro y si no se logra tu liberación será la tercera Navidad sin ti. Si no fuera porque Mónica es una mujer extraordinaria y tus hijos son una maravilla y todos han hecho de tripas corazón, no habríamos podido resistir tu ausencia. La familia ha crecido en todo sentido. Te deseo felices pascuas y que en el próximo año se cumplan los deseos del presidente Uribe de que regresen a sus hogares todos los secuestrados... (cortado al final).

Este mensaje me llenó de alegría. Mi papá siempre positivo, con su voz llena de energía, entusiasmo y amor. Y además, la noticia sobre Mónica y mis hijos me daba nuevos ánimos para continuar mi lucha.

El último mensaje que apunté en esta hoja suelta fue del 4 de diciembre. Transcribo lo que oí y lo que quise contestarle a mi hijo:

¡Mensaje de Sergi! Regresamos de los binacionales. Nos fue mal. El colegio no ganó ningún campeonato. En fútbol llegamos a cuartos de final. Ese día jugamos dos partidos antes y estábamos muy cansados. En voleibol perdimos todos los juegos (cortaron aquí) (qué voz tan gruesa). Qué alegría oírte, Sergi. Te adoro. Te extraño muchísimo. Me imagino lo grande que estás. Mil besos.

Pero el 4, que era el segundo aniversario de mi secuestro, era también el día del cumpleaños de Mónica y le hice esta nota:

¡Feliz cumpleaños, amor de mi vida! ¡Cuánto te extraño! ¡Te amo con toda mi alma!

Cuando se me acabó la hoja en la que anoté estos mensajes, observé que a Aníbal le entregaron un cuaderno nuevo y que iba a botar el que utilizaba para sus clases de lectura y escritura. Lo convencí de que me lo regalara y comencé a llevar un nuevo diario, con apuntes esporádicos en los que consignaba los mensajes de mis familiares, y algunas observaciones sobre mi situación.

A este cuaderno se sumaron otros dos que pude obtener después, autorizados por los comandantes guerrilleros y que se quedaron en el campamento cuando me escapé. Afortunadamente para mí, los infantes de marina los encontraron y me los entregaron. De aquí en adelante me ayudan a escribir estas memorias.

Además de los diarios tuve dos cuadernos adicionales que utilicé para anotar temas de estudio, resúmenes de libros, acontecimientos históricos, significados de palabras o detalles que me llamaron la atención y que deseaba investigar a mi regreso.

En mi nuevo diario anoté los mensajes que continuaron los días 5, 6, 7 y 8 de diciembre. De mi hijo Manuel, de mi hermana Carolina, de mi mamá, de algunos sobrinos. Transcribo el de mi hijo Manuel del 5 de ese mes:

¡¡¡Mensaje de Manolete!!! Hola, papi, es Manolete; ya cumplí once años, hace unos días. Estoy jugando fútbol con el colegio, con el equipo de Junior Varsity. Este equipo es de 6° a 8°, y yo estoy en 5°, pero el profesor me aceptó para jugar en ese equipo. En el colegio me va muy bien, saco buenas notas, pero a veces me bajan la nota porque hablo mucho en clases con mis amigos. Te quiero mucho y te mando un abrazo fuertísimo.

Y a continuación mi respuesta:

¡Manolete: qué alegría oirte. Te adoro con todo mi corazón y te extraño infinitamente! Qué bueno saber que estás bien, hablando en clase como siempre y jugando fútbol. Ojalá que pronto pueda verte, besarte y abrazarte. A todos. ¡Cuánto los extraño!

Para Manuel, mi secuestro había sido muy doloroso. En ese momento el acababa de cumplir nueve años y veía su vida como un apéndice de la mía. No entendía su vida sin mí. Sentía que estaba igual de secuestrado que yo y vivía lleno de miedos y angustias. Tenía muchas pesadillas:

Yo bajaba a jugar fútbol al parquecito y empecé a soñar que yo estaba ahí jugando, que el balón se iba por encima de un murito que separaba el edificio de la calle, y entonces cuando yo iba a buscarlo aparecía una gente que me perseguía para llevarme. Otra vez soñé que estaba en una piscina y cuatro manes me agarraban y me llevaban. Siempre estaban armados. La cosa era tan fea que fui donde una psicóloga. Eso me tranquilizó mucho.

Sentía la ausencia de mi papá muy fuerte, pero mis tíos y mis hermanos me ayudaron mucho, Ferni sobre todo, porque era grande y estaba en Cartagena. Él me llevaba a todos lados, me enseñaba muchas cosas.

Siempre que hablaba con él y con mis tíos, ellos trataban de servir de modelo y colaboraban en los asuntos de la familia.

Recuerdo que me ponía camisas de mi papá y pantalonetas de él, todo me quedaba grande, pero me gustaba, así lo sentía más cerca. El dolor se va transformando, mi mamá nos decía que mi papá quería que continuáramos con nuestra vida cotidiana. A veces le grabábamos mensajes de apoyo a mi papá, siempre mensajes de cariño, no de tragedia, porque si algo nos enseñó mi mamá fue a no ser víctimas, sino que podíamos salir bien de todo eso.

Recuerdo que, por ejemplo, en el colegio pedían que todos lleváramos a nuestros papás y yo no podía, pero Ferni siempre hizo todo para estar ahí. De todas formas, en Cartagena todo el mundo sabía y yo no tenía que explicar nada. En cambio, cuando me mudé para Chile, nadie me creía que estaba seuestrado. Se reían porque no entendían. Claro que nunca se burlaron.

Y el día 9 escribí:

Pararon los mensajes. Quedo con la ilusión de escuchar a Mony, Lue y Ferni más adelante. ¡Qué falta me hacen! Pasó la semana y no oí nada sobre la respuesta de López a la petición de ser intermediario, ni tampoco oí nada sobre la visita que anunciaron de J. Lemoyne, de la ONU. ¿Qué pasó? Gracias por todos los mensajes de la semana pasada, y a los que no mandaron también, porque sé que me quieren, me extrañan y me recuerdan tanto como yo. Los adoro. Mil gracias. Mil besos.

El 12 de diciembre me causó interés el discurso del presidente Uribe en el acto de premiación de los mejores bachilleres cuando dijo que el país, para salir adelante, requiere que todos los colombianos nos esforcemos más, que hagamos cada día un esfuerzo adicional, que ese esfuerzo marca la gran diferencia entre las sociedades atrasadas y las que progresan. Me fortalecí en este concepto y me propuse desde entonces hacer cada día, a pesar del cautiverio, un esfuerzo adicional.

14 de diciembre de 2002. Ayer apagué el radio a las 8.30 a.m. Al mediodía no lo prendo por economizar baterías, ni por la noche. Pero en el mediodía de ayer el guardia trajo un radio para oír noticias y escuché que citaron a Lue refiriéndose a su esperanza de recibir pruebas de supervivencia mías y de los demás secuestrados para Navidad. No se imaginan cuánto me dolió haber apagado el radio en la mañana y haberme

perdido la entrevista, pero entonces prendí el radio a las 6:30 p.m. y pude escucharlo. ¡Qué felicidad! Gracias, hijo. Te quiero con toda mi alma y estoy muy orgulloso de ti. Estoy en buenas manos. Me llama la atención que la entrevista la hizo la periodista María A. Castiblanco, que cubre el Palacio de Nariño. ¿Una reunión? ¿Será posible superar los problemas de procedimiento? Dios quiera. También escuché anoche un informe sobre un comunicado de las FARC acerca de la ausencia de contactos del gobierno para negociar el acuerdo humanitario y llaman mentiroso al presidente Uribe. Estoy pendiente hoy de que la comenten para entender mejor su significado y objeto. Ya veremos. Además, espero que pueda enviar algún mensaje en estos días para que estén tranquilos. Los adoro. Mony, amor mío: ¡te extraño demasiado!

El 15 de diciembre aparecieron en el campamento dos guerrilleros. Se trataba de Deisy, *la Flaca*, y Allende o Popeye. Deisy llegó montada en una mula y Allende a pie. Deisy había sido la encargada de tomarme el primer video, por lo que pensé que quizás me volvería a grabar.

Ese día iniciamos un nuevo traslado y regresamos al campamento Mata. Llegamos el 16 y efectivamente me tomaron el segundo video, que se demoró en aparecer en público hasta el mes de marzo, cuando ya creía que lo habían archivado.

Como me instruyeron que el video debía ser corto, solicité que me autorizaran escribir una carta a mi familia para poder contar algo más sobre mí, pensando que la podrían entregar al tiempo con el video, pero aunque me autorizaron a escribirla, nunca la entregaron.

La transcribo a continuación porque refleja lo que sentía en ese momento:

Carta a Mónica:
Mi amor, qué dicha poder escribirte esta carta y darte mis noticias. Lo primero, repetirte que te amo con todo mi corazón, con toda mi alma, con todo mi ser. Te extraño siempre, muchísimo. Pienso en ti a toda hora. Estás presente en mi mente, en mi corazón, en mis ilusiones y en mis esperanzas, en todo momento. ¡Qué manera de extrañarte! Deseo infinitamente estar a tu lado, compartir nuestras vidas, cumplir nuestras ilusiones, ser padres, amarnos sin límite. Te adoro, te amo, hasta el infinito. ¡Y más! Oigo tus mensajes, los de los niños, papá, mamá, etc., que pasan con la señal mundial de la cadena básica de RCN, de 5:00 a 8:00

a.m. Las señales locales son muy débiles y tienen muchas interferencias. Todos los mensajes me llenan de felicidad y renuevan mis ilusiones. Ayer estuve grabando un nuevo video y hoy me harán otras tomas. Pero debe ser corto, de tres minutos, y como verás es muy poco lo que alcanzo a decir. A propósito, me queda la duda de que del primer video seguramente eliminaron una buena parte y de que no recibieras mi mensaje completo, con toda la manifestación de mi amor. A raíz del primer video dijiste que me veías muy delgado. No te preocupes. Estoy muy bien de salud. Como frugalmente pero balanceado. En términos generales evito la carne por- que para conservarla le ponen mucha sal y así no me gusta. Pero a veces como huevo, gallina, pavo, atún. Y los carbohidratos con moderación. No he tenido ningún problema de salud. Molestias, un poco de aler- gia nasal de vez en cuando y uno que otro malestar estomacal. Nada que valga la pena. Le pongo mucha atención a cuidarme. Me parece que desde aquí es la mejor forma de quererlos. Cuidarme y tener paciencia. Mis días comienzan alrededor de las 4 a.m. Duermo en una hamaca, con toldo. Al despertarme me quedo acostado hasta las 6 a.m. De 4 a 5 a.m., rezo y ordeno mis pensamientos. De 5 a 8 a.m. escucho las noticias en RCN. A veces sintonizo Caracol, por ratos, dependiendo de cómo aprecie las cosas. Así he podido escuchar las entrevistas a Lue: la primera cuando el video, en julio, y la otra en la que rechaza el rescate a sangre y fuego. A las 8 a.m. me dan el desayuno. Alrededor de las 12 m. el almuerzo y a las 5 p.m. la cena. Me baño casi a diario, tipo 3 p.m. De vez en cuando leo cualquier material, un periódico, una revista o un libro, pero muy poco. En ocasiones también juego damas con los guerrilleros. Pero la mayor parte del tiempo lo paso sentado en la hamaca, sin nada que hacer, rogando que esto termine pronto y soñando con estar a tu lado. Duermo bien en general y tengo sueños muy hermosos. Claro que no faltan las pesadillas, pero no son muchas (pesadillas sobre llamarte y no encontrarte). Mantengo vivas todas mis ilusiones: amarte, ser un buen esposo, un buen padre, un buen hijo, un buen hermano, un buen amigo. Dar lo mejor de mí a través del amor. Aprender, investigar, estudiar, conocer. Y compartirlo. Sigo con la ilusión de aprender de genética y otros asuntos. Ser productivo, crear proyectos, hacer cosas. Y disfrutar de todo esto a tu lado, creciendo todos los días en nuestro amor. Sé todo lo que haces por ayudarme. Gracias, mi vida. Además toda mi admiración por los esfuerzos, los recursos y todas las alternativas que gestionan. Gracias a todos los que nos ayudan. Mony, amor mío, qué gran dolor esta ausencia, te pido la misma paciencia que tú me pides y que siempre has tenido. Todos los días me pregunto ¿qué quiere Mony que haga?, y me respondo, que me cuide, que tenga paciencia y que no me preocupe. Eso trato de hacer siempre. A papá que lo adoro, que muchas gracias por todo lo que hace para ayudarme y para ayudar y estar pendiente de ti y de mis hijos. Sus mensajes me alientan y me animan. Millones de besos. A mamá todo mi amor. Tu tristeza es mi tristeza, tu dolor es mi dolor. Deseo abrazarte, besarte, estar contigo. Estoy bien y todos los días le pido al Señor fortaleza y valor y le doy gracias por toda nuestra familia. Mony, amor, te amo más de lo que sé expresarte. Con todo mi ser. Sé que seguirás haciendo lo mejor para conseguir mi regreso. Otra vez mil gracias. Te adoro.

Para la grabación del video me hicieron varias tomas. Las primeras el 16 en la tarde y la definitiva el 17. Cuando me estaban filmando Deisy me insistió en que no moviera los brazos. Le contesté que me preocupaba que al verme con los brazos estáticos mis familiares pensaran que estaba amarrado, maltratado, y que eso haría que mis familiares se preocuparan y sufrieran más.

—Mejor —me contestó—, así se apuran y aceleran esto.

Me impactó el grado de deshumanización de ese comentario pero me abrió los ojos sobre su forma de pensar: usan el terror para lograr sus fines, por eso son terroristas.

19 de diciembre de 2002. Se me dañó el radio. El botón de prender y apagar se venció. Quedó en la posición de encendido y usaré el mecanismo de quitar y poner una batería para que funcione porque no veo cómo arreglarlo. Hace dos meses me dijo Arturo que me pediría uno nuevo, pero nada.

20 de diciembre de 2002. Ayer hice una lista de libros para ver si me consiguen algunos para estudiar. Biología, química, genética, historia, geografía. Me dijo Arturo que sí encargó un radio nuevo, pero que no lo han traído. Mil besos. Los adoro.

En esa misma fecha, Mónica escribió:

VIERNES 20 DE DICIEMBRE DE 2002

Han pasado cinco meses desde la última vez que te escribí, han ocurrido tantas cosas. Ya he asistido a tres encuentros nacionales de familiares de secuestrados. Yo sigo con serios problemas de seguridad, me llaman muchos tipos a mi oficina o a mi celular; como te conté antes, incluso me han perseguido en la calle y me ha tocado salir corriendo. Estoy invitando con alguna frecuencia a Lue y Ferni a comer para hacer lo que tú hacías, nos ponemos al día en los cuentos, hablamos del secuestro y demás. Mis papás se vinieron a vivir a Bogotá, compraron una casa grandísima que han ido arreglando y está muy chévere, yo me vine a vivir con ellos desde finales de octubre, me consienten todo el tiempo y están muy pendientes de mí. Al regresar del viaje me dio la crisis depresiva más horrible de mi vida, no hablaba, no comía, no dormía, sólo lloraba y lloraba, no podía detenerme, no pude ir a trabajar, fue tenaz; desde entonces vivo con una tristeza enorme, estoy cansada de estar triste, cansada de no ser feliz, de no saber para dónde va mi vida, ya se cumplieron dos años de este drama, estoy segura de que para ti ha sido peor que para cualquiera, pero yo estoy liquidada, tus papás se tienen mutuamente, tus hermanos tienen a sus cónyuges e hijos, los niños tienen a Ruby, pero yo sólo te tenía a ti, y me quedé sin nada. Lo que siento es tan tenaz que ya ni siquiera quiero escribirlo. Qué daño tan grande nos hicieron, Araújo, nunca pensé que fuera tanto. Para rematar, fui al ginecólogo, y me dijo que tengo serios problemas de fertilidad, que tengo que tomar una decisión al respecto. ¿Dime qué hago? Por Dios, ¡qué voy a hacer! Tengo ganas de gritar y salir corriendo, pero ¿a dónde?

Por supuesto, yo desconocía todo esto. Nunca me dijo nada. Mi amor por ella seguía intacto.

24 de diciembre de 2002. Hola, Lue. ¡Feliz cumpleaños! Te extraño hijo, muchísimo, te mando todo mi amor, todo mi cariño, todas mis felicidades y felicitaciones. Te adoro. Para todos, feliz Navidad. Los extraño. Mony, ¿dónde estás? ¿Por qué no te oigo? ¡Te amo, te amo, te amo, hasta el infinito!

El 24 de diciembre sucedió un hecho que me llamó la atención. Me acosté muy temprano a dormir en mi hamaca y noté que el guardia, Honorio, se sentó en la tabla que yo tenía instalada a manera de banca. Los guerrilleros habían estado celebrando ese día y, abiertamente o a escondidas, habían tomado licor.

Yo me dormí y Honorio también. Yo en la hamaca y él sentado en la tabla. En su primera visita, el relevante, Santander, lo encontró dormido, le quitó el fusil y fue de inmediato a donde Arturo para informarle. Me percaté del hecho porque escuché voces que me despertaron, y llamé a Honorio para que estuviera atento. Cuando llegaron Arturo y Santander, Honorio ya estaba de pie pero sin fusil. Arturo lo reprendió fuertemente y ordenó su remplazo inmediato. Después lo castigaron quitándole el fusil durante una semana.

A partir de entonces estuve alerta durante las celebraciones, pensando que podrían ser el mejor momento para escaparme.

El 28 de diciembre nos mudamos al cerro en donde habíamos estado por una noche a mediados de noviembre, pero ahora nos ubicamos en otro paraje. Allí pasamos Año Nuevo y todo el mes de enero, hasta cuando regresamos otra vez al campamento Mata.

Con ocasión del Año Nuevo estuve atento para ver si se repetía la ocasión del 24 y se dormía algún guardia, como efectivamente ocurrió con Piñeres, pero la oscuridad era total y me resultó imposible caminar en medio de la espesura del monte. Estaba totalmente a ciegas. Tomé nota del asunto y ligué las dos condiciones: celebración y Luna, dos requisitos que deben estar juntos. Entonces inicié mis estudios de la Luna.

29 de diciembre de 2002. Estoy muy triste. Dos noticias por Caracol: a) El presidente Uribe participó anoche en el programa *Las voces del secuestro* de Caracol. Dijo que en la reunión que sostuvo con Kofi Annan hace 10-12 semanas varió su posición frente a un acuerdo humanitario, aceptándolo sobre la base de la liberación de todos los secuestrados y de las garantías de que los guerrilleros liberados no regresen a la guerrilla. Dijo que no nombrará representantes del gobierno para negociar con la guerrilla pero que sí ha aceptado la actuación de intermediarios de buena voluntad, particulares y organizaciones como la Cruz Roja para que con la ONU trabajen en el posible acuerdo. b) Que en una reunión del secretariado de las FARC y jefes de frentes guerrilleros decidieron no tratar sobre el acuerdo humanitario mientras continúe la ofensiva del Ejército y los bombardeos de la Fuerza Aérea. ¿Para dónde vamos? ¿Cuál es el sentido de nuestra retención? ¿Para qué las pruebas de supervivencia? Cada día están más lejanas las posiciones y la posibilidad de nuestra liberación está más y más remota. Esto se ve demorado. Dios nos acompañe.

1º de enero de 2003. Estamos en Año Nuevo, lleno de nostalgias, tristezas y pesares. Lleno de ausencias. Pero doy gracias a Dios porque gozo del don principal: la vida. Además, salud, amor, esperanza, fe, fortaleza, ilusiones. Cuento con toda mi familia, con su apoyo, amor, entrega y energía. Los extraño con toda mi alma, los adoro con todo mi ser. Confío en que Nuestro Señor nos permita reunirnos pronto.

He escuchado muchos mensajes bellísimos y llenos de esperanza y fortaleza. Echo de menos a Mony y a Ferni, a quienes no escucho desde finales de octubre, pero tengo la seguridad de que pronto los escucharé. Estoy a la expectativa de que en estos próximos días reciban el video grabado el 18 de diciembre y la carta para Mony. También a la espera de que algunas gestiones de facilitación comiencen a dar frutos y se encienda de verdad una luz de esperanza para todos los secuestrados. Anoche, a las doce, varios guerrilleros vinieron a mi caleta a desearme un feliz Año Nuevo. El Yegua, Aníbal, Silverio, Piñeres, Arístides, Arnold y Patricia, Honorio, Ovidio, y Arturo con una cerveza fría. Hoy vino Winston. Para este año me propongo mantener la línea de acción que he observado durante mi secuestro: 1) Vivir el presente. Día a día. 2) Cuidarme. Mantenerme saludable. 3) Ser siempre positivo, sin importar las dificultades, superando el miedo y el dolor. Superar mi psicosis de abandono. Sentir plenamente el amor de toda mi familia. De Mony. De todos mis amigos. Conservar siempre la esperanza de mi liberación. 4) Aprender todo lo que pueda y fortalecer mi espíritu. Resumen de la situación hoy: incertidumbre.

7 de enero de 2003. Hola, mami, feliz cumpleaños. Mil besos, mil abrazos, mil veces te quiero. Que la Divina Providencia nos ayude y nos permita reencontrarnos pronto. Me uno a toda la familia en la celebración de tu cumpleaños con la esperanza de que estemos juntos mucho años más. Hoy una lucecita de esperanza: los anuncios del presidente de que hay una comisión de buena voluntad realizando contactos con las FARC. Dijo haberse reunido con ellos a finales de diciembre y que espera que sus gestiones conduzcan a facilitar el papel de la ONU. Extraño mucho sus mensajes y sigo a la expectativa de que reciban el video y la carta. Ojalá suceda en esta semana. Los adoro.

9 de enero de 2003. Feliz cumpleaños, Rodri, un superabrazo y mil años más. Besos para Cata, Julieta, Felipe y Pablo. Muchas gracias por toda tu ayuda. Las noticias hoy interpretan las declaraciones de Uribe como una clara manifestación en favor del acuerdo humanitario. A mi entender van más allá de lo que dijo en RCN. Supongo que es algún comunicado de Palacio porque el corresponsal de RCN en Miami anunció la noticia publicada por los periódicos allá y RCN ha dado varias veces la noticia en ese mismo contexto. Para todos mis besos y mi amor, los adoro. Mony, amor mío, ¿dónde estás? Te amo con todo mi ser. Te extraño siempre. Sin pausa.

18 de enero de 2003. Sábado. Hoy se cumple un mes de la grabación del video y de la carta a Mony, y no he escuchado nada sobre su entrega. Ha sido una semana, toda la temporada de Navidad y Año Nuevo, y la última semana, muy dolorosa. Las noticias de atentados, explosiones, masacres y hechos violentos en todo el país me resultan muy dolorosas. Igual la sensación de soledad. El silencio de sus mensajes. La ausencia de Mony. Me consuelo en su amor, en la esperanza de que esto termine algún día, que siento muy lejano. Me ayudo pensando que pronto los oiré. Me angustio pensando en su dolor y en su angustia por falta de noticias mías. Estoy muy triste, pero no me dejaré vencer por la tristeza y el dolor. Seguiré luchando con todo mi amor. Los amo y los extraño más y más y más. Para Lue, Ferni, Sergi y Manolote, todos mis besos, todo mi amor. Papi, mami, para mis hermanos, los quiero sin límite. Mony, amor mío, ¿dónde estás? Te amo, vida mía, te amo, con todo mi ser. Hasta el infinito y más. ¡Más y más!

23 de enero de 2003. Me siento triste y acongojado. Muy duros estos días para mí. La carta y el video no llegaron. El silencio de Mony me golpea muy fuerte. Desde octubre no la escucho. ¿Enfermedad, desamor, abandono, o mala suerte? Tampoco a Ferni. ¿Qué pasa? Me animo pensando que en febrero sí los escucharé, pero ¡qué difícil me resulta! Los días pasan muy lentos y aburridos. Mucho calor. Las noches, angustiosas. «Oír la noche inmensa, más inmensa sin ella». Esto es el secuestro: angustia, dolor, desesperanza, tristeza, soledad, abandono. Mi responsabilidad es cuidarme. Cuidar mi salud. Como lo mejor que puedo. Hago un poco de ejercicios. Me doy ánimos pensando que esto también pasará. Si sufro o no, las cosas no cambian. Paciencia. En dos años sigo igual. Hasta ahora he podido sobrellevar la situación. Soy capaz de continuar. Cuando esto termine estaré orgulloso de haber resistido y feliz de volver a todos. Mony, vida mía, te amo con todo mi ser; ¿dónde estás? ¿Cómo estás? ¿Me recuerdas? ¿Estás bien? Te amo.

31 de enero de 2003. Bueno, se acabó el primer mes del año y me fui en blanco. De todas maneras superé la tristeza y me siento tranquilo. Ayer cambiamos de campamento. Regresamos al del último video. Es la tercera vez que estamos aquí. De aquí salimos el 28 de diciembre al filo de enfrente y ayer regresamos. Ayer y hoy me ha tocado sin carpa ni hamaca durante el día, lo que me resulta muy incómodo y el calor insoportable. Parece que hay tropas del Ejército en la zona. Hace un ratico, 6:40 a.m., un helicóptero voló en la distancia. Tengo prestado el radio de Arnold, que es un poco mejor que el mío. Pude escuchar ayer, a las 6.00 p.m., *En busca*

de la libertad perdida, en Radiodifusora Nacional. No todo el programa porque se perdió la señal, pero sí escuché al papá de Kike Márquez. Dijo que el pasado viernes se reunió con el alto comisionado para la paz y el domingo con James Lemoyne. No dio detalles pero se declaró optimista. Antes, hace un par de días escuché a Jaime Lozada Perdomo, senador, cuya esposa y dos hijos están secuestrados, decir que las FARC no han querido recibir a los facilitadores autorizados por el gobierno y se ofreció para ir a hablar con el secretariado de las FARC. Por lo demás, el silencio de las FARC es total. No dijeron nada en todo el mes. No entregaron las pruebas de supervivencia. Nada de nada. Las noticias de hoy cuentan del apoyo ofrecido por los embajadores al presidente Uribe para el acuerdo humanitario, durante la reunión de saludo protocolario de principios de año. Uribe respondió que sí, pero con la condición de que liberen a todos los secuestrados y que los guerrilleros no regresen a las FARC. Su posición ya conocida. No veo adelantos. No veo solución a corto plazo. No veo ninguna claridad en la guerrilla. Resumen de la situación hoy: sin norte.

1º de febrero de 2003. ¡Comenzamos bien! El gobierno creó una Comisión Facilitadora para allanar el camino de una negociación con las FARC para el acuerdo humanitario: monseñor Luis Augusto Castro, obispo de Tunja y vicepresidente de la Conferencia Episcopal; el padre Darío Echeverry, secretario de la Conferencia Episcopal, y el exministro de Trabajo Angelino Garzón. La misión, convenir con las FARC las condiciones para la negociación con el gobierno del acuerdo para el intercambio humanitario. Vendrán el hamaqueo y la perdedera de tiempo, pero, poco a poco, espero que se vaya avanzando. Una nueva luz de esperanza.

Mis recuerdos de febrero de 2003 son como una mancha negra. Los primeros días estaba muy angustiado porque las ausencias de noticias y mensajes de Mónica me preocupaban enormemente. A esto se sumaban otras noticias muy dolorosas: la desaparición de la avioneta en que viajaba el ministro de Protección Social, Juan Luis Londoño; la bomba en el Club El Nogal en Bogotá, la casa bomba en Neiva, el secuestro de los tres contratistas norteamericanos. Me daba miedo encender el radio. «¿Quiénes serán las nuevas víctimas?», me preguntaba.

En estos días me llegó una sorpresa. Apareció Winston con un libro de texto: *Sociales 6*. Era un libro de enseñanza básica de sexto grado, de propiedad del profesor del pueblo más cercano, que creo que era Arenas, y que tenía información sobre eventos sociales ocurridos en

América y en Colombia, a lo largo de su historia. Unos días después, cuando terminé de estudiarlo, Winston me consiguió el siguiente *Sociales 7*, con los acontecimientos del mundo desde los albores de la historia hasta el siglo XVIII. También me dediqué a estudiarlo con la mayor atención e interés, tratando de comprender no sólo los hechos de la historia sino el pensamiento y las motivaciones de los dirigentes a lo largo del desarrollo de la humanidad. Me sentía repasando mis clases de bachillerato, pero con una visión mucho más amplia por las experiencias que la vida me había permitido conocer.

En mi diario no anoté nada sobre el particular porque sólo hacía observaciones de carácter emocional o familiar. Esto fue lo que escribí en aquellos días:

14 de febrero de 2003. Muy doloroso escuchar noticias. ¡Qué locura! Hoy la casa bomba en Neiva, 12-16 muertos, no sé cuántos heridos, casas destruidas. Todos los días enciendo el radio con miedo. ¿Quiénes serán las nuevas víctimas? La verdad, no quiero ni prender el radio; sólo lo hago por el enorme deseo de escucharlos y de mantenerme informado sobre la suerte de los secuestrados. Además siento un dolor continuo, permanente, que me invade todo, desde el pecho y que compromete todo mi ser. Es el dolor de la ausencia. La tristeza de esta situación. El peso de tantos días de secuestro. El amor contenido. La incomunicación, los sueños frustrados, los deseos reprimidos. Dolor, dolor, dolor. Pero no estoy vencido, ni mucho menos. Me siento positivo, optimista. Con fe y esperanza. Sé que estoy en las mejores manos. Sé que cuento con su amor y con su dedicación. Sé que su preocupación es permanente, incesante. Además, confío plenamente en sus decisiones, en su inteligencia, en sus capacidades. Por eso, a pesar de todo, estoy al 100% luchando, sí, luchando, pero para ganar. Pleno de amor. Pleno de esperanza. Pleno de confianza. Todos mis besos. Todo mi amor. Para todos. A mis hijos mis bendiciones, mis besos, mis abrazos. A Mony, mi entrega. Hasta el infinito.

El 19 de febrero regresamos a la zona donde estuvimos al iniciar diciembre, pero no acampamos en el mismo lugar. Esta vez nos ubicamos 600 pasos más al norte, en la cima de un montículo difícil de escalar. Allí conocí las noticias del primer aniversario del secuestro de Íngrid Betancourt y las aparentes gestiones del gobierno francés para lograr su liberación.

Para entonces yo no tenía dudas sobre la condición de mi secuestro. Era parte de un grupo de colombianos secuestrados por la guerrilla para exigir la liberación de los guerrilleros de las FARC presos en las cárceles colombianas. Para esta época éramos 72 secuestrados canjeables, entre oficiales y suboficiales de las Fuerzas Militares y la Policía, congresistas, diputados, el exgobernador del Meta, Alan Jara; los tres contratistas estadounidenses, Íngrid Betancourt, su compañera de fórmula, Clara Rojas, y yo.

Pensaba que la suerte de todos estaba íntimamente ligada y que cualquier gestión para lograr la liberación de uno de nosotros beneficiaría a todos.

Por eso me sorprendió cuando el 22 de febrero me pidieron el teléfono de Mónica con la idea de contactarla para intentar hacer una negociación económica para mi liberación. Me dije «Aquí hay una trampa, espero que se den cuenta». Al día siguiente, me pidieron una nueva carta para Mónica, en el mismo sentido, que escribí repitiendo un poco la carta que había escrito el 18 de diciembre, pensando que aquélla no llegaría nunca a su destino. La carta decía así:

Adorada Mony: qué dicha poder escribirte. Repetirte que te amo con todo mi ser y que te extraño siempre, muchísimo. Pienso en ti a toda hora y estás en mi corazón, en mis ilusiones y en mis esperanzas, en todo momento. Deseo infinitamente estar a tu lado, compartir nuestras vidas, alcanzar nuestros sueños, ser padres, amarnos sin límite. Te adoro. Sigo bien, igual, al 100%. Le pongo mucha atención a cuidarme. Es la mejor forma de quererte y quererlos a todos: cuidarme y tener paciencia. Los señores de las FARC me dicen que hay dos opciones para mi liberación: a) convenir el pago de un rescate, o b) esperar el canje. Piden que te pongas al frente de este asunto. Ellos buscarán entrar en contacto contigo. Les di el número de tu teléfono celular 731-7208, pero si lo has cambiado habrá que facilitarles otro número para que puedan hablar contigo. En caso de un acuerdo económico es muy importante mirar muy bien las garantías para mi liberación y que nadie corra riesgos o se ponga en peligro. Extraño muchísimo tus mensajes y los de toda la familia. Me limito a escuchar la cadena básica de RCN de 5 a 8 a.m. Oigo la señal mundial porque las emisoras locales se mezclan y no entiendo nada. A ti y a Ferni no los he escuchado desde octubre, a los demás desde diciembre. Diles a mis hijos que los adoro, que los extraño y estoy muy orgulloso de todos. ¿Lue ha pensado en su especialización? Sé de los éxitos de Ferni en la universidad, de los buenos resultados de Sergi y del fútbol de Manolete. Mil besos a todos. Y saludes a Ruby y su familia. A papá, a mamá y a mis hermanos y cuñados y sobrinos y suegros, que los quiero sin límites. A Delvis y la gente de la finca gracias por su cooperación y ayuda. Abrazos y recuerdos a todos los amigos.

Amor mío, mantengo vivas todas mis ilusiones (...). No te preocupes, siempre estoy contigo y sé que tú estás conmigo. Te amo y espero verte pronto.

Me tranquilicé pensando que entenderían el mensaje de desconfianza en lo referente a la negociación y que la carta tendría cuatro efectos importantes: primero, darles a conocer que estaba vivo, que gozaba de buena salud y que mantenía intacta mi capacidad de lucha; segundo, el testimonio de que recibía sus mensajes a través de RCN, entre las cinco y las ocho de la mañana, lo que me libraría, en adelante, de estar a la cacería de mensajes en todas las emisoras del dial durante todo el día; tercero, la manifestación de mi amor inmenso por Mónica, mis hijos y toda mi familia. Sentía el imperativo de ser explícito en el amor para que me correspondieran. Y cuarto, repetía un giro idiomático que había utilizado desde mi primera carta para que entendieran en dónde estaba y quién me tenía. No supe entonces si lo habían captado pero después conocí que sí, que lo habían entendido.

Mis angustias de principio de mes tendrían un pequeño bálsamo al final. El 27 de febrero pude escuchar un mensaje de Mónica en el que me contaba que todos estaban bien. Superaba así cuatro meses de silencio.

Pero la sorpresa fue enorme cuando al día siguiente la vi en la televisión. El siguiente es el relato que hice en mi diario sobre este hecho:

2:00 p.m. Antier, en la tarde, trajeron un TV. Ayer pude ver noticias al mediodía. Hoy por segunda vez. Desde el 12 de agosto no había visto televisión. ¡Oh sorpresa! ¡Vi a Mony! Quedé grogui. Por el titular de la noticia sé que se trataba de una queja ante la superintendencia. ¿Qué dijo? Ni idea. Me pareció que tiene nuevo corte y peinado, nuevas gafas y quizás una cirugía en la nariz. Amor, te vi bellísima pero no me repongo de la impresión. Quiero gritar, llorar, sacarme esta desesperación que tengo en el pecho. Alegría y dolor. Alegría y dolor. Alegría y dolor. ¡Cómo te extraño! Bueno al menos sé que sigues trabajando, que estás bien. Te vi. Te vi. Un milagro. No lo puedo creer. ¿Casualidad?

20

Negociaciones frustradas
LA EXTORSIÓN

Desde el primer día, Gerardo Araújo organizó un grupo de amigos para que atendieran una posible negociación para mi liberación. Designaron a un negociador, Camilo Caviedes, con una junta asesora conformada por Carlos Segovia, Jairo Vélez, Luis Díaz y Arturo Cepeda. Ellos tendrían la responsabilidad de tomar las decisiones en relación con el tema.

Mi papá se opuso siempre a cualquier negociación. Citó a Camilo Caviedes a su casa y allí, alrededor de un tinto, le dijo:

—Mira, Camilo, tú me conoces muy bien, de toda la vida. Sé que estás encargado de la negociación de Fernando. Quiero que sepas que no puedes contar con un peso mío. Si mis hijos quieren, ellos verán. Yo lo pongo en manos de Dios porque yo no les doy un peso a esos bandidos. Cada centavo que yo les dé es para seguir matando gente, para comprar fusiles, para seguir secuestrando, para acabar con el país. Yo, a estas alturas de mi vida, no voy a transigir con eso.

—Entiendo tu posición, Alberto —le contestó Camilo—, pero yo de todas maneras voy a seguir con la negociación.

En la primera llamada fijó una cifra: cinco millones de dólares, que fue disminuyendo con el paso de los días: tres millones de dólares, cuatro mil millones de pesos, tres mil millones de pesos.

Las llamadas duraron un poco más de dos años y los guerrilleros fueron rebajando sus exigencias hasta llegar a ochocientos millones de pesos, cuando llegó la carta que le envié a Mónica el 23 de febrero de 2003. Entonces, Mónica le escribió al secretariado de las FARC, a través de Carlos Lozano, pidiéndoles claridad sobre el tema. Y las FARC contestaron que el secuestro era por el canje. Las llamadas se acabaron.

OTRAS ACCIONES PARALELAS. COSTA RICA Y EL VATICANO

Gerardo hizo muchas otras acciones para mi liberación. Unos nueve meses después del secuestro, realizó gestiones con Álvaro Leyva, para lo cual tuvo que viajar un par de veces a Costa Rica y otra vez a Panamá. Fueron conversaciones manejadas en el más absoluto secreto.

De alguna manera, Leyva se comprometió a que las FARC me liberarían. Incluso le dijo a Gerardo la fecha exacta en que ocurriría mi liberación. Él decía tener contactos con gente de las FARC en Costa Rica y con la mujer de Raúl Reyes, que vivía en México pero que iba a Costa Rica a hablar con él.

—El sábado al mediodía lo entregarán —le aseguró Álvaro Leyva a Gerardo.

Pero pasaron el sábado, el domingo, el lunes, el martes y nunca me soltaron.

—No se pudo —dijo Leyva finalmente.

Con él y con su amigo, Antonio Vicenzi, también realizaron gestiones para tratar de vincular a la Iglesia desde el Vaticano. Pero fue otra experiencia amarga porque el cardenal Darío Castrillón lo tuvo charlando con su secretario, a las tres o cuatro de la mañana, durante seis meses. Nunca pasó al teléfono, nunca concretó una cita, nunca contestó una carta.

Estas gestiones terminaron cuando Gerardo se convenció de que por ese camino no conseguiría nada serio, nada que valiera la pena.

21

6 de marzo de 2003
Muertos y gusanos

Por estos días ocurrió un hecho que me impresionó notablemente: Piñeres era un guerrillero veterano y sanguinario, a quien conocí cuando me trasladaron a los Montes de María. Fue quien me obsequió el radio.

Piñeres me tomó alguna confianza y me contó algunos episodios de su vida. Me dijo, por ejemplo, que había sido raspachín de hoja de coca en el sur de Bolívar y que en una ocasión logró llevar un cargamento de coca escondido en el interior de unas auyamas, hasta Barranquilla, a través del río Magdalena. Como pago por su acción, el narcotraficante dueño de la droga lo invitó a una casa de lenocinio en donde disfrutó de una noche inolvidable.

También me enteré de que Piñeres había sido el responsable de una masacre de campesinos en El Carmen de Bolívar, a quienes les robó la leche que iban a vender, los mató y después, con una motosierra, los decapitó.

Este señor se me acercó un día a pedirme que le escribiera una carta de amor. La carta debía ir dirigida a Eloísa, a quien quería proponerle que vivieran juntos. Yo no sabía quién era Eloísa, pero supuse que era una guerrillera. Sin embargo, con base en la experiencia que había tenido cuando le escribí la carta a Cristina, por solicitud de Honorio, me negué a escribir la carta y más bien le sugerí que la escribiera él, que yo se la corregiría. En esas me mantuve, a pesar de su insistencia.

El 6 de marzo salió del campamento a buscar agua. Llevaba un burro cargado con dos tanques, pero no regresó. Yo me acosté a dormir en mi hamaca, pero más tarde me despertaron, me ordenaron recoger mis pertenencias y salir del campamento con todo el grupo.

Caminamos toda la noche y todo el día siguiente hasta que acampamos en una nueva zona. Tres días después me enteré de que habían encontrado el cadáver de Piñeres. Trató de escaparse del grupo y fue asesinado por sus compañeros. La noticia me la dio uno de los guardias después de hacerme prometer que no la revelaría nunca.

Piñeres tenía preparada su fuga y quería llevarse a Eloísa. Recé una oración por su alma y le di gracias a Dios por haberme iluminado para no escribir la carta que me pidió. Habría sido muy peligroso si le hubieran encontrado una carta en su bolsillo escrita por mí, para organizar su fuga.

Ahora conozco la otra parte de la historia: cuando apareció mi segundo video, los organismos de inteligencia lograron identificar a los guerrilleros que aparecían conmigo. Eran la Yegua y Piñeres. Eso confirmaba que yo estaba en poder del frente 37, pero no sabían en cuál compañía.

Cuando identificaron a Piñeres, la inteligencia empezó a ver cómo podían llegarle para que trabajara con ellos. La inteligencia técnica les informó que Piñeres había desertado y empezaron a buscarlo por todas partes porque él sí iba a decir dónde estaba yo. Desplegaron gente en la terminal de transportes, en Ovejas, en El Carmen de Bolívar, en Zambrano, en Cartagena. Al día siguiente hubo una balacera en un bar de El Carmen de Bolívar y mataron a un hombre. Nadie se habría imaginado que un desertor entraría a tomar trago a un bar. Piñeres era alcohólico y eso le costó la vida. Los guerrilleros, que sabían de su debilidad, lo encontraron primero y lo ajusticiaron.

Durante la marcha de esos días llegaron dos nuevos guerrilleros al grupo. Se trataba de Harrison y de Laura o *la Pipo*, que nos guiaron hasta la nueva zona. Desde el primer momento noté el parecido de Harrison con Palacios, uno de los guerrilleros que conocí en el norte; el que llegó en la mula en la madrugada posterior a mi secuestro. Resultaron hermanos, pero Harrison me dijo que desde hacía mucho tiempo no tenía noticias de Palacios. Después me contó que lo habían capturado, pero ahora supe que regresó a la guerrilla después de pagar su condena en la cárcel.

El sábado 8 de marzo escuché en el radio la noticia de la preclusión a mi favor de la investigación de la Fiscalía por el negocio de Chambacú. Al oír la noticia en el radio me fui hasta donde Katire, que estaba a pocos metros, y se la comenté. Su reacción fue de desconfianza e incredulidad.

Ese mismo día, un poco más tarde, escuché a Mónica declarar por Caracol que había recibido mi carta. Me puse feliz, especialmente porque mi familia había recibido mi mensaje y sabía que yo estaba vivo, bien de salud y en buena disposición de ánimo. Sobre la posible negociación no me hacía ilusiones. Tenía claro que era un engaño.

El 15 de marzo salió el video que me habían grabado en diciembre. Se demoró tres meses. Para entonces, yo creía que ya no saldría. Pero me sorprendió ver en la televisión que lo habían editado y que le añadieron música de fondo.

El mes estuvo lleno de mensajes para mí. Todos amorosos, solidarios y esperanzadores. Pero coincidían en un punto: que estaba muy flaco. Sobre este punto, mi hijo Luis Ernesto me mandó esta razón:

«Papi, diles a los guerrilleros que te den bocadillo y arequipe que tanto te gustan. Que te echen más arroz en el plato y que te den un poco más de carne…». Me hizo reír a carcajadas.

Ferni me anunció en un mensaje la aparición de un artículo en la revista *Semana* con una entrevista a Luis Ernesto, que se titulaba «El amor no lo pueden secuestrar». Así que le solicité a Katire que me consiguiera la revista, pero no me complació.

Por su parte, Mónica escribió en su diario lo siguiente:

Lunes 24 de marzo de 2003. Ya no saco la cuenta de cuántos días van, sólo sé que son demasiados. No sé qué contarte, pero veamos: me llegó tu hermosa, divina, espectacular y amorosa carta el viernes 7 de marzo, la he leído mil veces, es preciosa, me revivió todo lo bueno, pero también lo triste de todo esto. Y cuando aún hablábamos de tu carta, llegó el video el viernes 14 de marzo.No lo podíamos creer, dos pruebas en una semana, te ves delgado, pero con tu hermosa sonrisa nos hiciste olvidar todo lo demás. Yo no creo poder seguir así indefinidamente, te juro que me estoy enloqueciendo, no aguanto, Araújo; por favor, vuelve pronto. ¡¡¡Te extraño demasiado!!!

Otros hechos de este mes: preocupación permanente por la presencia de paramilitares en la zona y un curso sobre explosivos para los guerrilleros que me cuidaban. Darío, el instructor, murió algunos meses después en una emboscada que organizó el frente 37 contra una patrulla de policías que iba hacia Zambrano durante las fiestas patronales que se celebran en junio.

Recuerdo por estas fechas la iniciación de la guerra de Iraq. Me llamó la atención la expectativa de los guerrilleros frente a la derrota que sufriría el Ejército de Estados Unidos durante su invasión a Iraq. Yo intenté explicarles:

—Las dificultades pueden ser a largo plazo —les dije—, pero a corto plazo la acción de los norteamericanos será casi fulminante.

En abril de 2003 aparecieron gusanos por todas partes y en cantidades inverosímiles. Fue una verdadera plaga que se tomó esos montes y no me dejaba ni caminar. Ir al sanitario era un suplicio mayor porque tenía que evitar que los gusanos se me subieran por las piernas y se me metieran por los pantalones. Muy incómodos pero, afortunadamente, inofensivos para mí.

Pero esto era el preludio de otros infortunios.

Mónica decidió tomar un avión que la llevara muy lejos de todo lo que le había tocado vivir. Ya no podía más, habían pasado casi dos años y medio y sentía que de repente no podría levantarse del golpe que le había dado la vida. Necesitaba tomar distancia y revisar su corazón. Escribió en su diario:

1° de mayo de 2003. Yo estoy haciendo todo lo que puedo, asisto a todo, jodo, peleo, suplico, etc., pero estoy muy cansada física y emocionalmente; me siento desgastada, como si viviera con el piloto automático, la psicóloga me ha pedido que trate de salirme un tiempo de todo esto porque si no puedo caer en una crisis muy grande. Por todo, he decidido renunciar a mi trabajo (...) y me voy a vivir seis meses a Londres, voy a matricularme en un instituto para ir todos los días seis horas (intensivo) para aprender inglés, voy a vivir con mi tía Dunia, la hermana de mi papá. Estoy liquidada, Araujo, son casi dos años y medio de tristeza, angustia y soledad, la gente en general me pregunta cómo he hecho para aguantar todo este tiempo siendo que sólo llevábamos siete meses de matrimonio, no teníamos hijos, ni nada de dónde aferrarme, me lo preguntan otras esposas de secuestrados que ya son señoras con mucho tiempo de casadas, con hijos y me dicen que están mamadas, incluso los medios de comunicación me lo han preguntado muchas veces, y yo la verdad es que ya no sé en qué condiciones estoy respecto a «nosotros», veremos qué siento durante mi viaje y qué decido hacer...

El 5 de mayo de 2003 escuché en RCN Radio una entrevista de más de una hora al presidente Uribe. Sobre el tema del intercambio humanitario dijo que la participación de la ONU no excluía a terceros y puso tres condiciones para la negociación: 1) Que debían entregarse todos los secuestrados, aunque podían darse las liberaciones por etapas; 2) Que los guerrilleros excarcelados no regresaran a la guerrilla, y 3) Que no habría despeje ni desmilitarización, pero sí facilidades humanitarias.

La entrevista me dejó la sensación de que existían avances para el intercambio humanitario y que el problema principal sería la exigencia de no regresar a la guerrilla que se les impondría a los excarcelados. Lo demás, desde mi lógica, era superable. Pero los hechos han demostrado que no era así, en especial por la intransigencia de la guerrilla en lo referente al despeje militar, que para entonces debía ser de dos departamentos: Caquetá y Putumayo.

Pero mientras el presidente Uribe concedía esta entrevista, los guerrilleros de las FARC cometían uno de los crímenes más atroces de la historia reciente de Colombia: el asesinato del gobernador de Antioquia, Guillermo Gaviria; de su consejero de paz, el exministro Gilberto Echeverri, y de nueve militares que se encontraban con ellos. Sólo sobrevivieron dos militares que quedaron mal heridos y que los guerrilleros dieron por muertos.

Este asesinato me afectó profundamente. Me sentía muy cerca de todos los secuestrados, en especial de los que formaban parte de la lista de canjeables, como nos llamaban las FARC. Había escuchado muchos mensajes que sus familiares les enviaban por la radio y sentía que eran parte de mi propia familia. Una vez más, las FARC mostraban su crueldad sin límites.

Repetí mis meditaciones sobre las razones para este nuevo asesinato y concluí, otra vez, que se debió a la creencia de que los iban a perder. Por esto fortalecí mi determinación de evitar que esto me ocurriera y mantuve mi actitud de colaborar, atendiendo las instrucciones que recibiera ante los ataques militares.

También reforcé mi refugio en la oración. Con los días había desarrollado una rutina de oraciones que repetía con frecuencia en busca de encontrar fortaleza para superar los momentos más dolorosos. Rezaba todos los días antes de levantarme de la hamaca y al acostarme para dar gracias a Dios por el día que terminaba y para poner la noche en sus manos. Mis oraciones preferidas eran el padrenuestro y el avemaría, que complementaba con mi oración de acción de gracias y algunas otras que fui aprendiendo. La de acción de gracias la había construido durante mis meditaciones iniciales y se había convertido en mi mejor expresión de gratitud ante Dios. Mientras la rezaba me situaba mentalmente frente al altar de la iglesia del Perpetuo Socorro, en mi parroquia de Bocagrande, en Cartagena. Había descubierto que la gratitud era una fuente permanente de esperanza y estaba convencido de que tenía más motivos de agradecimiento ante Dios que razones para lamentarme. Esta es esa oración:

Gracias te doy, Señor, por tu amor, por tu bondad, por tu generosidad, por tu misericordia. Gracias, Señor, por acompañarme, por apoyarme, por cuidarme y protegerme, por guiarme y por iluminarme.

Gracias te doy, Señor, por el amor y la fe, por la bondad y la gratitud; por la paciencia que me permite posponer la realización de mis deseos y permanecer tranquilo y por la esperanza de realizarlos; gracias, Señor, por el valor para enfrentar mis miedos y por la fortaleza para superar el dolor; por la humildad, por la sabiduría para aceptar y vivir el presente, por la inteligencia y los dones de los sentidos; por la tranquilidad y la paz interior.

Gracias, Señor, por el don de ser hijo de mis padres y por el don de ser padre de mis hijos; por ser hermano de mis hermanos y amigo de mis amigos. Bendice y protege Señor a tus hijos que estamos secuestrados, a nuestros captores, a quienes nos recuerdan, a quienes nos esperan, a quienes nos extrañan y a quienes nos olvidan.

Este campamento estaba muy aislado, en un lugar muy remoto. Como sucedió durante la mayor parte de mi cautiverio, no se escuchaba ningún ruido que denotara la presencia de algún poblador en el área. Ni siquiera un burro rebuznando, un caballo relinchando o el canto de un gallo. Pero en una mañana de ese mayo llegó Cristina al campamento con un perrito, cachorrito, recién destetado. Fue tal la bulla del animalito, llorando toda la noche, sin dejar dormir a nadie en el campamento, que al día siguiente lo devolvieron. Alguien debía vivir por allí cerca.

Llegaron nuevos guerrilleros. Ryan y su compañera Mónica, que remplazaron a Ovidio y a Cristina. Además, Pájaro, que entraba y salía por provisiones, hasta que lo mandaron a cobrar una extorsión a un ganadero. Las tropas lo estaban esperando y fue dado de baja por no atender la orden de entregarse.

El 11 de mayo de 2003, que era el Día de la Madre, hice las anotaciones correspondientes a esta celebración, dirigida a mi mamá, a Ruby, etc., y después escribí:

> Estas notas tienen sólo dos propósitos: 1) Servirme de ayuda en los momentos de mayor soledad y desesperanza. Releer sus mensajes me ayuda inmensamente. 2) Sentar el testimonio permanente de mi amor. Entre noviembre de 2001 y el 13 de agosto de 2002 llevé un diario, en tres cuadernos, que me quitaron y no me han devuelto, pero espero que no estén perdidos. Todas sus decisiones tienen mi apoyo. Los adoro.

La anotación sobre el apoyo a las decisiones de mi familia buscaba dejar sentado que si fallecía en un intento de rescate, la acción tenía mi aprobación. Era mi manera de dejar constancia de que el rescate militar era una opción válida para mí, a pesar de sus riesgos.

> 31 de mayo de 2003. Sábado. Se acabó mayo y me quedé sin escuchar mensajes de Mony, Lue, Ferni y Sergi. A Manolete lo oí el 1° de mayo. ¡Ya vendrán! ¡Qué falta me hacen! Resumen de mi situación: 1) El presidente Uribe anuncia una ley de libertad condicional. Me parece que busca: a) Poder concretar acuerdos con los paramilitares para que se disuelvan; b) Aumentar las entregas de guerrilleros. Una consecuencia indirecta puede ser el intercambio humanitario, sobre todo teniendo en cuenta las declaraciones del comisionado en el foro de la Cámara de Representantes de hace unos días y pensando que el tema surgirá sin duda durante la discusión del proyecto de ley en el parlamento. 2) El presidente anuncia la intensificación de acciones militares en los Montes de María para acabar con los subversivos en los próximos meses. 3) No tengo noticia sobre la negociación económica planteada en mi carta de febrero 22. Nunca he creído en eso. 4) El tema del intercambio humanitario no muestra ningún progreso. Fue un mes muy doloroso: el asesinato de los secuestrados de Antioquia fue un golpe terrible, pero ahora he recuperado mi fortaleza

de ánimo y la esperanza de que esto termine algún día, aunque no sé cómo. Me cuido lo mejor que puedo y me mantengo alerta. Les reitero todo mi amor sin límites y la plena confianza en lo que hacen y en sus decisiones. Que sea lo que Dios quiera. Mony, amor mío, te amo con todo mi ser y te extraño infinitamente. Lue, estoy pendiente de tu grado. Ferni, ¿qué tal tu semestre? Sergi, ¿cómo va todo?, ¿y tu novia? Manolete, ganó el Milán de Rivaldo la Copa de Campeones. ¿Viste el partido de la final contra el Juventus? A todos un millón de besos y abrazos; los quiero con el alma.

Al comenzar junio se produjo un ataque militar a la cuadrilla guerrillera que comandaba Camacho. En esa acción murió su compañera Jackeline, a quien no conocí, pero que según me contaron tenía quince años. Escuché los disparos a lo lejos y deduje que era una nueva operación que se acercaba para buscarme. Hubo helicópteros sobrevolando la zona pero no una acción directa sobre el grupo de mis guardias. Winston me contó que se salvó de milagro porque él se encontraba en donde Camacho recogiendo provisiones para el grupo y, por suerte para él, salió de regreso a las 5:00 a.m. El asalto militar fue un poco después. Por este motivo regresamos durante diez días al campamento anterior.

En estos días se fue del campamento Arnold, y llegó Boris. A Arnold no volví a verlo pero supe que fue herido en combate: una bala le atravesó la boca y le deformó la cara y otra se le incrustó en el brazo izquierdo y le hizo perder el movimiento de esa extremidad.

Con Boris estuve mucho tiempo, en buenos términos. Fue dado de baja después de mi fuga, por la infantería, en un lugar cercano a San Agustín, la población de donde fui rescatado. Buscaba provisiones, como era su oficio.

Para mi cumpleaños, Yovana preparó confetis y se los dio a Darinel para que me los echara en la cabeza. Un gesto muy amistoso. Además me hizo un almuerzo especial, con una pechuga de pollo, acompañada de papas fritas y arroz blanco. También me entregó una nota deseándome que el siguiente cumpleaños lo pasara en mi casa, con mi familia. Le agradecí esas muestras de afecto pero me asusté de pensar en otro año en esas condiciones.

A Yovana no la vi más. Supuse que la trasladaron por sus demostraciones afectuosas conmigo. Por el correo de las brujas me dijeron que la habían mandado de vuelta a su casa, en el Quindío, con los emberas.

Otro que se fue en esos días fue Santander. Pidió retirarse de la guerrilla a causa de su edad. Solicitó dinero para comprar un camión y un puesto de venta de abarrotes. No supe si se lo dieron.

El 24 de junio escuché disparos y explosiones a lo lejos. Era evidente que había una acción militar en desarrollo. Después Winston me contaría que había sido una emboscada contra una patrulla militar que se desplazaba hacia Zambrano. Fueron emboscados para vengar los golpes que habían recibido recientemente. Murieron trece infantes de marina. Pero los guerrilleros también tuvieron muertos: Darío, el instructor de explosivos que había estado dictándoles el curso en los meses anteriores, y Cololo, primo de Winston.

—Lo más triste es que murió el 24, en la fecha de mi cumpleaños —me dijo Winston.

Con ocasión del mío, el 27, recibí dos mensajes de Mónica que me dejaron muy preocupado. Me llamó la atención que se refería a las vacaciones de los niños como algo por venir, cuando era evidente que tenían casi un mes de estar disfrutándolas. También que no hiciera ninguna mención a mi cumpleaños.

De inmediato me asaltó la duda: ¿por qué estos mensajes viejos? ¿Qué le habrá pasado?

Al finalizar el mes, anoté en mi diario:

> Resumen de la situación: los mensajes salvaron el mes. ¡Millones de gracias! Lo único nuevo es que aprecio un aumento de operaciones militares en la zona. Más sobrevuelos de helicópteros, alertas en el campamento, disparos y explosiones a lo lejos. Mi amor sin límites para todos, mi deseo infinito de regresar.

22

Julio de 2003
Haciendo de profesor

A principios de julio de 2003 cambiamos de zona. Nos movimos hacia el noreste, a una región aún más inhóspita. Nos sirvieron de guías para el traslado la guerrillera Nancy, una cachaca, como le decimos en la costa a los del interior del país, y el Turco, a quien no veía desde algunos meses atrás.

El Turco era un muchacho costeño, de El Carmen de Bolívar, con ínfulas de paisa. Era hincha del Nacional, uno de los equipos de Medellín y defendía con ardor todo lo que tuviera algún atisbo antioqueño. Era iletrado pero hacía esfuerzos por aprender a leer y escribir, aunque presumía de saber de todo. Esta es una actitud muy común entre los guerrilleros. La mayoría son ignorantes, pero defienden con total convencimiento las enseñanzas que les transmiten sus comandantes. El adoctrinamiento que reciben los convierte en fanáticos cerrados y se sienten dueños absolutos de la verdad. Hablan como pontífices sobre cualquier tema, sin ninguna vergüenza intelectual.

Así era el Turco. En la medida en que mejoraba su aprendizaje de la lectura, aumentaba la radicalización de su discurso. Pero en lo personal, no era sino un niño asustado con deseos de sentirse hombre que me trataba con respeto y afabilidad. Con sus compañeros era juguetón y con las guerrilleras enamorado, aunque con poca fortuna. Primero de Carmenza, luego de Laura. Lo habían trasladado de cuadrilla por solicitud propia para superar una pena amorosa que lo golpeó más que las otras. Lo recuerdo cantando con devoción *Niña bonita* cuando intentaba cortejar a Laura. Las actitudes infantiles del Turco me distraían un poco.

Le escuché diferentes historias y me pareció que las FARC lo reclutaron cuando trabajaba como ayudante en el almacén de algún familiar en el mercado de Bazurto, en Cartagena.

Los guerrilleros tenían sus discursos para justificarse. Uno muy recurrente era que habían ingresado a la guerrilla por la persecución de los paramilitares, a ellos o a sus familias. Historias similares que me contaban siguiendo un libreto predefinido.

Sus verdaderas razones tenían que ver con engaños y falsas ilusiones: algunos ingresaban voluntariamente porque sus familiares guerrilleros los convencían o porque se identificaban con ellos; pero la mayoría lo hacía por la comida, la ropa y las medicinas; o eran cedidos por sus padres a cambio de una compensación económica, o por miedo y amenazas.

Después de ingresar a las FARC, los guerrilleros no pueden renunciar. Si alguno es capturado intentando fugarse lo someten a consejo de guerra, que muchas veces significa la muerte.

Regresando a mi relato y a mis recuerdos de julio de 2003, lo que tengo en la memoria es el lugar donde pasé el mes, los ejercicios físicos que hacía y el cinturón de cuero que me dio Winston para remplazar uno de plástico que se me rompió. El nuevo me duró tres años.

A finales de mes escribí:

... Sigo a la expectativa pero con la esperanza muy bajita. Hago de tripas corazón y busco fortalezas en el fondo de mi alma...

El 7 de agosto, día del cumpleaños de mi papá, escribí:

Hola, papi, felices ochenta y que Dios te dé muchos años más. Y que pueda compartirlos contigo. Te quiero con todo mi corazón. Me declaro tu más ferviente admirador. Eres mi modelo, mi mejor ejemplo. Me siento muy orgulloso de ser tu hijo. Tu vida, tu forma de ser, tu entrega, tu obra familiar, tu obra empresarial, tu obra de vida, todo es de admirar y de seguir. Millones de besos. A mi mamá, hermanos y toda la familia que los extraño y adoro. Mony, Lue, Ferni, Sergi, Manolete, todo mi amor, todos mis besos.

15 de agosto de 2003. Ascensión de la Virgen. Y se acordó de nosotros. Esta mañana tengo problemas de sintonía en el radio. Buscando RCN entró Antena 2 y escuché a Patricia Perdomo, hija de Consuelo González de Perdomo, muy contenta por las pruebas de supervivencia de su mamá, varios de los parlamentarios, varios militares, de Alan Jara. «Otro pasito», pensé. Se suma a la liberación de Silvio Vásquez, del Huila, y del secretario de Hacienda de Cali. Pero hace falta algo más claro, que muestre la voluntad de las FARC de hacer el intercambio. Y acabo de oír en Caracol la parte final de la entrevista a monseñor Castro y al padre Echeverri, que se reunirán con Raúl Reyes porque las FARC aceptaron su labor de intermediación. Bueno, se comienza a desentrabar el proceso. Ojalá este paso nos conduzca a la libertad. Por el momento me quedé sin señal en el radio pero estaré atento a las noticias del mediodía. Los adoro con toda mi alma y deseo infinitamente abrazarlos y besarlos. Todo mi amor. Mony, te adoro.

24 de agosto. Esta mañana, después de las 6.30 a.m., escuché en Caracol la noticia más clara y esperanzadora que he oído hasta ahora. Nuevamente entrevistaron a monseñor Castro y confirmó que sí se va a reunir pronto con un delegado de las FARC (del secretariado) para trabajar en las condiciones para que se sienten el gobierno y las FARC a negociar el acuerdo de intercambio humanitario. No quiso dar detalles para no dañar los avances, pero fue muy claro y positivo. Es la más clara señal de esperanza, aunque no me hago ilusiones sobre un pronto regreso. Pero sí crece la esperanza.

31 de agosto. Coincide el fin de mes con el día mil de mi secuestro. La lucha diaria es contra el dolor inmenso por estar ausente. Mi lucha continua es contra la incertidumbre, la desesperanza, la impaciencia, el aburrimiento, la sensación de desperdicio, la ansiedad. Muy duro, muy angustioso. Mis esperanzas hoy están centradas en que la Comisión Facilitadora logre definir las bases para las conversaciones entre el gobierno y las FARC. Parece ser lo que están trabajando. Mony, amor mío, te adoro y te extraño con toda mi alma. Lue, Ferni, Sergi, Manolete, los adoro y deseo inmensamente estar con ustedes. Papi, mami, hermanos, cuñados, suegros, sobrinos, los quiero, todo el tiempo. ¡Qué falta me hacen! Para todos, todo mi amor. Ojalá reciba pronto sus mensajes. Los adoro. Las noticias hablan hoy de un video de Íngrid apoyando el rescate militar, ¡Buena esa!, y de una posible reunión de Raúl Reyes con James Lemoyne en Brasil próximamente. También han hablado de pruebas de supervi-

vencia de los tres gringos y de otro grupo de secuestrados. Las FARC están moviendo el tema. Faltan las pruebas de los diputados y la mía.

Desde mediados de agosto había notado la ausencia de Arturo. En su remplazo, Boris estaba ejerciendo de comandante. El tema me llamaba la atención porque era la primera vez que Arturo se ausentaba, pero un par de semanas después regresó, reanimado y al parecer con nuevas ideas. Desde mi caleta yo alcanzaba a escuchar algunas conversaciones y noté un acento positivo en su voz, comentando detalles sobre la organización del campamento en donde había estado. Se refería a la distribución de las guardias alrededor del campamento, a las reuniones, al estudio de los guerrilleros y otros asuntos menores. También trajo la idea de que yo les dictara clases de inglés, lo que comencé a hacer un poco después.

Por estos mismos días conocí a Mariluz. Una bonita guerrillera, de unos veinticinco años, que llegó al campamento a sacar las muelas picadas de los guerrilleros. Mariluz tenía ojos color miel, el cabello negro hasta la cintura, bonita dentadura y buen cuerpo. Muy amable y formal fue a saludarme, para satisfacer su curiosidad femenina. Para entonces ya llevaba 33 meses secuestrado y mi presencia era motivo de comentarios y especulaciones entre los guerrilleros.

También llegó un nuevo guerrillero. Se llamaba Leder y me pareció muy retraído, tímido, triste. Era alto, grueso, de piel blanca, gordito. Nunca se me acercó y cuando estuvo de guardia se mantuvo callado. Me pareció depresivo.

Aquí estuvimos hasta mediados de septiembre, cuando nos trasladamos a otro campamento en la misma zona. Lo particular esta vez fue que durante el traslado pude ver a un grupo de unos ocho o diez novillos cebú que los guerrilleros tenían. Se los habían robado a los campesinos, que los habían recibido del gobierno como parte de un programa de repoblamiento bovino.

Nuestro nuevo destino significó el inicio de mi actividad de profesor. Clases de inglés para Arturo, Manuela, Mónica, Winston y Carmenza. Nos organizamos para una hora de estudio al día, de cuatro a cinco de la tarde, que yo preparaba en las mañanas. Pedí entonces que me dieran un cuaderno para organizar las clases pero realmente nunca lo utilicé para eso. Fue mi nuevo cuaderno de diario, en el que continué las anotaciones que llevaba en el que me había regalado Aníbal. Las clases de inglés las preparaba en las envolturas de los papeles higiénicos en las que, con mucho orden, anotaba los temas y las palabras que quería enseñarles: el abecedario, la familia, la casa, el salón de clases, la ropa, el cuerpo, etc.

En estos días empecé también a enseñarle aritmética a Tabares y química a Winston. Fueron unas pocas ocasiones pero me sirvieron para fortalecer un reconocimiento incipiente hacia mí, que empezaba a crearse entre el grupo guerrillero, y que con el tiempo me llevó a ser una fuente de consulta frecuente y un consejero confiable.

A principios de octubre nos mudamos a un bajo, húmedo e incómodo. Los trabajos que se hacían me llevaron a pensar que estaríamos allí un tiempo prolongado, pero no fue así. A los pocos días nos trasladamos a una ladera, de donde tuvimos que salir corriendo dos días después. En esa oportunidad me sentí muy asustado. La actitud de Arturo encendió mis alarmas por la forma en que organizó la guardia a mi alrededor, dispuestos a matarme en caso de que trataran de rescatarme.

Recogimos todo a la carrera y salimos, en medio de una oscuridad total, atravesando un pantano. Anduvimos varios días a través de terrenos inundados e inaccesibles.

Cuando creí que había retornado la calma me ordenaron una nueva salida a la carrera, que fue seguida de una fuerte detonación y una ráfaga de disparos. Me tocó una larga caminata, en medio de medidas de seguridad extremas. El peligro era evidente.

Después supe que en esos días Leder se había escapado y se había entregado a las autoridades, a quienes les había contado sobre mí. Me dijeron los guerrilleros que Leder guió una patrulla que fue a buscarme, con una vaca por delante, para evitar las minas enterradas, pero que una mina explotó y el rescate abortó. Ahora conozco este otro informe, de inteligencia militar:

A Leder le llegamos por medio del hermano que vivía en El Carmen de Bolívar. Aunque al principio se negó, finalmente desertó y aceptó ayudar. Él tenía un pequeño retardo mental, se demoraba mucho en entender las cosas de las que le hablábamos, pero finalmente nos dio información completa y concisa: ubicación, áreas donde se movía, quiénes lo cuidaban, cuáles eran las proyecciones, qué cambios había habido en la comisión de cuido. La información fue muy buena, pero por su problema, debió ser sometida a verificación con otras entrevistas. Él terminó en el plan de reinserción, y volvió a ver a su mamá, a la que no veía hacía muchos, muchos años. Fue un encuentro lleno de lágrimas y abrazos. Se fue para Bogotá por seguridad, aunque habría querido quedarse en el pueblo con su familia. Leder murió meses después en Bogotá por una gripa mal cuidada (vendía minutos de celular). Su hermano, que nos ayudó a hacer el contacto con él, murió a manos de Arnold. Arnold le dijo al hermano que quería desmovilizarse y lo citó al campamento. Le tendieron una trampa para que llegara allá y lo ajustició.

15 de octubre de 2003. Las noticias confirman la primera reunión entre representantes de la Iglesia y miembros del secretariado de las FARC para hablar del acuerdo humanitario. Monseñor Castro dice que es momento de callar para no dañar el proceso. Las noticias son pocas pero indican un nuevo avance. Vamos a ver cómo se mueven en los próximos días. Nosotros estamos en «marcha» desde el lunes 13 por la noche. Parece que hay presión militar en la zona. Creo que hoy volveremos a movernos.

Me dieron un cuaderno nuevo. Desde el 13 de agosto del año pasado no me habían entregado un cuaderno. Los tres anteriores creo que los quemaron. Estoy dando clases de inglés desde el 22 de septiembre. Cuando se puede. Mi inglés es muy limitado, pero los guerrilleros no saben nada y algo es algo. La mosquitera es abundante, especialmente con el invierno. La comida está difícil por los suministros. En RCN, Juan Gossaín dice que va a transmitir desde *El Universal*. Son las 6:30 a.m. Veamos qué nos trae.

7:45 a.m. ¡Qué emoción! ¡¡¡Dos años, diez meses y once días!!! Al fin te escucho, Gera: «Con su venia, Juan, quiero aprovechar la ocasión para enviar un mensaje a todos los secuestrados y en especial a mi hermano Fernando, que está secuestrado desde hace dos años, diez meses y once días, y decirle que seguimos pensándolo las veinticuatro horas del día, y que hacemos votos para que los contactos entre el gobierno y las FARC para el acuerdo humanitario lleguen pronto a buen final». Gracias, Gera, mil besos y mil abrazos, para toda la familia. ¡Los extraño con toda el alma! Siempre, siempre, siempre.

30 de octubre de 2003. Muy duro y difícil este mes. Nos movimos con bastante frecuencia: el 1°, el 10, el 13 por la noche, el 14, el 15, el 17, el 23, el 24 y el 25. Muchos disparos, explosiones, vuelos de helicópteros, de aviones, nerviosismo e intranquilidad. Creo que se debieron a los operativos militares para asegurar el orden público para las elecciones del referendo y las locales. Las clases de inglés se suspendieron desde el

9 y sólo ayer se reanudaron, lo que para mí es un alivio y una distracción importante. Los temas electorales y políticos coparon el mes. Los secuestrados por el ELN en la Sierra Nevada desplazaron la atención sobre este asunto y la lluvia y los mosquitos aumentaron las incomodidades. El silencio y la sensación de abandono aparente pesaron mucho sobre mi ánimo. Afortunadamente escuché a Gerardo el día 15, y su mensaje me ayudó muchísimo. Además, saber que hubo la primera reunión de la Comisión Facilitadora y las FARC es una lucecita de esperanza; me contó un guerrillero, el Turco, que escuchó a Mony el martes, enviándome un mensaje por la Radiodifusora Nacional y, muy importante, anunciando que seguirán, que vendrán más. En resumen, aunque el mes fue muy duro, termina con una nueva esperanza y con la expectativa de que en el resto del año se logren avances para concretar las negociaciones entre el gobierno y las FARC. Y con la esperanza de escucharlos en los próximos días. Todo mi amor. Mony, te amo con todo mi ser. Lue, Ferni, Sergi y Manuel, todas mis bendiciones y mi amor.

La noticia del Turco resultó equivocada.

23

Cambios en la Red de Inteligencia Naval del Caribe

En agosto del 2003, por orden del almirante Guillermo Barrera, en ese momento comandante de la Fuerza Naval del Caribe, el coronel Truman asumió la responsabilidad de buscarme. Venía de una unidad especial y recibía un trabajo adelantado, con un plan definido, que incluía el desarrollo de operaciones de inteligencia humana y técnica; relaciones entre la inteligencia y las unidades militares con capacidad para desarrollar operaciones de rescate, y el mantenimiento de una comunicación permanente con mi familia, para ver si les hacían llamadas. El coronel Truman recibía una red de agentes, informantes y contactos, con casi tres años de trabajo.

En la inteligencia de la Armada Nacional mi caso era conocido en clave como Foxtrot Alpha. En cinco ocasiones anteriores se había podido determinar mi ubicación y se habían efectuado tres operaciones de búsqueda: Victoria, Fénix y Sable.

Hasta ese momento las operaciones de inteligencia se basaban en encontrar personas que dieran una ubicación concreta del sitio de donde me encontraba. Se habían conocido campamentos que indicaban mi posible presencia y se habían realizado operaciones de rescate, pero cuando las tropas llegaban al lugar indicado por los informantes, ya me habían movido.

Al inicio de su gobierno, el presidente Uribe decretó la conformación de dos zonas especiales de rehabilitación. Una en Arauca, al oriente del país, y la otra en los Montes d laría. Esto ayudó mucho al avance militar porque se logró capturar a muchos milicianos y quitarles los brazos logísticos a las estructuras de las FARC. Con el acompañamiento de la Policía Judicial, los organismos de inteligencia judicializaron a los capturados y desmontaron redes rurales y urbanas. Las capturas permitieron conocer gente que tenía vínculos con el frente 37, milicianos que empezaron a hablar, y por medio de ellos se llegó a mandos medios y a algunos cabecillas que dieron información sobre mí.

Los agentes de la Rinca tenían, desde el 2002, informaciones sobre mi ubicación. Sabían, por ejemplo, que estaba en los Montes de María y que me habían trasladado de las Aguacateras a las Aromeras sur y después a las Aromeras norte, al cerro Las Pelotas y al cerro El Águila.

José, un miliciano que entraba y salía del monte y que tenía contacto con Arnold, que había formado parte de mi guardia, había confirmado que me tenían en los Montes de María y que me llamaban Alfredo.

En algún momento dijo que me iban a sacar de la zona, pero la inteligencia desechó esa idea porque el perfil psicológico de Martín Caballero, su prepotencia, su egocentrismo y su megalomanía les indicaba que él no iba a entregarme a otro comandante. Yo era un objeto de mucho valor que le representaba prestigio ante sus superiores, además de una prenda de garantía para su supervivencia. Sabía que mientras estuviera con él no le iba a caer una bomba encima.

Cuando se estableció que Martín Caballero me tenía a su lado, la inteligencia decidió unir los dos casos, que venían divididos: buscarme y capturarlo o darlo de baja. Ambos quedaron bajo la responsabilidad del coronel Truman.

Un año después de asumir la dirección de la Rinca, el coronel se dio cuenta de que el plan de trabajo para estos dos propósitos no estaba funcionando. Decidió entonces emplear la estrategia de los chinos: los cinco anillos. Había que conocer todo lo que rodeaba a Martín Caballero.

Elaboró un nuevo plan que consistió en buscar fuentes de primera mano. No más informantes que decían haber oído de boca de un tercero. Sólo servirían los que tuvieran información que les constara a ellos mismos, o sea los propios guerrilleros. Los cinco anillos más cercanos.

El primer anillo era el de las familias de la comisión que me cuidaba. Sus papás y sus hermanos. Había que seguirlos e investigarlos, en caso de que los guerrilleros los contactaran.

El segundo anillo lo constituía la gente que estaba alrededor de Caballero. Era muy difícil poder penetrar alguna de sus estructuras de seguridad, pero habría que hacerlo para poder tener éxito.

El tercero era la gente de afuera que tuviera estrechos vínculos con Caballero. Tarea también muy complicada porque muy pocos tenían acceso a él, pero había que buscar entre abogados, médicos, odontólogos, universitarios, u otras personas que aunque no estaban en el monte estaban comprometidas con las FARC y tenían contactos con el frente 37.

El cuarto anillo era la familia de Caballero. ¿Cómo era posible que todos los diciembres sus hijos lo visitaran en el monte e incluso recibieran entrenamiento? Había que seguirlos, al igual que a otros familiares, para descubrir sus contactos.

El quinto anillo eran sus finanzas. ¿De dónde obtenía Caballero la plata para finaciar sus operaciones? Se necesitaba saber eso para bloquearlo, para ahogarlo, para limitarlo.

Los agentes de la Rinca, en coordinación con todos los organismos de inteligencia, comenzaron a trabajar con un nuevo plan de acción que cubría actividades en estos cinco anillos. A pesar de la incredulidad que suscitaba entre muchos de los mandos superiores, el coronel Truman persistiría en este esquema que finalmente lo llevaría al éxito y le permitiría determinar el lugar exacto, con las coordenadas precisas, del campamento en donde me rescatarían.

El presidente Uribe seguía muy de cerca estas operaciones. Se reunía con frecuencia con los responsables y les exigía resultados concretos.

—El tiempo está pasando. Imagínense a una persona viviendo en una carpa —decía cada vez que se reunía con los encargados del caso.

En una ocasión, en la Casa de Huéspedes Ilustres, en Cartagena, en una reunión a la que asistieron todos los comandantes de las Fuerzas Militares, preguntó:

—¿Cuándo tendremos a Fernando Araújo con nosotros?

El coronel Truman le respondió:

—Confíe, señor presidente, que estamos trabajando para que sea lo más pronto posible.

—No, coronel, esa respuesta ambigua no me sirve; dígame cuándo, deme una fecha más precisa.

La presión era grande, pero el coronel insistió:

—Estamos trabajando, arduamente, veinticuatro horas al día para tenerlo pronto con nosotros.

—El señor presidente le está pidiendo que ponga una fecha —exigió el comandante general, el general Carlos Alberto Ospina, delante de todo el mundo.

—A finales del 2003, señor presidente —dijo Truman finalmente.

Hubo caras de sorpresa y de desconfianza porque nadie estaba convencido. Ninguna cara contenta. El presidente sólo atinó a corregir la posición de sus gafas en la nariz.

Al terminar la reunión, cuando Truman presentó el plan de trabajo que iba a incluir los cinco anillos en la inteligencia humana, el general Ospina mostró su descontento.

Truman, por su parte, quedó preocupado.

A los tres meses hubo una nueva reunión. El presidente preguntó si habían hablado con las fuentes, pero las cosas no se habían dado y Truman tuvo que reconocerlo. Entonces el presidente indagó qué más cosas tenía la inteligencia y ante el silencio recordó el compromiso de sacarme antes de terminar el año.

La tercera reunión fue en una lancha rumbo a la Base Naval. El presidente conoció que las operaciones que se habían hecho, si bien no habían concluido con mi rescate, habían permitido ir armando el rompecabezas que más adelante aseguraría llegar al punto exacto y en el momento indicado hasta el campamento donde me tenían.

Nada era fácil y se requería mucha paciencia. Era difícil que todos comprendieran que las operaciones iban por el camino correcto, a pesar de que todavía no se lograra el objetivo principal. Pero Uribe entendió y permitió seguir adelante con un plan de trabajo que había que ajustar permanentemente, aunque ya intuía que no iban a sacarme tan rápido como todos querían.

Otro frente de trabajo era hablar al menos una vez al mes con mi familia para informarles de los adelantos que se lograban pero a los de inteligencia les daba vergüenza no tener resultados y por eso, en muchas ocasiones, la noche previa a las reuniones el coronel Truman no podía dormir. Entendía la ansiedad de mi familia y su deseo de tener noticias concretas.

El tiempo pasaba y todos se desesperaban.

24

La batalla de las Aromeras (i)

El nombre de esta subregión de los Montes de María le viene por la presencia de un arbusto espinoso y maloliente llamado aromo. Conocí el arbusto desde que estaba en el norte, en los primeros meses de mi secuestro, y me había causado curiosidad porque en los meses secos, cuando no había pasto para comer, los guerrilleros alimentaban a sus mulas de carga con el fruto de ese árbol, que debe tener un alto poder proteínico porque las mulas se veían en buena forma. Me recordaba al trupí, que se daba en los campos del Colegio de La Salle, en Cartagena, en donde estudié toda mi educación básica.

Las Aromeras son un lugar inhóspito. La temperatura es asfixiante. En verano el calor supera los cuarenta grados centígrados. No hay árboles frutales y la vegetación es tupida y llena de espinas. La topografía es agreste y el agua es escasa.

Durante los seis años de mi secuestro hubo muchísimas acciones militares en la zona, con diferentes finalidades. Algunas veces para buscar información, en otras ocasiones para combatir a las cuadrillas de los grupos ilegales que operaban allí y capturar a sus integrantes. También para rescatarme.

«La batalla de las Aromeras» es el nombre dado por el coronel Rafael Colón a la narración de esas operaciones militares, a partir del mes de octubre del año 2003. Incluye actividades en diferentes niveles operacionales, de brigadas, batallones y comandos, y culmina en el año 2008, cuando a través de la Operación Alcatraz las Fuerzas

Militares lograron el desmantelamiento de todos los grupos ilegales que operaban en los Montes de María.

En el desarrollo de estas operaciones se consiguió la desmovilización de más de dos mil ilegales, la captura de un número superior a quinientos, y la baja de no menos de doscientos guerrilleros y paramilitares.

Martín Caballero, cabecilla del frente 37 de las FARC, fue abatido, y Manuel, cabecilla del frente 35 de las FARC, fue capturado. Todos los jefes de las compañías, las guerrillas o las escuadras de las FARC quedaron fuera de combate. Todo esto después de mi fuga.

Igual sucedió con los otros grupos que operaban en la zona. Los paramilitares se desmovilizaron. Las cuadrillas del ELN también fueron derrotadas y el Erp se desmovilizó en su totalidad.

En las Aromeras sur había dos zonas claramente diferenciadas. La zona del oeste, de colinas y vegetación cerrada, bautizada por los militares como Camboya, por la cantidad de explosivos enterrados que encontraban, y la zona este, cubierta por cultivos maderables de melisas y otras especies que explota una empresa comercial del sector, y que era objeto continuo de extorsión por los grupos guerrilleros.

El 27 de octubre de 2003 el Batallón de Fuerzas Especiales de Infantería de Marina, de la Armada Nacional, «comenzó la batalla de las Aromeras» ingresando al campamento Zorra, del frente 37 de las FARC, ubicado en el área de Camboya. Entraron tropas de la compañía Tornado, con un grupo de reconocimiento, al mando de los tenientes Alejandro Albarracín y Restrepo.

El 14 de noviembre, unidades de las compañías Altair y Sable ingresaron al área campamentaria de Martín Caballero. Encontraron seis campamentos diseminados sobre la falda de una elevación, en las márgenes de la cañada Los Morrocoyes. Los campamentos se intercomunicaban y estaban circundados por cordón detonante, cargas por alivio de presión y explosivos recientemente enterrados.

Los comandantes militares no autorizaron el ingreso de las tropas a los campamentos, pero pudieron observar que habían sido abandonados recientemente porque encontraron huellas de caballos y de botas. Lo que más les impresionó fue la capacidad que tenían, su buena distribución, su excelente cubierta y abrigo, las zanjas de arrastre, las trincheras, las áreas de instrucción y de reunión. También había colgaderos de ropa y zonas de cocina.

Era evidente para las tropas que allí había estado Martín Caballero y posiblemente yo.

Y efectivamente así había sido, pero me sacaron ese mismo día hacia las Aromeras norte con un grupo de guerrilleros comandado por Enrique.

En otros campamentos, como Taruya y Taller, los militares encontraron prensas, cilindros partidos y residuos de explosivos, además de cargas en preparación. En la persecución las tropas hallaron también otras huellas de personas y de caballos. Era el área más importante encontrada al cabecilla del frente 37 de las FARC, hasta esa fecha.

Otras tropas, ese mismo día, ingresaron al área general del corregimiento de El Salado, con dos grupos de reconocimiento para buscarme y ocuparon los corredores de Playoncito, la pista de Jacinto y las cañadas de El Cebo, Los Morrocoyes, Panóptico y las Lomas Coloradas.

El 21, en la misma operación, en Caño Negro, las compañías Antares, Tornado y Rigel se enfrentaron con los guerrilleros del frente 37 y les causaron tres bajas.

El 20 de enero de 2004 ingresaron, desde el río Magdalena, tropas transportadas en botes Zodiac, a través de la isla Zura, a San Agustín, Las Palmas, La Porquera, la Hacienda Cuba, Bajo Grande y Caño Negro para buscarme. En esa operación participaron las compañías Tornado, Huracán, Rigel, Tifón, Antares y Altair.

Esta zona es parte de las Aromeras norte, en donde me encontraba, pero yo estaba más al oeste. Faltaban muchos esfuerzos más para encontrarme.

25

Noviembre de 2003
Otra vez a las Aromeras norte

En los primeros días de noviembre la presión militar contra el grupo era fuerte. Había una presencia permanente de helicópteros que disparaban ráfagas de ametralladoras en contra de objetivos que yo no podía precisar. En las noches había disparos de morteros desde la carretera en dirección a nosotros. Fue necesario salir corriendo varias veces en las noches para evitarlos. Notaba además que llegaban y salían mensajeros continuamente; los guerrilleros no se atrevían a utilizar radios de comunicación ni teléfonos. Todo era muy difícil.

Pero no me amilanaba. Sentir que me estaban buscando me animaba y me reconfortaba a pesar del peligro.

3 de noviembre de 2003. Feliz cumpleaños, Juanqui. Mil besos y abrazos para ti, Mafe y María Caro. Mil años más. Anoche pasé un susto grande. Desde hace varias noches escucho explosiones, al parecer de morteros. Pero anoche fueron más fuertes y más cerca. El susto fue tremendo. Sin embargo, nos quedamos en el mismo lugar y volví a dormirme. Ya veremos qué pasa hoy.

6 de noviembre. Hace dos años escuché su primer mensaje. Era de Sergi y significó un renacer para mí. Aunque no los he escuchado en estos días, desde la tanda de septiembre, el mensaje de Gera del 15 de octubre me ayuda muchísimo a mantener el ánimo positivo. Parece que la presión militar ha bajado un poco. Pasamos varias noches con explosiones cercanas que nos llevaron a cambiar el sitio de dormir durante dos noches. A veces

me siento perdido y sin esperanzas, pero mantengo un trabajo mental permanente para no decaer. Esto puede ser mucho más largo y a medida que pasa el tiempo necesito más fortaleza. Que Dios nos bendiga.

Todo esto condujo a un cambio de grupo. El día 14 llegó visita al campamento. No los pude ver, pero quedé con la impresión de que era Caballero. Toda la comisión que me cuidaba se ausentó y para vigilarme me mandaron a tres de los guerrilleros recién llegados: John Jairo, John Wílder y el Masa.

Pasé con ellos todo el día. Se veían tranquilos y confiados; arrogantes. Hablaban sobre sus éxitos militares y hacían alarde de los supuestos golpes que les infligieron a los militares. El Masa cargaba un lanzaperdigones; John Jairo y John Wílder, fusiles y granadas. Hablaban de combates recientes, de helicópteros impactados, de soldados heridos evacuados, de cadáveres mutilados. Se sentían muy valientes.

Al terminar el día me regresaron al grupo y me dieron un plato de comida cuando ya estaba oscuro, por lo que no pude distinguir quién me lo llevó, pero reconocí su voz.

—¿Catherine? —pregunté.

—Sí, Fercho soy yo —me contestó. Pero no me hables duro que me regañan —continuó. Se me acercó, me dio un beso y desapareció en la oscuridad.

Al día siguiente pregunté por ella. Me explicaron que estaba bien, que después de la explosión que le voló la oreja logró recuperarse, aunque no oía bien por el oído izquierdo. El pabellón de la oreja que lograron pegarle le quedó defectuoso.

En la madrugada nos pusimos en marcha. Arturo y Manuela se quedaron. Mi nuevo carcelero era Enrique y en el grupo nos acompañaban su compañera, Miladys; Harrison, que hacía de guía; Winston y Lorena, Sixto, Silverio, Boris y Rogelio.

Después de caminar todo el día cruzamos la carretera El Carmen-Zambrano, al caer la tarde. Para custodiar nuestro cruce había una patrulla de guerrilleros comandada por el Zorro, acompañado por Alexis, Roldán, Lucas y Gustavo. Mis recuerdos de este mes, y de diciembre de 2003, los extraigo de mi diario:

14 de noviembre de 2003. En RCN entrevistaron al comisionado de paz sobre autodefensas, secuestrados del ELN y las FARC. Se refirió a la

desmovilización de ochocientos paramilitares que se hará el 25 de de noviembre y los problemas del proceso, a los avances para la entrega de los extranjeros por el ELN y una hoja de ruta para eso y en relación con nosotros dijo: «Con las FARC hay una cosita. La comisión de monseñor Castro y el padre Echeverri tiene toda nuestra confianza y sigue trabajando en el tema, todos los días». Dijo estar a la espera de una nueva reunión de esa comisión y los de las FARC. Me dio una buena impresión y mejoró mis esperanzas. Pero todavía necesitamos mucha paciencia. Por acá las cosas están difíciles. Acciones militares, explosiones, sobrevuelos de helicópteros y aviones en las zonas vecinas. Estoy muy preocupado.

18 de noviembre. Buenos días, Manolete, feliz cumpleaños. Lleno de nostalgia y con un deseo inmenso de abrazarte, besarte y verte. Recuerdo cuando cumpliste nueve años y estábamos juntos. Hoy cumples doce. En estos tres años te he extrañado en todo momento y he sufrido mucho por no poder acompañarte a crecer y no compartir contigo todos los momentos. Te quiero, hijo, con toda mi alma. Acá, en este calvario, estamos preparados para volver a cambiar de lugar. Ya casi nos vamos, son las 6:15 a.m. Sufro muchísimo esta ausencia. Te abrazo y te bendigo con todo mi amor. Para todos mil besos. Mony, amada mía, ¿dónde estás? Te adoro. Los adoro con toda mi alma.

29 de noviembre. Sábado. Un día gris. Con el corazón encogido de tristeza. Sólo escucho el graznido atormentador, opresor, grave, quejumbroso, de las guacharacas. Me duele el alma. Los amo y los extraño con todo mi ser. ¿En dónde están? ¿Volveré a verlos? Tengo mi esperanza extraviada. Pero no me rindo.

Al comenzar diciembre inicié mi diario en el cuaderno que me habían entregado para las clases de inglés. Por ser un cuaderno nuevo, hice un resumen de mi situación que transcribo a continuación:

1º de diciembre. Fernando Araújo. En cautiverio. Secuestrado el 4 de diciembre del 2000, estoy a punto de cumplir tres años en cautiverio. Me mantengo bien de salud y de ánimo, aunque estoy sometido con frecuencia a situaciones muy difíciles, presión militar continua, mala comida, escasez de noticias, largos silencios familiares y todas las incomodidades de mi situación.

La semana pasada, por ejemplo, me causó una profunda tristeza el asesinato del japonés Chicao Muramatsu, secuestrado poco tiempo después que yo. Comimos casi sólo arroz y estuvimos sometidos —estamos todavía— a una mosquitera insoportable. Pero logro sobreponerme a los momentos más difíciles y en general soy capaz de mantener una actitud positiva y una esperanza en que lograré superar esta adversidad. Aunque el dolor por estar ausente es agobiador, me alivio en el amor inmenso que siento y me ayuda muchísimo saberme igualmente querido por toda mi familia. Los extraño con todo mi ser, en todo momento; los pienso y los tengo presentes siempre. Pido a Dios que me permita regresar pronto.

El 4 de diciembre de 2003 se cumplieron tres años de mi secuestro. También era el cumpleaños de mi esposa, Mónica, y esto fue lo que escribí:

4 de diciembre. Hola, Mony, feliz cumpleaños. No entiendo tu silencio, pero desde el fondo de mi alma te grito que te amo con todo mi ser. Recuerdo con una nostalgia infinita el 4 de diciembre del 2000. Tus 29 años: nuestro despertar, nuestro amor inmenso y creciente; el beso de despedida y «nos vemos más tarde» que dijiste al salir a trabajar. Cuánto me ha dolido esta ausencia. ¿Hasta cuándo? Hoy cumples 32. Que Dios te dé muchísimos más y que podamos compartir nuestras vidas. Te amo, vida mía. Ansío con toda el alma estar a tu lado y disfrutar cada instante contigo, tomados de las manos en el camino de nuestras ilusiones y realidades. Te quiero, te amo, te adoro.

5 de diciembre. 7:45 a.m. Muchas gracias a todos. Primero a RCN y a Juan Gossaín, por el cubrimiento del evento de ayer, por los informes, por los mensajes, la solidaridad, el cariño, el calor humano. También a Alfo y María José, al Colegio Jorge Washington, a la tuna, a la sinfónica juvenil, a todos los que asistieron al evento de ayer. Oí a Gera lleno de amor, tristeza, nostalgia, agradecimiento, esperanza, incertidumbre, dolor. «Es muy difícil para la familia hablar del tema, pero hay que hacer una trampita, pensar en otra cosa, que lo adoramos más aún que el día que se lo llevaron», esta fue la respuesta de Gera a la pregunta de ¿Qué le dice a su hermano? Pidió además alguna prueba de supervivencia. Lo veo difícil por la situación militar, pero el martes, para esperar a ver si llegan más mensajes en el fin de semana, haré la solicitud para ver si me dejan enviarles una carta.

11 de diciembre. Desocuparon ayer la Catedral de Bogotá. Me queda la sensación de que el tema está atendido por el gobierno, que avanza con

las dificultades propias de su naturaleza y que quizás en el próximo año pueda haber solución. Mientras tanto, aquí comemos arroz al desayuno, arroz al almuerzo y arroz a la comida. Me pregunto: ¿qué pasará si se acaba el arroz? Ya veremos. Los adoro y los extraño con todo el corazón. Crece mi esperanza.

12 de diciembre. Viernes. Mensaje de Guillo Paniza: «Hola, viejo Fer, desde la distancia queriéndote y recordándote siempre con la esperanza de tu regreso, de que estemos nuevamente juntos...». No recuerdo los detalles pero sí me quedan claros el sentimiento; la solidaridad, el amor, el deseo enorme de mi libertad, la unión espiritual, la compañía; gracias, millones de gracias. También todo mi amor. Mientras tanto, matando mosquitos y comiendo armadillo para reforzar el arroz. Mil besos, millones.

13 de diciembre. Sábado. He venido haciéndole un seguimiento a los programas de Radiodifusora Nacional. Ha sido muy frustrante: el silencio y las dificultades en la sintonía. Tenía esperanzas de escuchar algo en el programa de anoche. Pedí un radio prestado, mejor que el mío, y al fin escuché la reseña sobre el evento del 4 de diciembre pasado. Participaron Ferni y mi papá. Ambos espectaculares. Muchas gracias. Los adoro. De Ferni me encantaron el aplomo, la claridad, la entereza, su inteligencia. Por supuesto, su ternura y el amor inmenso que siento en sus palabras. Quedé inquieto con la pregunta y su respuesta sobre la condición de mi secuestro, ¿canje o pago de rescate? «Que respondan los que lo tienen», dijo Ferni (?). De mi papá, su amor, su tristeza, su emoción, su nostalgia. Las de todos, representados en él. Todo mi amor. Toda mi gratitud, toda mi esperanza.

14 de diciembre de 2003. Capturaron en Iraq a Saddam Hussein, confirmado. En RCN hay una emisión especial, sin otras noticias, sin comerciales, y en medio de este programa un mensaje de Ange. Qué delicia, qué emoción, qué alegría, qué belleza de mensaje. «Hola, tío Fer, es tu sobrina Ange, para decirte que te queremos mucho, que te esperamos y que deseamos verte pronto. Mil besos» Doble emoción, mil gracias. A todos y a RCN y su gente. Aquí las cosas muy difíciles. Se acabó el arroz.

21 de diciembre de 2003. Domingo. Dos noticias para registrar. En RCN entrevistaron a la hermana del diputado Giraldo. Pidió pruebas de supervivencia de los diputados. Un video. El último fue del 15 de diciembre del año pasado. Consultada sobre el avance del proceso durante

el año, se mostró muy positiva y dijo que se ha logrado mucho y que la inclusión de López en la Comisión Facilitadora es muy importante. «Muy lúcido y muy ejecutivo». Quedé contento con su optimismo. En Caracol dijeron que *El Tiempo*, en primera página, publica una entrevista a López en la que plantea intercambio sin condiciones. No conocí más. El tema se mueve. Aquí, comiendo yuca y auyama. Otras veces, auyama y yuca, y otras yuca o auyama. Ahí vamos. Con muchas dificultades.

24 de diciembre. Mil besos, mil abrazos, mil felicitaciones, Lue. Cumples 24. ¡Feliz cumpleaños! Tenía yo 24 años cuando naciste, hoy tengo 48. Mitad de la vida con tu compañía. Tu nacimiento cambió mi existencia. Le diste una nueva dimensión a mi vida, todo adquirió un nuevo valor, un nuevo sentido, una nueva visión, un nuevo sentimiento. Tu nacimiento y el de tus hermanos llenan completamente mi vida y me colman de felicidad, orgullo y admiración. Te quiero, los quiero con toda el alma. Estoy muy pendiente de recibir noticias tuyas. Tu grado, que supongo que ya pasó o está muy cerca. A propósito, mil millones de felicitaciones.

31 de diciembre. Resumen: hoy termina el año y doy gracias a Dios por sus bendiciones, a toda la familia por su amor, solidaridad, mensajes y apoyo. Ojalá podamos reunirnos pronto. Vivo un profundo dolor por esta ausencia tan larga. Mi dolor se agranda inmensamente y mi preocupación es ilimitada por el silencio de Mony, a quien no escucho desde el día de mi cumpleaños, cuando oí dos mensajes que me dejaron la sensación de ser pregrabados. También me preocupa no haber escuchado nunca a Alberto I. en los tres años de mi secuestro, a pesar de saber que me quiere muchísimo. Ruego a Dios que todos estén bien. En cuanto a mi situación, así es como veo las cosas: 1) El acuerdo humanitario. Aunque hay noticias de un avance en esas negociaciones, no veo una solución a corto plazo, y en cambio creo que las capturas que se vienen produciendo pueden causar más dificultades. 2) Situación militar. Continúa la presencia militar en la zona y las dificultades de abastecimiento de alimentos y artículos de uso personal. Por ejemplo, no tengo jabón, ni champú, y lo demás se me está acabando. 3) Negociación. No la creo posible, sin embargo, la entrevista a Ferni en la Radiodifusora Nacional me dejó una pequeña duda. 4) Proceso de paz. Es un misterio. Hay señales del gobierno, llamados a la guerrilla, gestiones de la ONU, pero no conozco nada concreto. Tampoco parece que vaya a pasar algo serio a corto plazo. Por otra parte, la situación general del país parece estar mejorando en muchos frentes, especialmente en el de la seguridad y en el económico. Disminución en todas las estadísticas de criminalidad y mejoramiento en las cifras

indicadoras de la economía. En lo personal, disfruto de buena salud y, a pesar del dolor, la incertidumbre, los largos silencios, las incomodidades, la inseguridad y todas las dificultades de mi situación, a pesar de todo esto, logro sobreponerme y cuando el desánimo me invade me supero y estabilizo mi tranquilidad. Me mantengo sereno y recupero la paciencia. Lleno de amor y con su apoyo, sigo adelante.

Al comenzar 2004 mis angustias se centraban en la ausencia de noticias de Mónica. Me sentía atrapado entre el dolor y la duda. ¿Por qué no volvió a mandarme mensajes? ¿Por qué nadie la menciona? Estaba lleno de dudas y tristezas. «Se murió y no me lo quieren decir para no causarme más dolor», pensaba. Ella misma me había dicho que tenía dudas sobre su salud y ese recuerdo acrecentaba mis temores. Otras veces me convencía de que me había dejado. Pero enseguida recordaba los muchísimos momentos felices que compartimos y el enorme amor que ambos sentíamos. Me parecía imposible esta opción, pero no la descartaba del todo. Luego creía que podían ser razones de seguridad las que obligaban a su silencio. Estaría amenazada y habrían decidido ocultarla.

En estas dudas me debatía y mis sentimientos eran muy angustiosos. Pero me sobreponía después de largas luchas internas en las que concluía que de nada me servían la angustia y el dolor. Lo importante era mantenerme sano, física y mentalmente, y debía apartar los pensamientos y los sentimientos negativos. Concentrarme en el presente. Vivir el aquí y el ahora. Continuar con el cumplimiento de mis propósitos. No sabía si saldría vivo, y si lo lograba ya vería cómo afrontaría la realidad. Lo conveniente era no hacerme daño, aunque me engañara. En mis circunstancias, engañarme era un mecanismo de defensa válido y decidí utilizarlo. Alguna explicación habría, que mientras estuviera secuestrado no estaba en capacidad de entender.

El ciclo de angustias se repetía día tras día. Una y otra vez. ¡Qué falta me hacía un amigo! Alguien con quién conversar, con quién desahogarme, con quién compartir.

Pero había que resistir el dolor y la incertidumbre a palo seco, sin atenuantes. En la soledad de mi secuestro. Conversando sólo con mi corazón.

Tampoco veía en esos días solución para mi secuestro. La captura de Simón Trinidad en Ecuador me parecía una nueva dificultad para el proceso de negociación con el gobierno, pero me alegraba por su significado para el país, por lo que representaba en la lucha contra el terrorismo. Así que volvía a ilusionarme con una fuga que, aunque me parecía imposible, me servía así fuera para distraerme haciendo planes, observando mi entorno, estudiando a mis guardias, tratando de conseguir algún aliado. Pero no encontraba ni el cómo ni el cuándo.

1º de enero de 2004. Mil besos y todo mi amor. Que el Año Nuevo nos traiga la felicidad del reencuentro. Reitero mis condiciones y objetivos que me propuse hace un año: 1) Vivir el presente. Día a día. 2) Cuidarme, mantenerme saludable. 3) Ser siempre positivo. 4) Aprender todo lo que pueda y fortalecerme. 5) Ser siempre agradecido con la vida. Seguimos con muchas dificultades. Ayer no hubo ni yuca ni auyama. Pasé hambre. Hago ejercicios en la medida en que las circunstancias me lo permiten, y aunque muy mesurados, me sirven mucho, para el cuerpo y la mente. También hago una hora al día de respiración diafragmática, mientras me mezo en la hamaca. Mi otra actividad es oír noticias, de 5 a 8 a.m. en la cadena básica de RCN (por razones de economía de baterías). Desafortunadamente no alcanzo a sintonizar RCN Cartagena sino en muy contadas ocasiones.

2 de enero. En Caracol, el padre Darío Echeverri se refirió a la reunión que sostuvo, en compañía de monseñor Castro, con los dirigentes de las FARC. Se declaró optimista sobre el acuerdo humanitario para el 2004; dijo que hay una nueva propuesta de las FARC que está en manos del alto comisionado, que espera volver a reunirse con las FARC pronto, que le preguntaron mucho sobre el proceso con el ELN para la liberación de los extranjeros en la Sierra Nevada. Dijo que el proceso se destrabó y que está nuevamente en movimiento. Ayer, monseñor Castro, en Caracol TV, que escucho a veces en un radio, dijo que la reunión le pareció positiva porque se logró que el proceso nuevamente se desenredara, que se aclararon mal entendidos en ambas partes. Bueno, es un comienzo esperanzador. Con paciencia y fortaleza seguiré las noticias a ver qué nos traen. Ayer nos mudamos, aquí cerca. Mil besos y todo mi amor.

9 de enero. Rodri, feliz cumpleaños, mil felicidades, mil abrazos, mil besos, mil años más. Por acá extrañándote muchísimo. Además, Rodri, superaburrido. Imagínate: tres años sentado en una hamaca, lleno de proyectos, de ideas, de energía, de ganas de producir. De ganas de aprender, conocer, estudiar, viajar. De deseos inmensos de estar con toda la familia, con todas las personas que quiero, que adoro con el alma. De ganas de

disfrutar de la vida. De compartir contigo y todos nuestros hermanos, de mi papá y mi mamá. Mejor dicho, de unos deseos inmensos de volver a vivir. Rodri, te quiero muchísimo y te agradezco en el alma todo lo que me quieres y haces para ayudarme. Otra vez, mil felicidades, mil felicitaciones. ¡Ah! ¡Llegó el arroz! Parece que tendremos unos días mejores. También jabón para lavar. Mony, te adoro y te extraño con todo mi ser. Para Lue, Ferni, Sergi y Manolete, mil besos y mil bendiciones.

12 de enero. Un beso y una flor para Ruby en esta fecha. Todos mis agradecimientos por tantos esfuerzos y tanta búsqueda. Y mi mayor gratitud por los cuatro hijos maravillosos que compartimos. Gracias, Mona. Otro beso. Con ocasión de los veintiún meses ayer del secuestro de los diputados del Valle, Angelino Garzón dijo que ha habido avances entre la Comisión Facilitadora de la Iglesia y las FARC. López insistió en su tesis de acuerdo humanitario sin condiciones en *El Tiempo*.

16 de enero. Bellísimo el mensaje de mi papá, pero me llena de tristeza. Me confirma la ausencia de Mony. Mi gran miedo desde el primer día. ¿Qué le pasó? ¿Cuándo me dirán? Tengo tres años, un mes y doce días de duelo por la ausencia. Desde mi cumpleaños aumentó mi duelo. En septiembre siguió creciendo; en diciembre se me hizo invivible. «La perdí», pensé. Hoy lo confirmo lleno de dolor, pero me queda un duelo incompleto. ¿Qué pasó? Mensaje para F.A.: «Querido hijo: es nuestro cuarto Año Nuevo sin ti y el vacío que sentimos es inmenso. Todos tus hijos estuvieron en la cena de Navidad en la casa. Luis Ernesto regresó feliz de España, en donde estuvo invitado por el gobierno español. Se graduó de abogado en enero. Tus hijos, tus hermanos, tus sobrinos, tu mamá y yo te deseamos un feliz año y esperamos verte pronto». No nombrar a Mony es la forma de decirme «No está». ¡Qué vaina! ¡Qué dolor! No lo puedo creer. No lo quiero aceptar. Qué difícil renunciar a tanto amor, a tantos sueños, a tantas ilusiones. Me lleno de recuerdos, de nostalgias. Quedo más desubicado, en medio de tantas noticias tan difíciles. Pido a Dios fortaleza, amor, fe, paciencia y valor. Los amo, los extraño, los adoro con el alma.

17 de enero. 6:00 a.m. Mensaje para F.A. de su hermano Gerardo: «Ferna, todos tus amigos y amigas te mandan muchas saludes y están pendientes de ti, todos esperamos que con tu fortaleza salgas adelante en esta dura prueba. En la casa todos giramos alrededor tuyo, te recordamos todo el tiempo, te esperamos pronto». Gera, necesito la fortaleza al máximo porque estoy muy triste y afectado por la ausencia de Mony.

Creo que me ayudaría mucho saber qué le pasó y vivir ese duelo completo. Por el lado del acuerdo humanitario tampoco se ven las cosas fáciles. Está todo muy difícil y triste.

19 de enero. Hoy me siento recuperado en mi tranquilidad, en mi fortaleza. Sus mensajes, su apoyo y mi experiencia psicoanalítica de enfrentar mis miedos, mis angustias, mis ansiedades, me ayudan muchísimo. Así pude ayer profundizar en mis sentimientos y aceptar la realidad y canalizar mis temores. Ahora veo las cosas desde una perspectiva más tranquila y voy a esperar los hechos, sin anticiparme a nada. Vuelvo a confiar en que habrá alguna salida a mi secuestro y en cuanto a Mony reitero mi amor y mi esperanza en el suyo. A RCN otra vez muchas gracias por los mensajes y a los periodistas, al director y los directivos de la cadena. La ayuda es inmensa. Los mensajes son todo para mí. Aunque su omisión también me afecta mucho, y más allá de los mensajes, el cariño y la solidaridad de RCN y los periodistas con todos los secuestrados.

Mientras yo escribía esta nota, sentado en mi hamaca en el campamento Lágrima, buscando darme ánimos en medio de mis angustias, Mónica, en Bogotá, escribía en su diario su nota de despedida.

19 de enero de 2004. Ya pasaron más de tres años, llevo muchos días dando vueltas para sentarme a escribirte por última vez. Estuve en Londres desde finales de mayo hasta principios de diciembre del 2003, fueron días duros, difíciles, reconfortantes, relajados, así es, todo al mismo tiempo, y fue el tiempo necesario para darme cuenta de que mi límite era el 4 de diciembre/03, cuando se tuvieran tres años de tu secuestro; te confieso que me puse ese límite confiando en que no llegara nunca, que tú regresaras antes, pero no fue así, llegamos al 4 de dic/03, tres años y nada; por el contrario, el acuerdo humanitario más enredado que nunca y los tipos que directamente te tienen hace casi un año que no aparecen, es decir, esto no ha avanzado para ningún lado. Yo ya cumplí 32 años y estoy más sola que nunca, y con un futuro absolutamente incierto, cansada de sufrir, cada día más amargada y atormentada, así que con la ayuda de mi familia y amigos tomé la decisión de viajar a Cartagena para hablar con tu familia y contarles cómo me sentía y que con el dolor de mi alma no podía seguirte esperando indefinidamente, que lo había hecho durante tres años entregada en alma, vida y corazón, pero que ya no podía más. Tus papás lo entendieron muy bien, Gera no mucho, pero eso era de esperarse. En fin, ahora ya no participo en nada que tenga que ver contigo, pero igual sigo pidiéndole a Dios

que te liberen lo más pronto posible y que la vida te permita volver a ser feliz. Por mi lado, estoy ahora mucho tiempo con mi familia, aún no estoy trabajando pero quiero montar un negocio con Patry y Tomás, ya veremos qué ocurre con eso y con mi vida en general. Esto que ocurrió con nosotros no tuvo nada que ver con todo lo que soñé que seríamos tú y yo juntos, aún no puedo entender por qué nos ocurrió todo esto, justo cuando creí tener el cielo entre mis manos empecé a vivir el infierno. Lo siento mucho y espero que algún día puedas entenderme y perdonarme.

Por mi parte, yo seguía en lo mismo:

22 de enero. Otro 22 sin ti. El comisario de relaciones exteriores de la UE Christopher Patten se reunió con el presidente Uribe y con James Lemoyne y anunció la participación de la UE para lograr el acuerdo humanitario. Anunció que se reunirá con Kofi Annan la próxima semana en Bruselas. Una luz nueva de esperanza. Me gusta.

24 de enero de 2004. No lo puedo creer. ¡Gracias, Gera! Mensaje para Fernando Araújo: «Hola, Ferna, estamos ansiosos por saber de ti. Pide que te dejen mandarnos alguna prueba tuya. Nosotros pasamos Navidad y Año Nuevo con todos tus hijos. Ferni trabajando duro en vacaciones, con todas las pilas puestas. Mónica está en Bogotá con sus papás. Te queremos muchísimo y esperamos verte pronto. Toda la familia». ¡Caramba, se acordaron de Mony! ¡Qué dicha saber que está bien! Qué alegría el trabajo de Ferni. ¿En la finca? Seguramente. Pensé que los mensajes volverían en marzo. Pero claro, estoy pegado al radio desde las 5 a.m. Volveré a insistir en que me permitan enviar alguna nota. Tengo siete meses en eso, desde que mi mamá me lo pidió para los días de mi cumpleaños.

27 de enero. En declaraciones ayer a Caracol el padre Darío Echeverri dijo que el acuerdo humanitario puede darse en este año. En Bruselas, Christopher Patten dijo que en la reunión que sostendrá el miércoles con Kofi Annan le reiterará el apoyo de la UE a las gestiones de la ONU para el acuerdo humanitario. En medio de propuestas y quejas variadas de los familiares que generan más confusión, creo que las cosas van avanzando con dificultades, muchas dificultades, pero avanzan. Parece que la Comisión Facilitadora se reunió nuevamente en enero con Raúl Reyes. Más rápido de lo que pensé.

Llegamos a febrero de 2004. El día cinco me movieron unos doscientos metros y luego el seis otros quinientos. Movimientos tácticos relacionados con la salida de los guerrilleros en los días anteriores.

Mi nueva ubicación quedaba al pie de un árbol, pero la zona en general no tenía una buena cobertura vegetal, de manera que me permitían colocar una carpa de tela verde para protegerme del sol.

«¿Cómo no me divisan desde el aire?», me preguntaba.

Eran días de mucho calor y poca comida. Como no había azúcar, Enrique salió con Lucas a buscar un poco de miel de abejas. Al regresar de su expedición, Lucas me regaló un vaso de miel que me tomé caliente y que me produjo un fuerte dolor en el estómago, que llegó a asustarme, pero que finalmente se me pasó con la ayuda de una pastilla que me dijeron que recetaban para combatir la gastritis, un mal frecuente entre los guerrilleros.

En estos días se me acercó Benavides, un guerrillero que me contó que había prestado el servicio militar y luego se había incorporado a la guerrilla. Aunque nunca me explicó las razones para haber tomado esa decisión, para mí era claro que no se hallaba a gusto en la guerrilla. Quizás se contentó un poco cuando se enamoró de Carmenza y comenzó con ella una relación de pareja, que le duró muy poco. Cuando ella le dijo que no quería seguir con él, me buscó para pedirme consejo y ayuda para mitigar su dolor y su tristeza. Hice lo mejor que pude, dándole ánimo y mostrándole la naturaleza cambiante del amor.

Estas anotaciones de mi diario reflejan mi estado de ánimo en esos días:

2 de febrero de 2004. Día de la Virgen de la Candelaria. ¡Que nos ampare! Buenas noticias: un video de Óscar Tulio Lizcano para su familia. 18 meses de espera. Me alegro cantidades y me anima su buen estado. Felicitaciones y muchas felicidades a su familia. A mí nada que me autorizan enviarles algo. Monseñor Luis A. Castro durante la instalación de la Conferencia Episcopal, dijo que ya hay algunos puntos de acuerdo entre las FARC y el gobierno: 1) Hacer el canje; 2) Que los guerrilleros que se suelten no salgan del país. El desacuerdo es en dónde dejarlos y las garantías de seguridad. Además, Caracol dice que la comisión dejó el papel de facilitadora y asumió un nuevo rol de mediadora. Es lo mejor hasta hoy. Parece que las cosas quieren enderezarse. Gracias a Dios. Mil besos.

4 de febrero. Buenos días, Gera. Pensaba: «¿A dónde voy a felicitar a Gera por su cumpleaños? ¿A su apartamento, a su oficina?». Me decidí por la oficina, por la posibilidad de que te hayas mudado de apartamento. Así que cogí un taxi y me fui para *El Universal*. Estoy pasando por el pasillo vecino a la rotativa; ya subo las escaleras, paso la puerta de vidrio, cruzo el hall, entro a tu oficina y te encuentro sentado, esperándome con una sonrisa tímida y feliz por mi visita. Te abrazo con el alma, te hablo con el corazón y te digo cuánto te quiero. ¡Feliz cumpleaños! Qué alegre me siento de ser tu hermano. Es maravilloso contar contigo. Sé de tu pre-ocupación y tus esfuerzos continuos por ayudarme, igual que tratas de ayudar a todos en la familia y a todo el que puedes. Hoy, Gera, las cosas parecen un poco mejor. Las últimas noticias dan pie para la esperanza. Hay avances en las gestiones de la Iglesia y los han dado a conocer. Quizás porque este fin de semana se cumplió un año de la designación oficial de la Comisión Facilitadora. Ahora es comisión mediadora, y según escuché ayer, la próxima gestión es definir la lista de los canjeables. Difícil labor, bien difícil, el centro de la negociación: ojalá salga bien y pronto. Ojalá pueda abrazarte, de cuerpo presente, darte un beso y decirte, de viva voz, gracias y ¡feliz cumpleaños! Quedo pendiente de que me autoricen una prueba de supervivencia, de escuchar algún mensaje y del desarrollo de las noticias.

9 de febrero. Lunes. Lue por Caracol pidió a las FARC pruebas de su-pervivencia, según me dijo Sixto. Hablé con Enrique. Me dijo que él lo transmitió desde la primera vez pero que no le han dicho nada. Que va a insistir.

22 de febrero. Domingo. Las noticias durante todo el mes han sido abundantes y contradictorias. Confunden en lugar de ayudar a aclarar las cosas. Me han hecho mella, me angustian y entristecen; tanto, que necesito escribir esta nota para tranquilizarme.

• El mes comenzó con las declaraciones positivas de monseñor Castro sobre los primeros puntos de coincidencia entre el gobierno y las FARC.

• Vino un comunicado del gobierno que causó las primeras confusiones: los guerrilleros liberados no pueden volver a delinquir.

• Monseñor Castro dijo no sentirse aludido. «Estoy plenamente de acuerdo con el gobierno». Juan Gossaín lo entrevistó en RCN y quedé con la sensación de que sí hay avances. Monseñor pidió discreción y Gossaín fue muy afirmativo en respetar esa solicitud. Mi reflexión al oír la entrevista fue que la solución, a cargo de monseñor Castro está en buenas manos.

• Después vino la visita de Uribe a Europa y toda la desinformación de las agencias internacionales. Quedé perplejo ante el grado de compromiso y parcialidad de esas agencias. Sobre el acuerdo dijeron: «Sólo si hay cese de hostilidades». Pura paja. Puro cuento periodístico. Desinformación.

• Después Samper y López presionando al gobierno para que acepte una negociación sin condiciones como pretenden las FARC, y las aclaraciones y solicitudes del alto comisionado para que no entorpezcan el proceso.

• Ahora toda la bulla alrededor de los dos años del secuestro de Íngrid. «En uno y medio del gobierno de Uribe no se ha avanzado nada», citan a Yolanda Pulecio, madre de Íngrid. Descorazonadora, y Juan Carlos Lecompte: «Mientras Uribe sea presidente no volveré a ver a Íngrid». Caramba, como ayuda para los secuestrados y para animarnos, imposible algo peor.

Sin embargo, creo que sí se ha avanzado. Quedaría por definir: 1) Los mecanismos de reincorporación y vigilancia de los indultados (aquí creo que es en donde juegan la ONU y la UE); 2) La lista de los guerrilleros que serán voluntariamente indultados por el gobierno; y 3) La carpintería para los procesos de liberación y entrega. Son temas difíciles pero no imposibles. Y las negociaciones seguirán siendo muy duras. Por eso el presidente Uribe mantiene un discurso firme y fuerte frente al tema: «El gobierno no descarta un buen acuerdo humanitario, pero no aceptará condiciones que desanimen a las tropas…, ni renunciamos al rescate militar», dijo ayer en Cartagena, en compañía del presidente Aznar.

Las FARC presionan a su manera: «Confirmamos nuestra disposición para un acuerdo humanitario, exigimos la conformación de una comisión plenipotenciaria del gobierno y ratificamos a nuestros negociadores: Fabián Ramírez, Felipe Rincón y Carlos Antonio Lozada».

Vivo momentos muy tristes y llenos de dolor. Además, me asusto mucho con las noticias; siempre me hacen mella en el ánimo, me golpean fuerte, pero después de asimilarlas emocionalmente, me repongo y vuelvo a recuperar la calma, la tranquilidad, la serenidad, la esperanza. El dolor del silencio no me da tregua. De día y de noche. Es durísimo y no logro superarlo. La ausencia y el silencio son terribles. Mil besos, mil abrazos, mil esperanzas y todo mi amor.

23 de febrero. Hoy cumplo un año de haber enviado mi última carta. No veo ninguna señal de que me vayan a autorizar otra prueba de supervivencia. Pero no pierdo la esperanza. A propósito de esperanza, quiero hacer una nota sobre uno de mis sueños de anoche. Tengo la suerte de tener con frecuencia sueños muy hermosos, llenos de colores, de música, de lugares bellísimos, de sentimientos tiernos. Anoche soñé que estaba

por el Colegio La Esperanza y que tomaría, para repasar, clases de religión y de escritura. Después de varios episodios que no voy a describir por brevedad, resulté que era el profesor de un grupo de trece alumnos, ocho presentes y cinco ausentes. Recuerdo las caritas amorosas de los estudiantes y el inmenso amor que me inspiraban los niños. Al terminar la clase caminé en medio de unos estantes llenos de libros, en orden alfabético, y al verlos sentía un inmenso deseo de aprender, de leerlos, de estudiarlos. Al final del recorrido, me encontré con una niña llorando. Me agaché para calmarla, me gané su confianza y la cargué. «¿Por qué lloras?», le pregunté con mucha ternura. «Me dejó el bus, y el señor que me iba a llevar a mi casa se fue y también me dejó», me dijo. «No te preocupes, yo te llevaré sin peligro», le contesté. Se puso alegre y me abrazó. «¿Qué vas a llevar?», le volví a preguntar. «Mi caja de colores y mi armónica (era una especie de flauta-piano, ancha, grande y delgada que abrazaba con mucho amor)». Llamé un taxi y me dispuse a devolverla a su casa. Después de otros eventos, desperté. Pude asimilar el miedo que he sentido tan a flor de piel en estos días. A no regresar y a perder mi armónica. Recé una oración de acción de gracias por el sueño y volví a dormirme. Hoy estoy más tranquilo.

29 de febrero. Domingo. Guillo, hoy es especial como cada cuatro años. Mil y mil abrazos. Mil y mil felicidades. Mil y mil éxitos. Hoy estoy un poquitín más esperanzado. Las declaraciones del presidente de Francia de estar dispuesto, al igual que otros países europeos, recibir a algunos guerrilleros para viabilizar el intercambio. El embajador francés, Daniel Parfait, reiteró su disposición de recibir a los guerrilleros y de apoyo al intercambio humanitario. Y el alto comisionado, desde Barcelona, España, dijo: «Me parece muy positivo y nos permite seguir avanzando en el proceso». Por otra parte, la situación la percibo difícil, pero sin la presión militar tan fuerte que sentía antes. Casi no se oyen los helicópteros, ni he vuelto a sentir disparos de fusil, de ametralladora ni morteros. Pero veo que siguen las dificultades para la comida y los abastecimientos. En los últimos días, en febrero, de principio a fin, hemos comido venados, saínos y armadillos. Las verduras son las que no he vuelto a ver.

26

El psicoanálisis en mi vida

A propósito de mis sueños quiero resaltar la importancia que tenían para mi tranquilidad, para mi estabilidad y para mi salud mental. Quiero referirme a la larga experiencia psicoanalítica que viví, en un proceso de autoconocimiento personal que considero me dio la fortaleza mental y la capacidad emocional para enfrentar positivamente esta experiencia tan dolorosa y frustrante del secuestro.

Me gradué muy joven como ingeniero civil en la Universidad Javeriana de Bogotá. A los veinte años ya estaba de regreso en Cartagena dispuesto a trabajar, con toda la dedicación, en mi profesión. Mi mamá me invitó a considerar el psicoanálisis como una experiencia que me permitiría un mejor conocimiento de mí mismo y que facilitaría mi propio crecimiento. «Para que además mires el mundo desde una perspectiva más humanista que complemente tu visión y compromiso con la tecnología», me dijo.

Me gustó la sugerencia y durante muchos años encontré en el psicoanálisis una herramienta invaluable para mejorar mi realidad interna. Aprendí a enfrentar mis angustias, a superar mis temores, a entender el control de mi inconsciente sobre mis sentimientos y a interpretar sus manifestaciones a través de mis sueños, entre otras expresiones.

Recuerdo el impacto que me produjo, cuando comencé mi análisis, el hecho de que en el lenguaje inconsciente se encuentren cifradas más cosas que en el mensaje manifiesto o consciente. Eso me fascinó. Recuerdo cómo personajes significativos en mi historia aparecían en palabras que lo contenían. Ya me explicaré sobre esto. Que el lenguaje pudiera contener mi historia, mis deseos y mi intimidad, me tenía más que asombrado.

Cuando suspendí el proceso activo del psicoanálisis entendí que a pesar de suspender la relación directa con el psicoanalista, el proceso interno no se suspendía porque las experiencias adquiridas me permitían continuar por mi propia cuenta.

Ahora iba a utilizar ese instrumento, mi experiencia analítica, en mi dolorosa situación de secuestrado. Mi experiencia de cómo el inconsciente determina la vida de uno, de cómo trabaja, cómo tiene metas y deseos, debía ponerla ahora a mi servicio. Trabajé sobre mis sueños, descifrando los deseos que ahí aparecían. Ahora era el momento de ver los efectos de mi análisis. Podía seguir trabajando aunque me tuvieran en las peores condiciones.

Sabía que el dolor y la depresión eran como un agujero negro que se tragaba toda mi energía, y recordaba que también los lamentos pueden convertirse, aunque parezca mentira, en un gusto. Estaba decidido a no permitírmelo. Necesitaba mi energía para mantenerme vivo y tratar de resolver mi situación.

Apelé primero a mi sentido lógico, consciente, que en realidad lo había podido desarrollar gracias a mi formación profesional, a mi estudio de las matemáticas dentro del pénsum de mi carrera de ingeniero. A la organización del tiempo, que desde pequeño había aprendido: tiempo para el trabajo, tiempo para el cuidado del cuerpo, tiempo para el descanso. En mi nueva situación, la energía que acostumbraba a utilizar en el trabajo quedaba libre, sin meta, y eso lo sentía como destructivo. Debía encontrar una salida.

Emprendí mi trabajo de análisis, esta vez solo. Pero acompañado de un montón de presencias que ya sabía que aparecían en una forma tal que debía descifrarlas. Me acuerdo de que vino a mi mente la conclusión a la que había llegado: es bastante poco lo que uno elige, ya que desde el momento de nacer, el nombre que llevo es elegido por otros. Surge de un deseo ajeno. Había aprendido cómo nos marca el lenguaje, cómo nos da forma. También recordaba cómo había vivido a ciegas, hasta el momento en que comencé mi trabajo de análisis, en que comencé, poco a poco, a develar las marcas que me habían dado forma y que yo desconocía.

Durante mi secuestro busqué entonces mis respuestas en los sueños, aprendí a escucharme a través de los sueños. Ya lo sabía, porque ya había descubierto de qué está hecho el material de los sueños.

Pero tener la capacidad de analizarlos y entenderlos me ayudó mucho a mantenerme tranquilo y sereno. Debo añadir que en muchas ocasiones me movían a la reflexión y a cuestionarme profundamente.

Recuerdo que con mucha frecuencia soñaba con el mar de mi Cartagena natal. Inicialmente no entendía su significado pero con los días comprendí que era la representación de mi estado de ánimo. Cuando estaba tranquilo soñaba con el mar quieto, reposado, en calma. Cuando estaba angustiado soñaba con un mar agitado, revuelto, de grandes olas que reventaban contra las piedras de los tajamares.

Las palabras, en el inconsciente, funcionan en más de un sentido. El inconsciente las condensa, las separa, las ata a diferentes recuerdos. Juega con ellas.

En el sueño del 23 de febrero que acabo de narrar me llamó la atención el nombre del colegio: La Esperanza, un colegio muy antiguo y afamado de Cartagena. El inconsciente lo seleccionó para animarme. Para no perderla. La «esperanza» era esencial para subsistir. Las clases de religión, para reconocer la fortaleza que me producía mi refugio en las oraciones, y la clase de escritura, para manifestar la tranquilidad que me producía poder escribir.

Mi deseo reprimido de aprender se reflejaba en los libros de la biblioteca y las caritas amorosas de los niños me recordaban el inmenso amor que sentía por mis hijos. La niña llorando era la expresión de mi dolor por la ausencia. De mi enorme deseo de regresar. Y la armónica era la representación de mi Mónica, de mi amor por ella, a la que quería abrazar con todo mi amor. De la armonía que representaba para mí.

Todo era una expresión de mis miedos que mi inconsciente registraba, pero que me devolvía con ternura para ayudarme a mantener la fortaleza y superar el dolor.

Evidentemente mi inconsciente me proporcionó la fuerza, no sólo psíquica, sino que dio forma a mi cuerpo para soportar el hambre, el cansancio, las contaminaciones y las heridas en el monte. Es conocida la relación entre niveles de defensas inmunológicas y el estado psíquico de las personas. En mi caso, la fuerza de mi deseo por vivir fuera del cautiverio, llegar para el cumpleaños de mi mamá, ver a mis hijos y a toda mi familia era tal, que asumí las incomodidades, riesgos y peligros que implicaban mi partida del cautiverio. El hambre, el cansancio, la deshidratación, el peligro de ser asesinado o vuelto a capturar no me amedrentaron.

En esta oportunidad pude comprobar la fuerza que da el deseo. Ahora, luego de todo lo pasado, creo que aprendí a darme permiso de saberme vulnerable. Fue una de las enseñanzas más costosas de mi vida, pero quizás por eso y en la misma medida es el valor que tiene en mi estructura como persona.

27

Marzo de 2004
EL DOLOR DE LOS RECUERDOS

Marzo, abril y mayo de 2004 pasaron lentos, aburridos, angustiantes, dolorosos.

Recuerdo la terrible impresión que me causó el atentado del 11 de marzo en la estación Atocha, en Madrid, España. Además del dolor de esa tragedia, de los muertos, de los heridos, de la sensación de impotencia y vulnerabilidad que me producía este acto de terror, para mí tenía un significado adicional. Me recordaba a Mónica.

Habíamos estado en Atocha en nuestra luna de miel en mayo de 2000. Llegamos a Madrid, y extenuados después del largo viaje en avión, tomamos un taxi en el aeropuerto de Barajas con destino a esa estación, para abordar el tren a Sevilla. Esperamos un par de horas allí, tomamos un café, comimos un pastelito y caminamos un rato cogidos de la mano. Me sentía en el cielo, enamorado y feliz. Después de Sevilla fuimos a Cádiz y luego a Estoril, en Portugal. Todo esto en compañía de unos buenos amigos de Cartagena que nos invitaron para conocer el proyecto de construir una marina para veleros en nuestra ciudad, inspirados en un proyecto portugués similar y con la pretensión de establecer una ruta para veleros de Europa a América.

Nuestra última estación en el viaje del amor fue Madrid. Fueron días maravillosos que ahora recordaba con nostalgia, con tristeza, con dolor. Al parecer, todo ese amor se había esfumado.

Estas son las anotaciones en mi diario de marzo y abril de 2004, que revelan mi situación y lo que estaba pasando:

5 de marzo de 2004. Viernes. Nuevamente ha estado movido el tema del acuerdo humanitario durante esta semana. Un seminario internacional el martes en Neiva; una reunión en la dirección liberal con López, Turbay y Samper; el lanzamiento del libro *Sí al intercambio humanitario*, en la Fundación Santillana, con la presencia de Belisario. Las emisoras, RCN y Caracol, se enfocan más en la controversia que pueden sacarles a las declaraciones de los expresidentes, que a la claridad y al apoyo. Me parece que en realidad los expresidentes, sobre todo López y Turbay, apoyan el acuerdo pero respetan el fuero de Uribe para tomar las decisiones concretas. Samper ve en el tema un asunto para sacarle provecho político. Me gustaron las declaraciones de Augusto Ramírez Ocampo a Caracol. Hizo énfasis en la labor de mediación que vienen haciendo con discreción y persistencia los comisionados de la Iglesia. «Ellos son los que saben de verdad cómo van las cosas», dijo, palabras más, palabras menos. Por mi parte, tengo también la confianza depositada en ellos. Nada que me autorizan el envío de algún mensaje y también extraño mucho los de ustedes. A mis hijos hace seis meses que no los escucho y a Mony desde mi cumpleaños. Mis esperanzas reales de volver a oírla son infinitesimales. Me duele mucho. Mil besos, mil abrazos. Los adoro con toda mi alma.

10 de marzo. Miércoles, 6:35 a.m. ¡Mensaje de Lue! «Hola, papi, es Lue. Te envío un abrazo fuertísimo. Te quiero mucho. Te cuento que mis hermanos y yo estamos muy bien. Estoy trabajando muchísimo. Te mando otro abrazo. Cuídate mucho». Me da una alegría inmensa oírte y saber que estás bien, pero soy muy incrédulo. Hace seis meses que no te escuchaba y el mensaje fue muy corto. No se me quitan mis preocupaciones, pero me quedan las esperanzas de oír algunos otros mensajes en los próximos días. Por el lado del acuerdo humanitario se siguen produciendo noticias frecuentemente. Declaraciones de Raúl Reyes a la AFP rechazando la oferta francesa de recibir guerrilleros e indicando la buena salud de todos los secuestrados. Monseñor Castro dijo que este rechazo no evitará el acuerdo, el gobierno dice que es un revés; alguien más pide negociaciones directas. O sea, me queda la sensación de que la cosa se sigue moviendo, aunque falta mucho todavía.

11 de marzo. Son las 6:15 a.m. Anoche cayó el primer aguacero del año, así que no me levanté a hacer mis ejercicios como acostumbro porque todo está mojado. Oí el mensaje de Lue a las 5:35 a.m. Quedé más tranquilo porque observo que son varios mensajes y que Lue los está dividiendo por razones de tiempo. Las noticias hablan hoy de tres atentados terroristas en Madrid, España, ... uchos muertos y heridos.

¡Qué horror! ¡Qué locura! ¿Te acuerdas, Mony? La estación Atocha. Allí tomamos el tren para Sevilla. ¿Te acuerdas del amor? ¡Qué momentos aquellos! La felicidad nos sonreía.

14 de marzo. Domingo. Me levanté a las 4:15 a.m. Recogí el toldo y me puse a hacer mi rutina de ejercicios, pero claro, pendiente del radio. Los domingos pasan *Buen día domingo*, con entrevistas y notas culturales y con propagandas a las 5:00 a.m. y a las 5:30 a.m. Estuve muy pendiente y en el corte para las 6:00 a.m. pasaron a Lue (ya había terminado los ejercicios). Me he prometido ser siempre positivo, a pesar de las dificultades, de la soledad, de la tristeza, del dolor. En muchas, muchísimas oportunidades, me invade el temor de que esto durará muchísimo más. Entonces el dolor y la tristeza, la angustia y la ansiedad se multiplican por mil. Es cuando me digo que tengo que ser fuerte, mantenerme tranquilo, resistir. En eso estoy. Los domingos trato de oír en Caracol el programa de historia, de 9:30 a 10:30 a.m. Hoy fue sobre la revolución cubana. En un momento en que se fue la señal me pasé a RCN. Antonio José Caballero entrevistaba al vicepresidente. «Por último, el acuerdo humanitario», preguntó A.J.C. «Que no vuelvan a delinquir», respondió Santos; «si no, que se olviden. No vamos a liberar a 1.500 o 2.000 guerrilleros para que vuelvan a atacar a la población y a las tropas». Aquí está el meollo. Pero parece que avanzan un poquito más. Es la primera vez que oigo, a este nivel del vicepresidente, un dato concreto sobre la negociación. De 1.500 a 2.000 guerrilleros. Un número alto, importante. Pero me está dando vueltas en la cabeza que Uribe ya se acerca a los dos años y entonces comienza la cuenta regresiva y la guerrilla pensará: «¿Negociamos con Uribe o esperamos al que venga?». Esta es mi incógnita hoy. Pero, por lo pronto, registro el dato anterior.

15 de marzo. ¡Gracias, Lue! Me fascinó tu mensaje de hoy. Me devolvió la tranquilidad. Era lo que esperaba fervientemente que me dijeras. Además con tu voz serena, cálida, pausada, amorosa, segura. Otra vez, gracias, Lue 5:28 a.m. Mensaje para F.A.: «Hola, papi, habla Lue. Una vez más quiero decirte que estamos superpendientes de ti, pendientes de todas tus cosas, que todo está bien, toda va bien, no hay ningún asunto de qué preocuparse (esta es una frase mágica). Todos estamos muy unidos, queriéndonos mucho, cuidándonos mucho, te mando el abrazo más fuerte, cuídate mucho, te quiero mucho». Se me escapan algunas frases, pero todo el mensaje es positivo, afirmativo, me llena de confianza. Ojalá lo repitan. Me encantaría escucharlo mil veces. Me recarga las baterías

de la fortaleza y me regresa la tranquilidad. Gracias, Lue. Mil besos para ti. Mil besos para todos.

31 de marzo. Miércoles. Otro mes que se fue. Este es el resumen de mi situación: estoy tranquilo, gozo de buena salud y espero con paciencia que esto se acabe. La comida sigue difícil, a base de yuca y maíz; la carne escasa, pero llega de vez en cuando. No comí venado, ni saíno, ni armadillo en este mes. En una oportunidad me dieron ñeque. Las verduras, las frutas no se ven. Arroz una vez al día; aunque ahora se acabó. El control militar en la zona debe ser fuerte y por eso la dificultad con la comida y los artículos de uso personal. Pero no hay operaciones militares cercanas; no oigo helicópteros, ni tiros, ni explosiones. Por el lado del acuerdo humanitario las cosas se ven aparentemente quietas, pero espero que la comisión de la Iglesia esté ayudándonos. Creo que la Ley de Alternatividad Penal es parte esencial de este proceso. Las últimas noticias, ayer y hoy, son que sigue su curso después de la reunión de los ponentes con el presidente Uribe, ayer. Supongo que hay alguna exigencia de liberar a guerrilleros acusados de crímenes de lesa humanidad, y para eso se requiere la Ley de Alternatividad con alguna facultad especial al presidente para proceder en ese sentido. Los mensajes de Lue salvaron el mes. Otra vez, campeón, mil gracias. A mí no me autorizan mandarles nada, pero espero que estén más tranquilos después de las declaraciones de Raúl Reyes en el sentido de que todos los secuestrados estamos vivos y estamos bien de salud.

11 de abril. Domingo de resurrección. 4:00 p.m. Hoy me prestaron *El Universal* del domingo anterior, 4 de abril, que trae la noticia de las exequias de Enrique Grau. Hace por lo menos nueve o diez meses que no veía un periódico. Estamos en la época de las chicharras. ¡Qué escándalo! Son ensordecedoras, sobre todo en la mañana, pero chillan a toda hora. Bueno, otra vez, los adoro con toda mi alma.

El 22 de abril era el cuarto aniversario de mi matrimonio con Mónica. Esto fue lo que escribí:

22 de abril. 6:00 a.m. Cayó un aguacero torrencial anoche, con tempestad, brisa, rayos y truenos. Pero me mojé muy poco. En cambio mi corazón llora a cántaros. Me siento muy triste y nuevamente angustiado. Con el corazón afligido por mis circunstancias y por la dificultad inmensa de entender lo que pasa y lo que pueda pasar. Muy asustado por el silencio de Mony y sobre ella, aunque busco siempre algun resquicio de esperanza,

cualquier detalle de dónde agarrarme y ser positivo. También extraño muchísimo la falta de mensajes de Ferni, Sergi y Manolete. ¡Los extraño con todo mi ser! No sólo sus voces, también su presencia, toda su existencia. Los amo a todos con toda mi alma. Hace cuatro años, en otro 22 de abril, me sentía el hombre más feliz y afortunado del mundo. Veía la vida con optimismo, a pesar de las muchas dificultades que enfrentaba. Tenía a mi lado a la mujer más maravillosa que hubiera podido imaginar. Alguien que me quería tanto como yo la quería a ella. Me sentía con arrestos y energía para afrontar con alegría el futuro. Me llené de sueños e ilusiones. ¡Qué efímera la alegría! Y ahora, ¡cuánto dolor! ¿Qué pensar, qué esperar? Sólo puedo ratificarme en el amor. No perder mi norte. Seguir siendo el mismo de siempre. Dispuesto a continuar la lucha y confiar en que esto terminará. Algún día, que no se ve cercano. Pero terminará y volveremos a estar juntos y a compartir nuestras vidas. Mony, amor mío, te amo con todo mi ser y deseo infinitamente que estés bien. Que alguna vez podamos festejar nuestro reencuentro y compartir todos nuestros sueños, nuestras ilusiones, nuestro amor. Te amo, te amo, te amo. Para Lue, Ferni, Sergi y Manuel, mis bendiciones, mi corazón, mi alma, mi amor de padre; papi, mami ¿hasta cuando este martirio? Para todos: mis hermanos, cuñados, suegros, sobrinos, para Ruby, su familia, amigos, familiares, todo mi amor. Todas mis esperanzas. Los adoro.

30 de abril. Viernes. Se acaba hoy el cuarto mes del año. Son las 8:10 a. m. y estoy alegre por el mensaje de Luis Ernesto de esta mañana. Con las lluvias llegaron los mosquitos y he tenido que cambiar el horario de los ejercicios. Ahora comienzo alrededor de las 6:00 a.m. Como no escuché ningún mensaje entre las 5:00 y las 6:00, pensé que se habían terminado. Por eso la alegría fue doble, triple, cuando oí a Lue a las 6:30. Como es fin del mes, hago un resumen de mi situación: me mantengo en buen estado de ánimo y gozo de buena salud. Mi gran preocupación es Mónica; el dolor es inagotable. El acuerdo humanitario sigue distante. Este mes las noticias, intervenciones y comunicados del gobierno y de las FARC se han endurecido frente al tema, lo que no me extraña pues lo considero parte del proceso de negociación, pero sí demuestra las enormes dificultades que deben superarse para llegar a un acuerdo. Para mí, la más importante es que continúen las gestiones de la comisión de la Iglesia, y que se den las aprobaciones o autorizaciones legales que han pedido a través de la Ley de Alternatividad Penal. Aquí tengo otra preocupación: con los temas de la reelección y del atentado a Castaño se ha embolatado la alternatividad. Tendremos que esperar a ver si en mayo la retoman. ¡Ojalá! Durante abril volví a percibir una mayor presencia militar en el área,

especialmente después de Semana Santa. Explosiones, algunos combates
lejanos, helicópteros y dificultades con la comida.

Mayo de 2004 lo pasé bajo la sombra de un olivo, un árbol distinto del que produce aceitunas, pero debe ser de la misma familia.
En la parte superior de un promontorio, en su cima, o como decían
los guerrilleros, en un filo.

Lo particular de este mes fue su quietud. Hubo algunos cambios
en el grupo de guerrilleros que me cuidaban. Se fue Lorena, que había
comenzado un romance con Lucas a los pocos días de la salida de
Winston, su compañero. Entre los que llegaron estuvieron Hugo y
Jenny, una pareja dispareja: ella, alta y gruesa; él, bajo pero robusto.
Aunque ella era varios años mayor que él, me parecía que se llevaban
bien.

En estos días intensifiqué mis ejercicios físicos, que entonces
practicaba de 10:00 a.m. a 12:00 m, esforzándome al máximo en las
flexiones de pecho, las flexiones de rodilla y las abdominales. Después
me encargaba de escribir las noticias que los guerrilleros presentaban
en sus discusiones nocturnas. Cada guerrillero me llevaba un papelito
y un bolígrafo con una solicitud específica:

—Fercho —me decían—, necesito dos noticias, o tres, o cuatro,
o cinco.

—Dame a mí las mejores.

—No le digas a nadie.

Y así en general.

Estas solicitudes me distraían y atenderlas me permitía ganarme
la simpatía de algunos. Aunque estas actividades no estaban explícitamente autorizadas, yo creía que el comandante conocía mi participación y hacía la vista gorda.

El día 28 llegó un ataque aéreo. Los guerrilleros de las FARC
celebraban en esa fecha el aniversario de su fundación y planeaban
acciones terroristas para hacerse notar. Las Fuerzas Militares, para
contrarrestarlas, efectuaban su presión en esos días y adelantaban
operaciones por tierra y por aire. En esa oportunidad los aviones
llegaron a los Montes de María y realizaron varios bombardeos que
eran fácilmente divisables desde mi ubicación. Veía cómo los A-37
o los Kfir de la Fuerza Aérea sobrevolaban la zona buscando sus

blancos y luego se venían en picada soltando sus bombas, que luego escuchaba explotar. Además, en el radio de Hugo, en la banda de FM, se escuchaban las conversaciones de los pilotos sobre las dificultades de identificar sus blancos. Para mí era claro que se trataba de acciones de disuasión.

Tres días después nos corrimos unos pocos metros, y como hicieron una tarea intensa con la pala para acondicionar mi caleta, creí que permaneceríamos varios días allí.

No fue así; una semana después salimos apresurados y comenzó una persecución que duraría varios meses. Las tropas venían pisándonos los talones y los desplazamientos se volvieron continuos. Pocos días en cada lugar hasta que a finales de octubre cruzamos nuevamente la carretera de El Carmen a Zambrano, esta vez hacia el sur. Estas fueron las anotaciones de mi diario de esos días:

1° de mayo de 2004. Sábado. Los sábados son los días de mayor nostalgia para mí. El recuerdo de las clases de karate con Manuel, las idas a la finca con Mony, Sergi, Manuel, Ferni y sus amigos, las idas a cine y a comer, en fin, todas las actividades familiares que disfrutábamos juntos con tanta alegría y amor. Hoy la nostalgia es más grande después de oír los mensajes de Ferni, pero también la felicidad es inmensa. A las 5:30 a.m., el primero: «Hola, papi: es Ferni, te cuento que ya estoy terminando el semestre y haciendo planes para irme para Cartagena. Siempre me hace falta Cartagena, allí están mi mamá y mis hermanitos, y es la propia tierra. Como les digo a mis amigos, allí juego de local. Papi, te estoy esperando. Te quiero mucho». A las 6:30 a.m., el segundo: «Hola, papi, es Ferni, sólo me falta una semana de clases y los parciales y los finales para terminar el semestre. Estoy en cuarto semestre de administración de empresas. Puedes estar orgulloso de mí. Me va muy bien en todo y siempre hago las cosas pensando en tu ejemplo. Te estoy esperando porque estoy seguro de que esto tendrá un final feliz. Te quiero mucho» (sólo tengo dos materias de administración porque el semestre pasado tomé una adelantada). ¡Maravilla! Qué bueno oírte, Ferni. Muy largo el ayuno de tus mensajes. Desde septiembre. ¿Por qué? Me parece fabuloso todo lo que me cuentas, y ¡claro que estoy orgulloso de ti! Siempre lo he estado y día a día crece, a la par de mi amor, mi orgullo y mi admiración por ti y por tus hermanos. Te adoro y los adoro con toda mi alma, con todo mi ser, y los extraño en cada instante de mi existencia. Dios quiera que pueda regresar a verte, abrazarte y a compartir nuestras vidas. Gracias,

Ferni, por tus mensajes, por tu amor, por el sentimiento de cada una de tus palabras. Y, ¡adelante!

14 de mayo. Viernes. La noticia del día es el acuerdo entre el gobierno y las autodefensas para una zona de ubicación para negociar el proceso de paz. Entrevistas extensas con el alto comisionado para la paz en Caracol y RCN. Muy claras, llenas de información y esperanzadoras. Los periodistas de Caracol le preguntaron sobre el acuerdo humanitario. Esto contestó: «Para el gobierno es muy simple. La guerrilla libera a los secuestrados y el gobierno libera a algunos guerrilleros y que no vuelvan al monte. El gobierno sigue confiando en las gestiones de la comisión de la Iglesia» (la tercera reunión de la comisión y las FARC se cumplió hace aproximadamente un mes, confirmó ayer el cardenal Rubiano, y me pareció que así lo aceptó el comisionado, y no en marzo como yo pensé), dijo, y no entró a calificar si va rápido o lento. Algunos guerrilleros han pedido que no los incluyan en el canje porque no desean regresar a la guerrilla. Prefieren pagar sus penas y luego reintegrarse a la sociedad. Para el gobierno no hay que complicarse con fórmulas jurídicas, difíciles. No hay que liberarlos a todos. El gobierno quiere que sí, que todos, pero si liberan a 20 o 30 muy bueno (o sea por partes, también vale). Camilo Gómez, entrevistado por D. Arizmendi, dijo que una zona de ubicación similar a la de las autodefensas se puede hacer para definir el acuerdo humanitario. Aquí vamos: Algo se avanza. De a poquito.

16 de mayo. Domingo. Buenos días para todos y para Ferni un millón de besos y de abrazos. ¡Feliz cumpleaños! Con todo mi amor y todo mi corazón. Ferni, te pienso, te extraño y te recuerdo todos los días, permanentemente. Ahora te veo estudiando, dedicado, aplicado, interesado en aprender, absorbiendo todo lo que estudias y te enseñan, al máximo de tu atención. Te felicito, hijo. Me parece que escogiste una carrera excelente que además va muy bien con tu personalidad y tu liderazgo. Tienes todas las condiciones para administrar, dirigir, liderar: responsabilidad, inteligencia, ecuanimidad, don de gentes, valor, sagacidad, sentido de observación, eres justo, amable, trabajador, tienes sentido del humor y sentido de la oportunidad. Además, comunicas tus puntos de vista con claridad y generas mucha confianza. Lleno de cualidades y de condiciones para sacar adelante tus proyectos y tener éxito en lo que te propones. Adelante, hijo. Otra vez, ¡te felicito! Por el cumpleaños, por tus éxitos, por tu elección de carrera. Te adoro y espero que podamos reencontrarnos y compartir nuestras vidas. ¡Qué falta me haces! Te extraño inmensamente. Extraño todo lo que nos queremos, todo lo que compartimos, todo

lo que soñamos. También extraño a tus amigos. Fonchi, Andrés, Jaime, Juan Carlos y demás.

1° de junio. Ayer nos mudamos; unos pocos metros, ahora hay más vegetación y más mosquitos. Además, nos cayó un aguacero desde las 3:00 a.m. y los mosquitos están alborotados. La noticia del día es la posibilidad de conversaciones con el ELN, a partir de una propuesta de Uribe desde México. Ha habido varias entrevistas sobre el tema.

A partir de esta fecha comenzó una movilización en medio de los máximos cuidados, el máximo silencio, sin dejar huellas, a los sitios más difíciles, atravesando pantanos, caminando por el agua para no dejar rastros, sin comida, con enfrentamientos armados, disparos, explosiones, combates, dificultades.

Las anotaciones en mi diario, contando los mensajes que escuchaba, mis angustias y algunas crónicas sobre la situación, describen lo que pasaba en esos días.

9 de junio. Miércoles. Otro bolígrafo prestado. Ojalá no me deje en la mitad del camino. Lue, una minicrónica: ayer, alrededor de las 5 p.m., salimos apresurados del campamento. Por la actitud y las expresiones de los guerrilleros supuse que la tropa de la infantería debía estar cerca. No nos alejamos mucho y acampamos para dormir. «Dificultades», pensé. Además de los problemas de sintonía en el radio se suman problemas por mal tiempo que interfieren y meten mucho ruido, y problemas de movilización. Y de silencio, porque no se puede hacer ruido. Me voy a perder otro mensaje, fue mi mayor preocupación, además del susto de un mal desenlace. Pero esta madrugada, a pesar de todas las dificultades y de que tu mensaje coincidió, casi sincronizadamente, con la orden de moverme, te oí. ¡Qué suerte! ¡Qué alegría! Algo del principio me perdí, pero escuché claramente: «Estoy muy contento con mi trabajo, voy a hacer una maestría, me decidí por acción política (ahora tengo dudas sobre la exactitud de mi memoria en el nombre), me dieron una beca y comienzo en diciembre (me llama la atención el mes). Bueno, papi, te repito que te quiero mucho, que siempre estamos contigo y que te mando la energía y fortaleza de toda la familia para ayudarte a salir adelante. Un beso».

Quedé fascinado. Por las noticias, por el cariño, la solidaridad, por lo oportuno. Ayer había quedado aplanchado por no poder escucharte. Hoy me repuse y en medio de tantas dificultades y tristezas, se me llenó el corazón de gozo y alegría. Gracias, Lue. Durante la mañana he escuchado disparos y explosiones, pero no los percibo cercanos. De todas maneras, los guerrilleros están muy alerta y cuidadosos con los ruidos. Temprano caminamos un poco, pero tampoco fue una marcha muy larga. Creo que acamparemos en el sitio al que llegamos porque veo preparativos para hacer un horno y no una simple «cabeza de tigre» para cocinar. Los adoro y los extraño con todo mi corazón y todo mi ser. A Lue le deseo superéxitos en su trabajo y en su maestría, y para todos mil besos y todo mi amor. Mony, te amo. Una última anotación: a Lue lo siento siempre muy positivo, tranquilo, afirmativo, además, claro, de cariñoso y solidario. No sólo lo que me dices, Lue, sino la forma de decírmelo me da tranquilidad y fortaleza. Otra vez, gracias, hijo.

20 de junio. Día del Padre. Lo primero, un beso, un abrazo, mi amor y mi gratitud para mi papá. La persona a quien más admiro y quien más ha influido en mi vida. Mil felicidades. Llovió desde la 1:00 hasta las 5:00 a.m. y hay mosquitos y plaga de alú en abundancia. Estoy en una zona inhóspita, pasando muchas dificultades, como les cuento a continuación: el pasado lunes, 14 de junio, salimos muy apresurados del campamento, acosados por la presencia militar en las inmediaciones. Estuvimos huyendo lunes, martes, miércoles, jueves y viernes. Disparos, explosiones, combates con la retaguardia del grupo que me retiene. Marchas forzadas, a bejuco traviesa, por campos difíciles de atravesar. Casi sin comer, a punta de sopa de arroz, una vez al día, sudado, picado y rasguñado por tantos y tantas espinas de todo tipo que hay por aquí.

Ayer sábado no nos movilizamos, pero en cualquier momento creo que avanzaremos de nuevo. He podido resistir las dificultades gracias a mi disciplina y voluntad. La costumbre de hacer ejercicios físicos casi diaria-mente me ha permitido mantener un buen estado físico y sortear todos los obstáculos y privaciones. No ha sido fácil, pero espero seguir dando la pelea. El dolor, la tristeza y la nostalgia por la falta de noticias sobre Mony me golpea continuamente. Me cuesta mucho aceptar su ausencia. Todo me hace pensar que se murió. Pero no logro asimilarlo. El dolor es continuo. Incesante. Tengo la esperanza de que mi cumpleaños me traiga nuevos mensajes y que la situación me permita escucharla. Mientras tanto, reciban mis besos, mi amor, mi gratitud, mi entrega. Los adoro. Para Lue, Ferni, Sergi y Manuel, todas mis bendiciones, mis felicitaciones por todo lo que hacen, su fortaleza y positivismo. Para Mony mis esperanzas de que esté bien y mi amor ilimitado.

23 de junio. Estoy emocionadísimo y feliz con el mensaje de Manolete. 5:26 a.m. «Hola, papi, es Manolete, te cuento que estoy creciendo mucho.

Ya me pasé a Ferni, a Lurdera, a abuechita, ellos son bajitos y yo sigo creciendo. Juego mucho fútbol y cada día mejoro más. En el colegio me va muy bien y saco muy buenas notas». Me salta el corazón de dicha al oírte, Manolete, y el deseo de verte, de abrazarte, de compartir contigo, de ir a un partido de fútbol, acompañándote y disfrutarte, se me hace incontenible. Te cuento, Manolete, que por acá las cosas muy difíciles. La presión militar parece muy fuerte y las dificultades muy grandes. La comida se está escaseando. La sopita con más agua y menos arroz. Dos guerrilleros que salieron el lunes con un costal, supongo para traer viandas, y a quienes les guardaron la comida esperando su regreso el mismo día, no han vuelto. El comandante, Enrique, se la pasa hablando por su celular, pero veo que no consigue nada efectivo. Mi expectativa es muy grande. Ojalá que todo salga bien. Te adoro, Manolete, y te mando mil besos. A todos.

25 de junio. Viernes 11 a.m. Ayer caminamos de 10:30 a.m. a 5:30 p.m. Llegamos a donde estaba la comida. Ocho sacos con arroz, azúcar, espaguetis, harina de trigo, atún y sardinas, sal, chocolisto, caldo de gallina. Comimos arroz y atún. A las 6:15 a.m. salimos de nuevo y caminamos tres horas. Llegamos a un campamento de otros guerrilleros. Crece la compañía. Ahora se escuchan disparos. Un combate a lo lejos, en la dirección de donde veníamos. Esta mañana, al llegar a este lugar, tuvimos desayuno: bollo de harina y queso blanco. Me supo a gloria. Al menos la comida mejoró.

Ese día, 25 de junio de 2004, nos unimos a otra escuadra. Me quedaba claro que la situación militar era muy difícil y que habían ordenado unir dos escuadras para extremar las medidas para cuidarme. El nuevo grupo lo dirigía Arquímedes, que tenía el apodo de Chiflamula. Éste, un poco tímido en general, era afortunado con las mujeres, ayudado por sus ojos azules y su actitud inocentona. Se las sabía todas.

Mis últimas anotaciones de ese mes me significaron una mezcla de sentimientos: los mensajes por mi cumpleaños fueron motivo de alegría; el silencio sobre Mónica, causa de angustia, tristeza y mucha ansiedad.

30 de junio de 2004. Resumen: muy contento por mis hijos y sus mensajes. Lue, 24 años, abogado, trabajando con mucho entusiasmo y con una beca para hacer una maestría a partir de diciembre. Ferni, 21 años, terminó cuarto semestre con promedio arriba de 4, de vacaciones,

descansando; Sergi, llegando a los 16 años, pilosísimo, trabajando durante
sus vacaciones, con excelentes resultados en el colegio y participando
en muchas actividades; Manuel, 12 años y cuatro premios en el colegio,
creciendo muchísimo, siempre en busca de la excelencia. Doy gracias a
Dios. Y a Ruby, que también está muy bien, dedicada a la pintura. Por el
lado militar sigue la presión en la zona. De los dos guerrilleros perdidos
el lunes pasado, apareció uno. Sobre el otro me parece que no hay noticias.
Sigue el silencio de Mony y sobre Mony.

El 8 de julio caminamos todo el día. Cambiamos de zona, hacia
el oeste. Atravesamos los cables de la red eléctrica de alta tensión del
sistema de interconexión. Me ordenaron vestirme con un uniforme
camuflado porque debíamos cruzar una finca donde efectivamente
nos topamos con algunos labriegos, y luego tomamos un cauce seco
donde nos detuvimos a preparar y consumir el almuerzo. Al caer la
tarde subimos una cuesta muy empinada y los guerrilleros improvisaron
un lugar para dormir. Pero, temprano en la mañana siguiente, cuando
nos disponíamos a tomar el café, fuimos atacados por las tropas de
la Infantería de Marina y salimos huyendo hacia otro cerro cercano,
en el que pasamos el día y la noche en completo silencio. Al otro día
nos movimos nuevamente a otro lugar de acceso imposible donde no
había ni agua para tomar, y sólo logramos consumir la poquita que
encontramos empozada entre las piedras, llena de gusarapos.

Para mi fortuna, al siguiente día cayó un aguacero que nos permitió recoger agua en las carpas, acondicionadas de emergencia, y que
sirvió para bañarnos, para la cocina y para calmar la sed.

Estando en estas condiciones no vislumbraba ninguna solución
para terminar mi secuestro, a pesar de lo cual me mantenía en mi
lucha para no perder la esperanza.

Ryan, un guerrillero de mi guardia, me preguntó en esos días:

—¿Cuánto tiempo más crees que vas a estar con nosotros?

—Estoy preparado para diez años porque voy a cumplir cuatro
y creo que las FARC no tienen ningún interés en un acuerdo con el
presidente Uribe y no tengo duda de que en el 2006 lo van a reelegir.
Por lo menos seis años más —concluí.

10 de julio. Sábado. Al terminar la reunión de la Conferencia Episcopal,
los obispos insisten en su declaración en el   do humanitario. Por acá,

la situación sigue difícil. El jueves 8 caminamos todo el día para cambiar de zona pero ayer, a las 6:20 a.m., cuando terminaban de preparar el café, hubo un ataque de la tropa a un grupo guerrillero muy cerca y tuvimos que salir corriendo. Parece que la tropa atacó y se replegó, sin consecuencias, pero la cercanía del ataque me permitió escuchar voces, al parecer de los jefes militares. El resto del día transcurrió en tensa calma, y sólo tuvimos una comida al terminar la tarde. Por acá oigo a un gallo cantar, a unas gallinas cacarear, un burro que rebuzna, un perro que ladra y a unos monos aulladores. Hace por lo menos un año que sólo oía guacharacas, grillos y chicharras. Y de vez en cuando, el retumbar del bajo de un picó lejano.

17 de julio de 2004. Sábado. ¡Hola, Sergi! ¡Feliz cumpleaños! Registro con muchísima alegría la liberación, el pasado 13 de julio, de Juan Sebastián y Jaime Felipe Lozada Polanco, de Neiva, secuestrados el 26 de julio del 2001, en el edificio Torres de Miraflores. Hijos de Gloria Polanco, que permanece secuestrada, en espera del acuerdo humanitario.

28

La batalla de las Aromeras (II)
OPERACIÓN NEPTUNO

El 22 de junio de 2004 se inició la Operación Neptuno, asignada a la Fuerza de Tarea Neptuno, que consistía en desarticular la compañía Che Guevara del frente 37 de las FARC, encargada de la seguridad de Martín Caballero. Con trece grupos de inteligencia y localización de contraguerrillas, conocidos como GILES, buscaban además información sobre mi ubicación. El esquema consistía en posicionar tropas en la periferia del área de operaciones, y después hacer ingresar el Batallón de Fuerzas Especiales de Infantería de Marina.

Las tropas de las Fuerzas Especiales localizaron campamentos y campos minados instalados tiempo atrás; encontraron trillos y caminos abandonados, pero no detectaron rastros recientes en el área de operaciones. No hallaron ningún indicio de los guerrilleros. El área había sido atacada con fuego de mortero de 120 mm dos meses atrás y había sido registrada por las tropas, dentro del marco de la Operación Luciérnaga.

La inteligencia y el análisis sobre la presencia guerrillera en las Aromeras se habían basado en inteligencia de combate y en apreciaciones sobre sus últimas actividades, pero la Armada no poseía inteligencia en tiempo y espacio real. Finalmente, las tropas confirmaron que la guerrilla había salido del área antes que fuera ocupada por las Fuerzas Especiales.

A medida que desarrollaban la operación fallida en las Aromeras, la inteligencia pudo obtener informes sobre la presencia guerrillera en Bajo Grande y redireccionar las acciones. De todas maneras, los esfuerzos permitieron algunos avances, como la innovación en el empleo del sistema de cuerda para desarrollar los aprovisionamientos de las tropas, desde el helicóptero MI. A partir de entonces, los aprovisionamientos se harían desde los helicópteros, en la misma área de operaciones, cuando fuera necesario. También se corrigieron otras falencias y se determinó que para las nuevas operaciones se requerirían más equipos de comunicación y se definieron otros ajustes logísticos. Era claro que las patrullas necesitaban más medios para almacenar agua porque las condiciones de las Aromeras exigían hidratación constante. El agua de los pozos se hallaba en pésimo estado y en varios casos enfermaba a los infantes. El apoyo aéreo comenzó a ser altamente eficiente y a facilitar el mantenimiento del bienestar de las tropas para que pudieran persistir en el terreno.

La operación también permitió conocer que la guerrilla tenía muy buena inteligencia y una alta capacidad para hacer mutaciones defensivas, desaparecer y atomizarse hacia sus áreas de retaguardia sin combatir.

En el mes de julio de 2004 se desarrolló la Operación Las Pelotas, en contra de los anillos de seguridad de Martín Caballero. Entraron en acción dos equipos de la compañía Tifón, al mando del teniente José Amaya Barrera.

La compañía Tifón 1 comenzó con una operación especial nocturna de reconocimiento y acción directa en el cerro Las Pelotas, contra una cuadrilla de quince guerrilleros comandada por Cuchufleto.

La maniobra había tenido que aplazarse durante veinticuatro horas porque había otra unidad militar en una posición cercana que obstaculizaba la infiltración de la compañía Tifón y no había sido posible entablar comunicación con ellos para coordinar el paso de sus líneas.

Mientras tanto, los agentes de la Rinca intentaban verificar la presencia de los guerrilleros utilizando un informante, pero viendo que éste después de dieciocho horas no retornaba, buscaron a un miliciano activo que estaba infiltrado y obtuvieron la información exacta.

Como había temor de que la información sobre las tropas pudiera haberse filtrado porque el primer guía no regresó, se incluyó dentro del planeamiento de la operación el registro de dos campamentos aledaños al objetivo principal, que podrían ser considerados por los guerrilleros para cambiar de posición.

La maniobra nocturna incluía neutralizar, por parte del equipo de la compañía Tifón 2, a un centinela guerrillero que cuidaba el área del pozo de donde tomaban agua los guerrilleros. Por su parte, la compañía Tifón 1 debía verificar primero los dos campamentos alternos y luego dar la orden de tomarse el objetivo final, de acuerdo con el desarrollo de la maniobra.

La compañía Tifón, con sus dos destacamentos de acción directa, inició el movimiento de infiltración el día 9 a la 1:00 a.m. en el sector conocido como Mala Noche. Desde este punto, siguiendo en dirección al este, se infiltraron durante la noche, sin que los guerrilleros pudieran detectarlos, y lograron llegar a unos quinientos metros del pozo.

Dentro de la maniobra, el equipo Tifón 2, al mando del sargento Walter Mosquera Ruiz, ingresó en dirección sur-norte y alcanzó la mayor altura en el terreno. Después sorteó una vivienda y se emboscó en cercanías del pozo, a donde probablemente llegarían los guerrilleros a reaprovisionarse.

Este equipo debía, previa coordinación con el equipo de Tifón 1, neutralizar al centinela y evitar que los guerrilleros pudieran huir desde el punto de su emboscada.

La misión de Tifón 1 era infiltrarse en sentido norte-sur, por la parte baja del cerro, con el fin de detectar a los guerrilleros en tres posibles campamentos y montar emboscadas sobre las vías de escape.

A las 6:20 a.m., el equipo de Tifón 1 había logrado descartar dos de los tres campamentos que debía revisar, conocidos como Patasola 1 y Patasola 2, donde encontró cambuches y trillos con huellas recientes.

Para la misma hora, Tifón 2, que se había posicionado en la parte alta del cerro, tuvo que retener a algunos campesinos que iban a buscar agua en burro.

El centinela guerrillero, vestido de civil, entró a la zona en donde estaba la compañía Tifón 2, sin que las tropas se dieran cuenta de su presencia porque la neblina dificultaba la visibilidad. Cuando los soldados se dieron cuenta de quién se trataba y trataron de capturarlo, el guerrillero comenzó a disparar con una pistola. Los guerrilleros que estaban en el campamento se alertaron con los disparos y lograron huir.

Los infantes de la compañía Tifón 2 no pudieron neutralizar al centinela, quien huyó en medio de la niebla.

Por su parte, los integrantes de la compañía Tifón 1 estaban dentro de una cañada y no habían posicionado sus equipos ni sus armas. Al escuchar los disparos intentaron entrar al campamento lo más pronto posible, pero cuando lo hicieron los guerrilleros ya habían huido, dejando material de intendencia, víveres y explosivos que las tropas destruyeron antes de retirarse.

En resumen, la operación arrojó la incautación de material de guerra, explosivos en una buena cantidad, casas bomba, minas quiebrapatas, cilindros bomba, material de intendencia, equipos de comunicaciones y documentación de valor.

Habían estado muy cerca de mí, persiguiendo a la columna que me tenía, pero no lograron encontrarme. Enrique logró sacarnos del lugar caminando por los arroyos crecidos, con el agua al pecho, para no dejar huellas.

29

Agosto de 2004
Persecuciones y ofertas

Agosto de 2004 fue un mes de ilusiones y desilusiones. De presión militar, de traslados, de dificultades. De ir y venir.

El sobrevuelo de los helicópteros del 28 de julio me había causado la impresión de que nos habían localizado. Incluso, sentado en mi hamaca, me imaginé que a bordo de uno de ellos estaban mis familiares verificando el lugar para autorizar que fueran a rescatarme.

Creo que los guerrilleros pensaron algo parecido porque al día siguiente comenzamos a movernos con muchas precauciones, instalando minas antipersonas por doquier, hacia lugares inaccesibles.

En medio de tantas dificultades me distraje observando a una pareja de pajaritos que construía su nido encima de mi caleta. Me fascinaban su laboriosidad, su dedicación y su experiencia. Fue bellísimo contemplarlos trabajando horas y horas para recoger las pajitas, colocarlas y entrelazarlas una por una en un trabajo majestuoso, delicado, increíble.

De este lugar nos movimos pronto. Bajando y subiendo por zanjas y cauces estrechos, resbalosos, difíciles. Cada vez que nos desplazábamos teníamos vigilancia especial de guerrilleros escondidos en la maleza, asegurando los caminos para evitar sorpresas. Finalmente, nos subimos a un cerro empinado.

Al llegar a la cima nos sentamos a descansar. Yo, que estaba muy alerta y atento a cualquier novedad, me pegué un susto inmenso cuando vi a Ryan salir corriendo de improviso. Al momento regresó con una venadita recién nacida que había capturado, con una habilidad increíble, en medio de la maleza. La infortunada huyó hasta que no pudo cruzar la tupida maleza.

«Si no pudo ella, creada por Dios para andar en la selva y evadir a sus depredadores, qué puedo esperar yo», concluí mentalmente.

El miércoles 18, cuando ya estaba durmiendo, me despertó Hugo para contarme que había escuchado una propuesta para el acuerdo humanitario. Reaccioné muy incrédulo y encendí mi radio sin mayores ilusiones, pero después de escuchar la noticia me costó mucho trabajo volver a dormirme.

Se trataba de una propuesta que anunciaba la disposición del gobierno para liberar a 50 guerrilleros, a cambio de los 62 secuestrados canjeables, incluyéndome a mí, por lo que se me dispararon las ilusiones y empecé de inmediato a construir escenarios mentales de regreso a mi casa. Imaginé reencuentros, abrazos, besos, sonrisas, amores. Me llené de esperanzas.

Otra vez nos mudamos. Atravesamos un terreno que había sido desbrozado y quemado hace poco, seguramente para preparar una siembra. Señal de que había campesinos en la zona.

En estos días pedí una cuchilla para afeitarme y un bolígrafo para escribir. Para mi sorpresa, dos días después los recibí. Pero lo que más me llamó la atención fue que por primera vez me entregaron la cuchilla de afeitar y un espejito para verme la cara. Además, me dejaron conservarlos.

Había necesitado casi cuatro años para ganarme la confianza de mis guardianes, de modo que me permitieran guardar estos elementos. Era una señal de que comenzaban a confiar en que no intentaría nada y de que se relajaban un poco frente a mi seguridad.

Dos días después sonó una fuerte explosión muy cerca de nosotros y acto seguido hubo una gran confusión. Recogimos de prisa y salimos. Evidentemente que era un cambio de planes porque el día anterior se había recogido mucha agua lluvia y ahora se tenía que botar.

Noté que Coyaima se quedó. Como siempre, yo trataba de tomar nota mental de todo lo que pudiera, contaba los pasos en los desplazamientos, me orientaba con el sol, identificaba los lugares, registraba referencias, e intentaba saber cuáles eran los guerrilleros que me acompañaban.

Ese día noté la ausencia de Coyaima, y cuando paramos la marcha le pregunté a Felipe, *el Chinito*:

—No vi a Coyaima, ¿se quedó? —le dije, pero Felipe no me respondió.

Aunque sospeché de inmediato que algo le había pasado, no pude imaginar qué había sido. Un tiempo después supe que él había pisado una mina, colocada por sus propios compañeros, y había muerto destrozado por la explosión. Nuestra partida se debía al miedo de que la explosión atrajera a las tropas y nos encontraran. Nos devolvimos al lugar en donde habíamos estado a principios de mes, pero fuimos haciendo varias paradas para ir retirando las minas que por la prisa en la salida no se habían removido.

7 de agosto de 2004. Sábado. Con todo mi amor, mil besos y abrazos para mi papá y ¡feliz cumpleaños! Lleno de nostalgia, pero sacando fuerzas de donde no las tengo, te acompaño en este nuevo cumpleaños ausente. Te reafirmo mi amor inmenso, mi admiración y mi deseo de abrazarte para expresarte toda mi gratitud por tu ejemplo, tu amor, tu entrega familiar, tu apoyo y todas tus enseñanzas. Por acá, papi, las cosas igual. Unos días aquí, unos días más allá, la presión militar, las dificultades, el aburrimiento continuo, el dolor incesante. Ayer me prestaron *El Universal* de agosto 4 y 5. Pasaron cuatro meses desde la lectura anterior. Por lo demás, agarrado a mis esperanzas porque no hay otro camino. Perder las esperanzas es perderlo todo. Cuando trato de ser realista y veo que las posibilidades de regresar son muy remotas, el dolor es insufrible. No se puede resistir. Por eso, vuelvo a confiar en que algún día tendremos la sorpresa de que esto termine. ¡Que Dios nos ayude!

19 de agosto. Jueves. ¡Buenos días y todo mi amor! Renacen mis esperanzas. El gobierno hizo pública su propuesta a las FARC para el acuerdo humanitario. Propone el gobierno liberar a 50 guerrilleros condenados por subversión, a cambio de la liberación por la guerrilla de 37 militares, de los 12 diputados, de los 6 excongresistas, de los 3 contratistas norteamericanos, de Íngrid Betancourt, de Clara Rojas, de Alan Jara y la mía. Los guerrilleros que salgan de la cárcel tendrían dos opciones de reinserción: con el gobierno de Francia, o aquí con la Iglesia católica. Entendí que la propuesta fue presentada y discutida con las FARC el pasado 23 de julio, por un representante del gobierno suizo, o de la Cruz Roja Internacional, con sede en Suiza. En el radio mencionaron una foto de la reunión con Raúl Reyes. Quedamos entonces a la espera de la respuesta de las FARC.

Me parece que las cosas pueden desarrollarse pronto. Creo que esta propuesta era el tema que decía monseñor Castro que tenía que tratar con las FARC en la entrevista que reseñó el 1º de junio, con Antonio José Caballero, y que esperaba que diera buenos resultados. Quizás tiene relación también con mi nota del 7 de julio. El comisionado dice que la propuesta la vienen trabajando desde hace varios meses y que lo que se necesita es que las FARC públicamente digan que sí. «No se necesitan más reuniones». Con la aceptación de las FARC entraremos a operativizar el proceso y a soltar de inmediato a los guerrilleros, para esperar que ellos liberen a los secuestrados. «Decidimos hacer pública la propuesta para que el país la conozca y actuar con claridad frente a la opinión pública». Creo que estamos cerca. ¡Que Dios nos ayude!

21 de agosto. Sábado. Pasada la avalancha de noticias y comentarios sobre la propuesta de acuerdo humanitario, esto es lo que me queda claro:

a) La propuesta del gobierno es la misma que ya conocíamos desde el principio, con algunas evoluciones.

a.1) El cese de hostilidades como condición inicial desapareció desde la reunión de Uribe con Kofi Annan en septiembre del 2002. Sólo los periodistas la reviven por efectos sensacionalistas de vez en cuando. O los enemigos del gobierno.

a.2) La participación de intermediarios diferentes de la ONU es una realidad desde diciembre del 2002. En la entrevista que reseñé el 5 de mayo del 2003, Uribe lo aceptó explícitamente.

a.3) La entrega de todos los secuestrados. Aquí hay una evolución que también estaba cantada. Uribe había reconocido que puede haber etapas y el alto comisionado había dicho que el gobierno no rechazaría si la guerrilla quería soltar cualquier número de secuestrados.

a.4) No regresar a la guerrilla. Me sigue pareciendo el tema más difícil. Ahora hay las dos opciones: salir del país o someterse a los programas de reinserción. Pero estas opciones ya nos las había contado la comisión de la Iglesia en febrero, o sea, no es nuevo;

a.5) No habrá despejes. Sin modificación.

a.6) Sólo para guerrilleros acusados de rebelión. Esto no fue claro al principio, ya lo había escrito en mi nota del 22 de febrero. Es también un tema muy difícil. Aquí me confunde que exista la intención de tramitar una ley de facultades especiales al presidente, como ha venido anunciando José Renán Trujillo. Daría las herramientas jurídicas que necesitaría el gobierno pero no veo la intención política del gobierno de aceptarlo. ¿Estrategia negociadora?

a.7) La oferta del gobierno de dar el primer paso o sea, primero salen los guerrilleros y después nos liberan a los secuestrados. Como dijo Lue, es lo vital, lo esencial del cambio. Busca vencer la desconfianza mutua en el cumplimiento de un acuerdo que no se quiere hacer por escrito.

a.8) 50 guerrilleros serían liberados. Es un avance hablar de una oferta concreta. ¿Es un número fijo?, ¿cuáles?, ¿quién los escoge?

b) No me queda clara la razón del gobierno para hacerla pública, pero me alegra porque me parece que es un paso adelante.

c) Tampoco entiendo por qué si la propuesta la entregaron el 23 de julio, la guerrilla no se ha pronunciado 25 días después (tomando el 18 de agosto como fecha de referencia).

d) El alto comisionado, en RCN, dijo que si las FARC aceptan la propuesta no se necesita ni siquiera una reunión. «Basta con que digan que sí, a través de cualquier medio, y nosotros procederemos a soltar a los guerrilleros». Me pregunto, ¿esto es una señal de que el tema está muy avanzado?

e) Sin embargo, monseñor Castro dice que considera que es necesaria una reunión, cara a cara, entre el gobierno y las FARC.

f) RCN preguntó sobre la escogencia de los guerrilleros que van a liberar. El comisionado Restrepo dijo que no quería dar detalles al respecto, pero que hay garantes y se pueden hacer ajustes. ¿Señal de avance? Sobre este tema recuerdo en alguna noticia del mes de febrero que un obispo participante en la Conferencia Episcopal dijo que lo que venía era la definición de los nombres. Además recuerdo que en alguna ocasión anoté algo sobre una visita de monseñor Castro al fiscal para mirar lo que me imaginé podría ser la situación jurídica de algunos guerrilleros presos (8 de noviembre, no habían capturado a S. Trinidad). O sea, siendo optimista, podría pensar que la lista de los guerrilleros que va a liberar voluntariamente el gobierno se viene estudiando desde hace algún tiempo con las FARC. ¡Ojalá!

g) López considera que el acuerdo humanitario es un proceso que está en movimiento y que ambas partes reciben presiones para concretarlo.

h) La opinión pública apoya el acuerdo. Arduo trabajo de nuestros familiares para conseguir este efecto.

i) Hay un espacio para la esperanza. Más allá de la respuesta que den las FARC, que estará más motivada por su estrategia negociadora que por cualquier otra condición.

j) Hay que estar —continuar— preparado para más frustraciones y decepciones. Pero algún día esto terminará y volveré a mi libertad. Los adoro. Todo mi amor. Todos mis besos.

23 de agosto. Lunes. Las FARC contestaron anoche que la propuesta del gobierno no es seria ni realista. Piden garantías para sus negociadores y el nombramiento de un negociador del gobierno. Dicen que en la propuesta no hay intercambio porque el gobierno se queda con los guerrilleros y reclama el derecho de ellos a sus ideales revolucionarios. Más allá de la hojarasca de comentaristas y periodistas, creo que se sigue avanzando. Difícil, claro, pero es un paso adelante. Por lo demás. Paciencia. Todos mis besos, todo mi amor. Los adoro.

24 de agosto. Habló monseñor Luis A. Castro: «Estamos igual que hace un año. No se ha avanzado. La mediación de la Iglesia fracasó porque no hemos podido reunirnos por problemas de seguridad. Incluso, estando en el aeropuerto, nos dijeron: "No vengan porque hay un operativo". Nosotros hemos tratado de construir una propuesta aceptable para ambas partes. Tenemos que seguir trabajando». Quedo desengañado. Mis ilusiones de avances se esfumaron. ¡Qué tristeza! ¡Qué angustia! Sólo me quedan la fe, la esperanza y la paciencia.

En septiembre de 2004 regresamos al sector donde estuvimos en julio. Unos días aquí, unos días allá. Aprovechando la lluvia para acampar lejos de alguna fuente de agua. Escondidos, remontados, inalcanzables. Al menos eso creía yo.

Llegó el domingo 19 de septiembre. Era el cumpleaños de Aníbal, uno de los guerrilleros, y también el Día del Amor y la Amistad. Como casi todos los domingos, los guerrilleros celebraban a las seis de la tarde su hora cultural. Pero esta vez con un juego especial: el amigo secreto, para festejar el día.

Fue la única ocasión en que me invitaron a participar, aunque sin estar presente, un juego colectivo. Seguía ganando confianza. Se trataba de incluir mi nombre, en una bolsa, con los de los guerrilleros, para escoger al azar el nombre del amigo secreto de cada participante y entregarle un regalo.

El amigo que me tocó fue Lisandro; como tenía una lata de atún de reserva en mi tula, se la envié de regalo. Nunca supe si la recibió porque jamás me dijo nada. Tampoco recibí el regalo que me debía corresponder de mi amigo secreto.

Pero tuve un día muy activo porque a una guerrillera se le ocurrió pedirme una nota para su amigo secreto.

—No tengo nada para regalarle a mi amigo secreto —me dijo—. Escríbeme algo, un poema, una nota, lo que quieras —me pidió.

Traté de resistirme a este pedido, consciente de mi ausencia de habilidades poéticas, pero ante su insistencia escribí una nota sobre la amistad. Cuando se la entregué, la leyó y le pareció muy buena; entonces fue a donde sus compañeros a mostrarla.

«En la tierra del ciego, el tuerto es rey», concluí.

Pero la propaganda de mi clienta me trajo más clientes y me pasé todo el día escribiendo mensajes para los amigos secretos de la cuadrilla. «Bueno, al menos me distraigo», pensé.

Cuando terminaba el día, llegó Ramírez y me pidió un poema.

—Me da pena —contesté—, pero creo que se me agotó la inspiración. Ya no sé qué escribir.

—No importa —me pidió—, cualquier cosa, lo que sea.

Como tampoco aceptó ninguno de mis argumentos para negarme, se me ocurrió escribirle un poema prestado. Recordé el del Tuerto López dedicado a Cartagena, que se llama «A mi ciudad nativa», que empieza: «Noble rincón de mis abuelos…» y termina «… bien puedes inspirar ese cariño que uno les tiene a sus zapatos viejos».

Ramírez quedó muy contento con su escrito y cuando llegó la hora de entregar los regalos se lo dio a Janeth, que lo leyó con mucho entusiasmo hasta llegar al verso de los zapatos viejos. Entonces montó en cólera, insultó a Ramírez y con rabia y decepción echó a la candela el desafortunado poema:

—Yo no soy un zapato viejo —le dijo—, ¡a mí me respetas!

Algunos días después, Jenny, sin poder contener la risa, me refirió la historia, burlándose de mí. Según ella, yo era el culpable de que Janeth se hubiera sentido como un zapato viejo.

Al día siguiente, el 20 de septiembre, temprano en la mañana escuché disparos muy cerca. De inmediato recogí mi hamaca y empaqué mis cosas. Salimos corriendo, pero una vez más noté la ausencia de dos guerrilleros. No estaban Alexis ni Ulpiano.

Después supe que murieron esa mañana. Las tropas habían detectado el movimiento de los guerrilleros que salían y entraban; escondidos en el monte, los esperaron. Alexis y Ulpiano fueron conminados a entregarse pero respondieron con disparos y fueron abatidos. Nosotros salimos huyendo.

Claro que yo no supe de la muerte de Alexis y Ulpiano en el momento en que ocurrió. Para mí los hechos se limitaron a los disparos que escuché, a la alarma inmediata y a la salida forzada del campamento. Luego vino una marcha angustiosa, por terrenos escarpados, evitando caminos y huyendo de prisa. Esa noche del 20 de septiembre nos detuvimos a dormir en la cima de un cerro, después de deshacer el camino que transitamos bajo las redes eléctricas, en nuestro cruce de julio. Había una cerca poblada de cactus y los guerrilleros se ubicaron a mi alrededor para controlarme mejor.

Temprano, al otro día, reanudamos la huida. Esta vez con una nueva preocupación:

—Caminen con cuidado, que hay una mina perdida en la zona —fue la orden.

Fui reconociendo la ruta hasta que regresamos al área de marzo y abril, cerca del campamento Lágrima. Tomé nota de ese detalle. Una vez más volvíamos a un campamento que habíamos utilizado antes.

15 de septiembre de 2004. Miércoles. En lo que parece ser la propuesta real de las FARC al gobierno, la guerrilla exige la desmilitarización de San Vicente del Caguán y Cartagena del Chairá, por tiempo indefinido, para adelantar las negociaciones del intercambio humanitario. Se concreta así lo que se anunció el 6 de septiembre. Ahí vamos. ¿Y en dónde está mi gente? Muy doloroso este silencio tan prolongado. Los adoro.

22 de septiembre. Miércoles. 6:40 a.m. ¡Mensaje de Lue! ¡Qué alegría! ¡Al fin! Aquí estoy, Lue, sentado en el suelo, sobre un costalito y apoyado en mi morral. Espantando mosquitos. El pasado lunes hubo un ataque militar al grupo de guerrilleros que me mantiene cautivo. Tuvimos que salir corriendo. Recogí mi carpa, la hamaca y terminé de empacar mis petaquitos. Nos retiramos de la zona y estamos en marcha hacia un nuevo destino. Afortunadamente me parece que la marcha de hoy será después del desayuno. Por eso pude oírte. Me alegra infinitamente tu mensaje. El silencio era abrumador. Qué bueno saber que todos están bien. Mil gracias, Lue. Te adoro y a todos tus hermanos.

24 de septiembre. Viernes. Un beso inmenso y lleno de cariño y amor para Ruby, en sus 46; gracias Mona por toda la felicidad que compartimos y por nuestros maravillosos hijos.

A pesar de habernos separado, Ruby y yo mantuvimos siempre una buena relación de amistad e incluso de complicidad en la educación de nuestros hijos. Fueron muchos años de matrimonio, así que ese vínculo es profundo. Mi secuestro le había significado una desestabilización a todo nivel: afectivo, de seguridad, de equilibrio, económico.

Yo soy muy frágil, insegura, a veces en el buen sentido y a veces en el mal sentido de la palabra, pero en momentos muy difíciles saco mis fuerzas. Mi primera reacción cuando secuestraron a Fernando fue de una ran confusión, el mundo se me vino abajo, al mismo tiempo pasa una película en cámara rápida por la mente, uno piensa que eso va a pasar en una semana, que en 24 horas uno se va a estar riendo. Pero aparecen mil cuestionamientos, la pregunta que me hacía es cómo les voy a explicar a mis hijos, cómo hacer para que a los niños no les quedara un trauma.

Uno piensa que eso va a pasar muy pronto, como mucho un mes. Así que todo quedó congelado porque Fernando iba a regresar, pero pasaban los meses y los meses y nada. Entonces nos reunimos con la familia para ver qué íbamos a hacer en relación con lo económico, lo afectivo, la seguridad.

La parte económica devasta a las familias porque no hay apoyo: había deudas de Fernando que estaban a nombre de la sociedad familiar y yo me acuerdo de que como a los seis meses vinieron a quitarme el apartamento. La administradora del edificio me dijo: «Esta tarde vinieron a hacerle el secuestro al apartamento». ¡Secuestro del apartamento!, no se me olvida esa palabra. Me senté a llorar y a llorar. No lo podía creer.

Para que la vida siga hay un adormecimiento de la herida; pero no quiere decir que la herida no exista, pero hay como un mecanismo de defensa que te hace adormecer el dolor para poder seguir. Por ejemplo, Sergio y Manolete llegaron a un punto en que no querían grabarle más mensajes a Fernando porque les dolía mucho.

Yo le pedía a la vida que me diera la sabiduría para saber cómo manejar el dolor de mis hijos, que es distinto en cada uno. No es el mismo el de un niño de nueve años que el de un muchacho de veintiuno. Además, hay algo muy complicado con el secuestro; cuando el papá se muere la persona hace el duelo, llora, pero en esta situación los niños decían: tengo papá, pero no tengo papá.

La mayoría de la gente es bastante básica, se quedaron en las películas de vaqueros con los buenos y los malos. Los seres humanos tenemos laberintos, a veces incluso contradictorios, y eso es lo que nos hace interesantes. La gente me veía como si yo no estuviera sufriendo y esa fue una de las razones complejas de mi situación de exmujer. A mí me tocó tomar un gran caldo de humildad porque en las misas y en los eventos Mónica estaba siempre en primera fila, incluso con mis hijos, y yo podía estar cinco, diez, once filas atrás. Ante todo el mundo era Mónica la única que estaba sufriendo. Además es muy angustioso, de la noche a la mañana, tener la responsabilidad de cuatro hijos.

25 de septiembre de 2004. 5:50 a.m. Buenos días. Lleno de amor, alegría, nostalgia y tristeza. Un superbeso y un abrazo para Caro, y un feliz cumpleaños con todo el corazón. Besos para toda la prole y para Juan. Para Juan Diego, uno especial. Oí a Lue a las 5:00 y a las 5:30 a.m. ¡Qué alegría! «Hola, papi, es Lue. Como te he contado en mensajes anteriores, considero que es el momento de hacer un posgrado y por eso presenté una solicitud de beca a una fundación española y me la gané. Comienzo en noviembre. Me duele mucho irme en estos momentos pero estoy seguro de que tu consejo sería «sigue adelante». Por eso lo hago. Te mando un beso y te quiero muchísimo». Sí, Lue, sigue adelante. Tienes mi apoyo pleno, mi compañía, mis bendiciones. Me encanta tu determinación y apruebo plenamente tu decisión. Gracias a ti y a todos por el apoyo, la lucha, la búsqueda de caminos y alternativas de solución. Gracias por su preocupación, por su compañía, por sus oraciones. Todos los días le ruego a Dios que me permita regresar. Te cuento Lue que ayer caminamos de 7:30 a.m. a 2:30 p.m. Cambiando de zona y buscando agua. Nos cayó un aguacero encima y nos perdimos un rato. Tuve que esperar a que la ropa se me secara encima. Afortunadamente a la hora de dormir ya estaba seco. Menos mal que el balde que cargaba lo dejé desde finales de junio. Ahora sólo llevo el morral y un galón de agua.

A principios de octubre llegaron nuevos refuerzos: Edenso, Fabián, Stevenson, Nora y Kenny. A los primeros ya los conocía, pero Nora y Kenny eran nuevas para mí y aunque ambas me llamaron la atención, fue Nora la que me despertó mayor curiosidad.

Era muy joven, de unos quince años. De cara bonita y cuerpo juvenil, pero lo que más me impactaba eran el brillo y el color de sus ojos y su evidente simpatía. Desde cuando me vio me trató amablemente, demostrando interés y curiosidad por mí y haciéndome con frecuencia preguntas variadas sobre la vida en las ciudades, sobre el amor, sobre las parejas, sobre la política, sobre el gobierno. Sus compañeros le decían la Pacho Pérez.

—¿Eso qué quiere decir? —pregunté.

—Es el nombre de un grillo que tiene los colores de sus ojos, marrones y verdes, rasgados —me explicaron.

Stevenson también resultó conversador y estudioso. Me preguntaba con interés sobre política pero siempre le notaba una enorme distorsión en sus conceptos básicos, por lo que me propuse explicarle y enseñarle un poco del tema, en especial sobre el Estado. Le interesó mucho y me pidió que le escribiera sobre la organización política y administrativa del Estado colombiano y sobre la organización del presupuesto y sus fuentes y gastos. Lo hice con el mejor cuidado en dos documentos separados.

Después tuve que transcribir varias veces estos documentos. Otros guerrilleros me pidieron que se los copiara en sus cuadernos. El trabajo me tomó varios días y me ayudó a distraerme. Después supe que se lo pasaron a Martín Caballero, que lo hizo transcribir a su computador portátil y lo imprimió como documento de estudio.

Para mí era claro que la mayoría de los guerrilleros desconocían la realidad colombiana. No tenían ninguna capacidad de entender o analizar el papel del Estado al que combatían. Recibían un adoctrinamiento comunista y les sembraban odio en sus corazones. Les contaban la historia de Colombia de manera distorsionada, basada en falsas imágenes sobre nuestros héroes.

La guerrilla divide el país en dos: ellos, los buenos, y sus enemigos, los traidores, representados por la oligarquía y el resto de la sociedad. Explotados y explotadores.

Creen que el Estado es omnipotente, que todo lo puede y que no resuelve los problemas del pueblo por maldad, por corrupción, por egoísmo.

Por eso me parecía conveniente presentarles otra visión que los invitara a la reflexión, a comprender mejor, a disminuir su aprensión. Creo que algo logré.

En este campamento, al tiempo que escribía mis anotaciones sobre el funcionamiento del Estado, mataba culebras. Tuve que matar a una pareja de corales, de colores bellísimos, pero altamente venenosas, golpeándolas con un palo en la cabeza. De ahí en adelante me levantaba con la preocupación de que alguna otra se escondiera dentro de mis zapatos y me mordiera en la oscuridad.

A finales de octubre nos movimos de nuevo. Otra vez hacia el sur. Fue una marcha larga, de unos once kilómetros, que me dejó extenuado. Por primera y única vez me llené de calambres.

La marcha comenzó al mediodía, un poco retrasados porque no regresaba Harrison que estaba recuperando unas minas. Cuando por fin llegó, el sol se hallaba en el cenit y el calor era intenso. Caminamos varias horas hasta llegar a un pantano que atravesamos con el agua a la cintura. Al salir de allí sentí el primer estirón muscular, pero minimicé su importancia.

Seguimos caminando y un poco después encontramos a Nora y a Fabián, que se habían adelantado para prepararnos el almuerzo. Otra vez tuve una dificultad cuando me paré después de comer. Los músculos resentidos se negaban a responderme pero hice el esfuerzo y seguí caminando. Se nos vino encima un aguacero y se crecieron los arroyos que tuvimos que cruzar con el agua en el pecho.

Cuando caía la tarde cruzamos la carretera, en medio del aguacero y de los disparos de las tropas que vigilaban el área. Yo casi no podía caminar y Yesid, que venía a mis espaldas, me acosaba y me empujaba continuamente mientras avanzábamos difícilmente entre arroyos y barriales, subiendo y bajando.

Cuando ya sentía que no iba a ser capaz de continuar apareció Robinson, *el Zorro*. Era el jefe de la cuadrilla que nos esperaba al otro lado de la carretera. Me quitó el equipo y se lo entregó a un guerrillero joven para que lo llevara. Él mismo, por su parte, me tomó del brazo y se encargó de apoyarme y sostenerme para que pudiera avanzar. Así logré llegar a una escuelita abandonada, donde descansé y me repuse. Tenía también las manos llenas de espinas y maltratadas por la pringamoza.

Después caminamos hasta la medianoche, en medio de las dificultades del terreno y de la oscuridad, hasta llegar al campamento del grupo de Robinson. A esa hora iniciaron la preparación de la comida que estuvo lista a las 2:00 a.m. Comí y logré dormir un rato, hasta las 5:00 a.m.

Un poco después me visitó Robinson y conversamos un momento. Se fijó en mi radio, que estaba en muy malas condiciones. Yo le comenté que no tenía baterías y le pedí que me ayudara a conseguir unas nuevas. Me regaló dos pares de pilas usadas y me prometió enviarme unas nuevas después.

Cumplió su promesa, pero fue más allá. También me mandó un radio nuevo, con bandas en FM y de onda corta, que me sería de mucha ayuda.

29 de octubre de 2004. Viernes. Una nueva propuesta del gobierno a las FARC: a) Liberar a quince guerrilleros procesados por rebelión y que se reinserten, b) liberación de quince secuestrados por las FARC; c) reunión entre el gobierno y las FARC en la Nunciatura Apostólica, durante cinco días para definir los demás aspectos del acuerdo humanitario. Oí las declaraciones de Luis C. Restrepo y mencionó que esta propuesta es creación de monseñor Castro, un apóstol del acuerdo humanitario. Me alegra confirmar tan buena compañía. Ahora a esperar la respuesta de los guerrilleros. De todas maneras consigno la noticia como un nuevo paso a la dirección adecuada, aunque soy muy escéptico frente al tema. Mil besos.

31 de octubre. Resumen: aunque tengo la sensación de que el posible acuerdo para mi liberación está todavía muy lejano y me parece muy difícil en medio de las ofensivas militares, la última respuesta del gobierno me da un aire de esperanza porque confirma la continuidad del trabajo de los actores que nos quieren ayudar. Por ahora los esfuerzos son para que el gobierno y las FARC se reúnan y ni eso se ha conseguido. Cuando se dé ese paso vendrá el calvario de la negociación para lo que percibo unas posiciones muy rígidas, que me llevan a ser muy incrédulo. Creo que se necesita un cambio de fondo en la posición de la guerrilla frente al gobierno para que el acuerdo se concrete. Y, a mi modo de ver las cosas, eso depende de que exista un interés real por un proceso de paz. Por otra parte, con la mudanza se ha mejorado un poco la situación de las provisiones. Me dieron champú, crema dental, jabón para bañarme e, incluso, ayer vi dos películas de DVD en TV. En esta zona hay más presencia guerrillera. Para Lue, Ferni, Sergi y Manuel, todos mis besos, todo mi amor, todas mis bendiciones. Los adoro. Para toda mi familia, para Ruby y los Rumié, también mi amor y mis besos. Y la esperanza de que Mony y los suyos estén bien. ¡Ah! También tengo radio nuevo.

A principios de noviembre nos volvimos a mudar. No muy lejos. Calculé unos dos kilómetros, hacia el noreste. Noté por estos días un ambiente más tranquilo, un mayor movimiento de guerrilleros de visita y una mayor dedicación a los asuntos cotidianos. A coser, a limpiar, a organizar. Era claro que estábamos cerca de un jefe importante. Enviaron una televisión al campamento y me invitaron a ver una película el domingo en la mañana: *Gladiador*. Cuando pedí que me arreglaran la tula, que estaba descosida, me mandaron una nueva, aunque con los cierres de la vieja.

Otra anécdota curiosa: una madrugada sentí un movimiento extraño a mi alrededor que no entendí. Después, murmullos de mi guardia, un tiro de escopeta y luego un golpe seco a un metro de mi hamaca. Estaba oscuro y yo, acostado dentro del toldo, me vi obligado a levantarme para entender lo que pasaba. Era un animal, un puercoespín que se movía entre los árboles y que Enrique mató de un tiro.

Me sorprendieron dos cosas: lo certero del disparo en medio de la oscuridad, y el tamaño de las espinas, que tenían el largo de mis dedos. Si me hubiera caído encima del animal, me habría puesto en aprietos.

8 de noviembre. Lunes. Las FARC contestaron que no a la propuesta del gobierno para reunirse en la Nunciatura Apostólica.

9 de noviembre. En entrevista en directo en RCN, el presidente Uribe dijo que hay tres condiciones para el intercambio humanitario: 1) Sin despeje militar; 2) Sin liberar a sindicados o condenados por delitos atroces, y 3) Sin que los liberados vuelvan a delinquir. Ahí vamos. Mil besos y todo mi amor.

18 de noviembre. Todo mi amor y todos mis besos para Manolete. ¡Feliz cumpleaños! Trece años y espero que sean mil más. Te quiero, Manolete, con todo mi corazón y todo mi ser, y a pesar de mis circunstancias estoy muy contento por todas las noticias que he escuchado sobre ti. Por lo bien que has llevado todo el dolor, la ansiedad y la angustia de mi secuestro. Por tu excelente crecimiento y desarrollo. Por tu superación permanente. Por tu espíritu de lucha y tu deseo de aprender y ser siempre mejor. Por tu belleza y tu grandeza. Te adoro, hijo, con todo mi ser. ¡Adelante! No te detengas, sigue en tu propia lucha, y vive lleno de amor, dulzura, esperanza, humildad, sabiduría, alegría, tranquilidad, bondad y esfuerzo permanente.

30 de noviembre. Martes. ¡Qué alegría! Mensaje de mi papá, a las 5:30 a.m. «Se necesita tener muchísima paciencia para poder resistir esta espera tan larga». Gracias, papi. Te cuento que anoche, a las 8:00 p.m., estuvo un helicóptero disparando en nuestros alrededores. La semana pasada fueron morteros disparados desde una tanqueta. Me parece que son maniobras de hostigamiento. Hasta ahora sólo producen incomodidades. La novedad es un diccionario Espasa de 12.000 palabras que me ayuda a distraerme un poco. Ahora me dedico a estudiar las palabras.

En diciembre regresamos al esquema de estar en movimiento permanente, hasta que llegamos a un campamento que se había utilizado con anterioridad. Tuve la sensación de que se estaban juntando grupos de guerrilleros que venían a dar informes de sus actividades y a celebrar juntos las festividades de Navidad y Año Nuevo. Y esto porque a pesar de ser ateos, los guerrilleros aprovechaban todas las ocasiones festivas para celebrar, preparar platos, comer dulces y jugar.

A mí me pusieron en una caleta en la parte más alta del cerro, bajo otro árbol de olivo. Había restos en el suelo de lo que fue una mesita, palos podridos, una pita azul y hormigas. Un poco más abajo, una pequeña explanada donde podía bañarme sin mojar mis bártulos. Yo tenía la costumbre de colocar piedras o palos en el piso del lugar donde me bañaba para no embarrarme los pies, así que cogí los restos de la mesita para organizar mi baño. El sanitario lo prepararon hacia el otro lado, en la parte alta del cerro, que quedaba a mis espaldas.

Unos metros a la derecha, en otra explanada que había sido una caleta, organicé mi gimnasio. Limpié el espacio de las hojas secas que lo cubrían y cuando hacía mis ejercicios colocaba sobre el piso un costal plástico que cargaba y utilizaba a manera de colchoneta para hacer abdominales. Escogí un lugar para poner el radio y así poder oír las noticias mientras me ejercitaba. Allí escuché los mensajes para los tres norteamericanos secuestrados por las FARC que les enviaron sus familiares con ocasión del Año Nuevo.

Como me había dedicado a estudiar el movimiento del Sol, sabía que el 21 de diciembre se encuentra sobre el trópico de Capricornio, en su posición extrema al sur de su recorrido anual, produciendo veranos sobre el hemisferio sur e invierno en el hemisferio norte. Por eso, para distraerme, clavé el palo de costumbre y puse una señal en el lugar donde marcaba la sombra a las doce del día. Yo sabía que estábamos cerca del meridiano 75º, así que las doce del día me marcaba con bastante exactitud la dirección del norte y mi juguete me servía para el doble propósito de orientarme y distraerme, registrando día a día cómo la sombra se iba acortando.

Enrique se interesó en el tema y pude explicarle las bases del movimiento del Sol entre los trópicos de Cáncer y Capricornio durante el año. Le dije que observara el largo de su sombra a las doce del día y se fijara que daba hacia el norte. Le insinué que durante el año repitiera el ejercicio y observara que en marzo y en septiembre la sombra le quedaba bajo los pies y, en cambio, en junio la sombra estaría a sus espaldas, hacia el sur. Se sorprendió con la explicación y me dijo que nunca se había fijado en eso.

En los últimos días del año me visitó un comandante muy uniformado, conversador, de buenas maneras. Me recordó a aquel que me había abordado el 14 de octubre de 2001, pero esta vez estaba sin bigote y la cara me pareció más grande y más cuadrada. ¿Era Caballero? Me quedó la duda. Se mostró amable, informado, lógico y estructurado, optimista frente al acuerdo humanitario.

—Si necesita algo, mande a buscarme; pregunte por Ómar —me dijo al despedirse.

Un rato después llegó Aníbal a la guardia, y en tono reverencial me preguntó:

—¿Cómo te fue con Zamora?

—Bien —le contesté.

Tomé nota del doble nombre. ¿Ómar, Zamora, o era Caballero? Aunque Víctor me había dicho que Martín Caballero era el que me había visitado en el 2001, según Silverio, que era mitómano, Martín Caballero era negro y alto. Por eso ahora, con mis recuerdos borrosos, la desinformación y la multiplicidad de nombres, no sabía realmente de quién se trataba.

Pero me quedó claro que Ómar o Zamora era el jefe del grupo que me tenía. Se la pasaba en reuniones de evaluación con los guerrilleros que iban llegando al campamento. Yo no los veía pero notaba su llegada por el aumento evidente en las provisiones y en su variedad: gaseosas, cervezas, galletas, frutas, etc.

Para la celebración de la Navidad me mandaron dos pasteles: uno de cerdo y el otro de pollo. Con arroz y verduras y envueltos en hojas de bijao. Bien hechos y de buen sabor.

Para el 1º de enero me mudaron de caleta. Me desplazaron unos metros ladera abajo y me ubicaron en un terreno con vegetación más espesa. Una caleta por una sola noche y luego un nuevo movimiento unos metros más arriba. Se notaba un ambiente de inquietud, de movilidad, de cambios. Unos se iban, otros llegaban.

En diciembre del 2004 se produjeron tres hechos de especial relevancia en relación con mi posible regreso.

El primero fue el anuncio del gobierno de su intención de excarcelar a un grupo de guerrilleros presos, de manera unilateral, para demostrar su buena voluntad y disposición para el intercambio humanitario.

Me pareció un gesto importante de parte del gobierno, que cumplió su oferta a pesar de que muy pronto su gesto fue descalificado por la guerrilla. Esta actitud de la guerrilla confirmaba mi creencia de su ausencia total de voluntad para entregar a los secuestrados. Para mí, sus solicitudes y su discurso no eran más que partes de su propaganda perversa que siempre ha pretendido aparentar una intención que es la contraria a sus acciones. Lo que dicen es totalmente contrario a lo que hacen.

El segundo hecho se refiere al segundo cambio en la posición de las FARC en estos cuatro años de mi secuestro. Ahora exigían el despeje de dos municipios en el Valle del Cauca: Florida y Pradera, en lugar de los dos departamentos que pedían originalmente y de los dos municipios del Caquetá que exigieron después.

El tercero fue la propuesta del presidente Uribe de no extraditar a Simón Trinidad si las FARC se comprometían a liberarnos a los secuestrados. Para mis guardias y sus jefes esta propuesta no merecía ninguna atención y muy pronto me dijeron que las FARC ni siquiera la contestarían. Pero para mí significaba una mezcla contradictoria de sensaciones: por una parte, demostraba el interés del gobierno en ofrecer alternativas de solución para nuestro regreso, y por la otra, me preocupaba que el desdén de la guerrilla llevara a la extradición de Simón Trinidad y esto complicara, a corto plazo, cualquier avance para nuestra liberación.

Hubo también dos comentarios terribles que me pusieron los pelos de punta: una noche, acostado en mi hamaca, escuché la conversación de los guerrilleros que, reunidos, comentaban las noticias del día. Como se hablaba de los secuestrados y de la propuesta del presidente sobre la no extradición de Simón Trinidad, Enrique comentó:

—No sé cuál es la maricada. Lo que tenemos que hacer es darle un plazo al gobierno para que suelte a nuestros presos. Si no lo hace, matemos uno por uno a los retenidos y vayamos tirando los cadáveres a la carretera para que vean que no estamos jugando.

Enrique no ocultaba sus instintos asesinos pero tampoco entendía el desinterés de la guerrilla por la excarcelación de los guerrilleros. Se tragaba el cuento del intercambio y de la exigencia de la salida de la cárcel de los guerrilleros, al igual que muchas otras personas, incapaces de entender el verdadero propósito de los comandantes de las FARC, de buscar un posicionamiento político a costa de nuestro secuestro, del terrorismo y del dolor de nuestros familiares.

El otro comentario vino de Zamora, quien me explicó, quizás con la idea de tranquilizarme, que habían decidido no poner una bomba contra las instalaciones del periódico *El Universal* de Cartagena, que gerencia mi hermano Gerardo, mientras yo estuviera secuestrado. Su comentario se refería al intento de extorsión a mi familia que no les había funcionado. Habían exigido el pago de un rescate por mi liberación y como mi familia no accedió, habían decidido poner la bomba para obligarlos a negociar. Después desistieron, cuando el secretariado decididó hacer pública mi condición de secuestrado canjeable. Esto me lo decía como quien refiere una historieta infantil, sin ningún remordimiento, con total arrogancia y desprecio.

4 de diciembre de 2004. Sábado. Un millón de besos y todo mi amor para Mony en su cumpleaños. Cada vez que oigo los mensajes y siento tu ausencia me convenzo de tu desaparición, pero luego, en los períodos de silencio, pienso lo contrario y a través de mi pensamiento, mis deseos y mis sueños creo nuevamente que me estás esperando, tan bella, dulce y amada como siempre. Te adoro. ¡Ojalá se cumplan mis sueños! 7:15 a.m. Parece que hay un comunicado de las FARC, de respuesta. Piden el despeje de dos municipios del Valle del Cauca: Florida y Pradera. Un primer comentario menciona la presencia de Pablo Catatumbo y Alfonso Cano

en esa zona. Pero me gustan dos cosas: la rapidez de la respuesta y salir de los municipios del Caquetá. Seguimos avanzando, poco a poco.

18 de diciembre. Sábado. El presidente Uribe condiciona la no extradición de Simón Trinidad a la liberación de los 63 (?) secuestrados del intercambio humanitario antes del 30 de diciembre. Me pregunto: ¿negociación o ultimátum? Ya veremos. Las noticias de los últimos días parecen seguir una línea de acercamiento: a) el lenguaje del comunicado de las FARC del 28 de noviembre me pareció más conciliador que los anteriores; b) el martes pasado comentaron de una reunión de monseñor Castro con el presidente Uribe; c) las declaraciones de Samper el jueves hablan de gestiones y optimismo frente al acuerdo humanitario. Que Dios nos ayude. Mil besos y todo mi amor.

24 de diciembre. Viernes. Hola, Lue. Feliz cumpleaños, con todo mi amor. Felices 25 y muchos más. Como todos los días, te imagino en España dedicado a tus estudios y me siento feliz. Te quiero con toda mi alma y estoy muy orgulloso de ti. Aquí estoy con los dedos cruzados a la expectativa para ver cómo evoluciona el tema de Simón Trinidad. Mis esperanzas se centran en que en esta ocasión se desentrabe el tema del despeje para ir resolviendo las 3 «D» que dijo monseñor Castro: Despeje, Delitos, Destino. La situación del día a día es difícil. Los alimentos escasean, mucha sopa para que rinda el arroz y las pastas. De vez en cuando una presita de armadillo. Sobrevuelos y ráfagas de helicópteros en las cercanías, explosiones, aviones, o sea, presión permanente en el área. Pero sigo adelante. No me rindo. Mantengo mi buena salud, y en general, buen ánimo. Y hoy 24, feliz con el cumpleaños de Lue y lleno de amor para todos. Ferni, Sergi, Manuel, los adoro y los extraño infinitamente. Mil besos para Ruby, y todos los Rumié. Para mi papá, mi mamá, mis hermanos, cuñados y sobrinos. Mil besos para mis ahijados. Para mi adorada Mony y toda su familia todo mi amor y mis esperanzas de que estén todos bien. Para todos, ¡feliz Navidad! Con todo mi ser, y para Lue otra vez, ¡feliz cumpleaños!

30 de diciembre. Tembló la tierra por aquí cerca. Me impresionó el movimiento de la tierra bajo mis pies y el zarandeo de los árboles. Afortunadamente fue corto y no hubo daño. Con la tragedia del sureste asiático está uno más nervioso. Fue a las 10:02 a.m.

30

1º de enero de 2005
LA HISTORIA DE CAMILO

Así llegó el 2005. Esto era lo que pensaba y sentía el primer día de ese año:

1º de enero de 2005. Lleno de amor, de recuerdos, de nostalgia y de esperanzas les deseo a todos los que amo un feliz año 2005 y le pido a Dios con toda el alma que en este año nos permita volver a reunirnos. Para Lue, Ferni, Sergi y Manolete, mis bendiciones y mis oraciones para que Dios los proteja, los guíe y los acompañe. ¡Adelante! A Ruby y todos los suyos, mil besos y mis mejores deseos para el Año Nuevo. Para los Araújo Perdomo, mi amor sin límites. Para Mony y todos los de su familia, mi amor, mi vida, mi entrega. Pido que su silencio tenga una explicación positiva. Una razón que no entiendo pero que sea fruto de la prudencia y del amor. No veo aún la salida de esta situación. La extradición ayer de Simón Trinidad frustró mi esperanza de un acercamiento entre el gobierno y las FARC pero conservo mi confianza en que los esfuerzos que la Iglesia y muchas otras personas, gobiernos e instituciones realizan lleguen algún día a buen término. En todo caso, comparando el aparente estado de las negociaciones con la situación de un año atrás debo registrar algunos avances. El tema del encuentro está entre dos municipios que exige la guerrilla y una iglesia (o una vereda, un corregimiento) que ofrece el gobierno. Y según declaraciones de monseñor Castro, en el tema de los delitos cometidos por los guerrilleros liberables también pueden existir avances. Mis propósitos para el nuevo año: mantenerme positivo, alerta, esperanzado. Cuidarme, ejercitarme, aprender todo lo que pueda. Confiar en las personas a las que quiero con toda el alma. Vivir el día a día, el presente y mantener mis proyectos, deseos e ilusiones para cuando recupere mi libertad. A Dios le pido, todos los días, amor, fe, bondad y gratitud, paciencia y esperanza, valor y fortaleza, humildad y sabiduría para aceptar el presente, alegría y paz interior, tranquilidad y serenidad y su protección y bendición para todos los que amo, para los que me recuerdan, para los que me extrañan y para los que me olvidan. De nuevo, todo mi amor.

En estos días, creo que el 2 de enero de 2005, conocí a Camilo. Lo noté en la mañana, prestándome guardia y observándome con cuidado. Pero, poco tímido, inició pronto su conversación conmigo. Me dijo que conocía de mí, que sabía de mi condición de cartagenero, que yo había sido ministro y que tenía un largo tiempo de estar retenido. Se mostró amable, amigable, curioso y conversador. Además, le gustaba pasar de informado, estudioso, conocedor.

Con el tiempo lo fui conociendo mejor y llegamos a iniciar una relación cordial. Hablábamos de historia, de geografía, de matemáticas, del Sol y la Luna, de política, del gobierno, de la guerrilla, de su pasado, de su familia, de su futuro. En Camilo vi una oportunidad para escaparme. Aunque muy reservado para tratar este tema, de alguna manera yo sentía en sus palabras una arista de descontento, de desconfianza en lo que hacía. También le observaba un inmenso deseo de aprender, de conocer, de mejorar.

El tema de la fuga se lo planteé más adelante, en agosto de 2006, cuando nos encontramos de nuevo, pero él no lo consideró posible. Estábamos demasiado retirados, muy vigilados y muy controlados. Era imposible, pero me guardó el secreto de mis intenciones y yo comprendí que en su interior el debate era intenso entre permanecer en la guerrilla o escaparse él mismo.

Después de mi fuga esperé con interés noticias sobre él. Guardé siempre la esperanza de que se armara de coraje y se atreviera a fugarse. Finalmente lo hizo. Esta es su historia:

Nací en el barrio Olaya, en la zona suroriental de Cartagena, estrato bajo, pero mi papá siempre ha sido trabajador, persistente y pude hacer la primaria.

Somos siete hermanos y yo soy el sexto. Cuando estaba haciendo el quinto elemental, por problemas económicos, mi papá se tuvo que ir para

Valledupar a trabajar en una finca. Al poco tiempo mandó a buscar a mi mamá y a mis hermanas, pero por mí no mandó a buscar.

Empecé a hacer el bachillerato en el Colegio Colombia con una beca, pero no lo terminé porque en el año 85, a los dos años de estar mi papá allá, me mandó a buscar y me fui para Codazzi. En ese momento empecé a trabajar la agricultura, yo venía de la ciudad pero mi papá me enseñó a trabajar el monte: ordeñar, tirar machete, tractorista. De noche, me puse a estudiar en el Instituto Agustín Codazzi un curso de archivo y correspondencia y auxiliar de contabilidad. En el 87 me gradué. En el 90 me fui a prestar servicio militar en la brigada 11 del Batallón Junín, que tiene sede en Montería. Salí con conducta excelente, me fui para Valledupar y trabajé con mi papá en la finca. En el 92 volví a Cartagena a trabajar en Magali París como empacador temporal. Como vieron mi responsabilidad, me contrataron aunque no fuera bachiller. Empecé como aseador y luego como surtidor. Ahí duré entre el 92 y 95. Me retiré y empecé a trabajar en varios lugares, a través de una bolsa de empleo. Trabajé en la General Food, Colombina, la Philiph Morris, Gillette, como degustador en las calles de Cartagena. Como vieron mi liderazgo, me ascendieron a mercaderista. Eso fue entre el 95 y el 99. Tuve un accidente de trabajo en la moto y me empezaron a dar trabajos de un mes, no más, y luego no me dieron más trabajo.

En el año 97 mi papá y mi mamá se regresaron a Cartagena porque las autodefensas llegaron a la zona de la finca en Valledupar y llegaron amenazas contra mi papá. Ellos vivían bien, tenían ganadito y gallinas. Mis hermanas pudieron estudiar gracias al trabajo en esa finca. Pero empezaron a llegar amenazas, le robaron el tractor y le llegaron unas notas que le decían que si no se iba de la región lo mataban. Mi papá duró casi quince años en esa finca, pero le tocó devolverse a Cartagena a poner un puestecito de frutas, pero le quitaron el puesto porque era espacio público. Yo creo que se llenaron de odio porque mi papá le hacía bien a todo el mundo y mi mamá también.

Me puse a trabajar como vendedor ambulante de ropa de segunda. A principios del 2000 me empezó a frecuentar un muchacho que me compraba semanalmente una cantidad de ropa: cien, doscientos suéteres, camisas. Conversábamos, se fue fortaleciendo la amistad, él hablaba mal del Estado. Él me decía que cómo el Estado tenía a alguien como yo, preparado y educado, de vendedor ambulante. Ese diálogo duró como cinco meses. Él me empezó a invitar a tomarnos unos traguitos, él man era alegre, simpático, me regalaba plata, hasta que un día me dijo que si quería trabajar con él como mensajero. Me ofreció entre uno y dos millones de pesos, pero se perdió como un mes y no volvió.

Retornó y me dijo que me había conseguido el trabajito, pero que primero tenía que hablar conmigo. Ahí fue cuando me dijo que era comandante de las milicias de las FARC. «Yo necesito un muchacho como tú, serio, inteligente. Es sólo para que lleves encomiendas. Te voy a llevar para que el jefe te conozca». En junio del 2000 subí. Le dije a mi mamá que me iba al Cerrejón una semana a hacer un trabajito.

El campamento al que fui quedaba por el corregimiento de Chalán hacia arriba. Iba tranquilo, no sentía ni miedo, ni culpa, ni nada. Iba a ver cómo eran las cosas. Al día siguiente de llegar al campamento conocí a Martín Caballero. Cuando me vio, me dijo: «Usted es Camilo». Yo le contesté que mi nombre era Javier. Pero él me dijo: «No, usted ahora se llama Camilo». Y bueno, pues acepté. Me dijo que le habían hablado bien de mí. En el transcurso de esa semana me mandó a hacer un curso político con otros 45 milicianos. De todos, el sobresaliente fui yo. Caballero se dio cuenta de que yo tenía mis capacidades. A la semana me mandaron para la casa, debía llevar unos documentos para el jefe de las milicias en Cartagena y para Tobías, un comandante en el norte de Bolívar. Me dieron dos millones de pesos por hacer esa vuelta.

A la semana retorné, me mandó a subir. Ahí me enteré de que Rafa era un comandante de guerrilla, no de milicias. Tenía que llevar una plata a un señor para que les diera a los presos. No tenía que hacer más. Seguía con el puesto de ropa y mi mamá se puso contenta porque le llevé platica.

La última vez que subí donde Caballero, eso fue en junio del año 2000, se metió la Operación Trueno —ahí inauguraron el Plan Colombia contra las FARC—. Ese día me dieron un fusil. Aunque él no sabía que yo había prestado servicio, cuando vieron que pasé bien la operación, aunque no quemé tiros, sino que hice buenos desplazamientos y eso, Caballero vio que yo tenía buenas capacidades militares. Cuando pasó todo, cuando cesó la operación, Caballero me dijo: «Usted tiene buenas capacidades militares, buenas condiciones para ser mando aquí. Usted es el muchacho que yo necesito. Usted me sirve más acá que allá afuera porque tiene capacidades políticas, tiene un nivel educativo, tiene condiciones militares. Lo necesito para que alfabetice a los muchachos. Usted fácilmente puede ser un fuerte aquí, usted puede ser comandante; piénselo. Usted me sirve aquí porque puede transformar a los guerrilleros».

Volví a la casa y lo pensé y lo pensé, y como yo veía a mi mamá contenta porque estaba llevando platica, a la semana dije «me voy». Tomé la decisión porque cuando uno no puede llevar mucha plata a la casa y uno está comiendo ahí uno se siente mal, como mantenido. Y como yo había estado yendo a la casa y volviendo al monte, pensé que a lo mejor me iban a permitir volver por si cualquier cosa.

Me fui como a las cuatro de la mañana de la casa, dije que me iba para el Cerrejón a trabajar. No dije nada más. Llegué donde Caballero y todo bien, comida excelente, todo tranquilo, no había presión del Ejército ni nada. Entonces empecé con el trabajo educativo, empecé a enseñarles a leer y a escribir, y como mi modo de enseñar es participativo, los pelados congeniaron con mi manera de enseñarles. Y como fui conociendo otros niveles, económico y político internamente, entonces a lo último daba charlas a los guerrilleros. Les hacía resumen de noticias.

Me mandaron para el norte de Bolívar a hacer lo mismo donde el comandante Tobías, y después me regresaron al centro de Bolívar, a los Montes de María. Habían pasado dos meses y no sabía nada de mi mamá ni ellos de mí. Entonces le dije a Caballero y él me dio su teléfono y marqué: «Hola, mami, ¿cómo va todo?». «¿Y tú qué?», me dijo. Pero yo no quería hablar con ella porque tiene problemas de tensión. Entonces le dije: «Pásame a mi papá». Hablé con él y le dije: «Papá, yo estoy aquí en las FARC». Él me contestó: «Usted ya está grandecito, usted es el que sabe y ese es problema suyo». Ese fue un impacto muy grande.

En diciembre del 2000 supe por las noticias que habían secuestrado al señor Fernando Araújo. Los guerrilleros comentaban que habían secuestrado a un pesado. Se sabía que estaba en el norte y yo estaba en el centro de Bolívar con Caballero. Andaba en varias comisiones y después Caballero me mandaba a hablar con los campesinos a tratar de que ingresaran, a contactar milicianos.

En el 2004 retorné a donde Caballero, sabía que el señor Fernando Araújo estaba cerca. Pero rápido me mandaron a otra comisión porque yo estaba desarrollando un trabajo excelente de penetración de área y organización. Yo hablaba con la gente, así fuera gente preparada, no me daba miedo. Les hablaba del pie de lucha, bien de las FARC y mal del Estado. Pero yo sabía que las cosas no eran así.

A comienzos de mayo, para el aniversario de las FARC, me mandaron a otra comisión a Córdoba, Bolívar. El 28 de diciembre de 2004 retorné donde Caballero. El 1° de enero de 2005 me dijeron que iba para la comisión de cuido de Fernando Araújo.

Me dijeron «coja su equipo y se presenta donde Cacharro y que Hugo se venga para acá». Fernando Araújo estaba como a cien metros, muy cerca. En el último tiempo se había decidido que Araújo estuviera con Caballero. Los que cuidaban a Fercho en otro lado era hasta veinticuatro unidades, en cambio con Caballero eran hasta una compañía completa.

Yo llegué como a las seis de la mañana y le dije a Cacharro que Hugo se fuera y yo me quedaba ahí. En seguida me pusieron de guardia donde Fernando. Cuando llegué, él estaba haciendo ejercicio. La primera reco-

mendación era «Nada de charla con el retenido». Me quedé mirándolo
y él me miró. Me dijo «Buenos días» y yo no le contesté.

Yo lo miraba y lo analizaba, no le decía nada. Él me miraba, me repa-
raba y ya a la media hora solté la lengua:

—Qué más, señor Fernando —le dije.

—Buenos días, mijo; ¿tú eres nuevo aquí? —me preguntó.

—No, yo no soy nuevo, es primera vez que vengo aquí, pero no soy
nuevo

—Ah, sí, porque no te había visto... ¿De dónde eres?

—Soy cartagenero —le respondí.

—Yo también.

Después empezamos a hablar de gente de Cartagena que ambos
conocíamos. Dije que había practicado boxeo. Pero que lo había dejado
porque un día me habían partido la nariz y nunca volví. Él me contó que
también practicó natación, atletismo.

Cada vez que tenía guardia hablábamos, le contaba de mí, pero de
su vida me contaba muy poco. Duré como un mes con él, prestándole
guardia, hasta que me cambiaron. Retorné en el mes de abril o mayo del
2005. Ahí él empezó a contarme de su vida. Me contó cómo lo cogieron
y conversábamos. La relación era buena, yo le mamaba gallo y lo vacilaba.
Un día le dije que por qué no me enseñaba inglés y él me dijo «claro, te
enseño».

Como él vio que yo era un muchacho con intereses, avispado, empezó
a enseñarme muchas cosas, inglés, matemáticas, cartografía, las fases de
la Luna, cuándo es verano aquí, cuándo es verano allá. Todas esas cosas yo
las tenía anotadas en un cuaderno. Todo lo tenía plasmado, y lo digo en
pasado porque todo lo dejé cuando me vine. Me sacaron de esa comisión
porque le pagué mal la guardia a él. Me sancionaron con varios días de
rancha y me mandaron para el Magdalena.

Duré casi un año sin verlo porque retorné en junio o julio del 2006.
Cuando llegué donde Caballero, no veía a Araújo en el campamento.
No sabía dónde estaba, pero a los días me mandaron de nuevo a la co-
misión de cuido, y ahí fue cuando se fortaleció más la amistad.

Yo vivía pendiente de él porque los otros no se preocupaban. Yo le
llevaba el desayuno, el almuerzo, la cena, el tintico, le buscaba el agua para
bañarse. A mí me daba tristeza verlo secuestrado. Él ya me había contado
todo de su vida: que estaba recién casado cuando lo secuestraron, de sus
hijos, de su primer matrimonio, me mostró la pantaloneta y los tenis que
tenía puestos cuando se lo llevaron, todavía los conservaba. Él prendía
el radio a las cinco de la mañana y como a las ocho lo apagaba para que
le duraran las baterías. Pero yo mantenía mi radio prendido todo el día

porque en esa época Álvaro Leyva y Alfonso López estaban con lo del intercambio humanitario. Entonces, cuando oía algo del intercambio yo lo llamaba y le decía: «Fercho, préndete el radio que están hablando del intercambio», a la hora que fuera; a veces ni lo dejaba dormir.

Él me hizo reflexionar porque yo cogía rabia con nada. A veces cuando alguno de los comandantes no me daba lo que yo quería, me cogía la rabia, y él me decía «cógela suave, sigue con tu vida y que los demás vivan la suya».

La orden era que si venían a rescatarlo había que matarlo, pero yo no habría sido capaz. Ojalá yo hubiera estado en el momento en que llegaron por él, yo lo habría sacado de ahí, lo habría ayudado a salir del monte, y sé que me habrían matado, pero es que en ese momento ya no me importaba nada.

En septiembre, antes de que me llevaran para el Magdalena, actué como defensor de Amalia, una guerrillera peladita a la que le hicieron un consejo de guerra por deserción.

El marido de Amalia era alias Roldán. Un día le pregunté a Roldán por ella porque no la veía y ella era de la comisión de cuido. Me dijo que la tenían amarrada porque había desertado y que le iban a hacer un consejo de guerra. Se voló pero la agarraron y la amarraron. Fui a verla y estaba llorando. Cuando nombraron el consejo de guerra, ella dijo «mi defensor quiero que sea Camilo». Y los que presentaron los cargos eran los miembros del estado mayor del frente. Caballero estaba ahí. Arquímedes era el presidente, el que da la palabra.

Pedí tiempo para hablar con mi defendida y me dieron media hora. Le dije «Amalia, tienes que contarme todo lo que pasó». Me dijo que quería ver a la mamá, que tenía ganas de ver a la familia, pero ella llegando a la carretera se arrepintió y se le presentó a otro comandante al que le decían *Cuchufleto*, César. Entonces se presentó donde César y él le dijo que tranquila, que no se preocupara y la llevó nuevamente al campamento. Amalia tenía unos diecisiete años y llevaba como cinco sin ver a la mamá porque ella ingresó peladita, como a los doce.

En el consejo de guerra, el fiscal presentó como cargos deserción y desmoralización. Pero el estado mayor del frente había presentado un solo cargo, la deserción. Estaba pidiendo la pena máxima, que es la muerte. Los que deciden son el jurado de conciencia y la asamblea guerrillera.

La pelada lloraba y me decía «Me van a matar, papá»; «Que no te van a matar, déjame eso a mí, confía en mí», le contesté.

Ellos querían que a la pelada la mataran. El único que me dio la razón fue Héctor, el ideólogo del frente 37: «Pido la palabra. Aquí lo que dice el camarada Camilo es cierto. Tiene argumentos suficientes de peso para que tomen una decisión justa para esta muchacha». Ya cuando habló él, que hasta Caballero le tenía temor porque era duro, se me dio la palabra y dije «Yo lo que pido es que vean que hay una justa causa y que se sancione, pero que no sea condenada a muerte».

Se terminó y se esperó media hora a que el jurado de conciencia saliera con el veredicto: «Sanción por dos delitos: deserción y desmoralización...». En seguida interpelé. Se fueron y volvieron. Leyeron la sanción: varios días de rancha y no sé qué más. Le pidieron a la asamblea que votaran si estaban de acuerdo con que fuera sanción, como pedía yo, o pena de muerte. Toda la asamblea votó porque fuera sanción y me dio la razón a mí.

Cuando yo estaba haciendo la intervención y toda esa gritería, Fercho oía todo. Luego me preguntó qué era lo que yo le decía a Caballero y le conté que era un consejo de guerra y que estaba defendiendo a Amalia. Estaban pidiendo la pena de muerte por deserción. Entonces me dijo: «Gracias por defenderla. Defender eso en un consejo de guerra no es fácil». Cuando les dan la pena de muerte los matan con un tiro o a palos, dependiendo de lo que hayan hecho.

En octubre del 2006 me mandaron de comisión para el Magdalena. Allá llegué. Todo normal, trabajo cotidiano, pero yo ya iba con la pensadera, pensando en todo lo que había hablado con Fercho. Él me había quitado la venda de los ojos. Empezó la situación crítica porque hubo operativos fuertes contra esa unidad.

El 31 de diciembre del 2006, cuando pasó todo en el campamento de Caballero, que le mataron la mujer, no sabía nada del señor Fernando. Pero ya a los días, cuando dijeron que el señor Fernando Araújo se había escapado y estaba libre, me llené de emoción. Yo me levanté y dije «No joda, qué bien, se fue Fercho». Cuando lancé esa expresión así, me escuchó un guerrillero, que le informó al comandante, Jaime Canaguaro, que me preguntó «¿Usted por qué lanzó esa expresión? ¿Usted se siente satisfecho y alegre porque se voló Fernando Araújo?». Yo le contesté: «Yo soy un ser humano que tiene sentimientos, y si lancé esa expresión así fue porque me nació, pero eso no quiere decir nada». Por dentro estaba alegre, pero tenía que esquivar la situación.

Caballero me ordenó que le explicara mi actuación y pidió una investigación. Yo le dije que era una persona sensible y que en el momento me llené de emoción y por eso lancé esa expresión, pero que si me tocaba responder por esa expresión respondía fuera donde fuera. Entonces me sancionaron: me pusieron a buscar la leña y el agua por un tiempo.

El 1º de agosto nos atacaron y mataron a casi todos los compañeros que se estaban bañando en el pozo. Me salvé yo y otro que estábamos de guardia. Capturaron a uno e hirieron a dos.

Yo ahí pensé que quería un cambio de vida. Las cosas estaban muy duras y yo venía craneando irme. Rescatamos a los dos heridos y andábamos de un lado para otro con ellos. Uno quedó bien y la otra mal, porque estaba embarazada y duró cinco días perdida, llena de mosquitos. Ella pensaba que había perdido el pelado, pero no, la sacaron para El Difícil a reposo.

Posteriormente decidieron mandarnos a seis unidades hacia El Difícil, Magdalena, que quedaba como a quince días caminando de noche. Como a media hora de la carretera de la Troncal del Caribe, llegamos a una zona que no conocíamos; íbamos vestidos de civil. Fui a la casa de unos campesinos y hablé con ellos, les pregunté dónde andaba el Ejército y me dijeron que en una finca cercana, pero yo no le dije nada al comandante. Entonces hicimos una comidita ahí y seguimos camino hacia el monte para poder dormir. Cuando hicimos la comida, yo dejé la cuchara de la rancha tirada ahí, a propósito. Yo sabía que al día siguiente, cuando la mujer del comandante fuera a hacer el desayuno, se iba a dar cuenta de que había dejado tirada la cuchara y me iban a mandar a buscarla. Al otro día Jessica estaba haciendo el desayuno y se emberracó porque yo había dejado la cuchara. Cuando llegó Arquímedes, el comandante, le armó la bulla. Entonces Arquímedes me dijo «vaya a buscar la cuchara y de una vez haga un registro y pregunte en la casa por la tropa». Antes de irme me dijo que dejara el fusil y me fuera con pistola.

Llegué hasta la casa de los campesinos para que escucharan los perritos. Hablé con la señora y le dije que venía a buscar la cuchara. Ella me estaba preparando un tintico mientras yo iba a buscarla, pero qué va, yo seguí el camino a buscar la finca donde estaba el Ejército para entregarme. Llegué a la finca y ahí no había nadie. Entonces seguí caminando hasta la carretera, pasó una patrulla y un policía se me quedó mirando, pero no pararon. Yo dije «donde se devuelvan y me cojan, voy a quedar como capturado». Entonces le puse la mano a un camión de leche y me paró.

«¿Me da un chancecito?», le dije, y me llevó hasta El Difícil. Llegué a la estación de Policía y dije «soy guerrillero de las FARC y vengo a desmovilizarme». Y no me creyeron. Entonces les mostré la pistola, la entregué y pedí hablar con el comandante, pero no estaba. Entonces pedí que me llamaran a la personera, llegó y llegó también el Ejército. Hablé con ellos, me trataron bien y me llevaron para la base militar de Plato, Magdalena. Ahí conocí al coronel Iván Moreno Ojeda. Eso fue el 16 de octubre. Me dieron comida, buen trato, y desde ahí mi vida ha sido otra cosa.

Me felicitaron por la decisión, me dejaron hablar con mi familia. En el transcurso de eso vino el general Paredes a hablar conmigo. Me dijo que me quería hacer una pregunta:

—Si Martín Caballero es dado de baja, ¿qué pasa con el frente 37?

—Se acaba —le respondí—, porque es un líder.

—Te voy a contar algo —me dijo—: Caballero fue dado de baja, va a salir la noticia.

A uno le duele porque es ser humano, pero bueno. Y en realidad se acabó el 37.

Acá estoy en una casa de desmovilizados, con muchas comodidades, buena dormida, buena comida, buen trato. Estoy muy contento con la decisión que tomé.

31

6 de enero de 2005
Una sonrisa en medio del peligro

El 6 de enero, al caer la tarde, salimos del campamento. En la bajada nos cruzamos con algunos guerrilleros que realizaban diferentes actividades, lo que me daba la sensación de una movilización general. Me llamó la atención especialmente un grupo que estaba preparando balones bomba, cubiertos de brea. Me asusté pensando en el daño que podrían causar.

«¿Qué pensarán esos muchachos?», me pregunté.

Se veían desprevenidos, tranquilos, despreocupados. Igual podrían estar preparando una comida. Pasamos a su lado y yo reconocí y saludé a Fabián. Sonrió como si nada.

Pensé que su adoctrinamiento terrorista los insensibilizaba totalmente y los convertía en asesinos, sin escrúpulos de ninguna clase.

Unos metros adelante nos detuvimos y llegaron nuevos guerrilleros. Entre otros, Nubia, que me pareció un poco escandalosa. Hablaba sin parar, en tono alto y usaba expresiones vulgares. Con los días cambiaría y sería más recatada. Quizás era su manera de ubicarse en el grupo. Con ella llegaron otros seis para remplazar a los que se fueron. Enrique estuvo entre los que se fueron. El nuevo jefe de la cuadrilla que me cuidaba sería Cacharro Bravo, que venía con nosotros desde octubre pasado.

Producido el cambio caminamos otro poco, 2.000 pasos, más o menos, hasta un terreno plano que ya habíamos ocupado, antes de Navidad, en donde permanecimos cuatro días.

Durante el mes nos desplazamos otras dos veces. En el último de estos campamentos me reencontré con Carmenza, que estaba convaleciente de la pérdida de un bebé. Me dijo que lo había perdido pero yo sospechaba que la habían obligado a abortar, como a todas las guerrilleras embarazadas. También estuvieron Julio, Víctor y Kenny, Jiménez, Aníbal y varios guerrilleros que nos visitaban para traer y llevar razones. Entre éstos Samuel, el enfermero que cuidaba a Martín Caballero.

En estos días leí apartes de un diccionario de términos marxistas que me prestó Nubia y les di clases de inglés y matemáticas a algunos guerrilleros. Tuve nuevamente la oportunidad de revisar con los guerrilleros el movimiento relativo de la Luna, la Tierra y el Sol.

Me impactó la forma certera en que Edenso, o sea Cacharro, mató a una culebra cascabel de un solo tiro que le encajó en la mitad de la cabeza, desde varios metros de distancia. Movido por la curiosidad, pedí que me dejaran examinarla. Me pareció miedosa. Con la ayuda de un palito revisé los colmillos y las bolsas de veneno detrás de ellos. Todavía me estremezco de solo recordarlo. De todas maneras tuve el valor para arrancarle los ocho cascabeles de su cola, que conservé por un tiempo en mis bolsillos.

El 28 del mes nos mudamos de nuevo. El continuo movimiento de guerrilleros y las visitas frecuentes que llegaban me indicaban que había otro grupo muy cerca. Esta vez nos desplazamos unos tres kilómetros al sur.

Al parar, en la cima de un cerro, dividieron nuevamente al grupo. Dejaron a doce guerrilleros en mi comisión y los demás se integraron con el resto de la cuadrilla. La nueva estrategia era tenerme más cerca de Martín Caballero, pero lo suficientemente apartado para no ser observado por los otros guerrilleros o por los milicianos que llegaran al campamento. La zona donde me mantenían era de acceso restringido, pero dependiente del campamento central. La comida, por ejemplo, había que buscarla en la rancha del campamento, donde cocinaban para todos. Sólo Caballero tenía comida especial.

Hubo nuevas señales de la vecindad de Caballero. Me entregaron un manual de instrucciones básicas de Windows, que estaba en inglés, con la solicitud de que lo tradujera. Después de que lo hice me pidieron que les dictara clases de inglés a Estela, la compañera de

Zamora, y a Elisa, una de sus ayudantes. También se sumaron a este grupo Carmenza y Camilo.

Estela era joven e inteligente. El grupo era amable y atento en la clase. Trajeron tizas de colores y sobre un plástico negro, a manera de pizarra, comenzamos las lecciones, de las que sólo alcanzamos a tener cinco porque la ofensiva militar de los meses siguientes impidió que continuáramos.

Yo era consciente de que mi actitud colaboradora no cambiaría mi situación frente a los comandantes, que sólo veían sus propios intereses. Pero pensaba que a lo mejor estas acciones podrían influir sobre los guerrilleros más jóvenes para ganarme su confianza.

El 11 de febrero, después de comerme una buena presa de armadillo frito que Edenso me regaló, salimos a un nuevo campamento, pero nos esperaba una sorpresa. Unos metros adelante apareció Darinel, asustado.

—¡Los chulos! —dijo.

Se refería a la presencia de infantes de marina unos metros adelante. Él era parte de la avanzada que inspeccionaba la ruta que seguiríamos y descubrió huellas de calzado en los alrededores de un pozo de agua. Revisó las huellas y se aseguró de que eran de soldados.

Me sorprendió la ingenuidad militar. Mientras era consciente del extremo cuidado de los guerrilleros para moverse sin dejar rastros ni huellas, «sin dejar trillo», como decían, los soldados se desplazaban sin tomar precauciones, algo gravísimo, pues en estas circunstancias la indisciplina y el descuido se pagan con la vida.

Así las cossas, nos hicieron retroceder y escondernos. Acto seguido organizaron un comando para minar el terreno donde estaban las tropas. Popeye era el jefe del grupo que colocaría las minas.

Se llevó a sus compañeros, que bien ocultos espiaron los movimientos de los militares. Los dejaron pasar en dirección al agua y luego enterraron minas en el camino por donde pasaron, esperando que regresaran por allí mismo, como efectivamente sucedió.

Los infantes cayeron en la trampa. El que iba adelante murió destrozado. Los otros quedaron horrorizados, incapaces de moverse porque no lograban entender cómo había minas en un terreno que acababan de transitar. Tuvieron que sacarlos con la protección de otros compañeros que vinieron en su auxilio y los enviaron de vuelta a su batallón.

Otro grupo que desconocía lo que había pasado los remplazó y sufrió las mismas consecuencias. Finalmente los evacuaron en helicópteros ante el temor de caminar por esos montes.

Por eso a estos montes los soldados les decían Camboya. Estaban llenos de trampas que no entendían y que les causaban muchas bajas y mutilaciones.

Para mí era una experiencia dramática que se repetiría con frecuencia, en medio del dolor y la desesperanza. Dolor por los soldados que resultaban muertos, lisiados, heridos, destrozados. Desesperanza porque sentía que las tropas no tenían el entrenamiento adecuado para enfrentar a estos terroristas y no tomaban las precauciones necesarias para no caer en las trampas. Se requerían mayores cuidados y más disciplina.

Para colmo de mi angustia, en los guerrilleros pasaba lo contrario: se sentían invencibles y aumentaban su arrogancia con cada soldado muerto o lisiado. Su estrategia era sencilla: detectaban a las tropas y las atacaban con muy poca exposición, con muy poco gasto y con resultados sorprendentes. A través de comandos minaban los caminos y los campamentos militares con mucha efectividad.

Después, presentaban en su emisora la apología de estas acciones.

Me causaban admiración el valor y el coraje de los infantes de marina, que no se amedrantaban ante estos peligros y una y otra vez insistían en su ofensiva, pero al mismo tiempo me lamentaba del desconocimiento que hay en el país sobre el sacrificio que realizan.

Cuando logré fugarme, tuve la oportunidad de reunirme con los comandantes operativos de las unidades de la Armada Nacional, con quienes compartí estas experiencias para invitarlos a afinar la disciplina de las tropas y la táctica operacional, en cumplimiento de una obligación moral ineludible.

Esos comandos guerrilleros que vi actuar hoy están presos, muertos o desmovilizados. Popeye, Valenciano, Farid, Robinson y otros murieron en operaciones militares después de mi fuga. Pertenecían a la compañía Che Guevara, que acompañaba a Martín Caballero y que fue aniquilada en acciones de la Operación Alcatraz, efectuada por el Comando Conjunto Caribe en contra de los frentes 35 y 37 de las FARC.

A pesar de las dificultades y las bajas sufridas, la ofensiva continuó. En las noticias se hablaba de la Operación Fortaleza. La persecución era continua, pero los guerrilleros se protegían minando los caminos. Era una zona muy boscosa, sin senderos ni trochas. Se abrían paso a machete y luego minaban el camino, haciendo imposible que las tropas los siguieran.

Me parecía que la única manera de atacar a los guerrilleros era desde el aire, con helicópteros, que también corrían peligro de ser impactados desde tierra. Muchísimas veces oí ráfagas de ametralladoras disparadas desde helicópteros, de día y de noche, sobre los cerros vecinos, pero nunca directamente sobre nosotros. No sabía si era imprecisión o estrategia.

Yo seguía muy atento el accionar de los helicópteros y notaba que con frecuencia descendían a abastecer a las tropas. Al norte, al sur, al este, al oeste. Era claro que estábamos rodeados, pero a una distancia prudente.

El 5 de marzo viví un hecho dramático. Después de oír bombardeos al este, desde temprano, en las cercanías del río, escuché en el radio de Edenso cuando un piloto del avión de inteligencia le ordenaba a un bombardero atacar al occidente.

Sentí que un avión de combate se nos vino encima y arrojó una bomba. La oí silbar y creí que me caería encima. Me tiré al suelo con las manos en la cabeza y las piernas recogidas en posición fetal, esperando lo peor. Oí la explosión y sentí el suelo retumbar.

Por fortuna sólo fue el susto. Después supe que cayó quinientos metros más arriba y que la onda explosiva impactó a Harrison, que voló unos metros, pero milagrosamente se salvó.

La vigilancia sobre mí era asfixiante. La orden de sacrificarme si había el riesgo de que fuera rescatado debía cumplirla Cacharro, que no me perdía una pisada. Reforzaron el grupo de mis vigilantes. Llegó Ángela, a quien le decían la Boqui porque unas esquirlas de granada le reventaron la boca y le volaron los dientes. También Yorladys y Moisés; Osman, Ovidio y Cristina, que regresaron.

Las tropas estaban muy cerca y seguían avanzando a pesar de las minas. El 8 de marzo, el 9, el 10, nos trasladábamos permanentemente para escapar. El 11, después de una fuerte explosión, los helicópteros bajaron muy cerca de mí. Pero había una poza de agua interpuesta entre la posición de las tropas y el lugar en el que me encontraba. Yo trataba de entender la situación, alerta, preocupado, pero no quería que mi preocupación se notara. Así que encendí el radio y fingí oír las noticias de RCN, sentado en el suelo pero con todos mis artículos recogidos y empacados.

En eso se me acercó Zamora. Me pareció muy raro verlo cerca de mí en medio de las dificultades militares.

Temí que estuviera a mi lado para matarme en caso de que las tropas se nos vinieran encima para rescatarme.

Tratando de conocer sus intenciones, le dije:

—¿No será que esto se puede arreglar conversando?

—No lo creo —me contestó—. El problema es que el gobierno solamente ofrece soluciones para los guerrilleros. Que nos ofrecen plata, o un taxi, o cualquier cosa para que podamos sobrevivir. Pero ¿y el resto?

—¿Cuál resto? —le pregunté.

—Los demás, los que no tienen nada. Los pobres.

—Ese problema se resuelve más rápido si no hay violencia —le reviré—. La guerrilla, en lugar de facilitar la solución a los problemas sociales, los complica. Ustedes son los responsables de muchos de los problemas que enfrenta nuestro país. En lugar de ser parte de la solución, son parte del problema —terminé diciéndole.

Me insistió en su tesis, con la que pretendía justificar la violencia por causa de la pobreza de nuestra población.

Después, un helicóptero que había descendido emprendió el vuelo. Zamora se quedó un momento más y luego se retiró. El helicóptero había sacado a las tropas que sobrevivieron de la explosión de la mina que yo había escuchado, y también a los heridos y a los cadáveres de los soldados destrozados.

Su salida evitó que Zamora me matara.

Yo le di gracias a Dios por no haber permitido que me asesinaran y me quedé pensando que el fanatismo de los jefes guerrilleros hacía imposible cualquier solución negociada a la violencia.

Un momento después subí el volumen del radio. Juan Gossaín estaba en «La hora del recreo» y contaba una historia sucedida en Cartagena, en la que unos raponeros en moto robaron la bolsa de un pensionado que acababa de salir del banco donde había cobrado su mesada. Esta era la historia:

Un señor fue a cobrar un cheque al banco y quedó adentro cuando llegó la hora de cerrar, pero los cajeros siguieron atendiendo a las personas que estaban allí. A este señor le dieron ganas de defecar y le pidió al vigilante que le prestaran el baño; el vigilante dijo que no, que no estaba permitido. El señor dijo que si no le prestaban el baño se ensuciaba ahí porque él no aguantaba y si se salía del banco perdía el cupo. Entonces el vigilante le prestó una bolsa, y un papel y no sé dónde lo colocó. El vigilante le dijo que cuando saliera botara la bolsa. El cliente se colocó toda la plata en la barriga, la bolsa debajo del brazo y salió del banco. Dos motorizados lo siguieron, le arrancaron la bolsa y se dieron a la fuga. El señor, por su parte, agarró un carro y se fue rapidito para su casa casi privado, porque cuando se dieran cuenta de que no era plata lo que había en la bolsa lo podían matar. Ni los huesos le iban a dejar.

Me reí en silencio pensando en la cara de los ladrones cuando descubrieran qué era lo que se habían robado.

La persecución terminó ese día. Llegó Semana Santa y las tropas se movieron a otras áreas y se ocuparon también en operaciones de control y vigilancia en las carreteras.

Por mi parte, tuve una nueva alumna. Yorladys, que manejaba un escáner para escuchar las comunicaciones de las tropas, me pidió que le enseñara un poco de cartografía. Conceptos básicos. Le expliqué la teoría de los ejes cartesianos y el concepto de coordenadas, matemáticas y geográficas, hasta cuando su comandante notó que yo le despertaba alguna simpatía y le prohibió continuar en mis clases.

Supe que se entregó a las tropas después de mi fuga y que se incorporó al proceso de reinserción que el gobierno nacional les ofrece a los miembros de los grupos guerrilleros que se desmovilizan.

Unos días después me entregaron cuatro casetes de un curso de inglés para que los escuchara y se los explicara a mis antiguas alumnas. Los oí y copié su contenido en una libreta, pero las persecuciones militares no me permitieron seguir enseñándoles inglés a mis discípulas.

Por estas fechas se hablaba de la extradición de Sonia, una guerrillera que manejaba los dineros producto del negocio del narcotráfico. Una vez más el presidente ofreció suspender su extradición a cambio de la libertad de los secuestrados, pero al igual que cuando Simón Trinidad, las FARC no respondieron nada.

13 de marzo de 2005. Minicrónica de la semana. Mucha acción de guerra. Explosiones de minas, desplazamientos, morteros nocturnos, ayer otro bombardeo aéreo muy cerca, poca comida. Todo muy difícil.

22 de marzo. 6:29 a.m., martes de Semana Santa. ¡Estoy muy emocionado! ¡Mensaje de mi papá! ¡Al fin! Me levanté pensando que de pronto hoy sí porque es Semana Santa, o si no la próxima porque es la Semana de Pascuas, o si no la que sigue porque es la primera semana de abril. Algún día los escucharé. ¡Gracias, papi! Con todo mi corazón. «Mensaje para Fernando Araújo Perdomo. Con Juan Carlos y Rodrigo José estuvimos en la feria de Fitur, en Madrid. Luis Ernesto nos acompañó todos los días. Está feliz en sus estudios de posgrado y sacando buenas notas, como siempre. Noemí, Priscila y Nohra de Pastrana lo cuidan y lo consienten como si fueran otras madres. En la feria te recordaron mucho por tu excelente labor como ministro de Desarrollo. En Cartagena toda la familia está muy bien, queriéndote más cada día. Te quiero, te beso y te abrazo. Tu papá. Gracias a RCN por transmitir este mensaje». Feliz con las noticias de Lue y agradecidísimo con Noemí, Priscila y Nohra. Para cada una mil gracias desde el fondo de mi corazón y un gran beso. Para todos, todo mi amor y todos mis agradecimientos.

25 de marzo. 6:30. ¡Siguen mis emociones! Mensaje de Ferni. «Hola, papi, te mando este mensaje para darte todo mi apoyo, mi fuerza y mis esperanzas. Confía mucho en tus oraciones y en Dios. Me muero de ganas de estar contigo, de trabajar contigo. Estoy muy bien. Estudiando y aprendiendo mucho y practicando lo que me has enseñado. Me falta un año y medio y me muero de ganas de trabajar, pero también de aprender y conocer más cosas. Te quiero muchísimo y te mando un beso apretadísimo». Me llena de emoción tu mensaje, Ferni, aunque siento mucho dolor en tu voz. Te extraño también con toda mi alma. También me muero por verte, abrazarte, compartir nuestras vidas. Te adoro.

El mes de abril vino con tristezas por la noticia de la muerte del papa Juan Pablo II, en medio del amor y la admiración de todo el mundo, por su obra, por su vida ejemplar, por su entrega, por su santidad. Claro que para los guerrilleros no. Escuchaban con desprecio las noticias sobre su agonía y su muerte y se referían a su santidad con expresiones insultantes.

En estos días intentaba sintonizar emisoras en la banda de onda corta de mi nuevo radio. Era una fuente increíble de distracción y una oportunidad para aprender algo. No me resultó fácil, pero con paciencia y dedicación fui descubriendo las horas y las frecuencias de transmisión de varias emisoras: la BBC de Londres y Radio Francia Internacional, que escuchaba para mejorar mi inglés y aprender algo de francés. También encontré la Deutsche Welle de Alemania, que transmitía en francés para África, y Radio Netherland y Radio Canadá Internacional, con transmisiones en inglés. El solo hecho de distraerme buscando las emisoras era una ganancia enorme. Además utilizaba audífonos, lo que me permitía comprender mejor las emisiones y aislarme un poco de mi entorno. Importantísimo, sobre todo para no escuchar las transmisiones de la emisora de las FARC que me causaban mucho dolor, angustia y ansiedad, como ya lo dije. Los audífonos fueron una bendición del cielo.

También fue una bendición un ejemplar del periódico *El Tiempo*, de Bogotá, en cuya página editorial, encabezando la columna de las cartas de los lectores, encontré una frase que me llamó mucho la atención, decía así:

«El dolor, cuando no se convierte en verdugo, es un gran maestro».

Me pareció muy valiosa la reflexión y decidí tomarla para mí. En lugar de dejarme vencer por el dolor podía fortalecerme y liberarme interiormente, en medio de las circunstancias duras de mi secuestro. Era una buena lección.

Me gané un nuevo amigo. Se llamaba Jorman y le decían el Choncho, por su gordura y capacidad de comer. Me tomó cariño, creo que por los comentarios que oyó de sus compañeros que ya me conocían. Noté sus simpatías cuando me regaló un plato de tortuga que había preparado con mucho esmero. La verdad es que no me gustó, pero me lo comí todo para agradecer el gesto. Nubia me había contado que Jorman estuvo resentido con ella seis meses porque en una ocasión se fue del campamento sin despedirse de él. Así que me comí la tortuga a pesar de la repulsión que me causaba su presentación. No me resultó fácil comerme la pata que me dio. No me gustaron ni su consistencia, ni su sabor. Pero me la comí para no herir a Jorman.

Mi actitud me produjo buenos resultados. De ahí en adelante el Choncho estuvo siempre pendiente de mí, asegurándome que él no dejaría nunca que me pasara nada, y regalándome con frecuencia platos especiales que cocinaba con buena sazón. Además, de vez en cuando me mandaba un poco de cucayo, el arroz que se pega en el fondo del caldero, que siempre me ha gustado.

Los días eran difíciles y las acciones militares se reanudaron, con las consecuentes dificultades en los alimentos. Aumentaron las alertas y la tensión. Había mucho temor de bombardeos y los guerrilleros hacían un esfuerzo especial por interceptar las comunicaciones de los militares.

Por estos días confirmé que Zamora era el mismo Martín Caballero, pero no hice ningún comentario. Sabía que Estela era la compañera de Zamora y oí a Yorladys cuando, refiriéndose a ella, le dijo a Rogelio:

—Le voy a decir a Caballero que apenas te da la espalda comienzas a enamorarle a su mujer.

Ya no me quedaron dudas sobre la identidad que querían esconderme.

En el campamento había dos mascotas: Forti, un saíno que habían encontrado durante la Operación Fortaleza, y un zorrillo que se robaba la comida y molestaba con frecuencia a muchos guerrilleros. A pesar de los destrozos que hacían, Caballero no dejaba que los tocaran y, en el caso del marrano, llegaba al extremo de dormirlo entre él y Estela.

Yo no entendía cómo podía ser tan afectuoso con los animales y, en cambio, mostrar un desprecio total por la vida humana. No tenía ningún reato de conciencia para ordenar asesinar a quien le molestara. Ni sus compañeros se salvaban cuando tenía la más leve sospecha sobre alguno de ellos.

22 de abril de 2005. Cumplo hoy cinco años de haberme casado con Mony. Lleno de amor y de ilusiones. A pesar de las dificultades y las circunstancias, ¡No renuncio! Mony, te sigo amando con toda mi alma, con todo mi corazón, con todo mi ser. Le pido a Dios que nos permita

reencontrarnos y vivir plenamente nuestro amor. También cumplo hoy 1.600 días de secuestro y no veo la salida. Mil besos para todos y todo mi amor.

30 de abril. Nota de fin de mes. Registro la aprobación en las comisiones primeras del Senado y la Cámara del proyecto de Justicia y Paz, con el artículo que facilitaría el acuerdo humanitario. Por lo demás, mucho silencio sobre el tema. La mala noticia de que Ramiro Carranza está muerto y que no le manden más mensajes por radio.

16 de mayo. Lunes. Recuerdo, Ferni, hace 22 años, un lunes como hoy. Antes de salir a mi trabajo, tu mamá me dijo que ya estaba lista y me pidió que fuera a conseguir a la señora que la había ayudado con los ejercicios preparatorios para el parto. Teníamos un Renault 4, color beige, y en él me fui a buscar a Marina (creo que ese era su nombre). No la conseguí en su casa y fui a buscarla a la Clínica del Niño. No la encontré, pero tu mamá sí la localizó y cuando regresé y fui al hospital, ya habías nacido. Te conocí a través del vidrio de la sala de neonatos. Bello y robusto. ¡Quedé feliz! ¡Feliz cumpleaños!, y mil años más. Supongo que estarás en exámenes, próximo a terminar el semestre y estoy seguro de que estarás cosechando muchos éxitos. ¡Adelante! Por mi parte, muy triste y adolorido. El silencio, la falta de noticias y la soledad me dan muy duro. Vivo momentos llenos de angustia y ansiedad que sólo supero aferrándome a mis esperanzas y al inmenso amor que siento por ti y tus hermanos, por Mony y toda la familia.

31 de mayo. Martes. Sin novedades en este mes. El silencio sigue siendo la tónica. Silencio familiar, silencio sobre el acuerdo humanitario. Las esperanzas, muy bajas; la tristeza y la nostalgia, muy altas. Los adoro y los extraño con toda mi alma.

32

La batalla de las Aromeras (III)
Operación Fortaleza

Tras la creación, el 24 de diciembre de 2004, del Comando Conjunto del Caribe, al mando del mayor general Mario Montoya, en enero de 2005 el capitán de navío Rafael Alfredo Colón Torres se hizo cargo de la Comandancia de la Primera Brigada de Infantería de Marina, cargo en el que permanecería hasta junio de 2006. Colón ostentaba el rango equivalente de coronel de infantería y venía de dirigir las Fuerzas Especiales de Infantería de Marina durante los años 2003 y 2004. Desde el principio de su gestión, el coronel Colón se propuso mejorar el entrenamiento de las Fuerzas Especiales y volverlas más combativas. Esto incluía trabajar en su profesionalización e incluir entrenamiento en paracaidismo y en operaciones especiales.

Pero su misión central sería rescatarme y neutralizar a Martín Caballero.

Preparó desde entonces equipos especiales de inserción en la selva, compuestos cada uno por doce unidades altamente especializadas y se dedicó a estudiar en detalle las áreas donde operaba Martín Caballero.

Durante su gestión al frente de las tropas, dirigió operaciones muy exitosas en contra de todos los grupos insurgentes y de autodefensas el área de los Montes de María.

La Operación Fortaleza fue otro capítulo de la batalla de las Aromeras. Se desarrolló entre el 4 de febrero y el 30 de junio de 2005, de manera sostenida y continua y con la participación de la Fuerza Aérea Colombiana, con misiones de bombardeo sobre las Aromeras sur.

Las acciones involucraban a toda la Brigada y pusieron a prueba la capacidad ofensiva de la Infantería de Marina en operaciones terrestres. Fue clave para las Fuerzas Militares.

El área objetivo cubría la zona de Huamanga, las Aguacateras, en la parte alta y occidental de El Carmen de Bolívar y la extensión completa de las Aromeras. Hubo muchos ataques a los campamentos guerrilleros, con tropas especiales y profesionales helicoportadas, de día y de noche.

Las tropas lograron el control militar en los puntos críticos, en las vías terciarias y en los corredores de movilidad de las FARC.

La operación fue monitoreada personalmente por el general Carlos Alberto Ospina Ovalle, comandante de las Fuerzas Militares, y por el almirante Mauricio Soto Gómez, comandante de la Armada Nacional.

El 19 de febrero, las Fuerzas Especiales de Infantería de Marina actuaron sobre el área de Las Delicias, en Zambrano, donde la inteligencia nos había ubicado a Martín Caballero y a mí, con 54 guerrilleros del frente 37, organizados en tres anillos de seguridad periféricos. La operación la comandaban los tenientes Evert Sánchez, Alexander Hidalgo, José Amaya, John Restrepo, Jorge González y Eduardo Restrepo.

Paralelamente, el 22 de febrero, el Bafilm 30 comenzó en el río la misión táctica Magdalena, desde Tacamocho hasta Calamar, para evitar el ingreso de víveres hacia las Aromeras.

Otra misión táctica fue la Sagitario, lanzada el 4 de marzo por el grupo especial Sabueso. Éste era el más profesional del Batallón Fluvial de Infantería de Marina 3 y estaba a cargo del sargento Nelson Centeno Acosta. Se insertaron desde Palmasola hasta Paragüito.

El sargento cayó en un campo minado durante un combate, pero antes de morir dirigió a sus hombres a una elevación y ordenó a su patrulla que no se entregara y que defendiera la posición a sangre y fuego. Los guerrilleros comenzaron a avanzar hacia el cuerpo de Centeno para llevarse su fusil, pero un infante que combatía con coraje a pesar de su inferioridad numérica les hizo creer a los guerrilleros que venían refuerzos.

«Mi capitán, ataque por el norte; mi sargento, tome la cota y emplace la ametralladora», gritó a viva voz.

Los guerrilleros se retiraron asustados y los infantes de marina, que habían perdido comunicación a través de celular, se comunicaron por radio con la Brigada y recibieron apoyo para retirar el cuerpo de Centeno.

La misión táctica Trueno se desarrolló en conjunto con el Comando Aéreo de Combate Número 3 (Cacom 3), y con una compañía agregada del Ejército, a partir del 4 de marzo. En ésta se realizó el bombardeo de las Aromeras sur, y sobre Camboya, el 5 de marzo, que ya narré.

El 8 de marzo, en el área de Huamanga, en un combate en el que se enfrentó el Batallón de Fusileros de Infantería de Marina Número 3 con una cuadrilla de guerrilleros, el cabo John Jairo Buitrago Marroquín cayó herido por la explosión de una mina antipersona que le cercenó las dos piernas. Moribundo, tirado en el suelo, sin piernas, siguió luchando y dio de baja a dos guerrilleros que creyéndolo muerto se le acercaron para quitarle el fusil. Ese día murieron cuatro miembros de las tropas de infantería y diez guerrilleros, en tres combates que se llevaron a cabo en esa área.

El 14 de marzo las tropas de contraguerrilla atacaron campamentos ubicados en Madrid, Bartola Vargas y El Charcón. El 30 del mismo mes un batallón de Infantería de Marina atacó, con todos los medios, las Aromeras sur, con énfasis en Lomas Coloradas, Paragüito, Raicero, Lomas de Tacaloa, Lomas de Mica, Playoncito, Totumito, Región Callao y Lomas de Morrocoy.

El 3 de abril, después de reestructurar la misión atacaron otra vez las Aromeras sur, bombardeando la zona. Las tropas lograron cerrar el cerco e instalar bases fijas de patrullaje sobre las principales elevaciones.

El 14 de abril, con la Operación Tormenta, se reestructuró el esquema de maniobra. Era necesario mantener la ofensiva sobre las FARC, obtener inteligencia de combate y establecer información precisa sobre mi ubicación. Los ataques incluyeron al cerro Cansona, el área de Charquitas, Huamanga y el arroyo de Mula, y la instalación de puestos de mando avanzados.

El 14 de mayo la misión táctica Fortaleza III, incluyendo carros blindados y misiones de bombardeo, atacó a las compañías Che Guevara y Góngora Chamorro, en las Aromeras sur.

La Operación Fortaleza incluyó muchas misiones tácticas adicionales, realizadas por las tropas del Comando Conjunto Caribe, que combatían contra un enemigo difícil, con mucha experiencia en el terreno y que tenía en las minas antipersonas su mejor arma. Los campos minados produjeron muchas bajas en las tropas. En total, se registraron diez soldados muertos y 31 más heridos por acción de los combates, pero especialmente de las minas enterradas.

33

Junio de 2005
EL TRAPECISTA

En junio llegamos al campamento Paracaidista, llamado así para burlarse de Patricia, una guerrillera que se cayó cuando hacía ejercicios subiendo por una cuerda.

Desde el 3 de abril yo llevaba un cuaderno, que llamaba de estudio, en el que anotaba detalles que me causaban curiosidad y que tomaba de las noticias. También escribía allí los resúmenes de los libros que leía, las palabras cuyo significado desconocía y que encontraba en alguna lectura, para investigarlas en el diccionario cuando tuviera la oportunidad de que me lo prestaran, o palabras en inglés que escuchaba en el radio y que me llamaban la atención. Pero especialmente me sirvió para hacer los resúmenes de los programas de historia de Diana Uribe, que seguía los domingos a través de Caracol. Eran programas fabulosos.

Para comenzar el primer cuaderno de estudio anoté una receta prostática que escuché en el programa *Colombia la Nuestra*, de RCN, que transmitían en las madrugadas, en ese entonces de 4:00 a 5:00 a.m. Decía así:

«Receta prostática: una hoja de anamú (sólo una), dos flores de caléndula y una hoja de cordoncillo».

Cuando llegamos a este nuevo campamento y mientras esperábamos, sentados en el suelo, que nos asignaran la zona donde debíamos ubicarnos, un guerrillero me dijo: «Esta planta se llama anamú y se usa en medicina». Sentí curiosidad y arranqué una hoja que conservé algunos días para familiarizarme con ella.

Aquí me prestaron un opúsculo escrito por Evelio Rosero Diago, titulado «Literatura y comunicación». El autor se refería a la creación literaria en la elaboración del cuento y sostenía la tesis de que el escritor nace, o sea que su capacidad es innata, pero también se hace, porque su disciplina se forja. Presentaba además en el texto algunas recomendaciones para el perfecto cuentista y detallaba sus herramientas. Un texto muy interesante, ilustrativo y ameno. En la segunda parte de la obra presentaba diez cuentos cortos para, a través de ejemplos, reforzar sus tesis.

Uno de los cuentos era «El trapecista», de Franz Kafka, que contaba la historia de un trapecista que trabajaba en un circo.

El trapecista hacía sus actos durante las funciones del circo y después se quedaba en el trapecio. De día y de noche. Allí vivía, tomaba sus alimentos, hacía ejercicios, recibía visitas, etc. Cuando el circo se trasladaba, el trapecista descendía de su trapecio y esperaba a que desmontaran, trasladaran y volvieran a instalar la carpa. Entonces él se mudaba y, llegado al nuevo emplazamiento del circo, se instalaba inmediatamente en su trapecio.

Me llamó mucho la atención el cuento y al terminarlo le dije a mi guardia:

—Fíjate que la realidad supera la ficción. Se supone que los cuentos de Kafka son inverosímiles, producto de una imaginación desbordada que concibe cuentos absurdos —y le conté el cuento.

—Resulta —continué— que yo soy el trapecista, pero en lugar de vivir en un trapecio vivo en una hamaca. Aquí hago todo: duermo, como, hago ejercicios, leo, recibo visitas, etc. Sólo me bajo de la hamaca cuando cambiamos de campamento y, apenas llegamos al nuevo destino, me instalo otra vez en mi hamaca.

Mi guardia estuvo de acuerdo.

En esos días se jugaba el campeonato mundial de fútbol sub 20 en Holanda. En una mañana, mientras hacía flexiones de pecho, llegó Zamora a visitarme,

—¿Cuántas hace? —me preguntó.

—Voy subiendo todos los días porque quiero llegar a 300. Por ahora hoy estoy en 250 —le contesté.

—Hace más que muchos —me dijo y continuó explicándome que él también hacía ejercicios todos los días y que, a pesar de sus innumerables ocupaciones, estudiaba con frecuencia.

Después hablamos de fútbol y del campeonato que se estaba jugando. Entonces, viendo mi interés en el tema, me ofreció prestarme un minitelevisor, de mano, para que pudiera ver el partido que jugarían Colombia y Argentina. Cumplió su promesa y pude disfrutar de las emociones del partido que, infortunadamente, terminamos perdiendo por las jugadas magistrales de un muchacho argentino, llamado Lionel Messi, que ya brillaba, anunciando que sería una nueva estrella mundial. Su contribución en nuestra derrota se me hizo más tolerable por saber que era jugador del Barcelona, el club español preferido por mis hijos.

Terminado el partido le devolví a Zamora el televisor con un guerrillero, pero al igual que me había pasado con Piñeres y el radio, Zamora me lo retornó, mandándome a decir que lo guardara y que él me lo pediría cuando lo necesitara. Para mí era una nueva ganancia, pero su utilidad fue muy limitada porque gastaba muchas baterías. Necesitaba cuatro baterías «AA» para funcionar que sólo le duraban entre cuatro y cinco horas. Por eso me limité mucho para usarlo y únicamente lo encendía cuando las noticias en el radio me inducían a pensar que podía ver a algún familiar en la televisión o para los partidos de nuestra selección nacional de fútbol, en cuyo caso escuchaba el primer tiempo en el radio y veía en la tele el período complementario. Desde entonces siempre lo tuve y se quedó en mi tula cuando me escapé.

Con el televisor obtuve otra ventaja: las baterías que ya no le servían al televisor las pasaba al radio, donde todavía funcionaban por unos siete a diez días adicionales. Las aprovechaba al máximo.

De aquí salió un grupo comandado por Julio con la misión de hacer inteligencia, haciéndose pasar por campesinos que vivían en un ranchito.

Antes de que salieran tuve una conversación con Julio. Me sorprendió el grado de fanatismo con el que defendía el derecho de los guerrilleros a utilizar la violencia y la rigidez total que demostraba frente a salidas alternativas para la paz de Colombia. Sólo aceptaba la toma del poder y la implantación de un modelo comunista para terminar con la violencia que padecemos desde hace muchos años. Quedé muy decepcionado al comprobar el nivel de compromiso de este joven guerrillero con las ideas marxistas y la violencia criminal.

Ante mis observaciones frente al fracaso de estos modelos en otros países, su respuesta fue muy simple:

—Implementaremos el comunismo a la colombiana.

Me quedé meditando en el costo para el país de semejante ingenuidad política.

En este campamento conocí a Carolina, una guerrillera joven que trabajaba como enfermera y que estaba asignada a la escuadra vecina. A pesar de las órdenes que restringían las entradas de guerrilleros a mi zona, ella la frecuentaba para conversar con Aracely, que también era enfermera y formaba parte de mi guardia. Se reunían con frecuencia para intercambiar medicinas, o para hacerse relevos. Una le entregaba a la otra las responsabilidades de la enfermería: los informes de los enfermos, el botiquín, las órdenes de medicinas que había que aplicar, las listas de medicamentos faltantes, el agua de arroz para Caballero, etc.

Carolina era muy activa y atendía sus asuntos con responsabilidad, con dedicación, con seriedad. Me parecía tímida y distante. Sin embargo, fiel a mi estilo, la saludaba con respeto y amabilidad. Supe que Anuar, su compañero, era jefe de una cuadrilla y en esos días no estaba en el campamento.

En este junio tuve la ocasión de conocer a otros guerrilleros que llegaban a mi comisión de cuido buscando a Edenso para solicitarle la elaboración de una culata de madera para sus fusiles. Edenso tenía una enorme habilidad con las manos. Hacía cartucheras de cuero para pistolas, remendaba botas o arreglaba fusiles, pese a las pocas herramientas de que disponía. También remplazaba las culatas de los fusiles de sus compañeros.

Yo observaba la mala condición de las armas de los guerrilleros y el esfuerzo enorme que debían hacer diariamente para mantenerlas en condiciones operativas. No siempre lo conseguían. A menudo les escuchaba historias de fusiles que no disparaban o proveedores que se atascaban y otros problemas de esa índole.

Con frecuencia observaba que las cuadrillas de Martín Caballero tenían problemas financieros, a pesar de los ingresos que el negocio de las drogas les representaban a las FARC. Pero aprendí que los frentes no recibían fondos del secretariado sino lo contrario, debían enviarles una parte de los recursos que obtenían a través de la extorsión, el secuestro y el narcotráfico.

Caballero me mandó el libro *Chávez nuestro*, una biografía del presidente Chávez, de Venezuela. Los guerrilleros seguían con mucha atención cualquier noticia sobre el mandatario venezolano y había un sentimiento de exaltación cuando escuchaban sus intervenciones en el programa *Aló presidente*, que transmitían semanalmente y que los guerrilleros sintonizaban y seguían con mucha devoción. Me pareció que el libro lo habían editado para acompañar la campaña de reelección del presidente venezolano.

Muchos guerrilleros fumaban cigarrillos y tabacos y con frecuencia me ofrecían para que yo también fumara. Durante mucho tiempo los rechacé hasta que me di cuenta de las ventajas que me traería aceptarlos. A partir de entonces fui sujeto de un suministro permanente.

Esto me representó dos ganancias: hacerme con un encendedor, o mechera como decían los guerrilleros, que yo consideraba muy importante en caso de una posible fuga, y tener cigarrillos que ofrecer a los guerrilleros cuando se terminaran los suyos.

Los cigarrillos los distribuían los sábados o los domingos, en pequeñas cantidades, y los fumadores acababan rápidamente sus cajetillas. A partir del martes yo era de los pocos que aún tenían cigarrillos guardados. Por eso, los fumadores afinaban y extremaban sus simpatías conmigo a partir de ese día de la semana, para poder pedirme un cigarrillo regalado.

Así pude mejorar mis relaciones públicas con algunos secuestradores.

23 de junio de 2005. Jueves. Se aprobó la Ley de Justicia y Paz por fin en el Congreso. Ayer, en sesiones extraordinarias, el Congreso aprobó la conciliación de los textos del Senado y la Cámara. Y según acabo de oír en RCN, se incluyó el artículo que facilitaría el acuerdo humanitario. Tengo dos años de estar esperando ese artículo, como lo anoté el 31 de mayo del 2003. Ahora vamos a ver si esa lucecita de esperanza crece y nos liberan, o Dios no lo quiera, también se apaga. La verdad, soy optimista, aunque tengo la incertidumbre de cómo influirá en el tema la cercanía de la campaña política del próximo año.

27 de junio. Lunes. 6:35 a.m. «Mensaje para Fernando Araújo Perdomo: «Hola, papi, soy Ferni. Ahora que se acerca la fecha de tu cumpleaños quiero aprovechar para mandarte este mensaje y repetirte que siempre

te tenemos presente y te recordamos. Estoy muy contento en Cartagena, todos te mandan muchos saludes, mis hermanos y todos. Estoy muy contento... Voy a aprovechar un convenio que tiene mi universidad con una universidad de acá para ver una materia en las vacaciones y también voy a trabajar. Ya no me falta mucho en mi carrera, como te he contado en otros mensajes. Estoy muy contento, las notas muy buenas, este semestre saqué el promedio en 4,25 y el de la carrera lo llevo en 4,00. Te quiero muchísimo y espero que tu regreso se dé pronto para que volvamos a estar juntos y a disfrutarnos unos a otros. Te quiero muchísimo». ¡Gracias, Ferni! Me encantó tu mensaje y me fascina que estés tan contento y alegre contigo mismo, que tengas tan buenos resultados en la universidad y además capto en tu voz un halo de esperanza sobre nuestro reencuentro. ¡Dios quiera! Ferni, no te imaginas con cuánta ansiedad he esperado este mensaje. El silencio me resulta agobiador. Por eso, otra vez mil gracias. Te adoro.

Las noticias de hoy hablan de un comunicado de Raúl Reyes en el que se muestra partidario de negociar con Estados Unidos la liberación de los norteamericanos a cambio de Simón Trinidad y Sonia. Por mi parte, sigo igual. Cumplo hoy cincuenta años, pero me siento muy joven y pleno. No tengo problemas de salud y me mantengo en buen estado físico. Hago ejercicios cada vez que puedo, superando las dificultades de mi situación. Me mantengo tranquilo y sereno, combatiendo mi impaciencia, las dificultades, las frustraciones, la tristeza, la incertidumbre y el dolor. Trato de concentrarme en el presente, de vivir cada día de la mejor manera y de mantener mis esperanzas en el regreso.

Me despierto alrededor de las 4:30 a.m., rezo y enciendo el radio. Escucho la cadena básica de RCN hasta las 8:00. Luego busco alguna emisora que transmita en inglés o en francés. Radio Francia Internacional, la BBC, Radio Canadá o Radio Netherland, para aprender algo, o al menos acostumbrar el oído a las palabras en esos idiomas. De 10:00 a 12:00 hago ejercicios. Para hoy, por mi cumpleaños, tengo planeadas 300 flexiones de pecho, 1.200 abdominales y 1.000 flexiones de piernas, combinadas con otros ejercicios de estiramiento muscular y movimientos de las coyunturas. Trato de escuchar las noticias locales de Cartagena en RCN al mediodía y luego me baño. Por la tarde intento de nuevo sintonizar alguna emisora de las que mencioné atrás, como y me acuesto alrededor de las 6:30 p.m. Duermo en una hamaca, protegido con un toldo y con una carpa que retiro en la mañana, a las 5:30 después de oír Radio Sucesos, señal mundial. Tengo dos mudas de ropa que alterno cada diez o quince días. Cargo un morral con la ropa limpia, los elementos de uso personal y los cuadernos. El domingo escucho en Caracol el programa de historia de Diana Uribe. Actualmente está narrando los hechos de las dos guerras mundiales. Y espero, espero y sigo esperando. Lleno de amor por Mony, mis hijos, Ruby, mi papá, mi mamá, mis hermanos, cuñados, primos, suegros, amigos. Lleno de deseos: de aprender, de trabajar, de servir, de ayudar, de disfrutar... vivir. Ferni, te extraño. A ti, a tus hermanos, a todos. Me duele cada instante de esta separación, que además no entiendo. Pero no me rindo. Todos los días me reafirmo en el amor y en la esperanza. Y sigo, con paciencia, esperando nuestro reencuentro. Mil besos para todos y gracias por acordarse hoy de mí. Los adoro. Con el alma.

28 de junio. 5:30 a.m. Este es un mensaje para F.A.P. «Hola, Ferni; en el día de tu cumpleaños te deseo que estés gozando de buena salud y de ánimo. Luis Ernesto terminó su máster en España con las más altas calificaciones y está ocupando un alto cargo en la presidencia. Sergio Alejandro se lució como maestro de ceremonia en la graduación del Colegio Jorge Washington. Tus otros hijos, de maravilla. Judith Elvira dice que por mediación de la Virgen del Perpetuo Socorro se producirá tu regreso antes de cumplirse los cinco años de tu secuestro. Vamos a cogernos todos de la mano de la Virgen y a confiar en la premonición de J.E. Te quiero y te extraño muchísimo. Recibe un beso y un abrazo. Tu papá. Gracias a RCN por este servicio». Me siento muy orgulloso de mis hijos, me imagino a Sergi de maestro de ceremonia, pilosísimo, buen mozo, serio, dedicado. ¡Felicitaciones! Y claro, a Lue por su máster, las buenas calificaciones y su trabajo. ¡Adelante, campeón! Todo mi amor, con todo mi corazón. ¡Ah!, se me olvidaba. Ayer, aunque con dificultad, completé los ejercicios que había programado (para sentirme bien a pesar de los cincuenta).

En julio de 2005 nos movimos varias veces. Primero regresamos al campamento en donde estuvimos en el mes de mayo, que se hallaba relativamente cerca, y permanecimos allí unos cuatro o cinco días, hasta que llegó una patrulla de infantes de marina persiguiéndonos.

Lo triste fue que varios soldados murieron víctimas de una mina colocada cerca de la poza de donde se tomaba el agua. Me pareció espeluznante lo que pasó.

Según pude entender, un soldado activó una mina que al explotar lo destrozó por completo. Lo único que quedó fue un pedazo de una de sus botas de seguridad, con punta de acero. Los guerrilleros la recogieron de un árbol donde quedó incrustada entre dos ramas altas. Yo pude verla en medio de los escalofríos que me produjeron los comentarios de los guerrilleros festejando su proeza.

Esta acción nos llevó a movernos unos dos kilómetros, al cerro vecino, donde permanecimos diez días, antes de trasladarnos al campamento Brea, donde estuvimos un lapso similar.

Eran tiempos de escasez y dificultades por la presión militar. Pero aun así, noté la presencia en el campamento de un médico que llegó a atender a los guerrilleros. Se notaba inquietud y movimiento en el campamento.

En el lugar en el que me ubicaron podía escuchar las charlas de los guerrilleros, especialmente al comenzar la noche, cuando me preparaba para dormir. Así pude escuchar a Martín Caballero informándoles a sus subalternos sobre el plan para derribar ochocientas torres de energía en todo el país, durante el año que corría. La noticia me espantó el sueño esa noche, aunque me parecía que era una evidente exageración para demostrar una fortaleza inexistente.

Era una táctica frecuente para animar a los guerrilleros: recurrir al engaño y a la exageración de sus logros y capacidades. Pero también era una expresión fidedigna de la personalidad megalómana de Caballero y de la mayoría de sus compinches. Pensaban con el deseo y confundían sus fantasías con la realidad.

A finales de mes descendimos del cerro, caminamos por un bajo húmedo e inhóspito y subimos a otro cerro. Calculé que la distancia entre los dos lugares serían unos dos kilómetros. La caminata estuvo llena de temor y precauciones, y cuando volvimos a subir noté bastante movilidad de comandos que entraban y salían. Mucha inquietud, muchas preocupaciones. Las tropas debían estar cerca.

En medio de estas dificultades vi que llegaron al campamento varillas de acero corrugado, de una pulgada de diámetro, y seguetas para cortarlas en pedazos pequeños que introducían en los balones bomba. Cuando estos artefactos explotaban el acero se dispersaba, multiplicando exponencialmente la capacidad mortífera de estas bombas artesanales.

Con las varillas llegaron dos revistas, *Semana* y *Cambio*, que me prestaron. Las noticias se centraban en la designación como nuevo embajador de Colombia ante Estados Unidos de mi amigo, el expresidente Andrés Pastrana. Como de costumbre en el país, todo el mundo opinaba sobre la conveniencia o la inconveniencia de esa decisión del presidente Uribe y si Andrés debía aceptar o no.

A principios de agosto arreciaron las acciones militares. Supongo que como resultado de las bajas de los soldados por efecto de las minas, se preparó una ofensiva militar de mayor calibre. El 1º de agosto hubo bombardeos muy cerca del campamento, seguidos por vuelos de helicópteros que me parecía que estaban desembarcando tropas. En los días siguientes comenzaron disparos permanentes de morteros, en el día y en la noche.

Con frecuencia sentía los morteros volando hacia mí y luego los oía silbar sobre mi cabeza para explotar unos metros adelante. Nos tocaba movernos enseguida con todos los equipos para no ser blanco del fuego de artillería. El ambiente que se vivía era de zozobra y miedo.

Las tropas estaban cerca pero los guerrilleros no se rendían. Caballero los organizaba en comandos de seis unidades que espiaban silenciosamente a los soldados y minaban el terreno a su alrededor. Rehuían el combate pero colocaban las minas con mucha efectividad. El avance de las tropas se dificultaba mucho.

El apoyo aéreo se suspendió a los pocos días. Escuché en las noticias que a uno de los aviones de la base de Barranquilla se le incendió un motor cuando se disponía a despegar y quedó fuera de servicio. Como no volví a registrar bombardeos, los atribuí a este daño. Siempre había notado que los ataques se organizaban con aviones que actuaban en parejas. Con uno solo operando no era posible atacar.

Hubo un motivo adicional de alarma en estos días. Oí una fuerte explosión, seguida de mucho movimiento e inquietud interna en el campamento. Creí que las tropas se venían encima, pero no entendía lo que pasaba. Finalmente averigüé que un guerrillero, apodado el Tanque, había activado una mina y había resultado herido. Sus compañeros lograron rescatarlo y traerlo al campamento, donde recibió atención médica de las enfermeras guerrilleras.

A pesar del enorme peligro en el que me encontraba, me sentía optimista y me mantenía alerta, en busca de una oportunidad de escaparme.

En estos momentos tan difíciles tuve la inmensa alegría de conocer la inauguración del Centro de Convenciones del Hotel Las Américas, en Cartagena. Había estado vinculado al proyecto inicial de ese hotel. Había participado en sus diseños, construcción, dotación y puesta en operación entre 1991 y 1994. Había merecido el premio de Camacol Bolívar como el Constructor del Año, en 1994, por esa obra.

De todos los proyectos en los que había participado en mi actividad profesional, éste era el que me había representado más satisfacción y alegrías.

Por eso, cuando me enteré de que había sido ampliado con un centro de convenciones me sentí feliz. Entendía además que su construcción había sido posible por el nuevo clima de progreso que se experimentaba en Colombia. Yo seguía con mucha atención las noticias sobre el desenvolvimiento del país y llevaba en mis cuadernos las estadísticas sobre la inflación —que el gobierno estaba controlando— y sobre el desempleo, que descendía verticalmente, al tiempo que los índices de crecimiento de la economía crecían, impulsados por el aumento de la inversión, la baja en los intereses, el crecimiento de las exportaciones y un incipiente crecimiento en el consumo interno que marcaba una tendencia muy positiva.

Estas eran noticias que me alegraban y me infundían optimismo en medio de la soledad, de las dificultades y de los peligros. Seguí con disimulo los actos del Consejo Comunitario sobre Turismo que realizó el presidente Uribe en uno de los salones del Hotel Las Américas y luego, las noticias sobre la inauguración del Centro de Convenciones.

Sin embargo, no lo comenté con nadie y únicamente me limité a unas notas muy someras sobre el acto en mi diario. Nunca había hecho ninguna referencia a los negocios familiares y sólo me había referido a la zoocría, pero a manera de *hobby*. Consideraba peligroso hablar de esos temas ante mis secuestradores. Además, me daba miedo que leyeran mis diarios, por lo que era muy cuidadoso con todos mis apuntes. Pero me sentía orgulloso de mis padres, de mis hermanos, de toda la familia.

En uno de los traslados de estas fechas me crucé con Caballero y noté que llevaba un sombrero de tela camuflada, en forma de hongo, con algunos elementos cosidos. Observé con curiosidad hasta caer en cuenta de que se trataba de los nombres de algunos militares asesinados por él, seguramente víctimas de las minas que sembraban en todas partes. Me revolvió el estómago constatar que los llevaba como trofeos de su violencia sin límites, como expresión de su odio feroz, como constancia de su perversidad.

En septiembre y octubre la acción militar arreció. Se llamaba Operación Omega y la cercanía de las tropas era evidente. Los helicópteros llegaban a traer provisiones, a descargar morteros, a apoyar militarmente y a renovar las tropas. Estaban en todos los puntos cardinales. Incluso usaban altoparlantes para invitar a los guerrilleros a entregarse, a desmovilizarse, a reintegrarse. Pero éstos no ponían atención. Seguían operando con comandos y buscando cómo evadir el cerco, cómo escaparse.

La disciplina era extrema. El silencio, el cuidado al cocinar, el humo, el ruido al cortar la leña, la guardia, los radios, los desplazamientos frecuentes. Todo se hacía con sumo cuidado para no ser descubiertos.

23 de julio de 2005. Sábado. Ayer el presidente sancionó la Ley de Justicia y Paz. Se demoró un mes desde su aprobación en el Congreso, quizás por el esfuerzo del gobierno de explicarlo internacionalmente. En el acto de firma de la ley habló el comisionado de paz, Luis C. Restrepo, sobre el acuerdo humanitario. Dijo que tiene instrucciones precisas del presidente para reunirse con los voceros de las FARC para buscar el acuerdo humanitario, que espera unas condiciones de seguridad adecuadas y un gesto de buena voluntad. «Los familiares de los secuestrados pueden tener la certeza del compromiso del gobierno para lograr el acuerdo humanitario». En otras circunstancias estaría saltando de felicidad, pero han sido tantas las desilusiones que el corazón me late con prudencia y desconfianza. No porque no crea en el comisionado, que siempre me ha merecido toda la credibilidad, además de mostrar mucho valor e inteligencia. Una persona sobresaliente. Pero bueno, es lo que estaba esperando. Seguimos avanzando. Los adoro. Todo mi amor, todos mis besos.

26 de julio. Lunes. RCN dice en un confidencial que el presidente Uribe aprobó el despeje de una zona para la negociación del acuerdo humanitario.

27 de julio. La noticia central de hoy es la disposición del gobierno para reunirse con las FARC con miras a definir el intercambio humanitario,

en las condiciones exigidas por las FARC. 1.00 p.m. ¡Vi a Lue en televisión! Apareció Lue dando declaraciones sobre la propuesta del gobierno para el intercambio humanitario y pidiendo pruebas de supervivencia. Tengo los dedos cruzados para que esto prospere. Pero también sé que debo ser paciente. Otra noticia del día es la elección de Luis A. Moreno como presidente del BID. Me parece un premio justo y un reconocimiento a sus calidades y capacidades inigualables. Un abrazo y mil felicitaciones.

9 de agosto. 12:30 p.m. Desde Cali, el comisionado Restrepo dice que el gobierno acepta la propuesta de los familiares de reunirse con las FARC en la vereda Aures, del municipio de Caicedonia, en el Valle, y que cree que siguiendo una metodología sencilla se podría lograr un acuerdo en un término de cinco a ocho días. Seguimos avanzando. Por aquí, a esta hora, sobrevuelos de un helicóptero en la zona. Han seguido los combates, bombardeos y otras acciones militares.

10 de agosto. Entrevista de Juan Carlos Cerón a Lue, en RCN: «Lo importante es que se trata de una propuesta de los familiares para que el gobierno y las FARC se sienten a hablar sobre el acuerdo humanitario... Soy realista, hasta ahora las FARC siempre han contestado negativamente a las propuestas del gobierno, pero prefiero ser positivo y esperar un sí rotundo en esta oportunidad para que se comience el acuerdo... Mi padre está secuestrado hace cuatro años y ocho meses, y hace dos años y medio que no recibimos ninguna prueba de supervivencia, pero así están también todos los familiares de los políticos, de los policías y los militares; de modo que aprovecho para hacer un llamado general para recibir pruebas que nos permitan conocer el estado físico y mental de nuestros seres queridos».

11 de agosto. 12:30 p.m. «Esperanza, creatividad y pragmatismo», las tres palabras en las que se basa la acción del gobierno para lograr el acuerdo humanitario. En una entrevista en directo por RCN, desde Caicedonia, el alto comisionado reiteró su compromiso con el acuerdo y se mostró muy afirmativo y proactivo sobre el tema. Me gustó muchísimo la entrevista. Sigue avanzando el tema, a pesar de la mala leche de algunos comentaristas y otros.

16 de agosto. Martes. En un comunicado en su página de internet, las FARC rechazaron el encuentro en Aures y reiteraron su solicitud de despeje de Florida y Pradera, por treinta días, para llegar a un acuerdo sobre el intercambio humanitario. Aceptan la mediación de los familiares y

el acompañamiento internacional. Al parecer usaron un lenguaje respetuoso y reiteraron su voluntad de llegar a una negociación. Seguimos avanzando. Acá continúan las operaciones militares en las cercanías. Ayer creí que un helicóptero nos iba a ametrallar, pero disparó hacia el cerro de enfrente. Los disparos y las explosiones ocurren a cualquier hora, de día o de noche. Todos mis besos, todo mi amor.

29 de agosto. Lunes. Ayer, a partir de las 5:00 p.m., percibí un ambiente de alarma en el campamento. A las 6:00 p.m. me ordenaron recoger todos mis petates y nos retiramos unos 200 metros. Cada unidad guerrillera se ubicó distante de las otras, en espera de un posible bombardeo. Afortunadamente para mí, el bombardeo se produjo muy distante de nuestro campamento. A las 7:30 p.m. regresamos a las caletas. Colgué otra vez mi hamaca, puse el toldo, y dormí toda la noche.

1° de septiembre. Jueves. Comenzamos el mes con las mismas condiciones del anterior. Ayer nos mudamos unos quinientos metros, porque los morteros de anteanoche nos estallaron muy cerca. Los de anoche los sentí más lejos. Las operaciones militares en la zona me parecen amplias y noto dificultades en los abastecimientos, aunque creo que hay bastante «economía» encaletada en los alrededores.

7 de septiembre. El tema se sigue moviendo. Informe confidencial de RCN, presentado por Juan Gossaín: el alto comisionado se reunió el pasado lunes con los familiares de los diputados, entre las 9 a.m. y las 12 m. en Cali y dijo que el gobierno les propuso a las FARC reunirse en el municipio de Pradera, vereda Bolo Azul, para tratar el acuerdo humanitario. Que espera recibir respuesta de las FARC antes de fin de mes. En Bolo Azul no hay presencia militar, por lo que no se necesita despeje.

9 de septiembre. Se confirmó ayer en la tarde, mediante un comunicado leído por L.C. Restrepo, el confidencial de RCN. Hoy casi no pude oír noticias porque nuevamente nos mudamos para alejarnos, creo yo, de los morteros, que sentí muy cerca en la noche del miércoles. Sin embargo, capto un ambiente más positivo esta vez, más optimista. Oí que López dijo que los días del acuerdo humanitario están por venir y que aunque esta propuesta no sea aceptada, hay lugar para el optimismo por la actitud del gobierno. Mil besos y todo mi amor.

16 de septiembre. Otra vez las FARC dijeron que no a la propuesta del gobierno con un comunicado que da la impresión de ir para atrás en

lugar de buscar un acercamiento. No veo voluntad para la solución por la guerrilla. ¡Duele!

24 de septiembre. Sábado. Hola, Mona, ¿qué hay de tu vida?, ¿cómo van tus cosas?, ¿por qué no sé de ti desde hace tanto tiempo?, ¿por qué no escucho mensajes de Sergi ni de Manolete? Mil felicitaciones y felicidades en tu cumpleaños y un beso con todo mi cariño.

25 de septiembre. Hoy mis besos y mis felicitaciones son para Carolina. ¡Feliz cumpleaños! Caro, extraño muchísimo tus mensajes, tu alegría, tu compañía. Te cuento que por acá siguen las operaciones militares. Operación Omega, dicen en las noticias. Un día los disparos son al norte, otro día al sur, o al este o al oeste, o sea, por todas partes. Anoche estuvo un helicóptero por los alrededores. Sin novedades.

30 de septiembre. Viernes. Noticias y comentarios de fin de mes: a) siguen las noticias frecuentes sobre el acuerdo humanitario. El tema se mueve; b) el gobierno de Francia mantiene su accionar y repite su interés en volver a reunirse con las FARC, después de la nota de protesta del gobierno colombiano por la reunión anterior, sin haber sido autorizada; c) el gobierno insiste en su propuesta de reunirse en Bolo Azul, Pradera, a través de un comunicado del comisionado; d) el presidente Uribe mantiene su posición de no despejar y de exigir la garantía de que los guerrilleros no vuelvan a delinquir; e) esta mañana hubo explosiones de morteros en nuestras cercanías; f) extraño muchísimo sus mensajes y las noticias sobre Mony, mis hijos y toda la familia; g) aprovecho para felicitar a Martha Arango de Lizcano por sus mensajes semanales a su esposo Óscar Lizcano, los escucho con mucha atención y nostalgia; h) las noticias del país son buenas, el crecimiento económico del primer semestre, las disminuciones de los delitos, en especial el secuestro.

1° de octubre. Salió ayer la que me parece la respuesta de las FARC a la propuesta de la reunión en Bolo Azul. En un casete dirigido al Foro de Biarritz, que se reúne en Bogotá, Raúl Reyes insiste en el despeje de los dos municipios del Valle, dando sus razones y presentando un cronograma. Me parece un adelanto. A su vez, Samper mencionó una reunión con López y L.A. Castro para la próxima semana, que no entendí muy bien, pero que me dejó una impresión positiva.

9 de octubre. Domingo. Anoche, en mis sueños, me desperté reclamándoles a mis hermanos y a mi papá y a mi mamá, por dejarme olvidado. Me siento muy solo con tanto silencio.

13 de octubre. Jueves. Ayer me prestaron la edición 1.221 de *Semana*, del 26 de septiembre, con el artículo entrevista de María Isabel Rueda a Lue. Me sentí feliz de ver a Lue, de leerlo, de oír sus comentarios, de recibir las noticias, de enterarme del bienestar de Ferni, Sergi, Manolete y Ruby. No logré aclarar nada sobre Mony. Esto, y la información sobre sus actividades y otros detalles, me dejaron asustado, nervioso, preocupado por la seguridad de todos.

Ya había notado el día que lo vi en la televisión que, como diría Ruby, está más cachetón y tiene cara de adulto, aunque conserva su expresión juvenil, franca, dulce. No me canso de mirarlo.

Gracias, Lue, por todo tu amor, tu dedicación, tu valor, tu entrega, gracias a María Isabel Rueda por la entrevista y el interés en mí. Gracias a la revista *Semana*. Me pregunto por el sentido y la finalidad de la entrevista. ¿Por qué y para qué? Todavía no lo sé.

Estos son algunos apartes de la entrevista:

¿Cuánto completa ya secuestrado su papá?

Lo secuestraron el 4 de diciembre del año 2000. Va a cumplir cinco años.

¿Cuándo recibieron la primera carta de él?

Un año después. Por ella supimos que lo tuvieron los seis primeros meses aislado y que no lo dejaban oír radio o leer noticias. Fue la primera prueba de supervivencia. Yo me puse muy feliz de saber que estaba vivo.

¿Cuántas cartas han recibido durante estos casi cinco años?

Sólo dos. Y al canal Caracol han enviado dos videos. Pero hace dos años y siete meses no tenemos ninguna prueba de supervivencia.

¿Y cómo ha sido desde entonces su vida y la de sus tres hermanos?

Transcurre en medio de una incertidumbre muy grande y un dolor muy profundo. Pero en lo posible tratamos de llevar una vida normal. Por ejemplo, durante el secuestro de mi papá, yo me gradué de abogado. Pero no quise ir a la ceremonia y reclamé mi diploma por ventanilla. La vida sigue porque tiene que ser así. No nos hemos dejado amarrar por el secuestro de mi papá. Nos habríamos enloquecido. Mis hermanos estudian, al segundo le falta un año para terminar la universidad, el tercero ya va a graduarse del colegio, y todo eso se lo ha perdido mi papá. Y en la familia han pasado muchas otras cosas. Han nacido varios primos, hay tíos que se han casado y se han divorciado... A mi papá vamos a tener que hacerle una actualización impresionante. Nuestra relación con él quedó congelada en la última conversación que tuvimos el día en que lo secuestraron. Pero él está muy presente. Muy reflejado en nuestras vidas, por ejemplo en la relación que tenemos entre los cuatro hermanos. Familiarmente, él nos cobija como un paraguas.

¿Por qué cree que en el país ya casi no se habla de Fernando Araújo?

Es que mi papá es un hombre común y corriente. Mi papá no es una figura nacional. Su único contacto con la política fue como ministro de Pastrana. En cambio, Íngrid tiene todo el *boom* que le hace el gobierno francés, los diputados son once, los soldados y policías deben ser como 35, los congresistas también son un grupo, los norteamericanos son tres y son los norteamericanos... A muchos de esos secuestrados se los llevaron por accidente, pero en cambio a mi papá le hicieron una cacería de dos meses.

¿Habla con el presidente del tema?

A veces el presidente me pone el tema, porque él entiende muy bien lo que estoy viviendo: él perdió a su papá en un intento de secuestro. El presidente ha hecho concesiones muy significativas en el tema del canje con las FARC, pero de ellos no veo una respuesta igual de generosa. Lo mínimo que yo les pido es que nos envíen una prueba de supervivencia.

¿El secuestro de su papá lo ha obligado a ser el papá de sus hermanos?

En una época, cuando estábamos pequeños, yo los regañaba mucho. Mi papá y mi mamá me enseñaron desde entonces que yo no tenía que ser el papá de mis hermanos. Estoy pendiente de ellos siempre, tenemos una hermandad muy fuerte. Como hermanos, estamos por encima del bien y del mal. Ahí está la influencia de mi papá. Pero sin mi mamá, no habríamos podido ser tan fuertes como somos nosotros.

Ella es una mujer espectacular. Ruby Rumié, la pintora. ¿Cómo se imagina el día en el que vuelva a ver a su papá?

Sueño con ese día, dormido y despierto.

¿Le guarda resentimiento a Colombia?

¡Jamás!

Va a ver que el día en el que volverá a encontrarse con su papá está más cerca de lo que cree...

Lo espero ansiosamente, pero sin ninguna amargura. El amor de Colombia está por encima de eso.

Luis Ernesto había asumido mi secuestro con total entereza. «Al principio el dolor era tan fuerte y creía que debíamos ser tan solidarios con mi papá, que sentía como si no tuviéramos derecho a ser felices mientras mi papá no estuviera. Pero llegamos a la conclusión de que teníamos que seguir con la vida». Lo primero que hizo fue conseguirse un trabajo para poder atender sus estudios y todos sus gastos. Entonces comenzaba su jornada a las cinco de la mañana y se acostaba a las doce de la noche para poder rendir, el tiempo no le alcanzaba. Los sábados se levantaba a las seis de la mañana y estudiaba doce horas de corrido, y los domingos en la mañana los utilizaba para ponerse al día en los asuntos de su trabajo... rabajó muy activamente en el proceso del acuerdo humanitario, creyendo que las FARC tendrían voluntad de negociar. Pero pronto se desengañó. Entendió que las FARC son un grupo terrorista y que utilizarían a los secuestrados como herramienta para la consecución de sus objetivos, sin ninguna consideración humanitaria. A pesar de sentir una tristeza inmensa y dolor profundo, sabía que la vida tenía que seguir y se empeñó en hacer todas las cosas de la mejor manera posible. Centrado en las actividades en donde podía actuar. En sus círculos de acción. «Uno siente un dolor en el alma, un dolor espiritual horrible. Cada vez que hacíamos una reunión familiar, arrancábamos con una oración para mi papá y todo el mundo terminaba llorando».

34

La batalla de las Aromeras (IV)
Operación Omega

El 30 de junio de 2005 se inició una operación militar que duraría seis meses, hasta el 30 de diciembre, con participación de toda la Brigada, para mantener el control de los Montes de María y buscar el combate con las FARC. Se llamaría Operación Omega.

El Comando de la Primera Brigada de Infantería de Marina, con sede en Corozal, tenía la dirección de la operación. Participaron tropas de los Batallones de Fusileros de Infantería de Marina 2, 3 y 4, y los Batallones de Contraguerrilla 1 y 2.

Gracias al Comando Conjunto Caribe, las tropas de la Brigada contaban con la Fuerza Aérea, a través del Cacom 3 (Comando Aéreo de Combate 3, con sede en Barranquilla), del Batallón Fluvial 30 de Infantería de Marina, de la Compañía Córdoba del Batallón Francisco de Paula Vélez del Ejército y del Gaula de la Policía Nacional.

Las maniobras incluían la ubicación de las tropas en lugares cercanos a las áreas de operaciones, tanto terrestres como fluviales, para infiltrarlas hacia las diferentes zonas en que se dividió el terreno.

Para tener un control más efectivo se determinaron seis zonas: roja, amarilla, azul, gris, naranja y verde, en las que se realizaban asaltos sobre los diferentes objetivos. A través de sobrevuelos de reconocimiento se identificaban las áreas donde se ejecutaban misiones de bombardeo, en especial sobre la zona roja. Se disparaba fuego de artillería empleando dos obuses de 105 mm del Ejército Nacional y un mortero de 120 mm de la Infantería de Marina. Había apoyo aerotáctico según se requiriera.

También se programaron acciones de engaño, cubrimiento de corredores de movilidad, operaciones de interdicción fluvial, operaciones de ocupación, de registro, de control militar y de destrucción.

Fue una operación conjunta, con misiones tácticas asignadas a las unidades, para atacar principalmente a las compañías Che Guevara y Pedro Góngora Chamorro del frente 37 de las FARC, pero sin excluir del combate a las organizaciones de autodefensas que aún operaban en la zona ni a la delincuencia común. Para esos días la inteligencia había perdido mi rastro.

En estas misiones tácticas se desarrollaron, entre todas las unidades, 383 acciones militares en el terreno, agrupadas en las operaciones Resplandor, Resplandor I, Resplandor II, Resplandor III, Resplandor IV y Halcón, y sus resultados incluyeron 28 bajas en combate de guerrilleros de las FARC, el ELN, el ERP y las autodefensas; la captura de más de 135 delincuentes, el desmantelamiento de 68 campamentos y el desarrollo de 26 combates en el territorio de los Montes de María.

La Operación Resplandor se inició el 21 de julio de 2005, con bombardeos, operaciones de asalto aéreo y fuego de artillería.

En una de estas misiones, el 3 de agosto, las tropas del Batallón de Contraguerrillas, bajo el mando del teniente Custodio García Díaz, con apoyo de la Fuerza Aérea y del helicóptero ARC 412, de la Armada, llegaron hasta el campamento de Martín Caballero, en el sector del Aceituno, y lo destruyeron. No obstante, Caballero y sus cómplices lograron huir.

El campamento tenía capacidad para cien guerrilleros, con dos hornos, área de instrucción, zanjas de arrastre, pozo de agua, la infraestructura para desviar un cauce con el fin de aprovisionarse de agua y un taller para fabricar explosivos.

El 7 de agosto el combate fue comandado por los tenientes Rafael Hernández Díaz y Carlos Rodríguez Sáenz, en contra de una cuadrilla que dirigía el Pipón, en las Lomas de Miguel Pérez, del municipio de Zambrano, con la baja de tres guerrilleros.

El 9 de agosto se inició la Operación Resplandor I, que incluyó la participación de cuatro pelotones, integrados por alumnos del Centro de Formación y Entrenamiento de la Infantería de Marina, que se sumaron a 40 pelotones de infantes de marina regulares.

En estos desarrollos, el día 13 de agosto, las tropas, al mando del teniente Miguel Perdomo Flórez, encontraron siete cadáveres de guerrilleros que fueron abatidos el día anterior en un bombardeo de la Fuerza Aérea, en el suroriente del Aceituno.

El 14 de ese mes el combate, dirigido por el sargento Víctor Salazar Jiménez, fue contra la cuadrilla del Indio Embera, o Humberto, uno de los más peligrosos jefes de cuadrilla de Martín Caballero.

El 20 de agosto, en otro combate dirigido también por el sargento Salazar en contra del Indio Embera y su gente, se dio de baja al guerrillero conocido como Miguel. Su nombre aparecía bordado en su ropa, como acostumbraban estos guerrilleros para evitar confusiones con sus camaradas.

El 21 de agosto se inició la misión táctica Resplandor II, con el ingreso en helicópteros de soldados de la Compañía Córdoba del Batallón Vélez del Ejército, que continuaron con las labores de capturas, combates y destrucción de campos minados y campamentos.

El 25 se entregó Horacio, que lideraba una escuadra de la compañía Palenque, que dirigía Arturo, el mismo Katire que me vigiló durante dos años. Horacio se acogió al programa de reinserción del gobierno nacional.

El 6 de septiembre empezó la misión táctica Resplandor IV, a través de las Fuerzas Especiales de Infantería de Marina. El comandante quería reorientar las maniobras que había venido efectuando para minimizar la capacidad de los guerrilleros de causarles daño a las tropas, especialmente con las minas que ocultaban en toda el área.

Gracias a esta operación se logró rodear a los integrantes de la compañía Che Guevara, que me mantenían secuestrado. Personalmente era consciente de la presencia de tropas en todos los puntos cardinales y pensaba que en cualquier momento podía haber un asalto en contra de esa cuadrilla.

A partir del 9 de septiembre, el comandante de la Brigada ordenó la instalación de un picó en el cerro Paragüito para invitar a los guerrilleros a entregarse. Éstos no se veían muy impresionados con la situación, pero permanentemente se subían a los árboles para tratar de divisar la ubicación de las tropas.

El 23 de septiembre la unidad Ciclón de Contraguerrillas, al mando del sargento Ómar Castillo de la Cruz, en el arroyo Las Burras, dio de baja a Víctor, de la compañía Che Guevara, pero en el informe de las tropas se reportó la muerte de Silverio. Víctor llevaba ropa de Silverio y esto causó la confusión.

Víctor había estado conmigo varias veces. Fue quien me contó, en el año 2001, que mi interlocutor, en octubre de ese año, era Martín Caballero. Silverio había sido el que había querido confundirme al respecto describiéndome a Caballero con una fisonomía falsa. Hasta me dijo que era negro.

Cuando conocí a Víctor, estaba convaleciente de una herida que había recibido en el antebrazo izquierdo combatiendo con las tropas. Entonces tenía una compañera, Margarita, que siempre estaba sonriendo, excepto el día en que la trasladaron a otra unidad. Después supe que se fugó y se entregó al Ejército.

Víctor se me perdió varias veces pero reaparecía de vez en cuando. Era conversador e ingenuo y me daba bastante información. Había integrado la guardia que me vigilaba en los primeros meses de este año. En esos días salió a buscar provisiones y al regreso me contó que había cazado una iguana para cocinarla y comérsela.

—Me quedó deliciosa —me dijo—. La próxima vez que salga te traigo una.

Después lo cambiaron de escuadra y ya no volví a verlo.

Nuestra movilización era permanente, hasta que en un día muy lluvioso, el 26 de octubre, Martín Caballero consiguió evadir el cerco de las tropas e inició un proceso de traslado hacia las Aromeras norte.

El 15 de diciembre las tropas contraatacaron a través de la misión Halcón, con el Batallón de Fusileros de Infantería de Marina 3, que incluía a las compañías Alpha, Bravo, Charlie y Eco, que se ubicaron a lo largo de la vía de El Carmen de Bolívar a Zambrano.

Esta Operación Omega tuvo muy altos costos en vidas humanas y en heridos de las tropas conjuntas. La Infantería de Marina reportó veinticuatro heridos: veintiuno de ellos por efecto de artefactos explosivos y tres en combates con los guerrilleros. También informó de diez muertos: siete asesinados por las minas antipersonas instaladas por los guerrilleros y otros tres que cayeron en combates.

35

Noviembre de 2005
MARCHAS, LECTURAS Y VIDEO

Desde el 25 de octubre comenzamos una marcha de características especiales. Íbamos transitando por campamentos que ya habíamos visitado y en cada uno había una acción de revisión de materiales guardados. Se registraban las caletas, se sacaban libros y otros elementos de los que se tomaban algunos, y los demás se empacaban cuidadosamente y se volvían a guardar. Era claro que se estaba organizando un desplazamiento largo, un cambio de zona estratégico. Nuevamente me asusté. ¿Para dónde me llevarían?

El 26 fue el día más difícil. Debíamos atravesar el cerco de los soldados. Iniciamos la marcha a las 5:00 a.m. y alrededor de las 6:15 paramos. Mientras unos guerrilleros preparaban un café, la avanzada continuó hasta llegar a la población más cercana.

Allí estaban los soldados acampados en la escuela, por lo que la avanzada regresó colocando minas en el camino por si eran perseguidos.

Para evadir a los soldados hicimos una larga circunferencia a través de la espesura del bosque, y cruzamos una zona donde se habían tumbado varios árboles para preparar un helipuerto. Los guerrilleros comentaron que de allí habían sacado algunos cadáveres de soldados que habían muerto en un campo minado, al igual que a los heridos, varios de ellos mutilados. Me horroricé cuando vi las manchas de sangre en el terreno.

Cuando logré ubicarme un poco mejor entendí que al principio nos habíamos desplazado en dirección al este, y después tomamos rumbo norte, rumbo a la carretera El Carmen-Zambrano, el eje que dividía las Aromeras norte y las Aromeras sur. Atravesamos la carretera el 16 de diciembre, en una bella noche de luna llena.

Fuimos atacados permanentemente por disparos de morteros. En los primeros días de diciembre un mortero explotó muy cerca, hasta el punto de que sentí cuando cayeron algunas esquirlas cerca de mi hamaca. La explosión fue tremenda y el susto increíble. La onda explosiva me movió.

1º de noviembre de 2005. Octubre me resultó muy penoso y triste. Muy incómodo por el invierno intenso, los traslados frecuentes, la incertidumbre permanente. Desde el 25 iniciamos una «marcha» para cambiar de zona, que no sé si ya terminó. Además, me pesa mucho la sensación de olvido. El silencio me entristece: no he oído ningún mensaje para mí y las noticias sobre algún acuerdo humanitario también desaparecieron. Afortunadamente conocí la entrevista de Lue para *Semana*, y la recorté para tener su foto y releerla permanentemente. Además por la entrevista confirmé que Sergi y Manuel, de quienes casi no recibo noticias, están bien.

8 de noviembre. Martes. 1.800 días de ausencia, dolor e incertidumbre. ¡Pero firme! Los adoro.

21 de noviembre. El alto comisionado, en un «escueto» comunicado, anunció la conformación de una comisión internacional para acelerar la negociación de un acuerdo humanitario. Desde ayer estoy pendiente de la noticia pero no han dado más detalles. Seguiré atento. Mil besos y todo mi amor.

Desde finales del mes de octubre Deisy me había prestado el libro *Canto general*, de Pablo Neruda, en un gesto que agradecí porque así tendría algo para leer, aunque no creía en su altruismo, sino más bien en su interés de no tener tanto peso para la larga marcha en la que estábamos. De esta lectura recuerdo algunos versos: «Yo no vine a resolver nada, yo sólo vine aquí a cantar y a que cantes conmigo»; o este otro: «La verdad es más alta que la Luna».

También leí *El general en su laberinto*, de Gabriel García Márquez, y pude deleitarme con su imaginación desbordada, con sus conocimientos históricos y con su sapiencia en el manejo del lenguaje. La obra contiene muchos términos que yo desconocía, que son reflejo del idioma y las costumbres de la época. Los anoté en mi cuaderno de estudio para averiguar su significado.

25 de noviembre. Viernes. En las noticias de RCN, al mediodía, escuché al alto comisionado decir que la comisión internacional para tratar con las FARC el acuerdo humanitario ya estaba conformada, pero dijo que el tema se está manejando con mucha confidencialidad y reserva y que el gobierno sólo dice lo que considera adecuado. Se abstuvo incluso de dar los nombres de los países que forman parte de la comisión. Lo más importante hasta ahora es que creo que es la primera vez, la primera noticia, de una actuación en la que están de acuerdo el gobierno y las FARC. También es importante la sensación que me queda de que el tema está avanzando, que para mí es muy importante porque me ayuda a vencer la desesperanza. Aunque sigo pensando que el proceso electoral es un obstáculo que atrasará cualquier acuerdo.

29 de noviembre. Oí la entrevista del presidente Uribe en Caracol. D. Arizmendi citó unas declaraciones de R. Reyes a *Noticias Uno* diciendo que las FARC no van a caer en la trampa electoral y que no harán ningún acuerdo con el gobierno, ni el acuerdo humanitario. Uribe contestó que él tiene un «prudente optimismo» en el trabajo de la comisión internacional que conformó Restrepo. Habló de las dos condiciones que él ha puesto (ya no dijo tres): no al despeje y que no vuelvan a delinquir los guerrilleros liberados.

1º de diciembre. Hace dos días oí la noticia del video de Óscar Lizcano a su familia. Me alegré muchísimo por él, por su familia y por lo que representa como gesto positivo. Ayer hablé con Zamora y le recordé mi interés de enviarles alguna nota mía. Me contestó lo mismo, que eso lo maneja el secretariado y que él espera órdenes. Por mi parte, estoy ilusionado con oír algún mensaje para mí, y mientras tanto leo los del año pasado.

4 de diciembre. Domingo. 9:00 a.m. Muy triste con la noticia del asesinato ayer, en el Huila, de Jaime Lozada Perdomo. Pienso en él, en su viuda, Gloria Polanco, secuestrada por las FARC y esperando el canje y en sus hijos, que también estuvieron secuestrados tanto tiempo. Es un

golpe durísimo para todos los que estamos secuestrados y para nuestras familias que al lado de Jaime Lozada han estado trabajando por el acuerdo humanitario. ¡Cuánto dolor para Colombia! Parece que hoy terminamos una nueva marcha, que comenzamos el viernes en la tarde y seguimos ayer. Todo el día y luego esta mañana, de 5:30 6:30. Estuve pendiente de las noticias y de algún posible mensaje, pero veo que la familia ha escogido la estrategia del silencio. De todas maneras alcancé a oír en Caracol y en RCN una noticia que decía «Los familiares del exministro F.A., que cumple hoy cinco años de haber sido secuestrado por las FARC, piden nuevamente que les envíen alguna prueba de supervivencia y su pronta liberación». O sea, no es problema de olvido, es un ayuno de mensajes voluntario que no entiendo, pero que espero que en algún momento cese. Hoy cumple años Mony. Espero que esté bien y que su silencio tenga alguna explicación. Hace dos días, el viernes, hablé nuevamente con Zamora. Mejor dicho, él habló conmigo. Me dijo varias cosas: 1) Que el operativo militar que había en el área fue suspendido y la tropa la retiraron. 2) Que hubo un momento en que estuvimos rodeados por diez patrullas, pero que los guerrilleros, lograron, salir de ese peligro. 3) Que él es el jefe del frente 37, o sea, el mismo Martín Caballero. 4) Que su jefe directo es Iván Márquez, del secretariado de las FARC. 5) Que me van a grabar dos videos. El primero, corto, para enviar a los medios, como prueba de supervivencia. El segundo, más largo, para la familia, en privado. Así que estoy pendiente de que me digan cuándo va a ser la grabación y muy ilusionado con que la prueba de supervivencia les llegue pronto y les dé tranquilidad y alegría. Al mismo tiempo me anima la esperanza de que el proceso de negociación a través de la comisión internacional produzca resultados y se concrete nuestra liberación. Mientras tanto, paciencia y fortaleza. Y todo mi amor.

Aunque no lo anoté en mi diario, recuerdo que Martín Caballero también me dijo que Iván Márquez le había sugerido mudarme, y sin que fuera explícito, yo quedé con la idea de que sería para Venezuela, donde yo creía que estaba Márquez.

—Mientras esté conmigo, está seguro —me dijo Caballero que le había respondido a Márquez y que el tema había quedado resuelto.

Me sentí muy asustado de que me mandaran al lado de Márquez, porque estaba seguro de que de allí no saldría nunca.

7 de diciembre de 2005. Miércoles. A las 12. m. grabé el video corto. El otro queda pendiente. Esta vez me tomaron sentado. Sobre la mesa

tres libros, mi radio y la tv portátil que cargo. Con tres guerrilleros a mis espaldas, Maribel, Rentería y Cristina. Esto fue lo que dije: «Hoy es miércoles 7 de diciembre de 2005 y estoy muy contento de poder grabar este mensaje para que mis familiares y amigos sepan que estoy bien, que gozo de buena salud y que, a pesar del dolor que siento y de las dificultades en que me encuentro, me mantengo de buen ánimo, con las pilas puestas, como dice mamá, al 100%. Al igual que hace tres años, cuando grabé el mensaje anterior, quiero exigir al gobierno toda la voluntad que se necesita y que asuma la mejor actitud negociadora para lograr un acuerdo humanitario o de canje con las FARC que ponga fin al cautiverio de los prisioneros políticos, los prisioneros de guerra y guerrilleros. También, una vez más, les agradezco a nuestros familiares y a todas las personas y entidades que trabajan para que el acuerdo humanitario se concrete, y en especial al expresidente Alfonso López y al exministro Álvaro Leyva, porque según entiendo su trabajo y sus esfuerzos han sido definitivos para que el gobierno y las FARC comiencen a aproximarse en el tema del canje y para que estas pruebas de supervivencia se conozcan. Muchas gracias».

En este mensaje incluía, una vez más, la clave sobre la zona en donde me encontraba. Mi familia la entendería y más adelante me lo confirmaría.

10 de diciembre. Sábado, 1:00 p.m. En Radio Sucesos RCN, noticias de última hora, en el noticiero del mediodía: «Los ministerios de Relaciones Exteriores de España, Suiza y Francia comunican que los tres gobiernos decidieron unir sus esfuerzos para trabajar conjuntamente por un acuerdo humanitario entre el gobierno y las FARC. La labor, que es muy difícil, busca lograr una reunión entre el gobierno y las FARC». Poco más o menos. O sea, que son los miembros de la comisión internacional. Ahí vamos, avanzando poco a poco.

11 de diciembre. ¡Oí a Lue anoche por Caracol! Comentó la noticia del trabajo de España, Suiza y Francia; dijo que le parecía importantísimo y que se reviven las esperanzas de los familiares. ¡Un millón de besos! Ahora, 7:00 a.m., me dijo Zamora que el secretariado aprobó el video que grabé el 7 y que lo enviarían la próxima semana a Cartagena. Me llama la atención la prontitud, sobre todo en comparación con el mensaje anterior que se demoró tres meses y el primero que se demoró más de un mes. También me dijo que de mí depende la grabación del segundo video, el privado, y que está autorizado según mi solicitud para grabarlo después

de conocer sus reacciones al que ya grabé. Por último, me dijo que el secretariado me manda saludes.

12 de diciembre. Ayer tuve que repetir el video porque, según me explicaron, una de las guerrilleras a mis espa' s aparecía con el fusil como si me estuviera encañonando. Dije lo mismo. La novedad fue una cotorrita, Yupi, que es la mascota de algún guerrillero y que al momento de comenzar a grabar se me acercó. La recogí y me la puse en el hombro, pensando que los puede distraer y brindarles mayor tranquilidad. Todos mis besos, todo mi amor.

14 de diciembre. Miércoles. La noticia del día es la aceptación por parte del presidente Uribe de la propuesta de la comisión técnica de España, Suiza y Francia de desmilitarizar el corregimiento El Retiro, del municipio de Pradera, Valle, para la reunión con las FARC para hablar del acuerdo humanitario.

Es la primera vez que el gobierno acepta el término «desmilitarizar», en este caso, un área de 180 km² con acompañamiento internacional. Ya Álvaro Leyva descalificó la propuesta diciendo que es lo mismo de Aures y Bolo Azul, y que hay que abrir los ojos para no dejarse engañar. Me parece que es otro avance. Seguimos un pasito más... un pasote, corrijo. Mil besos.

19 de diciembre. Lunes. ¡Tengo una emoción grandísima, que no me cabe en el cuerpo! Es la 1:30 p.m. y acabo de ver en el noticiero RCN el video y las entrevistas a Lue y a Ferni. Lo que más me alegra es sentir la alegría de Lue y Ferni, que sé que es la que deben estar sintiendo todos en la familia. Me alegro de que hayan captado que estoy de buen ánimo, tranquilo y fortalecido en el amor familiar. Mi gran dolor es la ausencia de Mony y creer que pudo haber muerto. Las palabras no me alcanzan para describir mi emoción. Quiero saltar, gritar, abrazarlos, besarlos. Ojalá pueda escucharlos de nuevo en estos días y a Sergi y Manolete. Y que el video sea un motivo de alegría en estas navidades. ¡Los adoro! Por acá hemos estado con mucho movimiento; desde el 2 de diciembre comenzamos esta marcha y me parece que hoy ya estamos en la zona de llegada para esta temporada. ¡Caramba, han pasado cinco años! Duelen, pero no hay opción. Hay que seguir luchando todo el tiempo que sea necesario. ¡Que Dios nos acompañe y nos dé fortaleza y sabiduría para seguir adelante!

21 de diciembre ¡Miércoles! ¡Volvieron los mensajes! ¡Al fin! Mensaje para F.A.: «Hola, Ferni, ahora sí parece que ésta será la última Navidad sin ti, aunque de pronto te tenemos con nosotros en estos días, pues la comunidad internacional y el gobierno están haciendo ingentes esfuerzos para eso. Mientras tanto te doy noticias maravillosas de tus hijos: Luis Ernesto fue nombrado ministro consejero de la embajada colombiana en Washington y él y Ferni nos acompañaron al matrimonio de Ángela Lucía Paniza en Miami. Recibe mil besos de tu mamá y míos. Gracias a RCN por este invaluable servicio». ¡Qué alegría! Gracias, papi, que Dios quiera que estemos juntos pronto. Un millón de besos y todo mi amor.

22 de diciembre. ¡Mensaje de mi mamá! Mensaje para F.A. «Querido hijito: el gobierno aceptó la propuesta de los gobiernos de Francia, Suiza y España para hacer el intercambio humanitario; ahora esperamos que las FARC acepten para tenerte pronto con nosotros. No pierdas la esperanza que seguro vienen mejores tiempos para ti, en unión con tu familia. Te deseo una feliz Navidad y te mando miles de besos. Te quiero muchísimo. Gracias a RCN».

26 de diciembre. Lunes. ¡Mensaje de Ferni! ¡Qué belleza! «Hola, papi, soy Ferni. Estamos muy contentos con tu video, de verte con las pilas puestas, al 100%. Estamos muy orgullosos de ti, con la esperanza de que esto tendrá un final feliz. No te imaginas la falta que me haces, te extraño muchísimo, extraño tus consejos y tu apoyo, pero quiero que sepas que todos estamos bien, mis hermanos, mis abuelos, todos te esperamos con los brazos abiertos, como desde el primer día. Te quiero muchísimo y te espero como siempre. Todos estamos muy contentos. Te mando muchos besos». Ayer comí natilla y buñuelos, y el 24 tamales y dulces. Los guerrilleros festejan el 24 y el 31 comiendo y bailando, y a mí me tratan bien y me mandan comida en cantidades. Por mi parte, me mantengo tranquilo, esperanzado y viviendo cada día, uno por uno. Oigo radio, hago algo de ejercicio, leo, escucho Radio Francia Internacional y la BBC, y me mantengo atento y de buen ánimo.

29 de diciembre. Tarán... tatán... tatán... tatán..., música para mi corazón. De Ferni: «Después de dos años y diez meses sin recibir noticias tuyas, estamos felices con esta prueba de supervivencia, sentimos una alegría inmensa. Sergio y Manolete también están felices y grandísimos. Ya Manolete es el más alto de los cuatro. Te queremos muchísimo y te estamos esperando con gran alegría y los brazos abiertos. Mil besos».

¡Qué felicidad siento cuando los escucho! Gracias Ferni y un millón de besos y abrazos para todos.

31 de diciembre. ¡Manolete! ¡Manolete! ¡Qué emoción! Mensaje para F.A. «Hola, papi, es Manolete. Estoy muy contento de haberte visto en el video y admirado de tu tranquilidad, de tu fortaleza, de tu autocontrol, de tu fe; tú te dominas, te manejas. Estoy muy contento y seguro de que pronto estaremos juntos, te recuerdo mucho y te quiero mucho». Mi plan de hoy es el mismo de todos los días. A las 8:00 buscaré Radio Francia Internacional para oír francés; a las 9:00 le daré el último repaso al libro que estoy estudiando y a las 4:00 buscaré la BBC para oír inglés. Si no fuera fin de año estaría pendiente de los partidos del Barça o del Real Madrid. Me acostaré a las 6:00 p.m., como hago todos los días, pero hoy con la alegría inmensa de tu mensaje y los de tus hermanos, y con la ilusión de reunirnos pronto.

Lo que puedo añadir a estas anotaciones es que con el cambio de zona se acabó el acoso militar y los guerrilleros se tranquilizaron. Lograron organizar la entrada de muchos víveres y se dedicaron a festejar las fiestas de fin de año, organizando juegos de fútbol, cocinando, bailando, preparando y comiendo dulces. Para esos días llegaron muchos guerrilleros al campamento. Incluso un hijo de Martín Caballero, John Dairo, un muchacho de diez u once años, muy blanco, pálido, que estuvo alrededor de un mes con su papá.

Además del video y los mensajes, tuve por estos días la fortuna de poder leer y estudiar un libro maravilloso: *Del big bang al Homo sapiens*, del profesor Antonio Vélez, de la Editorial de la Universidad de Antioquia. Es un libro dividido en dos partes: en la primera se explican los conceptos básicos de la genética y la teoría de Darwin sobre la evolución de las especies. En la segunda se presenta la teoría del *big bang*, el origen del universo, la formación de las galaxias, las estrellas y la Tierra, y luego la evolución desde lo inorgánico hasta el hombre.

Me deleité con genes, nucleótidos, codones, polipéptidos, genomas, genotipos, mutaciones y demás conceptos de la genética. También con la evolución, la eficacia biológica, el coeficiente de adaptación, los transposones, el ADN, la poliploidia, la selección a saltos, los equilibrios intermitentes, la selección sexual, y muchos otros términos que describen fenómenos maravillosos. Más adelante me encantó el misterio matemático de las estructuras fractales y las descripciones detalladas del proceso evolutivo hasta el *Homo sapiens*. Las teorías sobre la evolución de la inteligencia, la evolución del lenguaje, los preceptores innatos, el principio de inducción y las perspectivas futuras de la evolución. Muchísimos conceptos fascinantes que me permitieron momentos amables para mi curiosidad reprimida. Hice un resumen del libro en mi cuaderno de estudio, de cincuenta páginas, y lo repasé con frecuencia para distraer mi ocio infinito.

Estábamos en un campamento que ya conocía. Campamento Lágrima, por aquella anécdota de Winston que lloró cuando salió de allí, en enero de 2004. A mí también me había arrancado lágrimas dos años atrás al tomar conciencia de la ausencia de Mónica, en la misma época en que ella decidía dejarme, sin que yo hubiera podido enterarme entonces. Algún guerrillero me señaló el lugar donde había estado mi caleta y las antiguas nostalgias se me revolvieron.

Campamento Lágrima nuevamente me haría llorar.

36

1º de enero de 2006
TRISTEZAS Y DESENGAÑOS

El nuevo año empezaba para mí con nuevas expectativas en relación con mi posible liberación, que dependía en gran medida de la evolución del proceso del acuerdo humanitario.

1º de enero. ¡Feliz Año Nuevo! Me levanto con la ilusión de regresar este año a mi hogar, a mi libertad, a mi vida. Y mientras tanto repito mis propósitos para el año, similares a los que me he hecho en cada año y en todos los momentos de mi cautiverio: ser siempre positivo, vivir día por día, aprender todo lo que pueda, acrecentar mi fe, practicar el amor, la bondad, la gratitud, la humildad, la paciencia, el valor, la fortaleza, la tranquilidad, aumentar mis esperanzas, mi serenidad, mi alegría y la sabiduría que me permita aceptar y vivir el presente. Anoche, a las doce, vinieron varios guerrilleros a desearme un feliz año. Primero Rogelio, que estaba de guardia, me despertó, y después vinieron Francisco, el Yegua, Eder, La Oso, María, Ángela, Angi, Zamora, Jorge y Robinson. Todos muy amistosos y deseosos de que a través del acuerdo humanitario pueda volver este año a mi hogar, con las personas que tanto quiero. Hoy han seguido viniendo varios guerrilleros a saludarme: Vicky, Cristina, Stevenson, Alirio, Lucas, Boris, Luis, Castillo, Belisario y Camacho. Quedo pendiente de la evolución del proceso del acuerdo humanitario y en especial de la respuesta de las FARC a la propuesta de la comisión internacional. Frente a la situación de hace un año, veo la actual con más optimismo frente a mi posible liberación. También frente a la situación del país, que se nota en un período positivo de crecimiento y con un futuro promisorio.

El día anterior había sido de fiesta para los guerrilleros. Habían repartido cervezas, habían comido dulces, jugado fútbol y bailado. Estaban tranquilos, despreocupados, relajados.

Varios me habían visitado. A mí me habían entregado un saco de fique con unos trozos de hielo y seis cervezas, pero luego me siguieron mandando más. Yo me tomé una y las demás las fui regalando a mis visitantes. Uno de ellos, Camacho, a quien había conocido desde el año 2002, me preguntó por Mónica. Yo evadí la respuesta, pero él insistió y me contó que había conversado telefónicamente con ella en algunas ocasiones.

Ahí sí me interesé de verdad y le pregunté por algunos detalles al respecto. Ahora el de las evasivas fue él, pero alcanzó a explicarme que no habían sido conversaciones recientes.

—Hace más de un año —terminó diciéndome.

Yo le conté que tenía más de un año y medio de no tener noticias de ella. Que no había vuelto a escuchar mensajes suyos y que nadie la nombraba. Que no sabía qué le había pasado.

—No sé si se murió o me dejó —concluí, pero acto seguido le pregunté—: ¿será que puedes ayudarme a averiguar por ella?

El ambiente en el campamento era positivo y había cierta esperanza a raíz de la divulgación del video que había grabado para mi familia y la reacción que produjo. Por eso Camacho se mostró dispuesto a ayudarme, y me dijo:

—Voy a pedir autorización para indagar sobre Mónica. Mañana le cuento.

Camacho llamó a una muchacha muy joven, Edilma, su mujer, y la instruyó para que recogiera una libreta con teléfonos que tenía guardada en su tula.

Edilma regresó con una libreta que Camacho revisó.

—No, esta no es. La que tiene el forro negro.

Edilma se fue nuevamente y regresó, ahora sí, con la libreta requerida. Camacho la revisó y encontró un teléfono para llamar a mi hermano, Gerardo Araújo.

—Aquí está, mañana lo llamo —dijo, y se despidió de mí, repitiéndome que solicitaría autorización para llamarlo y le preguntaría por Mónica.

Yo me quedé ansioso e incrédulo. No me hacía muchas ilusiones de que fuera a cumplir su ofrecimiento o que se lo permitieran. Anteriormente yo le había solicitado a Caballero que me averiguara por Mónica y me había tomado el pelo. Nunca supe que hiciera alguna gestión para averiguar por ella.

Pero Camacho me cumplió.

Camacho era el prototipo de los comandantes que conocí. Al tiempo que era sanguinario y asesino, igual podía ser amable y cortés, generoso y educado. A veces hasta cariñoso, pensaba yo.

Era también un excelente cocinero, y aunque no tenía mayores elementos, ni los mejores ingredientes, de vez en cuando preparaba unos panes de muy buen sabor, de los que se esmeraba en mandarme los mejores, recién horneados y todavía calientes. Les daba formas especiales, como el de una culebra enroscada, con ojos de colores, o me mandaba simples panes moldeados. Con igual esmero preparaba carnes cuando la ocasión lo permitía, sazonándolas con buen gusto. Por cuenta de él alguna vez me comí un buen hígado, otra vez un buen lomo y, en otra oportunidad, una buena sobrebarriga.

Este 1º de enero me vino a visitar y me contó que había llamado a Gerardo. Le contestó una operadora a quien le dijo que necesitaba hablar con Gerardo sobre su hermano y que lo volvería a llamar. En la segunda llamada lo localizó en su celular.

—Buenas tardes —comenzó Camacho.

—Buenas tardes —respondió Gerardo.

—Les deseo a usted y a los suyos un feliz año.

—Lo mismo, muchas gracias.

—Mire, de parte de Fernandín, es una preguntica, una inquietud que él tiene, o sea, que le digan claramente qué ha pasado con Mónica, él no volvió a saber de ella.

—Ajá —respondió Gerardo.

—Entonces él quiere que se le dé un mensaje claro, si es que está o no está, qué pasó, pa' dónde cogió, se fue, o sea, él quiere estar de una vez por todas seguro de lo que pasó con ella.

—Sí, Mónica está viviendo en Bogotá y está bien, pero armó vida aparte.

—¿Vida aparte?

—Sí.

—¿Tiene otro?

—Se casó, sí.

—De pronto no era tanto el amor, quizás no.

—Bueno, lo que pasa es que cinco años es mucho tiempo para una niña tan joven.

—No es tanto, se puede esperar mucho más —siguió Camacho, molesto por la noticia.

—Es muy duro —respondió Gerardo, defendiendo a Mónica.

—Pero bueno, solamente ella sabrá. Él lo manda a saludar, que les desea un feliz año a todos.

—Dile que lo tenemos presente en cada segundo, todos, que nos hace mucha falta.

—Él sabe que es así, él siempre está muy pendiente de ustedes. Él los adora.

—Cuéntale que lo queremos mucho y que lo vimos espectacular el otro día en el video; es una noticia muy buena para todos. Esperamos que esto del acuerdo humanitario se haga rápido.

—Claro, vamos a trabajar de la forma que es, sin egoísmos; aquel señor que habla en nombre de los fascistas, él no tiene la razón.

—Bueno pues —dijo Gerardo.

—Bueno, mi hermano, que esté muy bien —se despidió Camacho.

—Miércoles, viejo man, llámame con más frecuencia —terminó Gerardo.

«Fue una conversación cordial —me dijo Camacho—. Le conté que usted estaba bien de salud, tranquilo y que le mandaba sus deseos de un feliz año para él y toda la familia. Pero me dijo que Mónica se casó, que hizo vida aparte, que se fue con otro».

Yo sentí que el corazón se me helaba, a pesar de que era obvio para mí que esto estuviera pasando. Mi situación era muy dolorosa. Enfrentaba la ausencia de Mónica con un dolor tan grande que prefería negarlo. Mi defensa psicológica consistía en imaginarme razones para explicar su silencio. La que más me ayudaba era pensar en su seguridad, en que estaba amenazada y que la familia, para protegerla, había decidido sustraerla de la escena.

Claro que no era una teoría consistente. Conociendo a mi familia, yo sabía que si esto fuera cierto se habrían inventado alguna manera de decírmelo para que sólo yo lo entendiera. Pero aun así, me aferraba a esta hipótesis para alimentar mis esperanzas y soportar mi tristeza.

En medio de esta incertidumbre yo era consciente de mi engaño. Pero lo utilizaba como un recurso de autoayuda. ¿Qué me importaba engañarme si eso me tranquilizaba? En mis circunstancias, era más importante mi tranquilidad que la realidad. Ya habría tiempo para enfrentar ese dolor.

Todo esto era muy confuso y angustiante, pero de alguna manera me ayudaba a conservar mis esperanzas de volver y mi deseo de luchar sin desfallecer. Aun así, el impacto de la noticia que me trajo Camacho fue durísimo. Me dolió en el alma saber que la había perdido. Y entre un pensamiento y otro fui haciéndole el duelo a ese dolor.

Finalmente me repuse, y una vez más, decidí seguir luchando y mantenerme positivo, combativo, fuerte. No era mi primer desengaño amoroso y no me dejaría derrotar por el dolor.

2 de enero de 2006. Lunes. Ya digerí la noticia de ayer y me siento tranquilo y con una gran alegría de saber que Mony está bien. Casualmente, estoy en la misma zona de hace dos años, cuando pensé que se había muerto. ¡Mensaje de Sergi! ¡Qué calidad! Mensaje para F.A. «Hola, papi, soy Sergi. Te quiero hablar de Manolete, es un bárbaro, está grandísimo; ya Ferni está envidioso porque es el más bajito de los cuatro, pero él dice que no importa porque él es el cerebro, pero mentira, eso es para defenderse porque está chaparrito; Lue es un bárbaro, trabaja muchísimo, siempre trabaja mucho; en estos días viene y estoy muy contento porque vamos a estar los cuatro juntos, y siempre que estamos juntos lo pasamos bien bacano. Te queremos muchísimo, papi. Te mando un beso. Te esperamos». Las noticias de hoy hablan de un comunicado de las FARC insistiendo en el despeje de Florida y Pradera y diciendo que Uribe no tiene voluntad para hacer el acuerdo. Dicen que con Uribe no habrá acuerdo humanitario y que se necesita otro presidente para lograrlo y para un proceso de paz. El comunicado lo firma Raúl Reyes. Me parece claro que tendremos que esperar a que pasen las elecciones para ver la negociación, pero no pierdo las esperanzas. Todas están vivas.

Estuvimos en el campamento Lágrima hasta el 6 de enero, cuando nos corrimos 2.200 pasos al norte. Allí acampamos en la parte alta de un cerro por el resto del mes. Habían cambiado al jefe de los guerrilleros de mi guardia, que ahora era Eder. También estaban Popeye y Ángela, Rogelio, Castillo, Catherine, Luis, Belisario, Cristóbal y John Wílder.

Conocí a Sofía, sobrina de Martín Caballero, que llegó en esos días vistiendo pantalones descaderados. Se notaba desadaptada. John Wílder se encargó de entrenarla en el manejo del fusil y en técnicas de combate, pero se ganó una sanción cuando dejó escapar un tiro por descuido. A él también lo sancionaron, pero no hubo ninguna otra consecuencia.

Con el comienzo del año, los guerrilleros iniciaron un programa de adiestramiento muy intenso. Se levantaban de madrugada a hacer ejercicios físicos y se pasaban el día, hasta altas horas de la noche, en esos programas: arrastres, tiro seco al blanco, preparación de explosivos, mantenimiento de fusiles, ejercicios físicos con armas, ejercicios físicos sin armas, charlas, avances en cuchillas, etc.

Esta actividad me causó mucha angustia, porque era consciente de que se estaban preparando para algún ataque terrorista y yo no tenía cómo avisarlo o cómo prevenirlo. Sentía una enorme frustración de no poder hacer nada.

Al finalizar el mes, me trasladaron a un terreno plano. Atravesé un patio en donde pude observar la presencia de un gran número de guerrilleros, y me llamó la atención el tamaño de la rancha y el depósito de alimentos. Aumentó mi preocupación al ver la concentración de tantos guerrilleros.

Después seguirían llegando y supe que eran del frente 35 de las FARC. Desde entonces, desde los días finales de enero y los primeros de febrero estarían con nosotros, hasta cuando me fugué, el 31 de diciembre. Luego entendí que los dos frentes, el 37 y el 35, se habían integrado. El comandante del frente 37, Martín Caballero, dirigía el nuevo grupo, y el comandante del 35, Manuel, era su segundo.

Cuando conocí a Manuel, se ocupaba de la organización del campamento: de la ubicación de las escuadras, del orden, de la limpieza, de la disciplina, del agua, de la leña, de la rancha, de las guardias, de los sanitarios, del camuflaje, del silencio, etc. También supe que Manuel conocía muy bien esta zona porque había estado oculto allí en épocas recientes, cuando las Fuerzas Militares hicieron un operativo para buscarlo en las sabanas de Sucre, donde solía operar.

Ese mes de febrero lo pasamos principalmente en campamento Yupi, bautizado así porque allí murió la cotorrita Yupi, que era la mascota de Estela, la mujer de Martín Caballero, y que me puse en el hombro durante la grabación del video en diciembre. Era un campamento con poca cobertura vegetal, pero en esos días no había sobrevuelos que perturbaran la seguridad de los guerrilleros.

En el proceso de traslados para llegar a Yupi, acampamos el 6 de febrero al lado de una poza. Llegamos al caer la tarde, y cuando ya me preparaba para acostarme se me acercó Rogelio y me contó que habían matado a su hermano, Darinel, *el Yegua*, en un enfrentamiento con las tropas. Después conocería que no había muerto pero que fue herido y capturado, al desobedecer una orden de detenerse y enfrentarse a los soldados que lo interceptaban. Lo llevaron al Hospital Naval de Cartagena, donde le practicaron una colostomía porque una bala le había perforado los intestinos. Después de recuperarse lo remitieron a la cárcel de Ternera.

La zona donde estábamos ahora era bastante plana y cercana al río Magdalena. Yo escuchaba en las noches el ruido de los motores de los planchones que lo surcaban con carga desde Cartagena hacia Barrancabermeja y viceversa. Esa cercanía otra vez me asustaba, ante la idea de que me trasladaran por el río al sur de Bolívar o a otros destinos.

Frente a esa posibilidad yo imaginaba escenarios de fuga. Pensaba en que me arrojaría al río, en medio de la oscuridad de la noche, y que sumergiéndome y nadando llegaría hasta la orilla. Recordaba mi experiencia cuando esquiaba en la bahía de Cartagena y refrescaba en mi memoria la manera de zambullirme cuando perdía el equilibrio a altas velocidades. También recordaba mis juegos infantiles de permanecer sumergido en la piscina por más de tres minutos y mis entrenamientos como nadador del equipo de Bolívar. Soñaba que en caso de un traslado nocturno por el río estas experiencias me ayudarían a escaparme.

Mantenía viva mi obsesión de fugarme y por eso hacía estos planes permanentemente, para estar preparado en caso de que se me presentara alguna oportunidad: el traslado por el río, un ataque militar, un desastre natural, un fuerte vendaval, un guardia amigable, una fiesta distractora, un guardia dormido, un escenario impensado.

Tenía siempre un plan preconcebido. Conocía relativamente bien mi ubicación, tenía una idea de mi destino, una ruta pensada. Además, mantenía un buen estado físico y la decisión de no rendirme frente a las dificultades que encontraría, el hambre, la sed o el cansancio. Todo esto lo repasaba una y otra vez y más cuando me sentía cerca del río o cuando percibía que el terreno podría facilitar esta opción. Como en estos días.

El campamento de finales de febrero era en la orilla de una poza. Como aparece en mi diario, un paraje muy bonito. Aquí conocí un nido con huevos de tortugas porque un guerrillero encontró uno y los sacó para regalárselos a Caballero, que se los comió sancochados. Aquí también celebraron, el día 22, el cumpleaños 42 de Martín Caballero. Me enteré porque me pidieron que redactara unas frases para felicitarlo, que Ángela escribió en una cartelera. En otras oportunidades había ayudado en eso: a preparar carteleras, a escribir versos, a redactar noticias, a explicar acontecimientos históricos, a dictar cartas de amor, o cualquier otro tipo de documentos. Escribí sobre el Che Guevara, sobre Martín Caballero, sobre Manuel, el del frente 35, o sobre algunos guerrilleros. También sobre la amistad, sobre el valor, sobre el amor, sobre la mujer.

24 de enero de 2006. ¡Otro! Mensaje para Fernando Araújo. «Hola, papi, habla Lue. Te cuento que ahora con el comienzo del año, mis hermanos y yo estamos trazando nuestras metas, nuestros objetivos; asumiendo el primer hábito, el de la proactividad, plenamente, y también el séptimo, de afilar la sierra. Me alegro mucho viendo a mis hermanos frente al computador, escribiendo con toda seriedad sus objetivos, sus gustos, sus deseos, sus metas. Te lo cuento para compartir contigo el orgullo de verlos crecer aceleradamente, mejorando día a día, gozando con lo que hacen en el colegio, en la universidad, en todas sus actividades. Sé que tú también estás muy orgulloso de todos. Te mando, papi, todo mi cariño, todo mi amor, un abrazo superfuerte. Te quiero mucho papi, chao». Nada me puede producir más felicidad, Lue, que recibir noticias tuyas y de tus hermanos. Y saber de sus actividades positivas, de su proactividad, de sus responsabilidades, me llena de alegría, de orgullo, de dicha. Y lo que más me fascina es la unión de los cuatro, la forma como han asumido su hermandad plena y amorosa. Los adoro, Lue, Ferni, Sergi y Manolete. Con toda mi alma, con todo mi corazón. Pido a Dios que nos permita volver a reunirnos y compartir nuestras vidas.

28 de febrero. Martes. Mil felicitaciones para Guillo Paniza, en sus 54, y millones de besos para toda su familia, en especial para Ange y su esposo, que según entendí se casaron a finales del año pasado. Te cuento cuñado que estoy en el más amable de los lugares que he recorrido en estos cinco años. Al lado de una poza, con árboles hermosos, inmensos aunque deshojados por el verano, con ardillas, titíes y muchos pájaros, además de iguanas, sapos y, en cantidades alarmantes, garrapatas. También hay babillas y galápagos en el agua. El mes termina con las noticias de ayer sobre un artículo de SEMANA en el que Leyva confirma que no habrá intercambio humanitario con Uribe, en especial en época electoral, según le dijo Marulanda, en persona durante una reunión de tres días en diciembre, y mediante una carta del 20 de enero.

No me parece nada nuevo, pero más bien estoy del lado del pensamiento de monseñor L.A. Castro, quien dijo al principio del mes, al comenzar la Conferencia Episcopal, que las FARC cambiarán de posición después de las elecciones. Eso espero de todo corazón. Las otras noticias son la terminación de las negociaciones del TLC y las acciones violentas de las FARC para entorpecer las próximas elecciones. Muy tristes y dolorosas. Hay días en los que preferiría no escuchar el radio para no oír noticias tan terribles, pero sólo el temor de perderme un mensaje me impulsa a encenderlo.

A principios de marzo regresamos al área de Yupi, que estaba al oeste del campamento anterior. Unos 1.800 pasos. Pero no utilizamos la misma zona anterior. Nos ubicamos un poco más al norte, en un terreno plano. A mi lado se instalaron Aracelly y Carolina, que se encargaban de atender mis necesidades básicas: el agua para bañarme, mis comidas, el lavado de mi ropa y de sacarme en caso de ataque militar.

Durante este último trasteo, los guerrilleros realizaron un ejercicio de defensa frente a un posible ataque militar. Una patrulla se escondió en el camino que transitábamos y simuló un ataque sobre el grueso de la compañía que se estaba moviendo. Más parecía un juego infantil con disparos simulados, pero lo triste es que era parte del juego macabro de la guerrilla para asesinar en los próximos días a soldados y policías. Como efectivamente sucedió. Estas fueron mis anotaciones de esos días:

8 de marzo de 2006. Crónica. El domingo 5 de marzo hubo un bombardeo en la zona y luego desembarcaron tropas helicotransportadas.

Esto nos hizo salir del campamento alrededor de las 9:00 a.m., y permanecimos todo el día agazapados entre los matorrales. Al finalizar el día nos cambiamos a un dormidero más alejado, cerca de una poza de agua. El lunes, desde las 4:00 a.m. hubo sobrevuelos de un helicóptero y alrededor de las 9:00 se enfrentaron tropas de infantería con un comando guerrillero en las vecindades del campamento que abandonamos el domingo. Después, llegaron los helicópteros y ametrallaron la zona y dispararon cohetes. Ya estábamos en movimiento y los sentí muy cerca, pero no atacaron directamente a la columna con la que me desplazaba. Ayer martes, salimos madrugados alejándonos de las tropas y buscando un lugar con agua. Acampamos desde las 7:30 a.m. hasta las 5:00 p.m., adentrándonos después en los cerros a través de un arroyo seco. Ahora, a las 9:00 a.m., oigo nuevamente los sobrevuelos del helicóptero a lo lejos, buscando un poco de sombra debajo de un cardón. Además de la tranquilidad, la principal damnificada es la comida; llega tarde y escasa. Ayer, por ejemplo, sopa de arroz a las 12:00 m. y arroz con leche a las 4:30 p.m. Hoy, hasta ahora, sólo un tintico. Tengo la impresión de que es una operación militar de despliegue de tropas para garantizar la seguridad de las elecciones parlamentarias este próximo domingo. Ya veremos. Mil besos y todo mi amor.

17 de marzo. Viernes. Crónica. Segunda parte. La semana pasada siguieron las condiciones difíciles. El viernes pasado, a las 11:00 p.m., nos bombardearon (al menos muy cerca) y tuvimos que salir a medianoche del campamento. El sábado tuvimos otro traslado y el lunes lo mismo. Hoy cumplimos cinco días en el mismo sitio y noto que llegó comida. Las cosas se están normalizando, aunque los controles militares en las poblaciones cercanas (es un decir, porque por aquí nada está cerca) parece que se mantienen. Pasaron las elecciones parlamentarias y los resultados no tuvieron mayores sorpresas. Mil besos.

Lo que no anoté en mi diario fue que después de salir el 5 de marzo del campamento, éste lo ocuparon las tropas militares al día siguiente.

Caballero había dejado instalada la enramada que le servía de oficina, pero le colocó una trampa: una mina. Los soldados se tomaron el campamento esa mañana y entraron confiados a la enramada. Allí la mina explotó y mató al menos a un soldado e hirió a otros.

Hubo después enfrentamientos con un comando guerrillero que quedó apostado para detener a las tropas y permitirnos alejarnos y escondernos. Pero fuimos atacados desde helicópteros con rockets. Afortunadamente para mí, el grupo que me movilizaba no fue divisado a pesar de los sobrevuelos encima de nosotros. Una vez más, el propio Caballero se ubicó cerca de mí, con la intención de matarme si iba a ser rescatado.

También vale la pena comentar sobre el bombardeo del 10 de marzo en la noche. Estábamos en el filo de un cerro recién acampados. Mi hamaca estaba colgada de dos árboles de olivo. En medio de mi sueño oí el retumbar de los aviones. Es realmente miedoso el ruido que hacen cuando sobrevuelan el área. Se sienten venir con un ruido atronador, que encoge el corazón y dispara las angustias. No sabe uno en qué momento le caerá encima una bomba.

Así que me levanté de inmediato y recogí mis bártulos: el toldo, la hamaca, la cobija. Guardé todo en mi tula y me mantuve atento. Cuando llegó Aracelly a ayudarme a recoger, yo ya tenía la mochila al hombro. Había percibido los fogonazos de las bombas que explotaban y contaba mentalmente los segundos que transcurrían entre los fogonazos y las explosiones para calcular la distancia del lugar bombardeado: a unos dos kilómetros de nuestra ubicación.

En cualquier momento nos descubrirían y nos bombardearían. Le sugerí a Aracelly que nos escondiéramos bajo un árbol, pero me dijo que no.

—Eso es lo que primero que atacan creyendo que hay guerrilleros escondidos —dijo y me ordenó caminar.

Varios de sus compañeros se nos unieron y nos desplazamos. Alcancé a contar 500 pasos de traslado, o sea, unos 300 metros. Allí nos quedamos y los aviones se fueron.

Unos días después se celebraron las elecciones para el Congreso y me pareció que las operaciones militares disminuyeron en el área. Concluí que estos operativos eran parte de un plan nacional de acciones preventivas para evitar actos terroristas de la guerrilla en contra de los comicios electorales. Operación Democracia o algo parecido.

Debido a los controles militares, los guerrilleros tomaban precauciones extremas. Por ejemplo, infiltraban a sus integrantes vestidos de civil en los lugares poblados para saber lo que pasaba. En estos días vi a Karen, una guerrillera de unos quince años, vistiendo descaderados y un top de color rosado, con dos trenzas de colegiala, salir del campamento para hacer inteligencia y conseguir información. Son sus métodos habituales.

Después de las elecciones nos mudamos de campamento. El nuevo se llamaría Mula Muerta porque una mula se cayó por el sobrepeso que llevaba, cargada con varios timbos de agua, y se clavó una estaca en el vientre que la mató. Habíamos acampado muy lejos de la fuente de agua por razones de seguridad y la mula era una ayuda muy útil para el transporte del agua. En adelante les tocaría a los guerrilleros cargarla en sus espaldas.

A pesar de todas las dificultades, tuve un motivo de alegría en el campamento: Eduardo, un guerrillero que tenía un grado de educación por encima del promedio y que era el encargado de cuidar y llevar el diccionario Larousse de Martín Caballero, acampaba en la escuadra vecina a la mía y me llevó el diccionario para hacerme una consulta y después, por solicitud mía, me lo dejó. Al parecer, Eduardo salió del campamento y no notificó que yo tenía el diccionario, por lo que me quedé con él unos cuarenta días. Le saqué todo el provecho que pude y me ayudó muchísimo a superar el tedio de esos largos y duros días. Busqué el significado de palabras, leí sobre el Sol y la Luna, sobre la fusión y la fisión; estudié sobre las primeras civilizaciones, sobre Grecia, la India, China, Japón, Vietnam, Gran Bretaña e Irlanda, el efecto invernadero, y muchos otros temas.

A principios de mayo otro guerrillero notó que yo lo tenía y me lo quitó con cierto disgusto que yo no entendí. Cuando solicité nuevamente que me lo prestaran, me lo negaron. Después supe que Caballero se había puesto bravo porque había creído que el diccionario se había perdido y realmente estaba en mi poder. Consideró que había sido una falta grave de disciplina, cometida por Eduardo, a quien nunca volví a ver. Nunca me lo volvió a prestar.

En el siguiente campamento Catalina, la mujer del Zorro, tuvo que abortar y estuvo convaleciente varios días. En cambio Carolina, que hacía parte de mi guardia y estaba embarazada de Anuar, no reportó su embarazo y fue sometida a consejo de guerra por su silencio. Como el avance del embarazo no le permitía un aborto, le decretaron que tendría que regalar el bebé.

De inmediato la cambiaron de grupo. Perdió la confianza de sus jefes y con frecuencia fue sometida a maltratos y vejámenes. Yo no dejé de verla merodeando por el campamento y cuando pude decirle algo, le brindé todo mi apoyo moral. Le festejaba su embarazo, le resaltaba la belleza de la maternidad y le daba consejos sobre el amor y el cuidado que necesitan los bebés.

Después de mi fuga supe que ella se había desmovilizado y nos reunimos en la Base Naval de Cartagena. Fue entonces cuando conocí del consejo de guerra, de los maltratos y de su fuga.

Me contó que había salido del campamento a finales de noviembre y que a los pocos días tuvo a su bebita, en un rancho, con la familia que se quedaría con ella. Carolina se quedó unos días más con su bebita para alimentarla.

—Mientras la amamantaba, lloraba de tristeza de pensar que la iba a perder —me dijo.

Los nuevos padres registraron a la recién nacida en El Carmen de Bolívar y así legalmente Carolina la perdía.

—Yo quería escaparme desde hacía mucho tiempo, pero no me atrevía porque sabía que si me cogían me mataban —continuó Carolina con su relato—. Además, yo no quería dejar a mi hermana Talía en la guerrilla. Queríamos escaparnos juntas.

Estando todavía con la bebita, llegó una patrulla de infantes de marina al rancho. Hacían un registro en el área y dividieron a los moradores para indagarlos por separado.

Cuando le tocó el turno, Carolina les dijo:

—Yo soy guerrillera del frente 37 de las FARC, pero me quiero escapar. ¡Ayúdenme! La bebita que está en el rancho es mi hija, pero me quieren obligar a regalarla.

—¿Cómo así? —preguntaron los infantes.

Carolina les explicó en detalle su situación y les pidió que la sacaran de allí.

—Por favor, digan que ustedes me reconocieron y que me llevan presa. Pero llévenme con mi nena —les suplicó.

Y así hicieron los infantes.

—Desafortunadamente, llegó el momento en que tuve que escoger entre esperar a mi hermana o recuperar a mi hija. Ya no tuve opción —terminó de contarme.

—Te felicito por lo que hiciste —le dije mientras la abrazaba—. Ahora tengo que contarte algo que te va a doler, pero me siento en la obligación de hacerlo: tu hermana Talía murió en el operativo militar para rescatarme, el 31 de diciembre. Ella hacía parte de la comisión que me vigilaba y estaba en su caleta cuando comenzó el combate. Fue uno de los seis muertos de ese día.

Carolina rompió en llanto.

Volviendo a mi relato, por estos días de finales de marzo del 2006 conocí a Cata. Me llamó la atención por lo joven y bonita. La primera vez que la vi fue un día en que, después de subir hasta la cima de un cerro, me ordenaron sentarme bajo un árbol de olivo, a esperar a que llegara el resto del grupo. Luego bajamos hasta la orilla de un pozo donde prepararon el desayuno. Algunos guerrilleros se dedicaron a lavar la ropa y unos pocos se pusieron a tratar de pescar. Recuerdo que allí llegó Mariluz, como siempre amable y sonriente conmigo.

Me contó que se había salvado de milagro de la explosión de una mina olvidada, colocada por sus propios compañeros. Que la onda explosiva la arrojó varios metros y la dejó sin sentido, pero que había logrado recuperarse aunque ahora tenía dificultades para oír.

Antes de bajar había visto a Cata. Vestía ropa de civil y llevaba además una camisa que extendía con sus brazos, a manera de sombrilla, para protegerse del sol. Tenía el cabello rubio y largo, la piel blanca, la cara redonda y los ojos vivos. Se notaba incómoda por el calor.

Traté de entender de quién se trataba. Lo primero que se me ocurrió fue que debía ser una secuestrada, por lo que me propuse grabarme su rostro. Quizás si yo salía algún día podría reportarla a las autoridades o informar a su familia.

Pasé a su lado en la parte baja del cerro, pero cuando la miré volteó la cara para que no la conociera. Estaba acompañada de dos muchachos a quienes tampoco reconocí, al lado de Estela, la mujer de Caballero. Me extrañó su actitud de esconderse, pero supuse que podría estar cumpliendo instrucciones de no dejarme verle la cara.

Aunque mantuve la incertidumbre sobre su identidad por un tiempo, me llamaba la atención que cuando nos trasladábamos la veía caminar al lado de Caballero, de Estela y de los muchachos. Ya no se veía incómoda sino más bien sonriente y tranquila. Después me enteré de que se trataba de una hija de Caballero y que los otros jóvenes eran sus hermanos.

Seguí viéndola con relativa frecuencia, siempre vestida de civil, pero con pistola al cinto. Unos días después la escucharía, desde mi caleta, dictándoles clases a los analfabetos; les enseñaba a leer y escribir.

Noté que mostraba algún interés por mí cuando pasaba cerca de mi caleta. En algunas ocasiones se paraba a mirarme con curiosidad y supe que le preguntaba por mí a Camilo. Una vez fue a visitarme a escondidas, simulando tener algo que hacer por allí cerca:

—Vengo a saludarlo, pero no se lo diga a nadie, porque me regañan. Está prohibido acercarse por aquí y hablar con usted.

Yo la recibí con desconfianza porque sospeché que debía ser algún ardid que estaba tramando Martín Caballero.

En la mañana del 28 de octubre fue hasta mi caleta a despedirse y se marchó con los ojos aguados:

—No se preocupe que no le va a pasar nada —me dijo a manera de despedida, me dio un beso en la mejilla y se fue triste.

Quedé preocupado y un poco desconcertado por su muestra de solidaridad y sus expresiones sentimentales. ¿Sería capaz de decir en dónde estaba yo, o saldría a realizar un trabajo de penetración ideológica en algún centro juvenil? Quizás en un centro educativo de enseñanza superior.

Yo estaba convencido de que las FARC querían desarrollar una nueva estrategia de penetración, infiltrando universidades y movimientos juveniles para buscar adeptos y nuevos integrantes del partido comunista clandestino de Colombia y de los movimientos bolivarianos que querían impulsar.

Del campamento Mula Muerta pasamos a Agua Salada, donde tuve la oportunidad de conversar un poco con Maribel, una guerrillera del frente 35 que había estado presa por rebelión y que después de pagar su condena en la cárcel regresó a la guerrilla. La conocí en febrero cuando llegaron los guerrilleros del frente 35, y con el correr de los días me fui ganando su confianza; para los primeros días de abril le estaba enseñando matemáticas, en especial a multiplicar y a dividir. Pero, una vez más, las lecciones se interrumpieron por órdenes de sus superiores, que no permitían acercamientos de los guerrilleros conmigo.

También comencé una amistad con Yazmín, hermana de Peter —el mismo Mau que estuvo con el grupo que me vigiló en la zona norte—, y de Deivid o *El Tropa*. Yazmín, también muy joven, era conversadora y amable. Para entonces era la compañera de Arnulfo, *el Ñoño*, a quien llamaban así por su parecido con un personaje de la televisión mexicana. Yazmín me preguntaba con curiosidad y cierto pudor por temas de sexo, que yo trataba de contestarle de la manera más técnica posible, aunque debo reconocer que, en medio de mi abstinencia absoluta, me causaba inquietudes.

En ese campamento había un brote de agua que se utilizaba para bañarnos. Era un agua dura, salobre, que dejaba el pelo pegajoso y cortaba completamente el jabón, de allí su nombre de campamento Agua Salada.

Había también un nido de murciélagos en el árbol vecino a mi caleta. Los sentía salir al comenzar la noche y regresar antes del amanecer. Yazmín se encargó de matar uno de estos bichos, cuando estaba de guardia en una madrugada, y lo dejó colgado de una rama frente a mí. Lo examiné en la mañana y quede horrorizado con sus dientes tenebrosos. Además, decían que transmitían el mal de rabia. ¡Qué susto!

De Agua Salada pasamos a Marrana Perdida. Una cerda que habían traído para la alimentación se extravió y aunque la buscaron intensamente no la encontraron. ¡Era posible perdérseles a estos señores!

En el camino al nuevo campamento pude escuchar un mensaje bellísimo de mi hermana Carolina.

6 de abril de 2006. Jueves. ¡Sorpresa! Mensaje de Caro. Un mensaje bellísimo, lleno de amor y de poesía. No soy capaz de transcribirlo, pero sí de anotar sus sentimientos de amor, solidaridad, apoyo y frustración. «Hemos hecho mucho y no hemos hecho nada porque no hemos conseguido traerte de regreso». Palabras llenas de sentimientos sobre mis recuerdos, sobre mi fortaleza, sobre mis vivencias. También un llamado a mis captores para que se liberen devolviéndome mi libertad física, porque no me pueden quitar mi libertad mental ni espiritual. Caro, si tuvieran la capacidad de observar su autosecuestro, si pudieran darse cuenta de lo absurdo de sus acciones y su pensamiento, si al menos fueran conscientes del daño tan grande que hacen permanentemente con sus acciones. Pero no, son ciegos, arrogantes y sordos. Aquí todo es al revés. El mundo del absurdo. Por mi parte, me mantengo positivo y doy lo mejor de mí para seguir luchando. Y mantengo la esperanza de que después de las elecciones

las cosas cambien. Me llenas el corazón de alegría con tu mensaje, con tu amor, con tu poesía. Me hacía muchísima falta escucharte. Gracias, Carito, te adoro. Mil besos para ti y todos los tuyos.

Mientras estuve en Marrana Perdida, tuve la sensación de que había otro secuestrado en el campamento. Nunca logré verlo, pero me parecía que los guerrilleros llevaban un plato de comida similar al mío hacia una caleta ubicada en la escuadra vecina. No tuve ocasión de preguntar sin levantar sospechas, por lo que me quedé con la duda.

De Marrana Perdida salimos por cuenta de un avión de reconocimiento que daba vueltas sobre la zona. Bajamos del cerro, cruzamos un arroyo y acampamos sin mucho caminar. Al día siguiente lo mismo. Marchas, paradas, marchas. Nuevamente la sensación de que había alguien más, porque me obligaban a moverme para no ver a los de la otra escuadra. Algo escondían.

Estos días de abril los pasé con una escuadra comandada por Albeiro. Hubo un virus que produjo una crisis de diarrea en el campamento. Los guerrilleros pasaban con frecuencia, de día y de noche, hacia los sanitarios, pero yo me salvé, afortunadamente. Eran días de lluvias, duros.

Me llegó visita en esos días: Jenny, con dulces de menta que me regaló. Ella me contó que tenía una hija con Camacho, de quien se había separado mucho tiempo atrás. Cuando la conocí era la pareja de Hugo y ahora era la compañera de Arquímedes, *el Chiflamula*. Siempre fue amable conmigo y en esos días me pidió una carta para su mamá, para la celebración del Día de la Madre, que se aproximaba. Se la escribí según sus indicaciones.

Las noticias del radio me producían dolor y angustia. Durante la Semana Santa se hablaba de un atentado en contra de una patrulla de infantes de marina que estaba acampada en la finca La Enea, en la jurisdicción del Guamo. En el radio se hablaba de tres infantes muertos, pero los guerrilleros hablaban de muchos más. Decían que les habían tendido una trampa, simulando un atentado para hacerlos salir de su campamento. Aprovechando su salida, colocaron minas en el lugar en donde estaban acampados y las hicieron explotar cuando regresaron. Los soldados cometieron el error de utilizar el mismo campamento que habían dejado, sin tener la precaución de inspeccionarlo antes de ocuparlo.

Para comenzar mayo, hicimos una marcha tan larga que ya me estaba encalambrando. Diez mil y pico de pasos con mucha carga al hombro. Cambiamos de zona a un lugar más montañoso. Aunque alguien me dijo que yo había estado en ese campamento en mis días con Enrique, no fui capaz de reconocerlo.

Aquí me reencontré con Catherine, que me buscaba el lado con frecuencia y me atendía lo mejor que podía. A su manera: me daba un poco de comida a escondidas cuando ella era la cocinera, o un poco de café, o me conversaba de modo amable cuando le tocaba la guardia. La había conocido desde diciembre del 2000 y aunque era un poco dura al principio, con el tiempo fue cambiando hasta llegar a ser amable. Cuando regresaba de alguna misión me daba algún regalo: un pan, cigarrillos, una colombina, una galleta, cualquier detalle.

A mí me parecía que ella ya no quería estar en la guerrilla pero se moría de miedo de escaparse. Como les pasaba a muchísimos guerrilleros. No sólo por el temor a ser recapturados por sus compañeros, que los matarían, sin por no tener a dónde ir. Martín Caballero sabía en dónde quedaban sus casas y quiénes eran sus padres y demás familiares.

Yo seguía con mucha atención las noticias sobre las elecciones presidenciales que se cumplieron el 28 de mayo con la amplia victoria de Álvaro Uribe. El país respiró tranquilo y yo también. Era la mejor garantía para el progreso del país y la derrota de los terroristas.

Yo lo había previsto desde hacía mucho tiempo en mis conversaciones con algunos guerrilleros, que pensaban que su estrategia debía ser replegarse hasta esperar la terminación del mandato de Uribe para luego fortalecerse con el gobierno que lo sucediera.

Mi tesis era que el país no iba a permitir eso. Si fuera necesario, les decía en secreto a algunos de ellos, se reformaría la Constitución para permitir la reelección, porque el país valoraba claramente lo que estaba haciendo y no lo iba a dejar ir sin terminar la tarea que emprendió.

No me creían. Incluso, ya comenzada la campaña, estaban convencidos del triunfo de Álvaro Leyva y nunca entendieron la dinámica de la política electoral colombiana. En sus discusiones, todo lo que no se acomodara a su concepción maniquea lo atribuían a una mal-intencionada manipulación del gobierno.

6 de mayo de 2006. Un comentario sobre la encuesta acerca de las elecciones presidenciales que reveló ayer RCN. Me parece que hay que descartar el porcentaje de los votos en blanco, porque éstos finalmente se quedan en su casa. Históricamente ha sido un porcentaje muy bajo. Los datos importantes son: Uribe 56%; Serpa 15% y Gaviria 13%. O sea, Serpa más Gaviria igual al 28%, mitad de 56%. Lo que me lleva a pensar que la votación será del orden de 2/3 para Uribe y 1/3 para Serpa y Gaviria. El tema del intercambio humanitario ha quedado en la práctica marginado de la campaña hasta ahora; lo que me alegra mucho. Espero que después de las elecciones sí se den los pasos adecuados para que se concrete. Mil besos.

27 de mayo. Sábado. 2.000 días de ausencia, dolor y tristeza. Todos mis besos, todo mi amor.

31 de mayo. Miércoles. Bueno, pasaron las elecciones y como esperaba ya comienza a moverse otra vez el tema del acuerdo humanitario. El lunes fue festivo y ayer, que fue el primer día laboral después de las elecciones, hubo un comunicado oficial del presidente, leído por el alto comisionado, sobre el interés del gobierno por buscar caminos de paz con las FARC; y hoy estuvo en palacio monseñor Luis A. Castro reunido con Luis Carlos Restrepo, y a la salida habló de la propuesta que se abre para la paz y de retomar el tema del intercambio humanitario. O sea, del lado del gobierno el tema es prioritario; ahora, hay que ver la actitud del otro lado.

Después de las elecciones, en la madrugada del lunes 29 salimos a marchas forzadas del campamento por cuenta de un avión que nos sobrevolaba sin descanso. La Flaca, como le decían los guerrilleros a este avión de reconocimiento por su fuselaje delgado y sus largas alas. A las 4:00 a.m. recogimos de carrera y en medio de una completa oscuridad nos movimos al cauce del arroyo que estaba en la base del cerro en donde acampábamos. Después de amanecer, regresamos a las cercanías del campamento para terminar de recoger los elementos olvidados y emprendimos una nueva marcha.

Este nuevo traslado fue por etapas. Primero a la cima de un cerro a pasar la noche. Allí conocí a Gian Carlos, hermano de Belisario y Stevenson. Después, a un segundo campamento de paso y luego al nuevo destino. Aquí puede ver nuevamente al Changua, ahora miembro del frente 35, quien había sido el compañero de Guillermo cuando el comando que me secuestró me entregó a los guerrilleros del frente 37, el 4 de diciembre del 2000.

Mientras me hallaba en este campamento comenzó el Mundial de Fútbol de Alemania del año 2006. Me parecía mentira que fuera testigo de dos mundiales de fútbol estando secuestrado. Este campeonato, que se jugó a partir del 9 de junio, me ayudó a distraerme y fue una excelente compañía para mí. Como tenía limitaciones en las baterías para mi televisor portátil, seguía los partidos por el radio y cuando jugaba una selección suramericana encendía el televisor únicamente para ver los segundos tiempos.

A veces algunos guerrilleros me acompañaban a ver segmentos de los partidos, pero de manera restringida.

Por estos días conocí a Jader o *Manguera,* del frente 35. Me acuerdo porque le correspondió organizar mi nueva caleta y cuando fui a ubicarme encontré un pequeño camaleón que cogí con mucho cuidado. Me lo puse en la palma de la mano y observé que cambiaba a mi color, después lo puse en la tierra y cambió a color pardo oscuro.

—Una maravilla de la naturaleza —le dije a Manguera—. ¡Fascinante!

El 23 de junio nos mudamos quinientos metros más arriba. Nos detuvimos y nos sentamos para esperar las órdenes sobre el lugar que debíamos ocupar, cuando escuché explosiones y disparos que parecían provenir de la carretera, a unos veinte kilómetros de nuestra ubicación.

Caballero, que estaba a mi lado, se mostraba desinteresado por lo que sucedía. Me habló de cualquier cosa, dio órdenes sobre la ubicación de las caletas y se fue.

Después supe que se había tratado de una emboscada de guerrilleros de las FARC contra infantes de marina que se desplazaban por la carretera en dirección a Zambrano, para reforzar la vigilancia de esa población con ocasión de las fiestas patronales que comenzarían al día siguiente.

Me causó mucho dolor. Era el atentado para el que habían estado preparándose desde principios de año. Pero también me pareció increíble que hubieran sido capaces de repetir la acción que tres años atrás había significado la muerte de trece infantes. Ahora eran nueve los muertos. Mi frustración era inmensa.

La acción de la guerrilla fue comandada por Jorge y por el Zorro. De los guerrilleros resultó herido Moisés, quien regresó al campamento y permaneció allí varios meses de convalecencia hasta que pudo volver a caminar.

A pesar de esta violencia los guerrilleros en el campamento vivían como si nada pasara. Pocos días después, el 27, día de mi cumpleaños, llegaron a felicitarme con una torta de chocolate y arequipe, hecha en el campamento, en forma de corazón. La corté en trocitos y la repartí entre el grupo de mis guardias.

Más tarde llegaron Caballero y Estela a felicitarme, como si nada. Era increíble el nivel de cinismo con el que actuaban. Caballero me anunció que como regalo de cumpleaños me enviaría el televisor y el DVD con la película *El código Da Vinci*. De momento no cumplió.

La noche de mi cumpleaños me ordenaron recoger mis cosas y estar alerta. Caballero me dijo que se trataba de una alarma por un posible bombardeo.

—Nos avisaron del Cacom, pero tranquilo, si a las nueve no ha pasado nada puede volver a organizarse y acostarse.

Así hice, aunque no me dormí enseguida, pendiente de los aviones que podían venir a bombardearnos. Después me pareció oírlos a lo lejos y finalmente me dormí, meditando sobre la idea de nacer y morir en la misma fecha, vivir años completos, pero me pareció una idea muy cuadrada.

24 de junio de 2006. Muy triste la noticia de la muerte de nueve soldados e infantes en cercanías de Zambrano. Por otra parte, las FARC anuncian a través de Raúl Reyes y Telesur que sí negociaran el acuerdo humanitario con el gobierno de Uribe, pero exigen condiciones de seguridad. ¡Vuelve la esperanza!

27 de junio. Martes. 51 añitos. ¡Mensaje de Ferni! «Hola papi, soy Ferni. Te cuento que ya estoy de vacaciones, terminé octavo semestre y me faltan nueve materias. En estos días es tu cumpleaños, te mando un beso. Estamos muy pendientes de ti. Rezo mucho por tu regreso. Te quiero muchísimo, muchísimo, muchísimo. Cuídate mucho y piensa en nosotros». Por acá no tengo novedades distintas de la preocupación frente a una acción militar atizada con los sobrevuelos permanentes de aviones y helicópteros. Y hoy, las felicitaciones de varios guerrilleros por

mi cumpleaños y el anuncio de un pudín que me hicieron ayer. Hice ejercicios de 4:00 a 5:30 a.m. para estar bien pendiente del radio, suave, porque no he tenido mucha continuidad y pendiente del mundial de fútbol, que me ha distraído durante el mes. Ferni, para ti, tus hermanos y toda la familia, y para todos los que me recuerdan hoy, un millón de besos y todo mi amor. ¡Los quiero con toda mi alma! Y gracias.

Con Ferni era muy unido en el momento de mi secuestro. Desde ese día él decidió asumir un papel más familiar y convirtió a la familia en su prioridad. Se propuso muy especialmente ser un buen ejemplo para sus hermanos menores. Mi secuestro lo obligó a madurar y le enseñó a tener paciencia y a mantenerse sereno ante la adversidad.

Yo tenía recuerdos muy fuertes de mi papá, éramos muy unidos, disfrutábamos juntos la finca, almorzaba todos los días con él. Yo tenía recuerdos muy fuertes de él, así que yo decía: «Si a mi papá lo matan yo ya lo disfruté, le aprendí, lo viví». Yo a los diecisiete ya tenía todas las bases de mi papá, estaba jugado. Pero me daba mucho dolor por Sergio y por Manuel.

Mi escudo para soportar era seguir la vida, seguir estudiando, trabajando, y tenía métodos para mantener la mente positiva. Cada vez decía: «Hoy es un día más cerca de estar con él», aunque fuera indefinido y no supiera cuál sería ese día. Y lo otro era imaginarme ese día del regreso.

El secuestro de mi papá, sobre todo en las circunstancias en las que estábamos, me cambió. Primero, hoy valoro más la familia. Cuando veo familias que tienen dos hijos, no entiendo. Es preferible ser pobre, pero tener tres, cuatro, cinco hermanos bien unidos. Compartir con mis hermanos para mí es el mejor momento. Segundo, me tocó madurar antes que a mis amigos. Cuando ellos estaban pensando en rumbear todo el tiempo, yo estaba pensando en cómo hacer para salir adelante con mis hermanos. Me tocó aprender a desprenderme de las cosas materiales, a mí sólo me interesa tener herramientas para trabajar. Tercero, aprendí a tener paciencia, paciencia, paciencia. Aprendí a tener serenidad y a abrirme solo los caminos, porque los papás a veces lo llevan a uno abriéndole camino. Y aprendí a ser responsable, yo no lo era mucho.

28 de junio de 2006. ¡Mensaje de mi papá! «Este es un mensaje de cumpleaños para Fernando Araújo. Querido Ferni: el pasado lunes de Corpus Christi, el 19, en una ceremonia en el circo de toros, dirigida por el arzobispo ante 20.000 personas, los asistentes presentamos una oración

para la liberación de los secuestrados preparada por Judith Elvira. El mensaje de Raúl Reyes a Telesur antier es un portillo de esperanza frente a la propuesta de Álvaro Uribe. Sería el mejor regalo de cumpleaños. Recibe un mensaje de amor y de esperanza de tu mamá, tus hijos, tus hermanos y mío. Gracias a RCN».

29 de junio. Jueves. ¡Mensaje de Manolete! ¡Qué alegría! «Hola, papi, soy Manolete. Te cuento que estoy jugando mucho fútbol, me preseleccionaron en un club semiprofesional; entre setenta jugadores sólo escogieron a cinco, pero me enfermé y no pude jugar. Estoy muy contento, estudio mucho y saco muy buenas notas. Me la paso mamando gallo con mis amigos. Mañana en el grado de Sergi me voy a poner ropa tuya; ya me queda bien porque he crecido mucho. Ya pasé a Lue, a Ferni, a Sergi, y estoy alcanzando a mi abuelo Carol, estoy altísimo. Estoy muy pendiente de ti, te mando un abrazo y te quiero mucho».

En los primeros días de julio hubo cambios en el campamento. Unos guerrilleros que llegaban y otros que salían. Los reorganizaban en nuevos grupos y nuevas misiones. A mí me trasladaron internamente, unos pocos metros. Me cambiaron de escuadra. Ahora estaba con Olmedo, Yomaira, el Choncho, Sonia, Arnulfo y Yazmín, Vicky, Gian Carlos y la Oso.

Escuché la final del mundial de fútbol, con la victoria de los italianos y el famoso cabezazo de Zidane.

La Oso era Neyla. El apodo le venía de un mamífero, el oso perezoso, de movimientos lentos, que se desplaza entre los árboles como en cámara lenta. Así era ella, lenta hasta para hablar. Era la compañera de Eder y, en estos días, tenía a su cargo estar pendiente de mí: del agua para que me bañara, de mi comida, del café, de lo que fuera necesario. Cuando era posible me preparaba platos exclusivos: un poco de arroz al almuerzo en lugar de la sopa, o un trozo de carne, cuando había, que cocinaba con buena sazón. Lo que más le gustaba era coser y se sentía una buena costurera, según me explicó. Además tenía un nivel de preparación académica superior a la mayoría de sus compañeros. Era hermana de Ángela, *la Boqui*, de quien ya conté que le faltaban los dientes de adelante porque se los había volado la explosión de una granada en un combate.

Ángela cumplía años en el mes de julio y Neyla me pidió que le preparara algún poema para regalárselo. Yo era muy consciente de mis limitaciones poéticas, pero la Oso me insistió en su solicitud con el argumento de que cualquier cosa que yo hiciera sería mejor que lo que ella pudiera producir. Por eso traté de ponerme en los zapatos de las hermanas para interpretar sus sentimientos y su visión del mundo. Este fue el poema que les compuse:

HERMANAS

Hermanas desde el vientre que nos hizo
Que orgulloso nuestro padre fecundó,
Crecimos codo a codo, yo a tu lado,
Vamos juntas por el mundo de las dos.
Hermanas en la tierra que sufrimos,
Nuestros padres, los hermanos, tú y yo,
Conocimos la pobreza, las ausencias,
Nos forjamos con coraje en el dolor.
Hermanas en la lucha guerrillera,
Compañeras, camaradas, una voz,
Trabajamos por un mundo para todos
Combatimos la injusticia con valor.
Hermanas, más allá de lo ya dicho,
Compartimos nuestras vidas con amor,
Con ternura, con el alma, por entero,
Como sólo lo sabemos tú y yo.

Neyla quedó muy contenta con el poema, pero nunca supe si se lo entregó a Angela porque no recibí ningún comentario posterior.

Hubo mucha inquietud en esos días, creo que como reacción al asesinato de los soldados en la carretera. Por eso escuchaba sobrevuelos y bombardeos pero no directamente sobre nosotros, sino en las Aromeras sur.

La inquietud en el campamento crecía por los rumores de que había en las cercanías un zorro-solo. O dos. Con este nombre los guerrilleros se referían a comandos o campesinos entrenados, expertos en seguir huellas o encontrar campamentos. Según decían los utilizaba la Infantería de Marina en estas labores. Eran el terror de los guardias. Especialmente de las mujeres y de los jóvenes porque les aterrorizaba la idea de que estos cazadores podían llegar hasta ellos sin ser notados y matarlos.

Alguna muchacha dijo haber visto a un zorro-solo, pero no supo reaccionar a tiempo y el enemigo se le perdió. Desde entonces empezaron los rumores, los ruidos inexplicables, las sombras tenebrosas, la paranoia general.

Esto y los bombardeos frecuentes, todavía lejanos, definieron un nuevo traslado. Comenzamos en la noche del miércoles 12, que salimos a la carrera y regresamos al campamento en donde estábamos cuando principió el mundial.

Al día siguiente, mientras esperábamos a que se terminaran de recoger todos los utensilios y borraran el campamento que dejábamos, me quedé conversando con Sonia. Ella era una guerrillera veterana, jefe de guerrilla, que había estado con su unidad en el departamento del Magdalena, al otro lado del río. En un enfrentamiento con las tropas le habían dado de baja a dos de sus guerrilleros y ahora debía responder por esa acción en un consejo de guerra. Después de los descargos la degradaron por un año.

Me contó que tenía una hija en Medellín a quien había abandonado desde que nació. Y que ahora había intentado establecer comunicación con ella sin lograrlo. La hija, me dijo, en lugar de quererla la odiaba, por cuenta del abandono.

Entre una charla y otra llegó el almuerzo. Al verme comer sólo con mi cuchara me ofreció un cuchillo y un tenedor que después me regaló. Pero yo estaba desentrenado para usarlos, especialmente el tenedor, por lo que se me caía el arroz al llevarlo a la boca. Tenía cinco años y medio comiendo sólo con cuchara. ¡Con la misma cuchara!

En el nuevo campamento se unieron al grupo Silverio, Sixto y Valenciano. Este era un negro pintoso, muy exitoso con las guerrilleras. Además, vanidoso y engreído. En estos días su compañera era Andrea, a quien yo conocía desde los primeros días de mi secuestro; era Juanita, la compañera de Lucho, el jefe de la primera escuadra que me mantuvo secuestrado.

Entonces Juanita era amable y conversadora y me contaba noticias sobre los mensajes de mis familiares. Dejé de verla cuando me trasladaron a los Montes de María, pero supe que había sido capturada y condenada por rebelión. En febrero de este año 2006 había regresado a la guerrilla, después de salir de la cárcel por pena cumplida. En los cinco años transcurridos Andrea había crecido, pasando de niña a mujer. Ahora se veía muy dueña de sí misma, activa y decidida. Me saludaba con cariño al principio, pero luego tomó distancia. Alguien debió reprenderla.

Del grupo de mis guardias salieron Olmedo, Silverio, Vicky, Sixto y algún otro con destino al Magdalena. Caballero me explicó que estaba tratando de copar los espacios que habían dejado los grupos de autodefensas, los paramilitares que se desmovilizaron en desarrollo del Proceso de Justicia y Paz impulsado por el gobierno.

Este proceso era una oferta generosa del presidente Uribe para acabar con la violencia en Colombia y fortalecer la seguridad para todos. El presidente ofrecía a todos los grupos ilegales un proceso de reincorporación y reinserción a la sociedad sobre la base de un cese de hostilidades, el desarme, la confesión de los crímenes cometidos y la reparación a las víctimas. A cambio prometía penas reducidas, con un máximo de ocho años de cárcel.

Los grupos paramilitares se acogieron al proceso. No así la guerrilla, a pesar de las llamadas frecuentes y generosas del gobierno. De los paramilitares se desmovilizaron y desarmaron casi 35.000, que ahora están en el proceso de responder ante la justicia y de reinsertarse a la sociedad. Para algunos guerrilleros el proceso ha sido atractivo. De manera individual se han desmovilizado más de 13.000 combatientes.

Martín Caballero me explicó que los llamados a ocupar los espacios de los paramilitares desmovilizados eran los frentes de las FARC que operan en la Sierra Nevada de Santa Marta y en la serranía del Perijá, pero que debido a los controles de las fuerzas militares no les era posible atender esa misión. Por eso él, desde el frente 37, había asumido esa tarea.

Me explicó la estrategia: visitar a los campesinos y ofrecerles protección. Después de ganarse su confianza, solicitarles colaboración económica para sostener a sus hombres y luego asignarles cuotas específicas de contribuciones fijas. Por último, recurrir al secuestro contra los reticentes. Me pareció muy descriptivo de lo que siempre hicieron para extenderse por muchos lugares de la geografía nacional, aprovechando la complejidad de nuestro territorio y la histórica debilidad institucional del Estado colombiano y de sus estamentos militares y policiales.

Afortunadamente para Colombia este proceso se revirtió. Por medio de la Política de Seguridad Democrática, el gobierno ha venido recuperando todos los espacios del territorio nacional para que todos los ciudadanos sean cobijados por la seguridad que brinda el Estado, bajo el marco de la Constitución y las leyes y el respeto de todos los derechos de los ciudadanos.

1º de julio de 2006. Sábado. ¡Sergi! «Hola, papi, te habla Sergi; ya nos toca decir el nombre porque Manolete ha crecido tanto que todos tenemos el mismo tono de voz. Te estoy grabando este mensaje el 2 de junio y me gradúo mañana 3. Ya me matriculé en la universidad que yo quería porque saqué muy buenos resultados en el ICFES, pero no tan buenos como Gabi, que sacó el tercero más alto del país. Voy a estudiar administración de empresas en la misma universidad de Lue y Ferni, lo que me tiene muy contento, y voy a vivir con Ferni, por lo que estoy más contento todavía. Te quiero mucho, te mando un beso y te pienso bastante». Por acá las cosas difíciles. Anoche hubo bombardeo de la Fuerza Aérea de 3:00 a 4:00 a.m. en un área cercana; me levanté, recogí mis bártulos, pero no nos movimos de las caletas. A las 4:30 a.m., cuando volvió la tranquilidad, me puse a hacer ejercicios y a oír el radio, pendiente de tu mensaje que estaba extrañando. Todo mi amor, todos mis besos. ¡Los adoro!

4 de julio. Martes. ¡Mensaje de mi mamá! Mensaje para Fernando Araújo. «Querido hijito, ahora que ya pasaron las elecciones espero que se abra un espacio para la paz y el acuerdo humanitario. El presidente Uribe nos ha prometido trabajar bastante para conseguirlo». Por acá hago lo mejor que puedo para soportar esta situación, pero estoy preocupado. Ojalá que lo del acuerdo humanitario se produzca pronto. Las noticias de hoy mencionan un cerco militar a Martín Caballero y eso significa un peligro inminente para mí. Pero no me arrugo. Me pongo en las manos de Dios. Mil besos y todo mi amor.

17 de julio. ¡Hola, Sergi! ¡Buenos días y feliz cumpleaños! Por mi lado te cuento que hemos estado en marcha desde el miércoles pasado, pero parece que ya llegamos al nuevo destino. Ya habíamos estado por aquí a principios de marzo, cuando bombardearon en las cercanías. Oí hablar de un zorro-solo, según entiendo un militar que actúa solo o con un compañero, y se especializan en ubicar a grupos guerrilleros. Parece que

había uno merodeando el campamento anterior y aunque le tendieron una emboscada no lograron capturarlo. Por eso nos trasladamos. Las noticias sobre el intercambio humanitario están congeladas. Pero tengo la esperanza de que se esté trabajando en silencio, con prudencia, y me imagino, con mucha dificultad.

El día de mi secuestro, Sergio estaba haciendo un trabajo en mi casa.

Él salió a trotar y no volvió sino seis años después. Yo pensaba que sólo secuestraban a la gente mala y no entendía por qué a mi papá si él era bueno. También pensaba que de pronto era por plata, pero yo creía que los manes estaban equivocados porque en ese momento la situación económica era difícil. La gente del Gaula fue a ayudarnos, a poner grabadoras en los teléfonos por si llamaban y a darnos recomendaciones, y nos dijeron que estuviéramos preparados porque eso era largo: unos dos o tres meses. Imagínate, fueron seis años. Contamos con la solidaridad de mucha gente. Todos mis tíos sintieron que debían poner una partecita de mi papá en mí y en mis hermanos, ahora mi papá es mi papá, pero yo de alguna forma los siento a ellos también como mis papás. Hay días en que uno duda si está secuestrado o no, pero finalmente te das cuenta de que sí y que hay que esperar. Mi mamá nos ponía fotos de mi papá en todas partes, ella se portó increíble, hacía de mamá y papá al tiempo. Se angustiaba por nosotros cuatro. Fue muy meritorio todo lo que hizo.

El miedo estaba tan presente, que al principio no podíamos caminar por las calles. El secuestro de mi papá me marcó para bien. Como familia decidimos aprender de la situación, ser una familia más unida. Tomamos la decisión de crecer como personas, todos somos más maduros, aprendimos a valorar las cosas, a darnos cuenta de que lo material no es lo más importante.

23 de julio. Domingo. ¡Qué buena la noticia de la liberación de Juan Carlos Lizcano!

29 de julio. Sábado. Al terminar las reuniones de la Conferencia Episcopal, en Bogotá, monseñor Luis A. Castro les pide al gobierno y a las FARC concretar el acuerdo humanitario pronto, a más tardar en octubre. Esta noticia reaviva mis esperanzas de regresar este año, y me sienta muy bien porque el silencio de todo el mes sobre el tema me tenía triste y angustiado.

Al llegar el mes de agosto se produjo la posesión de Álvaro Uribe para su segundo mandato. Sentí un aire fresco en el tema de la paz y del acuerdo humanitario. Las primeras intervenciones del presidente mostraban claramente su intención de fortalecer este proceso. Nuevas aperturas, nuevos espacios, nuevos compromisos, nuevas esperanzas. Pero de parte de la guerrilla, las mismas confusiones, los mismos desengaños.

Fue un mes con traslados frecuentes. Había el afán de escondernos más y más, por el ambiente de inseguridad. En estos traslados, el 3 de agosto, hicimos una parada para descansar. Recuerdo el paraje, en la cima de un cerro, sentado en una piedra y los guerrilleros a mi alrededor. Hacía sed y el sol pegaba fuerte. Algún guerrillero se paró a merodear y regresó con un pequeño cactus en la mano. Era redondo por arriba, como medio balón de fútbol, aunque muy espinoso. Hábilmente, con el machete, lo peló por encima y de lo que quedó, cortó una torreja y me la dio a probar.

—Pruebe que es bueno —me dijo.

Lo comí con desconfianza y no me supo a nada, pero me refrescó.

—Es como comerse un pepino insípido —le comenté.

—Sí, por eso es mejor comérselo con sal —contestó, y acto seguido sacó un poco de sal y se comió un pedazo. El resto lo repartió, pero yo no quise más.

Ese día nos movimos unos metros más y acampamos. Al rato aparecieron unas cervezas y me tomé una para calmar la sed. Me sentí medio mareado. No soy bueno para el alcohol y menos con el estómago vacío. Después me fumé un cigarrillo y puse las noticias en mi radio.

Al siguiente día nos desplazamos temprano. Hicimos una parada táctica, como era costumbre antes de llegar al nuevo campamento, para que la avanzada inspeccionara el sitio y lo aprobara. Yo me senté en un tronco a esperar y divisé a Martín Caballero; lo saludé alzando la mano, en la distancia. Me respondió el saludo con alguna timidez. Entonces noté que detrás de él caminaban su hija Cata, sus dos hijos y su doble, el verdadero Martín Caballero, que me saludó con una sonrisa.

«Caramba, Caballero tiene un doble, debe ser un gemelo», pensé.

Pero después averigüé que se trataba de un primo, un médico santandereano que estaba de visita en el campamento para hacerle unos chequeos habituales. Creo que tenía algún problema en los riñones y por eso tomaba chicha de arroz todos los días. O al menos esa era la excusa para la chicha.

Esa tarde llegamos al nuevo campamento, donde conocí a Pedro Parada, el ideólogo del frente 35, que tenía una panza enorme, pero no tan grande como el odio que destilaba en sus comentarios altisonantes. Era un guerrillero curtido de experiencia por sus largos años en las FARC, fiel reflejo de la doctrina marxista-leninista, impulsor del odio y de la lucha de clases, imbuido en las tesis comunistas de la combinación de todas las formas de lucha para derrocar al gobierno oligárquico, imperialista, guerrerista, etc.

Por esos días llegó Benavides, que se desempeñaba como arriero y tenía a su cargo cuatro mulas para introducir las provisiones. Venía con ellas, cargado de alimentos, pero él mismo no podía caminar porque una mula lo había pateado en un testículo. Tuvo que guardar reposo obligatorio durante una semana, con muchos dolores.

Yo seguía escuchando frecuentes explosiones, sin saber bien si eran de morteros o de minas. Con el tiempo fui aprendiendo a distinguir sus sonidos, pero los guerrilleros siempren discutían al respecto y me confundían.

—¡Se mataron! —decían con orgullo cuando escuchaban explotar una mina.

Después pretendían eximirse de toda responsabilidad comentando que los soldados eran responsables de su propia muerte por atreverse a perseguirlos.

Siempre que explotaba una mina salía una comisión a verificar el lugar y la causa. A veces explotaban por efectos del viento que movía algunas ramas que las activaban. En otras ocasiones era algún desafortunado animal y lamentablemente, con mucha frecuencia, soldados que resultaban muertos o mutilados. Era tenebroso.

A mediados de agosto cambiamos otra vez el lugar del campamento, llegando cerca de donde estuvimos en marzo cuando conocí a Cata. Me ubicaron a pocos metros de una poza arborizada y con iguanas. El paraje me distraía.

Veía a Sofía, la sobrina de Caballero, que se quejaba todo el tiempo: del calor, del trabajo, del aburrimiento, de las plagas. De todo. No se le veía mucho futuro con el grupo guerrillero y efectivamente, pocos días después, supe que se había volado para regresar a su casa.

En cambio Esmeralda, Cristina y Angi, que estaban en mi guardia, se veían muy contentas. Aparentemente estaban a gusto y por voluntad propia en las FARC. Jugaban fútbol con sus compañeros, estudiaban, entrenaban, buscaban y cargaban provisiones, salaban la carne, discutían y se enamoraban. Esmeralda logró que la enviaran de regreso a donde Humberto, aunque antes de irse me confesó que quería irse para su casa pero le daba miedo que la descubrieran y la mataran. Cristina, forzosamente separada de Ovidio, su marido, tenía muchos pretendientes, y Angi no dejaba de pedir su traslado a la escuadra de su novio, hasta que por fin lo consiguió.

Antes de su partida le dediqué una poesía. Ella tenía unos dieciocho años. Era taciturna y callada, y me parecía distraída y distante cuando estaba de guardia, hasta que le recité un poema de Neruda:

«Me gustas cuando callas, porque estás como ausente, y me oyes desde lejos y mi voz no te alcanza...».

Le gustó el poema y me pidió que se lo copiara en su cuaderno, lo que hice de inmediato.

Me agradeció el gesto y se abrió un poco más conmigo. Para corresponderme me habló de su infancia, de su colegio y de su familia. Supe que tenían un huerto en el colegio y que sembraban hortalizas. Me explicó cómo cultivaban tomates y me ayudó a desarrollar un pequeño semillero en un pote de margarina que rellené con tierra. Alcancé a tener veinte maticas de tomate que se quedaron abandonadas en medio de una huida apresurada en el mes de septiembre.

Caballero me visitó en esos días. Para tranquilizarme, según me dijo. Se sentía invencible, imposible de capturar, aunque era consciente del asedio militar. Me dijo que nos estuvieron buscando y nuevamente me refirió cómo logró escaparse en octubre de 2005 de la persecución de la Operación Omega. Pero ahora las cifras habían variado: ya no eran diez las patrullas que nos rodeaban, ahora eran setenta. Y las bajas de soldados también crecían con su historia. Su fantasía alimentaba su megalomanía consuetudinaria.

En el lugar donde dormía me era posible divisar la Luna al comenzar la noche y me puse a hacer cálculos sobre sus fases. Llegué a la conclusión de que para fin de año tendríamos luna llena y empecé a imaginarme que de pronto se me podría presentar la ocasión de escaparme si se repetía la dormida del guardia durante la noche de Año Nuevo, como había sucedido algunos años atrás. De ahí en adelante, cada mes revisaba mis cálculos y confirmaba mis predicciones de luna llena para el 31 de diciembre.

A este campamento regresaron algunos guerrilleros que ya conocía: Camilo, Lorena, ahora con Neftalí, y algunas unidades del frente 35. De vez en cuando me mandaban comida de la rancha pequeña, la cocina individual de Caballero, que tenía una buena cocinera, con buena sazón, que preparaba platos especiales. Se llamaba Margoth.

20 de agosto de 2006. Domingo. En un comunicado firmado por R. Reyes y publicado en Anncol, las FARC dicen que no hay contactos con el gobierno, la Iglesia católica ni la comisión internacional. Vuelven a exigir el despeje de Florida y Pradera. Yo no sé qué pensar. ¿Por qué tanta confusión? ¿por qué tanta desinformación? ¿Cuáles son los supuestos avances? No veo la salida.

22 de agosto. Martes. Sigo desorientado sobre el tema del acuerdo humanitario. Me parece que todavía la discusión se centra en el despeje. Por mi parte, veo una nueva esperanza en el nombramiento de Carlos Holguín Sardi como ministro del Interior y de Justicia, especialmente por su condición de valluno y la importancia del tema en su región por los doce diputados secuestrados. Hoy a las 6 p.m. se posesionará. Amanecerá y veremos.

24 de agosto. Hoy citan en RCN una entrevista con Raúl Reyes publicada en Le Fígaro, en la que da cuenta de la buena salud de Íngrid, confirma el nacimiento del bebé de Clara Rojas y le pide a la comisión internacional colaboración frente al gobierno.También hablan de una iniciativa de la Comisión de Paz del Senado, aprobada por el gobierno, para que médicos de la Cruz Roja verifiquen el estado de salud de los secuestrados. Pero, ¿la guerrilla lo aceptará?

A finales de agosto nos subimos un poco más en el cerro, quinientos metros más arriba, sin llegar a la cima. Con las nuevas unidades había llegado Sandra, la compañera de Pedro Parada, que era enfermera, como la mayoría de sus compañeras. Le calculé entre veinte y veinticinco años.

Al principio era un poco distante, pero después se me acercó a pedirme un favor:

—Tengo una agenda con textos en un idioma que no entiendo. ¿Será posible que me la traduzca? —me preguntó.

Cuando me la entregó, vi que se trataba de una agenda en portugués, del Movimiento Sin Tierra, del Brasil. Contenía unos artículos iniciales, algunas minibiografías, poemas y escritos al comienzo de cada mes, además de frases célebres en los pies de página de los días y, al final, datos sobre Brasil.

—Está en portugués —le dije— y la verdad no tengo ni idea de ese idioma.

Con todo, me pidió que hiciera el intento por lo que, sin saber portugués, me puse en la tarea de entender algo. Lo primero que hice fue una lista, en desorden, de las palabras que iba encontrando. Después traté de interpretar su significado, basándome en su parecido con una palabra en español, en inglés o en francés; o en el contenido de la frase o por simple intuición. Avancé mucho en mi tarea y pude finalmente organizar las palabras en orden alfabético, a manera de diccionario, con su significado en español. Creo que logré un éxito de 80%.

Esto me amistó con Sandra, que me siguió visitando con diferentes preguntas para atender sus estudios. Hasta que también le prohibieron hablar conmigo. Pedro Parada estaba molesto.

Aquí pude ver *El código Da Vinci*, la película que me habían ofrecido por mi cumpleaños. En algún domingo de septiembre fui invitado por Martín Caballero a verla. Era la primera vez que me invitaba, desde febrero de 2005, que estaba en su campamento. Me senté en una banca rodeado de guerrilleros, con Caballero a mis espaldas, y vi la película con alguna dificultad, por dos motivos: el exceso de claridad por la luz del sol y la falta de mis gafas para ver de lejos. Pero me distraje y la tarde se me hizo más corta.

Seguía el acoso militar y nos subimos, ahora sí, a la cima del cerro. Allí quedaron mis tomates cuando tuvimos que salir de prisa. Pero en medio de esa situación tuvo lugar un evento particular: un consejo de guerra.

Se trataba de juzgar a Amalia, una joven guerrillera que intentó fugarse, pero arrepentida de su acción, regresó voluntariamente. Ya Camilo relató esta historia.

John Wílder, que había salido a buscar provisiones, regresó unos días más tarde. Trajo consigo unos pichones de canario para regalárselos a Cristina, de quien estaba enamorado. Ella parecía corresponderle pero era muy voluble con él. Discutían con frecuencia por cualquier circunstancia y un día se veían muy amigables y al siguiente muy distantes.

Como a ella le fascinaban los animales, se dedicó a cuidarlos y a alimentar a sus pichoncitos con un esmero mayor que el de una mamá canaria. Soñaba con verlos emplumar, crecer y enseñarlos a cantar. Quería llevarlos en el hombro, amaestrados.

Cuando ya comenzaban a llenarse de plumas, en el siguiente campamento, los dejó en el suelo mientras atendía un llamado. Los dejó cubiertos con un trapo para protegerlos, con tan mala suerte que Camilo les puso encima un timbo de agua y los mató. ¡La rabia de Cristina!

Esto sucedía en Marrana Perdida, a donde habíamos regresado a finales de septiembre. Después de la muerte de los pichones escuché, muy cerca, una fuerte explosión.

Los mismos guerrilleros habían accionado una mina que Valenciano había puesto unos días antes. Él mismo era el guía del grupo que salía pero se distrajo y confundió el lugar en donde la había colocado. Tuvo la suerte de pasar por encima del mecanismo iniciador sin pisarlo, pero Benavides no, y la mina le explotó bajo los pies, dejándolo moribundo.

Yo lo vi algunos días después en un traslado en el que sus compañeros lo transportaban acostado en una hamaca. Era, literalmente, un saco de huesos. Finalmente se salvó y en diciembre, cuando me fugué, ya caminaba por sus propios medios y llevaba recados dentro del campamento. Supe que después se escapó de la guerrilla y se incorporó al programa de reinsertados.

4 de septiembre de 2006. Lunes. 300 semanas, 2.100 días de ausencia. ¡Los extraño con el alma! Hoy nuevamente se conoce un comunicado de Raúl Reyes en el que dice que no hay contactos directos con el gobierno y reitera que «están dispuestos a firmar el acuerdo humanitario con el alma», según dijo C. Holguín, lo que parece una nueva esperanza. Esto en RCN. Lo cierto es que el tema se mantiene en la actualidad noticiosa aunque todavía no se aprecian adelantos claves, pero mantengo la esperanza

de que sí haya pequeños progresos. Va madurándose. Mientras tanto, el ambiente en el campamento está tranquilo, aunque siguen los morteros nocturnos. Anoche escuché tres. Uno cayó cerca. A medianoche.

El 8 de septiembre recibí un mensaje de mi hermano Gerardo que me fortaleció tremendamente. Por sus palabras pude entender que me estaban buscando, que estaban sobre mi pista y que intentarían rescatarme. Aunque conocía el riesgo que esto significaba, le di gracias a Dios y me puse nuevamente en sus manos. Era lo que había que hacer y renacieron mis esperanzas. A partir de entonces, profundicé mi preparación física y psicológica.

8 de septiembre de 2006. ¡Supermensaje de Gerardo! «Papá, mamá y tus hermanos estamos todos bien. A. Piñeres y María José, tu primo Guillo y Ana María, muy pendientes de ti. Lue, trabajando muy bien; Ferni, terminando la universidad y viviendo con Sergi. Manolete con Ruby y todo un campeón. Fer, mantén tu fortaleza; esperamos verte pronto, seguimos trabajando en el acuerdo humanitario».

Previendo un desenlace fatal, pero cuidadoso de no delatarme en caso de que me revisaran mis apuntes, escribí:

Gracias, Gera, ¡qué falta me hacía oírte! Estamos sintonizados. Gracias por todo lo que me cuentas. Mil besos y todo mi amor.

Estamos sintonizados quería decir entendí el mensaje y estoy de acuerdo con el rescate, para que Gerardo lo entendiera en caso de que yo muriera en el intento y se encontraran mis apuntes. Así yo asumía la responsabilidad de la acción y liberaba a mis familiares de cualquier remordimiento futuro.

«Papá, mamá y tus hermanos estamos todos bien», decía el mensaje. Era la repetición del giro que yo había utilizado en mis mensajes anteriores para que se conociera en qué lugar me encontraba. Al repetirlos Gerardo me estaba diciendo: «Entendido, sabemos en dónde estás y vamos a buscarte». Me sentía emocionado y por eso escribí «¡Supermensaje de Gerardo!».

Escribir *Papá, mamá*, en lugar de decir *mi papá y mi mamá*, quería decir que me había entendido. Era la fórmula que yo venía utilizando desde mi primera carta. Se basaba en que un amigo muy cercano, que había nacido en Ovejas y había estudiado en El Carmen de Bolívar, hablaba de esa manera. Todos los del grupo lo molestábamos por eso. Nos burlábamos de él. Y yo utilicé la expresión con la seguridad de que quienes me conocían bien lo captarían de inmediato, como efectivamente sucedió. Ahora Gerardo usaba el mismo giro para decirme que me habían entendido y que me estaban buscando.

Yo quedaba a mil, lleno de ilusiones. Pero también muy alerta y pensativo porque no podía imaginarme como sería el operativo de rescate y cómo harían para que no me mataran.

Gerardo y yo siempre hemos sido muy cercanos. En sus palabras: «Él es mayor que yo año y medio, y desde que éramos niños lo emulé. Siempre traté de igualarlo, especialmente en los estudios, pero rara vez pude. La primera prueba de supervivencia fue una carta que llegó presionada por nosotros para confirmar que quienes nos llamaban sí lo tenían. Cuando llegó, nos emocionó ver su letra y comprobar que ahora sí hablábamos con quienes lo tenían. No recuerdo cuándo, pero mucho tiempo después recibimos el primer video. Ahí estaba Fernando, flaco y custodiado. Tan pronto oí que en el mensaje decía a papá y mamá, supe que nos estaba mandando una pista y que lo tenían por El Carmen de Bolívar. Eso nos sirvió para ubicarlo en esa zona.

No se puede generalizar, pero el secreto de una familia que tiene a alguien secuestrado, si quiere sobrevivir, es tratar de ser lo más positiva posible, porque si uno se pone negativo comienza a dañarse el cerebro con malos pensamientos y se acaba. En nuestro caso supimos llevar el secuestro como un problema muy grave, pero trabajando en todos los frentes posibles. Acudimos a todo lo legal para sacar a Fernando y nunca perdimos la fe.

11 de septiembre. Lunes. ¡Otro mensaje de Gera! «Ferna, tengo la expectativa de que estés bien y con la esperanza de vernos pronto. Todos estamos bien, tus amigos te recuerdan siempre, están pendientes de ti y sueñan con tu regreso. Lue, Ferni, Sergi y Manolete, firmes en sus actividades. Me haces una falta infinita. Te queremos muchísimo. Gracias a RCN por transmitir este mensaje y a Juan Gossaín». Gera, tu mensaje me llena de ánimo y me ayuda a mantener mis esperanzas en el amor de todos los que amo. Además, alegre por el bienestar y las buenas actividades de todos.

17 de septiembre de 2006. Domingo. Me resultaron muy tristes las declaraciones del ministro del Interior ayer, expresando que no hay ningún avance en el tema del Acuerdo Humanitario y que todo se limita a declaraciones mediáticas de las FARC.

24 de septiembre. Domingo. Hola, Ruby, un beso y un abrazo, y muchas felicidades y felicitaciones en tu cumpleaños. Te cuento que las cosas están difíciles: sequía, no quiere llover; poca comida (mucha sopa), mucho control militar; alarmas permanentes por la cercanía de la infantería y un calor sofocante. Las caminatas, aunque no muy largas, son frecuentes y por primera vez estoy lesionado. Tengo lastimados los tobillos y las rodillas, levemente, pero tengo que caminar con cuidado.

25 de septiembre. Domingo. 3:00 p.m. Hola, Cari, desde la madrugada te tengo en la mente pero sólo ahora tengo la posibilidad de escribirte esta nota para desearte con todo mi amor muchas felicidades en tu cumpleaños. Mil besos y mil abrazos. Las noticias de anoche y lo poco que escuché hoy hablan de un nuevo video de los diputados del Valle y de la presión sobre el gobierno para el despeje. También de un comunicado de tres puntos del gobierno en el que se hace énfasis en la acción de los diferentes mediadores que buscan un acercamiento con las FARC. Yo me había hecho la ilusión de que quizás para estas fechas ya podría estar definido un primer encuentro entre el gobierno y las FARC; pero esto es con paciencia y mucha resistencia. Por mi parte, Cari, me tocó hoy una larga caminata bajo una llovizna continua que me dejó empapado y con sólo un tinto en el estómago. Ya me comí un plato de arroz y una presa de carne de res. En mi nueva caleta ya colgué la hamaca y estoy esperando medio balde de agua para bañarme.

28 de septiembre. Jueves. Termino este cuaderno con una nota de esperanza. Anoche, durante su intervención en el Congreso de Fenalco, en Barranquilla, el presidente Uribe anunció su disposición para crear una zona de encuentro para el acuerdo humanitario con las FARC. En el contexto actual, esto se ha interpretado como la aceptación del despeje militar de Florida y Pradera en el Valle, sobre la base de unas condiciones propicias que deben acordarse con la guerrilla. Las entrevistas posteriores, en especial las declaraciones de Álvaro Leyva, parecen confirmar que sí, que el despeje está autorizado y que lo que falta es que se garantice que no se repita la experiencia del Caguán.

37

Octubre de 2006
Nacen y mueren las esperanzas

Octubre comenzaba lleno de esperanzas y yo iniciaba el cuaderno Nº 6 de mis diarios, al que le puse por título «El cuaderno de la esperanza». Escribí lo siguiente:

> 1º de octubre de 2006. Comienzo con un canto a la esperanza. Las noticias hablan de una entrevista de Raúl Reyes a Colprensa en la que dice que las FARC están listas para el acuerdo humanitario y se declaran a la espera del decreto del gobierno sobre el despeje de Florida y Pradera. El ambiente que percibo entre los guerrilleros es también positivo. Mil besos y todo mi amor.

El 3 de octubre salimos de Marrana Perdida. Previamente había partido un grupo de guerrilleros, bajo las órdenes de Canaguaro, hacia el Magdalena. Camilo se había ido con ellos.

Yo notaba a Camilo aburrido. A mi juicio había perdido el interés de permanecer en la guerrilla y por eso me atreví a insinuarle que se saliera, pero noté que le faltaba decisión. Pensé que quizás un poco más adelante lo haría.

A la salida del campamento me crucé con Deisy, *la Flaca*, la guerrillera que me había tomado los tres videos que las FARC enviaron a los medios de televisión para que se supiera que yo seguía vivo y para presionar el canje o el intercambio humanitario.

Ella iba sobrecargada de peso con sus pertenencias y un saco de pasto para utilizar de colchón, lo que me indicaba que no iríamos muy lejos. Me ofrecí a ayudarla y me hice cargo del bulto de hierba.

Caminamos 1.200 metros hasta la poza de agua, según pude medir contando mis pasos. Luego nos desviamos a la izquierda por un terreno enmontado, difícil de transitar, hasta una segunda poza donde nos detuvimos nuevamente a esperar a todo el grupo. Allí vi llegar a Benavides medio muerto, en una carpa adaptada a manera de camilla.

Subimos por el cerro y nos instalamos en la ladera varios días. Deisy había notado que el bluyín que yo llevaba puesto estaba roto en la rodilla y lo reportó a Caballero, que dio orden de comprarme ropa nueva. Me sorprendió que a los tres días un guardia me la entregara. No debíamos estar muy lejos de algún centro urbano. Eran el pantalón y la camisa que vestía el día de mi fuga y que conservo en mi clóset.

4 de octubre de 2006. Miércoles. ¡Mensaje para F.A.! «Papi, soy Ferni. aprovecho la oportunidad para decirte que no pierdas las esperanzas, que sigas fuerte como siempre, siendo un ejemplo para todos, que nos inspiramos en ti, que sigas siempre con la esperanza de nuestro reencuentro. Estoy seguro de que vamos a estar juntos de nuevo, a recuperar el tiempo perdido. Sigue con tus ilusiones. Mientras tanto, nosotros sacamos fuerzas de donde podemos para seguir con nuestras vidas, haciendo lo mejor que podemos. Me haces muchísima falta. Te quiero muchísimo. Te mando un abrazo bien grande». Gracias, Ferni, bellísimo tu mensaje y me llena de ánimo y esperanza. Las noticias se han vuelto confusas. Ahora hablan de proceso de paz, de asamblea constituyente, de reunión de Uribe con el secretariado de las FARC, etc. Me queda la sensación de un enredo grande y de un retroceso en relación con las noticias de la semana pasada. Me parece que lo serio es la definición entre el gobierno y la guerrilla de las condiciones para el despeje, pero esto parece que depende de una reunión entre el comisionado Restrepo y los guerrilleros. Paciencia. Por acá, Ferni, disparos de morteros en las noches. Los de anoche los sentí más cerca, a pesar de que ayer nos mudamos. Mil besos y todo mi amor.

En estos días llegó Lucho al grupo de mis guardias, el mismo comandante de los primeros días de mi secuestro. Su actitud era agresiva y me disgustaba, pero tenía que aguantármelo.

Durante el día me ocupaba haciendo las traducciones, del inglés al español, de un manual de operación de un GPS y de un manual de instrucciones de un escáner, que me solicitó Danilo. En las noches me despertaba pendiente de los morteros que explotaban en todas las direcciones. Iba aprendiendo la manera en que los disparaban habitualmente y observaba que seguían un esquema circular, de modo que después de que alguno explotaba cerca del campamento, los siguientes se iban alejando.

El 19 de octubre tuvimos otra mudanza. Bajamos el cerro en dirección contraria a la de la llegada. Ahora Benavides iba a horcajadas sobre la espalda de Camacho; se iba recuperando. La bajada fue muy difícil por lo empinada, seguimos por un bajo y después subimos a otro cerro, a donde llegué con muchas esperanzas y salí desilusionado.

Las FARC colocaron un carro bomba en la Universidad Militar, en Bogotá, y con su explosión volaron las esperanzas de todos los secuestrados.

20 de octubre de 2006. Viernes. ¡Mierda! El presidente Uribe canceló el tema del acuerdo humanitario y revocó todas las autorizaciones para los acercamientos con las FARC. En un discurso de hoy, en la Universidad Militar, hizo los anuncios en respuesta a un atentado con un carro bomba hecho ayer por las FARC, en ese lugar, en Bogotá. Además, insistió vehementemente en la orden de rescate militar como la única opción posible. Cancelo mis esperanzas de regresar este año. Esperaré al próximo para ver qué vientos soplan. Nosotros nos movimos ayer, al parecer porque anteanoche nos cayeron unos morteros muy cerca. El tema del rescate militar me parece muy difícil porque me mantengo rodeado de 50, 100 o 150 guerrilleros que entran y salen con frecuencia, y que tienen muy clara la orden de no permitir por ninguna circunstancia mi rescate. Anoche soñé nuevamente que estaba en el aeropuerto pero afrontando, como me pasa en mis sueños, dificultades para el viaje. ¡Qué vaina! Con el dolor de mi alma, les repito mi amor infinito y mi confianza en su amor. Mil besos y todo mi amor.

No tuve más remedio que dedicarme a mis ejercicios, a soñar con un posible rescate y a confiar en la capacidad de las Fuerzas Militares para ejecutarlo con éxito, a pesar de las dificultades que significaba estar rodeado de tantos guerrilleros dispuestos a matarme.

29 de octubre. Domingo. Ayer salió un nuevo comunicado de las FARC,
reafirmando su voluntad para el canje. Lástima que los hechos vayan por
un lado y las palabras por otro. Como en los siete hábitos: «Tus actos
hablan tan alto que no me dejan oír lo que me dices». Pero es lo que
tenemos en este momento. Ojalá se conviertan en hechos.

Al finalizar el mes, el sábado 28 de octubre, se fue la hija de Caballero del campamento. Nosotros nos quedamos allí un par de días
más y luego regresamos a Marrana Perdida, de noche, aprovechando
la luna llena de ese fin de mes.

En Marrana regresé a mi caleta otra semana. Allí me visitó Nora,
la Pacho Pérez, de quien ya he hablado. Nora era hija de padre y madre
guerrilleros y estaba totalmente imbuida de la filosofía de las FARC,
que creen tener el derecho de utilizar la violencia para imponerles
un modelo comunista a los colombianos. Pero no podía esconder
su almita juvenil, de quince años, ni disimular su carita angelical.
Le gustaba participar en todas las actividades de su grupo, tanto de
las acciones terroristas, como del estudio y las demás, entre éstas las
de diversión. Le gustaba bailar y no se perdía la hora cultural de
las vespertinas del domingo.

El domingo 5 de noviembre se arregló, se maquilló con esmero
y en su paso para la fiesta me visitó en mi caleta.

—¿Cómo me veo? —me preguntó.

—Quedaste preciosa —le contesté, y se fue muy contenta a
conseguir parejo para bailar.

Dos días después nos mudamos nuevamente a un cerro cuya cima
tenía forma de herradura. A mí me ubicaron en uno de los extremos,
desde donde escuchaba con claridad los ruidos del campamento. Había
un ambiente de dificultades y debíamos permanecer en silencio, pero
los sonidos subían hasta mi caleta y oía todo lo que pasaba. Allí veía
a Nora con frecuencia porque su caleta quedaba cerca de la mía.

—No he ido a saludarte porque estoy con gripa —me dijo el
viernes en la mañana.

El sábado 11 de noviembre, muy temprano en la mañana, oí
disparos. Yo sabía que habían salido algunos guerrilleros a recoger
provisiones y que Cristina y Nora formaban parte de ese grupo.
Al oír los disparos, me acordé de ellas.

Previendo problemas, recogí mi hamaca, guardé mis pertenencias y me senté en el suelo a esperar instrucciones, sin descuidarme un instante, atento a los disparos y a los movimientos en el campamento, donde los guerrilleros recogían todo de prisa.

Allí sentado tropecé con un Pacho Pérez muerto y me pareció que era una premonición que después confirmé; Nora había muerto en los combates de esa mañana.

Salimos a la carrera y caminamos todo el día hasta caer la tarde. Las tropas nos seguían los pasos, por lo que al día siguiente partimos a las 4:00 a.m. y en la tarde regresamos al campamento que habíamos ocupado en el mes de agosto. Almorzamos y después me dieron un balde de agua para bañarme, pero cuando me estaba enjabonando avisaron de una patrulla que se acercaba.

Rápidamente me vestí y salimos huyendo, asustados y yo muy vigilado. Después supe que se trató de una patrulla de la Infantería de Marina que registraba el área sin mayores precauciones. Caminaban cantando a viva voz y con los radios encendidos. Los guerrilleros se abstuvieron de atacarlos para no revelar su presencia y lograr evadirse, pero los militares se habían expuesto gravemente por su indisciplina.

18 de noviembre. Sábado. ¡Feliz cumpleaños, Manolete! felices quince años, hijo, con todo mi amor y toda mi nostalgia. Un abrazo con el corazón. Un beso con el alma. Recuerdo tus nueve años, cuando te regalé la bicicleta para premiar tu esfuerzo de aprender a montarla. Tu alegría, tu sonrisa. He extrañado estar a tu lado en cada instante de esta triste e insoportable ausencia. Me duele en el corazón no estar a tu lado para verte crecer, apoyarte, acompañarte, respaldarte. Pero sé que estás muy bien que das lo mejor de ti, que te esfuerzas para mantenerte, para superarte, cada día, siempre, en todas tus actividades. Me siento muy orgulloso de ti y te quiero con todo mi ser. ¡Adelante, campeón! Estoy muy agradecido con todos los que te ayudan. Tu mamá, tus hermanos, tus abuelos, tíos, primos, amigos. A todos, mil gracias. Te cuento que son las 6:30 a.m. Hoy me levanté a las 4:30 a.m. hice ejercicios, organicé mi tula y tengo el radio encendido. Ya me trajeron el café-tinto y estoy sentado en la hamaca escribiéndote esta nota mientras me defiendo de los mosquitos. Trato de sacar fuerzas de donde no las hay para seguir soportando tanto dolor y tanta tristeza; aunque por el momento me siento sin esperanzas, sigo luchando para recuperar la ilusión y soñar despierto con mi regreso, con nuestro reencuentro, con volver a abrazarte, con volver a compartir nuestras

vidas. Así voy esperando que algún día cambien las noticias y renazcan las esperanzas. Que algún día anuncien en el radio que se logró un acuerdo para nuestra liberación y que me dejen recuperar mi libertad.

La persecución continuó. Tropas, aviones, helicópteros y morteros. Además, lluvias torrenciales. Cuidados extremos. Hasta que el 21 de noviembre volvimos a acampar. A este campamento empezaron a llegar los guerrilleros de las diferentes comisiones. Al parecer, había cesado el operativo militar y se iniciaba el proceso de reuniones de fin de año.

Por estos días, el presidente Uribe estaba en Washington. Allí Luis Ernesto conversó con él, en la residencia de la embajada:

—Presidente, nunca he tomado provecho de estar cerca de usted para hablarle de temas personales, pero mi papá en veinte días va a cumplir seis años de secuestrado, nosotros no resistimos más. Hay que rescatarlo como sea.

—Luis Ernesto, ustedes son unos patriotas —respondió el presidente.

—No, presidente, no me diga eso. Dígame cómo resolvemos lo de mi papá.

—Si veo una oportunidad de rescate, lo llamamos para pedirle la autorización.

—No llame, presidente, la tiene —finalizó Lue.

23 de noviembre. Jueves. ¡Me salta el corazón de alegría! ¡Mensaje de mi papá! «Mensaje para Fernando Araújo. Queridísimo hijo: cuando se va a cumplir el sexto aniversario de tu secuestro me hago esta pregunta: ¿cómo es posible que una persona que ha reunido todas las virtudes se vea sometido a esta prueba? Y sólo me respondo: Dios debe estar preparándolo para más altos destinos».

Gracias, papi, tu generosidad conmigo es inmensa, como siempre. Mil gracias. Mi alma presentía el mensaje. Soñé contigo y mi mamá toda la noche. Con la casa. Consecuencia de haberlos tenido presentes todo el día. Por acá las cosas siguen difíciles. El sábado, cuando pensé que podía dedicarme a escuchar el fútbol español, salimos de marcha. Sábado y domingo bajo fuerte lluvia, pero presionados por presencia militar en el área. Sobrevuelos permanentes de helicópteros y aviones, poca comida y muchas incomodidades. Me causa mucha inquietud y preocupación, pero aquí sigo. Mil besos para todos y todo mi amor.

4 de diciembre. ¡Seis años de ausencia! ¡De nostalgia, frustración y dolor! Los recuerdo a todos con todo mi amor. Este año, además, coinciden los días de la semana con los del año de mi secuestro, lo que me lleva a aumentar los recuerdos y la nostalgia. Mony, hoy cumples 35 años y te deseo lo mejor para tu vida. Eres una mujer, una persona extraordinaria. En todos los sentidos: inteligente en grado sumo, dulce, amable, comprensiva, generosa, bella, compañera inigualable, alegre, trabajadora, dedicada, responsable, seria, profunda en tus creencias, mejor dicho, divina. Te quiero con todo mi corazón. He recordado mucho la visita de tus padres, el sábado 2 de diciembre, y he pensado en los diálogos que me gustaría tener con ambos para aprender más de ti. A Patri y a las niñas también las recuerdo todos los días y las extraño mucho. A toda tu familia. Mil besos para todos. Por mi parte, sigo dando la pelea para mantener la fortaleza y la esperanza, a pesar de que es muy difícil, en medio de tantas malas noticias, ver cómo se puede resolver esta situación. Sigo enfrentando los fantasmas de mis temores y pidiéndole a Dios que me ayude a sobreponerme y me permita regresar a mi libertad. A mis ilusiones.

Me fueron trasladando, dentro del propio campamento, a medida que llegaban los visitantes. Los primeros días abajo, cerca de la rancha, al final de noviembre arriba, en lo alto del cerro, después del 8 de diciembre en un tercer lugar, en medio de un mar de matas espinosas.

Entre los que llegaron reconocí a Talía, la muchacha de tez blanca a quien había visto en una ocasión, el 14 de agosto del año 2002, después del ataque al campamento donde estaba con Arturo, el mismo Katire, que ya conté. Cuando le pregunté al respecto me confirmó que se trataba de ella. Supe entonces que era hermana de Carolina y que era la pareja de Osvaldo, otro de los recién llegados que se integraron a mi escuadra.

El 15 de diciembre nos mudamos nuevamente. Los guerrilleros habían celebrado el 7 de diciembre la fiesta de las velitas, en honor de la Virgen, con tamales de cerdo, natilla y otros dulces. Pero en esa ocasión habían traído al campamento dos cerdas de buen tamaño, de no menos de 150 kilos cada una. Habían matado una y la segunda la conservaron para las fiestas de fin de año.

21 de diciembre. Buenas noticias: el gobierno autorizó nuevamente a la comisión de los países amigos, España, Francia y Suiza, para «tender

puentes de comunicación con las FARC para buscar un acuerdo humanitario». Con discreción. También son buenas las noticias del crecimiento económico del tercer trimestre, que según el Dane fue del 7,68%. Qué bueno (6,42% acumulado).

Este panorama azuzaba mis alertas y alimentaba mis esperanzas. Repasaba una y otra vez mis proyecciones mentales de las fases de la Luna y llegaba siempre a la misma conclusión: el 24 habría luna llena hasta las nueve de la noche y el 31 hasta las cuatro de la mañana.

24 de diciembre. Domingo. Queridísimo Lue: un millón de felicitaciones, de besos y abrazos en tu cumpleaños veintisiete. Te quiero con todo mi corazón y me siento muy orgulloso de ser tu papá. Quiero resaltar algunos de los atributos que te distinguen particularmente: inteligencia, capacidad de trabajo, sencillez, don de gentes, liderazgo, valor, fortaleza, serenidad, simpatía arrolladora, rectitud, honradez, ecuanimidad... mejor dicho, la lista es interminable. Sigue así, mantén tu proactividad y tu esfuerzo de ser mejor cada día. Aprender siempre algo nuevo, mejorar en algo, superarte día a día, ahí está el secreto del éxito y de la felicidad. Conocerte más y lograr el control de tus impulsos para orientarlos positivamente para que sean una fuerza positiva, creadora, que te ayude a crecer cada día más. Te extraño infinitamente. Hoy y todos los días. Siempre, a ti y a tus hermanos, a Mony, a tu mamá, a toda la familia. Me duele el tiempo que pasa sin poder compartir nuestras vidas. Pero la vida nos ha impuesto compartir el dolor de la ausencia y nos corresponde aprender a querernos en el dolor. Como dice el refrán: «Si la vida te da limones, haz limonada». Las últimas noticias son positivas frente al tema del acuerdo humanitario. Y además mantengo una actitud esperanzadora, a pesar de las dificultades, del dolor y de las malas noticias que se presentan permanentemente. Pero creo que todavía necesitamos más paciencia, porque me parece que mientras no se defina la situación jurídica de Simón Trinidad en Estados Unidos, las FARC no llegarán a nada concreto. Y la de Sonia. Están anunciados dos juicios para Trinidad, el primero a partir del 26 de marzo y el otro en mayo. De Sonia no sé nada. Pero creo que debo poner mis esperanzas en el segundo semestre del año entrante (aquí me asalta la duda sobre el ambiente que habrá con motivo de las elecciones regionales). Pero, por otra parte, no descarto que los esfuerzos que estoy seguro de que hacen todos por ayudarme y ayudarnos a todos los secuestrados puedan producir un milagro y la sorpresa de que nos liberen antes. Mientras tanto, recibe junto a tu mamá, tus hermanos y toda la familia mil besos y todo mi amor. ¡Y mil años más! (ahora me trajo Cristina, una guerrillera de diecinueve

años que está en las FARC desde hace siete años, cuatro manzanas y una canastita de uvas, por la Navidad).

Me aferraba a la idea de escaparme el 31 en la noche. Que se emborrachara algún guardia y se quedara dormido para tener la ocasión que había estado esperando. Me daba ánimos para aprovechar la oportunidad si llegaba a presentarse.

Sin embargo, tenía muchas dudas. Comenzando por mi propio coraje. ¿Sería capaz? Cuando me cuestionaba, no tenía una respuesta clara. Pero seguía con mis planes: la dirección que debía tomar, el tiempo que tardaría, las dificultades que enfrentaría, mi destino, lo que me llevaría, las precauciones para salir, la ubicación de los guardias, cómo arrastrarme, el peligro de las minas, los campesinos de la zona. Me pasaba los días cavilando, meditando, planeando, dudando, ansiando.

38

La batalla de las Aromeras (v)
LA AYUDA DIVINA

El coronel Bautista Cárcamo es un hombre de la región. Nació en Magangué, importante puerto sobre el río Magdalena, al sur de los Montes de María, y gran parte de su carrera militar, trece años, la ha desarrollado en la zona, lo que le ha permitido conocer a fondo todo lo que sucede allí.

Para el día de mi secuestro el coronel Cárcamo estaba en tránsito desde el Batallón de Contraguerrillas 33, con sede en Malagana, uno de los municipios bolivarenses del área, hacia las Fuerzas Especiales de la Armada Nacional, con sede en Cartagena.

El Batallón de las Fuerzas Especiales es una unidad militar que dispone de comandos anfibios, de una compañía de asalto fluvial y de tres compañías rurales de contraguerrilla.

Al tomar posesión de ese cargo, recibió de sus jefes de entonces, el almirante Mauricio Soto, comandante de la Armada Nacional, y del comandante de la Primera Brigada de Infantería de Marina, el coronel Rodrigo Quiñones, la orden de rescatarme. Por eso se dedicó a buscarme con total dedicación y sin descanso, desde el primer día y durante los dos años que se desempeñó allí.

El coronel Cárcamo organizó con las Fuerzas Especiales un sinnúmero de operaciones para ese propósito. Muchas fueron bastante dolorosas por los soldados que murieron o que resultaron heridos, como cuando se enfrentó con una cuadrilla comandada por Dúber, en la Operación Horizonte, en Huamanga, entre El Carmen de Bolívar y Ovejas, en agosto de 2001, y perdió a nueve de sus hombres, entre ellos un suboficial, un infante de la Brigada y siete miembros de sus Fuerzas Especiales.

En el 2004, Cárcamo formó parte del estado mayor de la Fuerza Naval del Caribe, a órdenes del almirante Barrera, comandante de esa fuerza, donde se ocupaba de asesorar a su jefe en la parte terrestre de las operaciones militares. Allí permaneció un año, hasta que en diciembre pasó a ser el jefe del estado mayor y segundo comandante de la Primera Brigada, bajo el mando del coronel Rafael Colón.

En esa condición le correspondió ocuparse del orden público de los Montes de María durante un año y medio. De allí pasó, a partir de junio de 2006, a la Comandancia de la Primera Brigada, cuando el coronel Colón fue trasladado a la agregaduría naval en la embajada de Colombia en el Perú.

El coronel Bautista Cárcamo está convencido, al igual que todos los oficiales activos de su jurisdicción, de que la creación del Comando Conjunto del Caribe significó un avance definitivo para el éxito operacional.

Con la integración de todas las fuerzas, la Brigada comenzó a recibir apoyo del Ejército y de la Fuerza Aérea. Tuvo acceso a obuses de 105 mm y a los morteros de 120 mm que adquirió la Armada. También recibió apoyo de vehículos blindados. A partir de entonces podían pasar por encima de las minas sin afectar a las tropas.

Otro elemento positivo fue que todas las fuerzas, incluyendo a la Policía Nacional, empezaron a tener un mismo pensamiento, con la consiguiente mejora en los niveles de cooperación.

El primer comandante del Comando Conjunto Caribe fue el general Mario Montoya, quien después pasaría a ser el comandante del Ejército. Lo sucedió en el cargo el general Enrique González Peña.

Al asumir su cargo de comandante de la Primera Brigada, el 17 de junio de 2006, Cárcamo sentía un compromiso personal ineludible: liberarme. Habían sido muchos años de frustraciones, desde diferentes posiciones, buscándome sin desfallecer. Ahora tenía todos los elementos en las manos para actuar de manera más contundente. También se encargaría de neutralizar a Martín Caballero, del frente 37, y a Manuel, del 35, de las FARC, al igual que a Nelson, del ELN, y a Gilberto, del ERP.

Recién posesionado, el coronel asistió a una reunión en Cartagena, en la que todos los oficiales de la Armada pasaban revista de sus programas con el jefe de Operaciones Navales, el vicealmirante Guillermo Barrera:

—Usted no puede permitir que el doctor Araújo dure seis años secuestrado —le advirtió.

—Sí, señor almirante, estamos trabajando para eso —respondió el coronel, sintiéndose comprometido en frente de toda la oficialidad de la Armada.

Pero sólo una semana después de estar en su nuevo cargo, sufrió un revés de grandes proporciones. El 24 de junio, una emboscada de comandos combinados de los frentes 35 y 37 de la guerrilla, bajo el mando de Jorge y del Zorro, en la carretera El Carmen-Zambrano, significó la muerte de nueve militares: un teniente, siete infantes y un soldado del Ejército, que fueron vilmente asesinados, como ya lo reseñé en un capítulo anterior.

Dos días después mataron a otros dos infantes en Don Gabriel, Sucre. Estaban en labores administrativas y los impactaron como ocho o nueve veces a cada uno. Les habían disparado más de 120 tiros.

El nuevo comandante quedó profundamente decepcionado y pensó en retirarse.

—No soy la persona adecuada para esta responsabilidad —le dijo a su esposa, Giovanna.

Ella estaba sentada, mirando a su hijo menor jugando con una vecina y le contestó:

—Bueno, nosotros luchamos por nuestros hijos, por verlos libres, por verlos como están ahora, jugando y corriendo. Nosotros no podemos abandonar la Armada ahora, no podemos abandonar nuestra brigada e irnos, que sería lo más fácil. No, señor, usted no se va a retirar. Usted va a seguir trabajando, así que echemos para adelante.

Cárcamo es un hombre de profundas creencias religiosas. Ante el enorme dolor que sentía y después de escuchar a su esposa, se reunió con el capellán de la Brigada, el padre Adalberto Sierra, y le dijo:

—Padre, yo quiero que usted se involucre como parte del estado mayor especial en esto de la guerra. Padre, aquí falta la ayuda de Dios; aquí no podemos con nuestras propias fuerzas, no vamos a lograr esto solos.

Cárcamo sabía que la guerra no solamente se libraba en el plano material sino que también era algo espiritual. No se limitó a hablar con el capellán. Visitó también a unos pastores amigos, cristianos, y les llevó su inquietud:

—Oremos, oremos todas las iglesias, para que Dios nos permita la liberación sano y salvo del doctor Araújo y la neutralización de esos cabecillas —les pidió.

A partir de entonces, en las órdenes de operaciones que emitía el Comando de la Primera Brigada, el primer anexo sería una invitación formulada por el capellán a todas las familias de los militares que participarían en esa operación, para que oraran y utilizaran la oración como una herramienta adicional para el éxito buscado.

Cárcamo no se contentó con esas acciones. Les contó a todos sus comandantes la situación y les pidió que hablaran con sus tropas de esos temas e incluso los invitó a hacer una jornada voluntaria de ayuno, sin imponérselo a nadie, respetando la libertad de creencias de cada uno.

Entonces comenzaron las operaciones, con grupos especializados, para buscarme, seleccionando a los mejores de cada batallón, mientras la inteligencia seguía trabajando paralelamente.

Ahora todos contaban con la ayuda divina.

39

La batalla de las Aromeras (VI)
Operación Linaje París

El 16 de agosto del 2006, el general Freddy Padilla de León asumió el Comando General de las Fuerzas Militares y les dio un gran impulso a las operaciones conjuntas que ya venía desarrollando el general Carlos Alberto Ospina, su antecesor; los militares buscaban aprovechar de la mejor manera posible las fortalezas de cada fuerza y potenciar sus capacidades.

El primer comando conjunto que se creó fue la Fuerza de Tarea Omega, que llevó a cabo el Plan Patriota en el sur del país. Posteriormente el Comando Conjunto Caribe en Santa Marta, el cual se haría cargo de mi rescate.

Para buscarme se sumaban los avances que la Armada había logrado en inteligencia humana y su conocimiento sobre el terreno, con la experiencia del Ejército en operaciones especiales que lo habilitaban para llegar hasta los secuestrados y sacarlos con vida. Adicionalmente, la Fuerza Aérea aportaba su capacidad para efectuar acciones de bombardeo.

La Armada Nacional, desde el año 2001, en su lucha contra los frentes 35 y 37 de las FARC, perdió 6 oficiales, 24 suboficiales y 150 infantes de marina. Más de 500 civiles resultaron afectados por diferentes acciones terroristas, en especial por minas antipersonas, y el terrorismo llegó hasta las mismas calles de Cartagena, en el barrio El Socorro, en centros comerciales o en el edificio Chambacú, contra el que se cometió un atentado en el año 2002.

La Rinca, de la Fuerza Naval del Caribe, fue descubriendo todos los tentáculos de los frentes de las FARC enquistados en los Montes de María, hasta establecer su orden de batalla, identificar a todos los guerrilleros en armas, a sus amplias redes logísticas de milicianos y sus corredores de movilidad. Los agentes de la Rinca empezaron a completar las piezas ocultas de ese rompecabezas, hasta tener los detalles completos de la organización y de las actividades de Martín Caballero.

La Rinca también llegó a conocer todo el andamiaje de la familia de Caballero. Esto era muy importante para poder dar con su ubicación y, por ende, para encontrarme.

Así mismo, consiguieron información de gente de la familia que le colaboraba directamente a Caballero. Supieron que el primo servía de médico al frente 37, que una de sus hermanas trabajaba para las FARC desde afuera y que Sofía, una sobrina, se había enrolado en la organización.

Había algunos nombres que Caballero repetía constantemente cuando hablaba con sus familiares y que eran las personas de su mayor confianza. Eso fue clave, en particular uno que siempre mencionaba, que estaba en las filas, y que fue el que más contribuyó para localizarme y para poder lanzar la operación para mi liberación.

Hubo contactos también con personas que trabajaban en Venezuela y que tenían acceso a Martín Caballero, como por ejemplo una persona que manejaba un grupo del Partido Comunista Clandestino de Colombia allá.

La Rinca consiguió igualmente a otra persona que colaboraba con información de sus finanzas y acerca de las personas que lo rodeaban en el monte.

La estrategia estaba dando resultados. Las estrellas empezaban a alinearse.

La persistencia y el arduo proceso de más de cinco años culminaron cuando se pudo obtener la posición exacta en la que me tenían en diciembre de 2006.

Era una información muy confiable, porque las Fuerzas Militares estaban recibiendo información actualizada de varias fuentes.

Para entonces la inteligencia conocía la identidad completa del grupo que me vigilaba y que tenía la misión de evitar mi rescate.

También habían hecho el análisis en detalle del terreno desde el punto de vista geográfico, y podían planificar cuidadosamente los movimientos de las tropas.

Estas circunstancias hicieron que el área de incertidumbre que abarcaba la inmensidad de los Montes de María se redujera, con altísima precisión, a unas coordenadas específicas en las Aromeras norte, en un campamento conocido como Galápago.

Todas las operaciones militares se basan en informaciones previas de inteligencia, que se clasifican y evalúan en consideración a la fuente que la suministra y a la calidad de la información. Una información A1 quiere decir que es la mejor posible y su grado de certeza es total. Una información A2 quiere decir que la fuente es excelente pero la calidad de la información no es total. Y así hasta A5. Para autorizar una operación militar la información de inteligencia debe ser al menos B2. Esto quiere decir que la fuente es creíble y que la información merece un nivel de credibilidad alta.

La información reunida para rescatarme era A1. Mapas, fotos, coordenadas, la información completa. Todo estaba listo.

Se analizaron minuciosamente varios cursos de acción hasta que el Comando General de las Fuerzas Militares escogió el plan que se seguiría, con todos los detalles, incluyendo, por ejemplo, que cada hombre llevara en la manga de su uniforme mi fotografía plastificada con el fin de identificarme plenamente.

A partir de entonces cada una de las fuerzas, el Ejército, la Armada y la Fuerza Aérea, dispusieron las unidades orgánicas para realizar la operación y ordenaron a los comandos respectivos hacer un planeamiento conjunto, secreto y urgente de la operación de asalto.

Se definió su nombre en clave: Operación Linaje París. París era el nombre de la operación de inteligencia; Linaje era el de la parte operativa.

El general Enrique González Peña, comandante del Comando Conjunto del Caribe, citó en Barranquilla, el 26 de diciembre, al almirante Roberto García Márquez, comandante de la Fuerza Naval del Caribe, y al coronel Bautista Cárcamo, comandante de la Primera Brigada.

—Tenemos información de la ubicación del doctor Araújo. Hay una operación en desarrollo, que está en planeamiento, y usted, como comandante de la Brigada, tiene que participar en la operación —le dijo a Cárcamo—. El señor presidente de la república y el ministro de Defensa ya están informados.

Los objetivos, para ser preciso, son: primero, liberar al doctor Araújo; segundo, neutralizar a Martín Caballero y a los que estén con él.

Cárcamo escuchó con atención y se limitó a recomendar que los grupos de cierre entraran después del asalto para evitar que Martín Caballero y su gente se percataran de lo que estaba sucediendo. El factor sorpresa debía ser esencial.

Su sugerencia fue acogida por el general González.

Para comenzar la operación, el general había ordenado realizar, desde el mes de noviembre, operaciones de engaño con helicópteros que sobrevolaban la zona y carros y camiones en la carretera para que los guerrilleros se acostumbraran al movimiento. Vuelos administrativos y traslados de tropas para ver cómo reaccionaba Caballero. Se acercaban y se alejaban permanentemente.

También organizaron reservas de alimentos y de agua, que enterraron en la zona para el uso de las unidades.

Todas las fuerzas que iban a participar en la operación permanecieron en total concentración en los últimos días del mes de diciembre del 2006. La mayoría sólo recibió la orden de alistamiento, sin más información que lo estrictamente necesario; además, todos los movimientos de unidades que tuvieran cualquier injerencia sobre el área se suspendieron para preservar el secreto.

Se organizó un puesto de mando atrasado, en un poblado distante, fuera de los centros de operaciones tradicionales, para manejar las comunicaciones con las unidades que participarían en la operación, después del asalto. Allí se recibiría y se procesaría toda la información disponible.

El 19 de diciembre entraron al terreno los primeros soldados. Ese mismo día el presidente de la república, Álvaro Uribe Vélez, llamó a mi papá:

—Tenemos la ubicación exacta en donde está Fernando. Queremos la autorización de la familia para rescatarlo.

—Déjeme pensarlo, presidente —contestó mi papá.

Acto seguido llamó a mi hermano Gerardo y a mi hijo Fernando Nicolás y los citó a su apartamento. Cuando llegaron, incluyeron a mi mamá.

Mi papá refirió su conversación con el presidente y les dijo:

—He estado meditando y he llegado a la conclusión de que las condiciones para el rescate son las más apropiadas. Difícilmente se va a repetir una situación tan favorable. He tomado la decisión de autorizar la operación. Yo asumo toda la responsabilidad.

Todos los asistentes estuvieron de acuerdo.

Mi papá llamó al presidente Uribe:

—Adelante, presidente, tiene mi autorización. Confiamos plenamente en usted.

Los cuatro se quedaron a la espera de las noticias sobre el desarrollo de la operación de rescate.

El 31 de diciembre llegó el aviso. Esa madrugada se había determinado la hora «H» para iniciar la operación: las 8:00 a.m. A esa hora el presidente Uribe llamó a mi papá.

—Don Alberto, los helicópteros están en vuelo.

—Muchas gracias por informarme, presidente —le contestó mi papá—. Que Dios nos acompañe.

De inmediato se lo contó a mi mamá.

Después llamó a Gerardo y lo citó a su apartamento para informarle. Los tres se quedaron con los dedos cruzados y con el corazón en la boca a la espera de nuevas noticias. A nadie más le contaron.

Dos horas antes se había hecho una reunión en el Comando Conjunto Caribe, un *briefing* para enterar y familiarizar a todos los participantes y para repasar el plan de asalto con quienes ya lo conocían.

En la misión participarían un helicóptero Bell 212 artillado, un Huey II de transporte, un Arpía III UH-60 artillado, cuatro Black Hawk UH-60 de transporte y asalto del Ejército, un avión Nurtanio de la Armada Nacional y tropas de Comandos Especiales del Ejército y la Infantería de Marina. Una participación de cerca de 1.800 hombres, incluyendo gente del DAS, la Policía y el CTI de la Fiscalía, para realizar todo de acuerdo con los procedimientos legales.

Los comandantes despidieron a los pilotos y a las tropas de asalto, deseándoles el éxito y la victoria:

«Encomendamos nuestras vidas a Dios», rezaron los pilotos y se embarcaron minutos después, con la noción exacta de su misión, a la hora señalada.

A continuación, todo el grupo de comando y control, encabezado por el almirante Roberto García Márquez, se dirigió presuroso a embarcarse en el Nurtanio para despegar. Había que llegar simultáneamente al objetivo.

Siguiendo las instrucciones recibidas, el teniente Gustavo Díaz Leiva, a bordo del helicóptero Rapaz Bell 212, se comunicó con la torre de control del aeropuerto:

—Rapaz FAC 4004 procediendo en operación al sur de Barranquilla.

—Recibido Rapaz Viento 06 grados 08 nudos QNH 2990. Notifique regresando.

El Arpía se alineó en vuelo con los cuatro Black Hawk del Ejército y se dirigieron a Zambrano para que se pensara que iban hacia el centro del país, hasta que estuvieron en posición lateral al punto de desembarco. Entonces se volaron hacia el campamento. Mientras tanto los otros dos helicópteros fueron a tanquear a Zambrano.

Mientras se dirigía hacia allá, el teniente Díaz escuchó por la frecuencia que el Arpía autorizaba el asalto:

—Objetivo identificado, lanzando cohete.

—Delta líder entrando caliente —contestó el piloto del Black Hawk.

De ponto, una ráfaga de ametralladora interrumpió la comunicación. El teniente Díaz rogó al Altísimo su protección para cumplir con éxito la misión.

Eran las 10:15 de la mañana. Instantáneamente decidí escaparme, me tiré al piso y comencé a arrastrarme.

Mientras tanto, los helicópteros entraron de manera simultánea sobre el campamento, disparando y desembarcando a las tropas que se descolgaron por cuerdas, a toda velocidad.

Las Fuerzas Especiales entraron en combate.

Ya en el suelo, comenzaron a recorrer los senderos con la dificultad de que en el interior del campamento la vegetación no permitía tener una visual de más de diez metros a la redonda.

Los secuestradores que alcanzaron a reaccionar respondieron con fuego de fusiles y ametralladoras, tratando de rechazar el desembarco de las tropas pero no pudieron evitarlo, sin embargo, con la ametralladora M-60 lograron impactar a dos de los Black Hawk, que debieron regresar a Zambrano para revisar los daños.

El combate se prolongó mientras los guerrilleros cubrían la retirada de Caballero y las tropas intentaban llegar al lugar en donde yo me encontraba. Duró hasta las doce del mediodía.

Los helicópteros Huey II y Rapaz tuvieron que despegar antes de lo previsto para recoger a un soldado herido. Guasón, que era el comandante del primero, y sus tripulantes recogieron al soldado.

La misión para sacarlo no fue fácil porque no había en dónde aterrizar y tuvieron que hacerlo en un pantano, en medio de la maraña, prácticamente colgado de los patines del helicóptero.

Cuando el asalto sobre el campamento terminó, los helicópteros se reabastecieron en el puesto de mando de la Infantería de Marina en Zambrano y después fueron a recoger otras tropas para crear un cerco alrededor de los guerrilleros. Ya habían desplegado un estricto control fluvial entre Zambrano y San Agustín, en el río Magdalena.

Para hacer el cerco de contención, los comandantes tenían un sobre sellado con las instrucciones. El coronel Cárcamo les dio la orden a sus compañeros:

—Abra el sobre y lea lo que está adentro. ¿Ya lo está haciendo?

—Sí —contestó el coronel Díaz, comandante del Primer Batallón, que estaba en Zambrano, en la Hacienda Monterrey.

—¿Qué ve? —continuó,

Díaz revisó el mapa que tenía en las manos, miró las coordenadas y dijo:

—Está claro, mi coronel.

—Su objetivo es ese, proceda —finalizó Cárcamo.

A continuación repitió las instrucciones al coronel Sepúlveda, que estaba en San Jacinto.

Las tropas llegaron a los cuatro puntos predeterminados: Bajo Grande, Jesús del Río, Hacienda Bedoya y Casa Blanca, equidistantes del campamento. Así conformaron un primer anillo de control.

Mientras tanto, desde el avión de comando el almirante García hacía toda la coordinación y el control del asalto. El avión sobrevoló el área por siete horas

El campamento era un conjunto de caletas de guerrilleros, cocinas y salas de reunión, que formaban una herradura de aproximadamente unos 250 metros lineales, ubicado cerca de un pozo de agua. Alrededor de la herradura se extendían unas ligeras elevaciones sobre el terreno desde donde los centinelas prestaban guardia y donde estaba emplazada la ametralladora M-60. Todo rodeado de una maraña espesa y vegetación de árboles de aromo y piñuelas, que reducían la visibilidad. Era un campamento rústico e intrincado.

El asalto había tomado por sorpresa a los guerrilleros, que no reaccionaron a tiempo a pesar del ruido de la aproximación de los helicópteros. La estrategia de engaño había funcionado: los guerrilleros creyeron que era sólo un sobrevuelo de tránsito cruzando en forma cercana al área del campamento.

Yo mismo así lo creí inicialmente, hasta que escuché el primer disparo.

Al final se hizo el siguiente balance: seis guerrilleros muertos, entre ellos la mujer y un hijo de Martín Caballero; setenta equipos de combate, e importante cantidad de pertrechos, balones bomba y minas antipersonas. Además, la Fiscalía recogió información muy importante.

Pero yo no estaba.

Con lo que no contaban las tropas era con que yo tenía un plan para huir en el momento en que se presentara la menor oportunidad.

La angustia se apoderó de todos cuando el comandante de la operación informó que no me habían encontrado. Sin dejarse vencer, el comandante ordenó que se revisara minuciosamente el sitio y que se analizara hasta el papelito más pequeño que hubiera en el campamento. Unas horas más tarde encontraron mis cuadernos y algunos efectos personales de Martín Caballero, junto con su computador y su mascota.

Ya no hubo ninguna duda de que habíamos estado allí y teníamos que estar en las cercanías.

Las tropas mantuvieron el cerco en el área interior del campamento y en el perímetro exterior dentro del anillo de contención, con el cuidado necesario para no caer en campos minados, buscándome y persiguiendo a los guerrilleros que se daban a la fuga.

Al caer la noche del 31 de diciembre, aproximadamente cuatrocientos hombres de las Fuerzas Militares registraban centímetro a centímetro los inhóspitos parajes cercanos al campamento Galápago dentro de las Aromeras norte. Otros mantenían los cercos y perseguían a los guerrilleros.

El presidente Uribe llamó de nuevo a mi papá y lo enteró de la operación.

—Realizamos la operación exitosamente, pero no encontramos a Fernando. Sin embargo, sabemos que estaba allí y queremos su autorización para continuar buscándolo durante 72 horas.

Mi papá lo meditó y lo consultó con mi mamá y con Gerardo.

—Continúe, presidente —le dijo más tarde—. Confiamos plenamente en usted y en las Fuerzas Militares.

El 2 de enero de 2007 las tropas, que realizaban registros y maniobras para bloquear el avance de un grupo de guerrilleros que intentaba salir del cerco por el sector de Casa Blanca, al sur, se enfrentaron en combate con los insurgentes. Allí murió el infante de marina Tayron Almanza Martínez, miembro del Batallón de Contraguerrillas de Infantería de Marina 2.

40

31 de diciembre de 2006
MI FUGA

En los primeros tiempos de mi cautiverio me mantenían bajo una carpa, día y noche. A partir de febrero de 2002, empecé a notar los cambios en la sombra de la carpa y a interesarme por el tema hasta que entendí los movimientos del Sol entre el trópico de Cáncer y el trópico de Capricornio. Pero no podía ver la Luna porque la carpa me lo impedía.

Con el correr de los días, la situación de seguridad fue cambiando y ya no podía usar la carpa permanentemente. Comencé a dormir sin carpa y entonces pude estudiar y entender el movimiento de la Luna. Aprendí su ciclo y pude calcular con anticipación las noches de luna llena. Además, adquirí la destreza de poner la carpa en la noche, cuando principiaba a llover y a quitarla cuando escampaba.

Este interés lo desarrollé como parte de mi obsesión de escaparme. A menudo analizaba escenarios de fuga, pero todos me parecían imposibles. Hasta cuando noté que un guardia se durmió profundamente por efectos del cansancio y del alcohol que había tomado celebrando el Año Nuevo. En esa ocasión la oscuridad de la noche no me permitía ver ni la palma de la mano, por lo que no fui capaz de caminar en medio del campamento y de la espesura vegetal para escaparme, pero tomé nota del tema para una próxima ocasión.

Conociendo el ciclo lunar, desde el mes de agosto había calculado que para el 31 de diciembre tendríamos luz lunar casi toda la noche. En septiembre, octubre y noviembre revisé mis proyecciones y las confirmé.

Todo esto me llevó a creer que para el 31 de diciembre se podría presentar una oportunidad de fugarme y comencé a prepararme para eso. Por eso me fijé con mucha atención en la presencia de un marrano al salir del campamento el 15 de diciembre. Para mí era una señal de que podría haber celebraciones de Año Nuevo, como en el 2005, lo que implicaba un posible escenario de fuga. Exceso de alcohol, un guardia dormido, etc. Cuando llegamos al nuevo destino, estudié el terreno lo mejor que pude y trabajé mentalmente en un posible plan de fuga.

Este nuevo campamento era vecino al que ocupamos en febrero. El terreno era plano y aunque en el sitio en donde nos ubicamos la vegetación era espesa no era así en sus alrededores. Recordaba que estaba relativamente cerca del río por el ruido de los remolcadores que había escuchado en aquella ocasión y creía que había en las cercanías algún sitio poblado, o campesinos dispersos.

En mi nueva posición traté de conocer la ubicación de los guardias externos. No sólo los que me vigilaban directamente sino también los que cuidaban el campamento. Repasé el diseño de una ruta de salida y me fijé un destino. Me propuse llegar a la población del Guamo, Bolívar, que calculaba que estaría a unos cuarenta kilómetros al norte de mi ubicación.

Me sentía capaz de caminar entre ocho y diez kilómetros por día, por lo que suponía que tardaría entre cuatro y cinco días en llegar. Era consciente de que no encontraría comida en mi camino y que debía tener la capacidad de resistir el hambre que enfrentaría.

No debía dejarme ver de ningún campesino por temor a ser recapturado. Ya había escuchado de los mismos guerrilleros historias similares. Así que no podría dejar que el hambre me llevara a pedir ayuda.

Así pasaba los días desde el 16 de diciembre cuando me ubicaron en mi última caleta. Había una cerca de alambre de púas, en dirección este-oeste, bien trazada. Mi hamaca quedó colgada, en dirección norte-sur, del árbol más grueso de la cerca, aprovechando otro árbol ubicado a unos tres metros de distancia. Vecina a mi hamaca me prepararon una trojita, a manera de mesa, para colocar mi tula. Además, cavaron un hueco al pie del árbol para botar la basura y con un machete limpiaron un poco el monte a mi alrededor. También conseguí unos palos que coloqué en el suelo para pararme sobre ellos al bañarme para no embarrarme los pies. Esa era mi caleta. No eran necesarias estacas para la carpa porque no era tiempo de lluvias.

A mi lado, al oeste, a unos cinco metros de distancia se ubicaron Stevenson y Mónica. Prepararon su caleta con mucho esmero. Stevenson le puso una buena enramada para protegerse del sol, que pegaba de costado.

Esa era una señal de que estaríamos varios días en el mismo lugar.

Al sur, detrás de la cerca se instalaron los demás. Lucho —que era el jefe de la escuadra—, Osvaldo y Talía, Valenciano y Maribel, Francisco, Santiago y Gustavo. Un poco más lejos la escuadra de Cacharro, que tenía la responsabilidad de contener cualquier ataque mientras me sacaban los de la escuadra de cuido.

La vigilancia fue muy estricta siempre, durante los seis años de mi secuestro. Pero a partir del 20 de octubre, cuando el presidente Uribe anunció en la Universidad Militar la revocatoria de las autorizaciones para trabajar en el intercambio humanitario y la intensificación de las acciones de rescate, la vigilancia se duplicó. Ahora no era una sola escuadra la encargada de mi vigilancia, sino dos. Una encargada de contener un posible ataque, para que pudiéramos escapar, y la otra para sacarme del lugar o asesinarme si la huida no era posible. Lucho era el responsable de darme el tiro de gracia.

Cada vez que salíamos a marchar, Lucho reunía a todos los integrantes de la escuadra y les repetía las instrucciones:

—Ya saben, por ningún motivo nos lo dejamos quitar —les decía en tono amenazante.

Yo notaba mucho movimiento en el campamento. Cada día llegaban más guerrilleros, y aunque no los podía ver a todos, sí sabía lo que pasaba porque algunos se acercaban a saludarme y me contaban al respecto. También llegaban provisiones. Abundantes provisiones: pavos, gallinas, cervezas, gaseosas, vino, carne, etc.

Cristina, que en esos días estaba en la escuadra de Cacharro, salió a buscar carne. Yo había aprendido a conseguir información sin levantar sospechas, y le dije a Cristina cuando regresó:

—Veo que trajiste la carne de allá —señalando con la mano en cualquier dirección.

—No, la traje de allí —me corrigió y me señaló el lugar correcto.

Así supe de dónde provino la carne, o sea, en dónde estaban sus proveedores.

Los guerrilleros llevan una vida muy monótona y aburrida. Por eso esperan con ansiedad la llegada de las fiestas de fin de año. Es la ocasión de reencontrarse con algunos camaradas, de comer y beber, de bailar y de enamorarse. Este año no era la excepción. Había un clima de celebración en todo el campamento, incrementado porque además se juntaban los guerrilleros de los dos frentes, el 35 y el 37.

El 24 de diciembre, las celebraciones comenzaron muy temprano. Organizaron un campeonato de fútbol entre las diferentes escuadras, que ganaron mis guardianes. Después repartieron el licor. Diez cervezas por cabeza. A mí me mandaron dos botellas de vino nacional y un litro de gaseosa. También galletas navideñas y una bandejita con uvas y manzanas.

Abrí una botella de vino y la fui repartiendo entre los guerrilleros. También las frutas y las galletas, para todos los que me visitaban o me saludaban de pasada. Luego, la segunda botella de vino. El almuerzo fue muy abundante, con dos tamales. Me comí uno y le regalé el otro a Stevenson.

Ese día es el cumpleaños de mi hijo Luis Ernesto, así que sentía una nostalgia especial, pero intentaba superarla. Me acosté a dormir temprano, como de costumbre; a las 7:00 p.m. ya estaba dormido. Después me despertó un ruido y noté que era Caballero hablando con el guardia. Sin entender muy bien qué era lo que pasaba me dormí nuevamente, aunque me quedó la duda de si el guardia se había dormido y lo estaban reprendiendo.

Al día siguiente, el 25 de diciembre, me levanté como de costumbre, a las 4:00 a.m., a hacer ejercicio y seguir mi rutina. A media mañana me visitó Caballero. Venía sonriente y tranquilo. Se veía satisfecho.

En medio de la charla le pregunté:

—¿Cómo hace usted para mantener la disciplina de tantos guerrilleros armados y tomando licor?

—Yo soy muy estricto —me contestó—. Ayer repartí 2.500 cervezas y no tuve ningún incidente. Cualquier acto incorrecto lo sanciono de inmediato: le retiro el fusil al guerrillero indisciplinado, le suspendo el licor y lo mando para su caleta. Yo mismo entregué las cervezas. Claro que primero guardé la mitad. Este año nos regalaron mucha cerveza —continuó explicándome.

Después sacó unas cuentas mentalmente y me dijo:

—El año pasado éramos como noventa, este año somos más del triple.

Por mi parte, calculé que habría entre 270 y 300 guerrilleros en el campamento, en ese momento. La cuenta me cuadraba con las cervezas repartidas a razón de diez por cada guerrillero, considerando que algunos no tomaban, y a otros les daban sólo cinco.

Continuando la charla, le dije:

—Veo que usted tiene mucha capacidad de organización y mucho don de mando. Algún día será parte del secretariado,

—Eso es muy difícil; aquí hay gente muy capaz y preparada. Yo soy parte del estado mayor, pero llegar al secretariado no lo veo posible —me respondió con una mal disimulada modestia.

Seguí con el tema:

—Usted es preparado y estudioso, además de disciplinado. Tenga paciencia que la oportunidad se le dará. Nadie es eterno y siempre se producen cambios.

—Sí, yo soy muy disciplinado y organizado. Ahora estoy estudiando psicología por mi cuenta en un libro que estoy leyendo. Y así como usted, me mantengo con ejercicios físicos a diario; trabajo mucho, desde las 4:00 a.m. hasta que toque.

—Eso veo, usted maneja aquí todo. Lo grande y lo pequeño. No se le escapa nada —le seguí diciendo.

Lo vi sonriente y orgulloso. Se despidió amablemente y se fue a seguir una ronda de control por todo el campamento.

El 26 de diciembre, a las 2:00 de la tarde, yo estaba sentado a la pata del árbol grueso de mi caleta, buscando un poco de sombra, cuando llegó un guerrillero de parte de Caballero:

—Venga, Fercho, que Caballero lo invita a ver una película —me convidó amablemente.

Me llevaron unos cien metros más arriba, a una improvisada sala de televisión. Era una enramada, con una repisa al frente para la televisión y el DVD. Había una mesa de troncos en el centro y, a su alrededor, en forma de U, unas bancas para sentarse.

Me ofrecieron tinto y galletas, que acepté. Y luego uno de los hijos de Caballero puso un primer disco. Era un documental sobre Chávez en el que contaba su vida. Me pareció que debía ser parte de los elementos del presidente venezolano para su campaña de reelección. Después Caballero se despidió diciendo que debía participar en una charla y pusieron una película: *Misión Imposible 3*. Pero no tenía sonido y debieron remplazarla por una de Jean-Claude Van Damme.

Estaban muchos guerrilleros que yo desconocía. Algunos me miraban con curiosidad y yo me dejaba ver, exponiéndome al máximo con la esperanza de que alguno, algún día, contara sobre mí una historia que llegara hasta las autoridades.

El 27 se repitió la dosis. Otra película de Van Damme. Puños y patadas por doquier para distraer la tarde. El 28 y 29 pasaron sin novedades. Pero el 30 oí rumores preocupantes:

—Que no habrá fiesta mañana —dijo Mónica, la vecina de caleta.

Era la frustración de mis planes de fuga, pero aun así, seguí muy alerta porque no había total seguridad en el anuncio de Mónica.

Por la tarde se me acercó Belisario. Era un muchacho de dieciocho años, hermano de Stevenson, por quien sentía una admiración reverencial. Era su ídolo. Hablaba con la lengua pegada y vivía en un mundo fantástico de heroísmo guerrillero:

—Vengo a despedirme y a desearle feliz año, porque tengo que salir en una comisión y no voy a estar mañana. Esto es muy duro, pero hay que seguir luchando. Ya este año no me mataron —me dijo.

Muchos guerrilleros viven con la idea de que morirán muy jóvenes. Pero al mismo tiempo ven la muerte como algo lejano, que no les llegará a ellos a pesar del peligro. Es la dicotomía de la mente humana. La negación del peligro. La negación de la realidad cuando no nos gusta.

Le di un abrazo a Belisario y le retorné los deseos de un feliz año. Luego dejé transcurrir el día en medio de pensamientos sobre mi futuro. Analizaba tres opciones: el acuerdo humanitario, el rescate y la fuga. Me preparaba mentalmente para consignar en mi diario mis pensamientos al respecto. Claro que no podría hacerlo sobre el rescate o la fuga por el temor de que revisaran mis escritos. De todas maneras, aunque construía planes y soñaba con estas posibilidades, yo mismo no creía que fueran posibles. Pero ahí estaban, en mi mente, por si acaso.

Sobre el acuerdo humanitario pensaba que todavía no era el momento. Creía que en el año 2007 podría decantarse el proceso de desmovilización de los paramilitares y de la parapolítica y que después de las elecciones regionales podría fortalecerse el proceso de paz con el ELN. Al final de este camino quedarían las FARC como único movimiento de su especie en América. Entonces, la presión nacional y la regional impondrían una solución final, comenzando por la liberación de todos los secuestrados.

En esas estaba cuando llegó el 31 de diciembre. Me desperté temprano pero decidí no hacer ejercicios, por si acaso necesitaba todas mis energías físicas si se llegara a presentar la posibilidad de una fuga.

No lo sabía, pero las estrellas estaban alineadas en mi favor.

Después de desayunar le pedí a Stevenson que me consiguiera prestado un diccionario Océano, de pasta azul oscura, que había visto en una caleta cercana cuando fui a ver las películas en la televisión. Me lo consiguió y me senté en la hamaca a hojearlo. Miraba las gráficas antes de escoger un tema de estudio. Me concentré revisando dos conceptos: ortodromia y loxodromia, referentes a curvas sobre la superficie terrestre, y anoté en mi cuaderno las descripciones correspondientes.

Por estar concentrado en el diccionario no había caído en cuenta de la hora, pero con el cambio del guardia noté que debían ser las 10:00 a.m.

Llegó a la guardia Gustavo, un guerrillero novato del frente 35. Osvaldo, del frente 37, se quedó sentado muy cerca para acompañarlo. Esa era la orden: nunca podía quedarme solo con el guardia. Incluso para ir al sanitario siempre me debían acompañar dos guerrilleros.

Judith, del 35, llegó a mi caleta con una caja de maizena.

—Aquí le mandan Estela y la Flaca, para endulzar el día. Está llena hasta la mitad con natilla, todavía calientica, recién hecha.

—Muchas gracias —le dije a Judith, me comí una cucharada de natilla y puse el resto en mi troja.

No habían repartido licor como el día 24, pero comenzaba un ambiente festivo. Algunos guerrilleros de mi escuadra estaban jugando futbol y otros estaban ayudando a preparar la lechona que tenían para esta ocasión. Maribel, en su caleta, lavaba la ropa. Osvaldo y Gustavo conversaban distraídos.

Yo encendí mi radio y cogí mi cuaderno para seguir mi programa preferido, *Historias del mundo,* de Diana Uribe, que en esta época transmitían todos los domingos por Caracol, de 10:00 a 11:00 a.m.

Este programa fue una gran compañía durante mi secuestro. Me distrajo y me enseñó mucho. Quedé actualizado, por cuenta de Diana Uribe, sobre las luchas más sobresalientes de la historia: las dos guerras mundiales, la situación del Medio Oriente, las culturas de Grecia, de Persia, de la India y muchas otras más. En estos días nos contaba la historia de los vikingos y su expansión por Europa.

Así que me preparé a escucharla. Dijo que por las festividades de fin de año haría un alto en su narración y presentaría un especial de dos sesiones sobre la vida del poeta español Federico García Lorca.

«Bueno, no tomaré apuntes», me dije, y regresé mi cuaderno a la mesa.

Nuevamente me senté en la hamaca, con el radio en las piernas. Entonces escuché los helicópteros. Venían varios volando en dirección al campamento desde el sur. Pero no les puse atención. Era frecuente que sobrevolaran helicópteros en la zona. El día anterior habían pasado dos. Pensé que sería lo mismo, así que seguí sentado en la hamaca, escuchando mi radio.

Dos minutos después me sentí inquieto. El ruido era más fuerte; había algo nuevo, eran más numerosos que de costumbre, había algo extraño que me hizo levantarme, por precaución, a recoger mis motetes. Guardé los cuadernos y lo que estaba por fuera de la tula y me quedé atento, de pie pero inmóvil, con el radio en la mano.

Un instante después decidí recoger todo. Esa era mi costumbre, estar siempre preparado para cumplir las órdenes de mis guardias. Así minimizaba el riesgo de que me mataran. Me dispuse a soltar la hamaca; con la mano izquierda agarré la punta del lazo de un extremo pero sentí que un helicóptero, que estaba sobre mí, perdía altura súbitamente y comenzaba a disparar con su ametralladora.

El primer disparo fue un grito de libertad para mí.

«Vinieron por mí», me dije, sintiendo júbilo en el corazón. ¡Al fin, Dios mío!

Miré a Gustavo: estaba asustado detrás del árbol mirando hacia arriba.

Miré a Osvaldo: corría al lado de Gustavo también mirando hacia arriba.

Era el momento que había esperado durante seis años; el milagro que tanto había pedido.

No dudé un instante.

«Me voy o me matan», pensé, y me tiré al piso, comenzando a arrastrarme hacia mi ruta de escape, en medio de las balas que zumbaban a mi alrededor y herían el suelo.

Me arrastraba con el radio en la mano izquierda, guardado en su estuche de tela negra. Me detenía bajo los árboles a esperar que pasaran las ráfagas de las ametralladoras. Pensaba en la muerte, pero no sentía miedo.

Se me cayó el radio y pensé en dejarlo.

«Me va a hacer falta», me dije y di media vuelta para recogerlo, todavía en el suelo.

Me lo guardé en el bolsillo izquierdo del pantalón y seguí a ras de piso, cincuenta metros, cien metros, no supe cuántos fueron ni cuánto duró.

Así llegué hasta donde estaban unas letrinas ya tapadas, pero con restos de papel higiénico en el suelo. Movido por el asco me paré y corrí con cuidado, alerta, mirando a todos lados. Era mi momento.

Como sabía que había un puesto de guardia al este miraba hacia allá tratando de divisar a algún guerrillero regresando, pero no vi a nadie. Llegué a la poza del agua y la atravesé con el agua en la cintura. Fue difícil avanzar pero lo logré. Después caminé por un terreno plano, hacia el norte, como había pensado, y fue cuando me acordé de las minas. Sabía que el terreno estaba minado y dudé un instante. ¿Qué hacer?

Me salí del sendero y caminé con cuidado con todos mis sentidos coordinados, concentrado, atento.

«Papá Dios, el Ejército está haciendo lo suyo, que es venir a rescatarme; yo estoy haciendo lo mío, que es huir; haz tú lo tuyo, protégeme y no me dejes caer en una mina», recé.

Me puse en sus manos y seguí con confianza.

El sendero que me servía de guía se desviaba al este y yo lo seguía con cuidado, hasta que escuché música.

«Por allá hay campesinos que deben ser conocidos de la guerrilla, peligroso que me vean y me agarren o me delaten», pensé.

Entonces me detuve y rehíce mis pasos un poco al noroeste, hasta llegar a un pantano. Me pareció un potrero de pasto, inundado por el invierno y, sin otra opción, me decidí a atravesarlo.

Fue muy difícil pero lo pasé. Primero caminando de frente y luego colocándome de espaldas e impulsándome con las piernas, de brinco en brinco, hasta que se me acabó el piso. Entonces me tocó chapucear como pude hasta alcanzar la orilla. En medio de las dificultades, el radio se me mojó y me quedó inservible.

Me guardé el radio otra vez en el bolsillo y retomé la marcha hacia el norte. Adelante encontré una cerca de alambre de púas pero con postes de concreto. Se me hizo extraño y la salté: se trataba de una pista aérea.

«Narcos», me imaginé y seguí mi camino.

Había perdido la cuenta de mis pasos en medio de la angustia. Pero la reinicié: uno, dos, tres, cuatro…, ochocientos, cuando escuché un helicóptero sobre mí.

Creí que me estaban buscando y me regresé a la pista a ver si pasaban otra vez. Así fue: no pasaron una, sino muchas veces. Un avión de reconocimiento, la famosa flaca, y tres helicópteros que volaban en amplios círculos. Yo me escondía en la sombra y cuando estaban sobre mí, salía a la pista, con la camisa en las manos, agitándola para que me vieran.

Pero nunca me vieron.

Cuando noté que se habían ido en dirección al norte pensé que habían regresado a su base en Barranquilla y retomé mis pasos. Debían ser cerca de las cinco de la tarde. El sol era inclemente y el calor intenso. Tenía sed, así que caminaba atento, buscando algún lugar para tomar agua. Reinicié mi conteo, uno, dos, tres, ochocientos…, seguí, seguí, seguí.

Era un terreno enmontado difícil de transitar, hasta que observé una cerca divisoria, en alambre, que corría en dirección norte-sur y me puse a caminar a su lado.

Divisé unos pájaros en la copa de unos árboles sembrados en círculo, por lo que supuse que estaban alrededor de una poza de agua, y hacía allí me dirigí. Pero no había nada.

Volví a mi ruta paralela a la cerca y, más adelante, cuando caía la tarde, encontré el agua que buscaba en una poza. Tomé con mis manos todo lo que pude hasta saciarme, luego mojé, mi pañuelo y seguí mi camino con el pañuelo sobre la frente, a manera de cintillo, para mantenerme fresco.

Llegué a un potrero de pasto admirable para el ganado. Tenía caminos por dónde transitar y había estiércol fresco de ganado. Pensé que debía estar cerca de los proveedores de carne de los guerrilleros, así que no podía dejar que me vieran.

Avancé con mucha desconfianza en dirección a un cerro que divisaba al norte. La caminada fue franca y me rindió bastante, hasta la cuenta de tres mil. Para entonces ya la Luna había salido. La divisé desde antes de que se pusiera el Sol, lo que me alegró y me dio confianza.

No me crucé con nadie hasta llegar al cerro, que era boscoso y difícil de atravesar. Aunque lo intenté, no pude lograrlo. La espesura de la vegetación y sus espinas me impidieron seguir como yo quería. Me desvié, al este, a través del bosque hasta que escuché ruidos. Un perro y un señor.

Me dio pavor que alguien me viera y cambié de dirección. Ahora, al oeste.

La fortuna estaba conmigo. Llegué a una nueva poza, iluminada por la Luna. Tomé agua y me senté a descansar. Me pareció un buen sitio para pasar la noche, así que cogí un tronco y me lo puse a manera de almohada, acostándome en el suelo.

Diez minutos después recapacité: «No puedo perder esta Luna luminosa aquí acostado», me dije para mis adentros.

Debía aprovechar la noche para alejarme de los guerrilleros, así que me levanté y continué mi andar.

Tuve suerte porque encontré un camino hacia el norte que pude recorrer sin dificultades. Pasé por el lado de un rancho pero no noté ninguna presencia humana. Llegué hasta un corral de ganado y lo atravesé con cuidado; luego dos fincas con caballos y reses, pero sin gente. A un perro que me ladró amenazante lo espanté con un palo.

Así continué, hasta que logré salir a una trocha ancha que iba en dirección este-oeste.

Me quedaba al frente un cerro imposible de atravesar; al este música. Debían ser los vecinos celebrando el Año Nuevo. Decidí ir al oeste, hasta que se me acabó la trocha. Oía el ladrido de los perros a medida que avanzaba, señal de que la zona estaba habitada. Tenía que pasarla, rápido, sin parar. Eso hice.

Había contado 18.000 pasos y estimé que ya podía detenerme. Entonces me pasó lo que había temido desde el primer día de mi secuestro. Sentía deseos de ir al sanitario y no tenía papel higiénico. Pero en estas circunstancias, ¿qué me importaba? Seleccioné un arbolito bueno para la ocasión y perdí el pudor. Pero me llevé un susto tremendo porque dedicado a estas actividades no había notado la presencia de un ternero en mis cercanías. El animal sí notó la mía y salió en estampida. Yo oía el ruido sin entender qué era, qué lo producía. Cuando lo vi en disposición de embestirme, me vestí a las carreras y corrí para alejarme de mi visitante.

Me trepé al cerro para orientarme, buscando algunas luces. No fue nada fácil pero con mucho esfuerzo lo logré, entre árboles y matas con todo tipo de espinas. Desde la cima divisé algunas luces, de un pequeño caserío, que no me ofrecieron confianza. Decidí descansar para seguir en la mañana. Evitaría llegar al lugar iluminado.

Me acosté como pude, mirando la Luna. Calculé que ya había pasado la medianoche y estábamos en Año Nuevo. Pensé en mi gente, en mi familia.

Me sentía eufórico, feliz, esperanzado.

«Este año me desquito», me dije. «Hoy me tocó solo, pero será la última vez». Con esta esperanza me dormí por raticos.

1º DE ENERO DE 2007

Entre la excitación de la fuga, la incertidumbre del futuro, el cansancio y la incomodidad del suelo, fue poco lo que descansé. Tenía también la ansiedad de seguir cuanto antes.

Alrededor de las 5:00 a.m. no resistí estar quieto. Me levanté y comencé a mirar por dónde seguir, pero no era posible avanzar. Debía tener paciencia y esperar un poco más de luz para encontrar una salida, así que, casi sin poder contenerme, me senté a esperar a que saliera el Sol.

Un poco después, todavía en penumbras, reanudé mi marcha. Me bajé del cerro con mucha dificultad, para meterme en otro bosque imposible de atravesar. Necesitaba tiempo, paciencia y fortaleza para seguir. Finalmente logré salir a un terreno más despejado, todavía sin ver el Sol y sin poder orientarme. Me aventuré en la dirección que me parecía era el norte, pero me equivoqué.

Cuando logré orientarme mejor, corregí mi rumbo y empecé a avanzar hacia el norte. Me enfrentaba a varios cerros empinados, llenos de espinas, pero no me desanimaba. Hasta que llegué a la cima de un cerro que no pude franquear. Era un matorral espinoso que intenté cruzar, pero no lo logré.

Tuve que retroceder y principié a bajar del cerro por donde había subido. Dudé sobre lo que debía hacer, hacia dónde seguir.

«¿Qué hago? ¿Qué hago?», me preguntaba indeciso, sin saber hacia donde coger.

Retrocedí un poco hasta que encontré un cauce seco que circundaba el cerro y lo seguí porque no veía otra opción. Por él bajé del cerro en dirección al este, creyendo que al llegar a lo plano encontraría un pozo con agua, pero no fue así.

Abajo el cauce desaparecía y no había agua. Sólo una vegetación impenetrable, un matorral invencible.

Era un poco más del mediodía y me senté desolado, sediento, angustiado, perdido. Medité sobre lo que debía hacer sin encontrar ninguna salida. Me sentí perdido y víctima de mí mismo. Con las manos en la cabeza, recordé la triste historia de unas colombianas que murieron de inanición y de sed tratando de atravesar el desierto del Sinaí para cruzar de Egipto a Israel.

Aunque me sentía impotente frente a la realidad, me llenó un sentimiento de orgullo por haber sido capaz de escaparme, por haber tenido el coraje de hacerlo a pesar de los peligros, por haber actuado de acuerdo con mis principios. Un sentimiento de satisfacción por haber respondido a mi responsabilidad moral de luchar, de rebelarme contra el secuestro.

«Ha valido la pena aunque sólo sea para llegar hasta aquí», concluí satisfecho.

A partir de este pensamiento recuperé mi confianza y mis deseos de luchar, de no rendirme.

«Vale la pena seguir luchando. Tengo media vida por delante», pensé y me animé.

Me levanté decidido. Di un rodeo buscando otro camino y subí una pequeña cuesta. Allí se me apareció un milagro: en el suelo había dos pequeños cactus, como los que había conocido y probado un día del agosto pasado.

«Agua, agua, encontré agua», grité en silencio, y pateé uno de ellos para arrancarlo del suelo.

Esta parte fue fácil porque sólo tenía una raicilla débil que no me ofreció mucha resistencia. Lo difícil fue abrirlo. Estaba lleno de espinas y la corteza era muy dura. Primero intenté quitarle el moño con mi cortaúñas, pero no. Después lo golpeé con un palo, pero tampoco obtuve ningún resultado. Lo seguí golpeando con una piedra. Nada. Nada.

Finalmente, lo pateé con el talón, sin parar, sin cesar, con desesperación, hasta que logré rajarlo. Seguí y seguí, hasta abrirlo.

Quedó lleno de tierra, pero eso era lo que menos me importaba. Era un manjar, con todo y tierra. Me comí la mitad y guardé el resto. Saqué cuentas: comiendo medio por día me durarían tres días. Se me fortaleció la esperanza.

Había hecho la labor del día. Aunque sólo había caminado 10.000 pasos, unos seis kilómetros, estaba exhausto. Me propuse descansar y seguir al otro día. Así que busqué un lugar para acomodarme, bajo un árbol, y me recosté como pude.

Dormitaba a ratos, usando mi radiecito a manera de almohada, y a menudo, mordía un pedazo de cactus para paliar la sed y la ansiedad. Me sentaba, me acostaba, dormitaba, me sentaba, comía cactus, me acostaba, me sentaba. Así toda la noche.

En algún momento, escuché música. En estas circunstancias tendría que ir a buscar ayuda, a pesar del riesgo que implicaba porque no veía otra salida.

2 DE ENERO DE 2007

Antes del amanecer del martes me puse en camino, pero me perdí por la oscuridad. Decidí que era mejor esperar y caminar con la luz solar, por lo que me senté en el suelo tratando de controlar mi ansiedad, cuando vi a varios saínos cruzando cerca de mí. Pensé que estarían buscando agua y decidí seguirlos, pero se me perdieron. Aun así no me descorazoné; estaba seguro de que había agua por allí y me dediqué a buscarla hasta que la encontré.

Era una pequeña poza rodeada de árboles, escondida en la espesura, con pelotitas verdes que la cubrían totalmente. Lleno de emoción llegué hasta el agua y me metí en ella. Había en el suelo frutas secas de «ollita de mono». Enjuagué una y la utilicé como vaso. Tomé toda el agua que pude y, más tranquilo, me dispuse a buscar ayuda. Me fui a encontrar la casa de donde salía la música de la noche.

Me dirigí al oeste, por un cauce seco, subiendo una cuesta. Caminé una hora hasta comenzar la montaña sin encontrar a nadie, por lo que regresé a la poza, que sería, en adelante, mi centro de operaciones. Ahora caminé hacia el este, por terreno plano, hasta que la vegetación me impidió continuar. Intenté regresar a la poza y me perdí; después, con un poco de paciencia y tranquilidad, la pude encontrar de nuevo.

No tenía fuerzas para seguir, de modo que decidí esperar a que cayera la noche para subir a un cerro, al lado de la poza para tratar de orientarme con algunas luces nocturnas.

Fue trabajoso subir al cerro, y cuando lo conseguí no divisé ninguna referencia que me pudiera servir. Ninguna luz, ninguna señal, nada de nada. En cambio, rasgué mi pantalón con los alambres de una cerca que crucé. Dos veces, una al subir y otra al bajar. Era la torpeza de movimientos que me producía el cansancio. Sentía calambres en todo el cuerpo.

Otra vez usé mi radio a manera de almohada e intenté dormir, pero me era muy difícil, en medio de la ansiedad, el hambre y los mosquitos que zumbaban y me picaban la cara y las manos, hasta que me puse el pañuelo en la cara y haciendo oídos sordos a los zumbidos algo pude descansar. Era noche de luna clara y brillaban en el agua los ojitos de las babillas.

3 DE ENERO DE 2007

Con el nuevo amanecer renové mis bríos. Salí temprano a caminar, buscando otra vez una salida al norte, que me significó una nueva frustración. Había estado caminando en círculos y regresé, sin darme cuenta, a la misma poza de donde había partido.

Renuncié a seguir al norte y me propuse encontrar una salida al este que me permitiera llegar al rio. Ya lo había intentado sin éxito pero volvería a probar. Tendría primero que dirigirme al sur, para evitar un cerro tupido que me impedía pasar.

En esta búsqueda encontré una cerca tirada en el suelo que daba la impresión que estaban reparando. Oí lo que se me asemejó a un golpe de martillo y grité pidiendo auxilio, pero nadie contestó. Me sentía extenuado y me senté a descansar a la sombra de una mata de plátano. No había comido nada en tres días y me lamenté de que los plátanos no tuvieran frutos. Pero tomé nota de que eran los primeros frutales que había hallado. Cuando sentí que había recuperado fuerzas, hice una inspección del lugar y encontré señales de vida.

Un fogón humeante al lado de un árbol cargado de limones. También cinco trozos de yuca, una bolsita de sal, un galón con ACPM, una totuma y, en el suelo, una bolsa vacía de café Sello Rojo y un empaque plástico que debió contener alguna pasta.

Cogí un limón y lo abrí con la lima de mi cortaúñas. Lo exprimí en la totuma y me lo tomé a pesar de su acidez. Repetí la dosis, pensando que algo me alimentaría. Después intenté reanimar el fuego juntando las brasas y les eché un poco de combustible, pensando que arderían. Como esto no sucedió, tomé el plástico vacío y con la mechera que llevaba lo encendí. Las gotas llameantes que se desprendieron reavivaron la candela. Allí puse una yuca a cocinar, dándole vueltas cuando creí que estaba cocinada de un lado y se iba a quemar.

Un rato después, orgulloso de mi esfuerzo, retiré la yuca de la candela y logré medio pelarla. Estaba totalmente cruda pero no tenía opción; así que me comí lo que pude. Yo había visto a Rogelio comer yuca cruda por gusto, de manera que, a pesar del esfuerzo que tuve que hacer para comérmela, lo hice pensando que me suministraría algunos carbohidratos que me hacían mucha falta.

A continuación amplié mi revisión del lugar. Me subí a un cerro buscando alguna construcción, una salida. No la encontré, pero sí me topé con un ternero. Aunque no era una señal definitiva, porque había oído muchas historias de terneros perdidos en esos matorrales

—entaponados, decían los guerrilleros—, era una señal adicional de esperanza.

Me quedé a pasar la noche en ese lugar, a ver si aparecía el dueño de las yucas y del ternero. Arranqué unas hojas de plátano y traté de utilizarlas a manera de colchón. No me resultó posible porque se me enterraba en la espalda la vena central de la hoja. Entonces la usé para cubrirme del frío de la noche y los mosquitos. Así terminó este día con un poco de esperanza y tratando de dormir.,

4 DE ENERO DE 2007

Me levanté muy temprano con el fin de buscar un camino para llegar al río o esperar el regreso del señor del fogón. Ni lo uno ni lo otro.

Nuevamente me senté a esperar. Se me ocurrió arreglar el radio. Con la ayuda de mi cortaúñas le zafé los tornillos y lo destapé. Ya lo había hecho antes. Luego le moví el dial, que se había pegado por el agua. Puso un poco de resistencia pero al fin cedió. Lo volví a cerrar y quedó funcionando. Entonces sintonicé RCN: Juan Manuel Ruiz leía las noticias, que yo escuchaba con la esperanza de que anunciara que me estaban buscando, pero ni una palabra al respecto.

A las 8:00 a.m. decidí regresar a mi poza para tomar agua. Recogí diecisiete limones, dos yucas, la sal, la totuma y el combustible, y los puse en medio timbo partido que me servía de bandeja. Pero cuando lo cargué me pareció muy pesado. Entonces cambié de idea. Guardé dos limones en el bolsillo izquierdo, la sal en el derecho y una yuca en el bolsillo trasero. Cogí el combustible y la totuma y me devolví a mi poza.

Llegué y me sentí feliz. Me bañé con la ropa puesta, usando la totuma. Después me la quité, la enjuagué y la puse a secar al sol. Preparé una fogata con varitas de madera y utilicé la bolsa de la sal para encenderla con mi mechera, al igual que había hecho el día anterior. El combustible me ayudó. Cociné la yuca con un poco más de éxito y alcancé a comerme la mitad. No pude pasar más. Con los limones y un poco de agua me preparé una limonada. Recordé otra vez el adagio:

«Si la vida te da limones, haz limonada». Era lo único que había.

Decidí que lo mejor era tomarme el día de descanso, recuperar fuerzas y vencer los calambres. Descansar para el gran esfuerzo final. Para encontrar el camino para llegar a mi casa. O encontraba al campesino de las yucas, o encontraba el camino por el que llegó. No podía haber caído del cielo.

Así que me quedé allí todo el día. Incluso dormí un rato por la tarde. También vi algunos animales: titíes, que llegaron a tomar agua pero que al notar mi presencia no se atrevieron a bajar a la orilla de la poza; iguanas y pájaros.

La noche se me hizo eterna. Encendía el radio y a los pocos minutos lo apagaba. Me costaba trabajo mantener la atención, concentrarme. Además me atacó un hipo inclemente que no lograba controlar. Supongo que como consecuencia de la acidez estomacal por el hambre, los limones y la yuca.

Quería que amaneciera rápido, hasta que a las 5:00 a.m. ya no pude más.

5 DE ENERO DE 2007

Me pasé toda la noche encendiendo y apagando el radio. Cambiándome de un lugar a otro, intentando dormir, pero también meditando. Lo tenía muy claro: era el día de regresar a mi casa, de volver con los míos. Habían pasado 2.222 días.

Así que recé mis oraciones y le di gracias a Dios. Me levanté, me amarré los cordones, recogí la totuma y me paré sobre un tronco caído que estaba en el agua. Puesto en cuclillas, me tomé seis totumadas de agua hasta quedar ahíto. Me eché la bendición y emprendí mi camino. Ya sabía el recorrido para llegar a las yucas. Cuando llegué allá, comprobé que todo estaba intacto, que nadie había regresado.

No obstante, mi fe estaba al máximo. Busqué y busqué hasta que encontré por dónde caminar. No era un camino, sino un potrero de malezas que se dejaba atravesar, hasta que me topé con una cerca y caminé a su lado hasta un corral abandonado.

«Voy bien», me dije, y continué adelante.

Unos metros después encontré un portillo de madera. Estaba pintado de negro y el broche que lo cerraba era de plástico azul. Lo abrí y pasé. Había un tubo negro, de unas 20 o 30», con una llave instalada. La abrí pero no salió nada. Pensé que era una tubería abandonada. Seguí caminado y hallé algunas varas de madera cortadas a machete, tiradas en la tierra. Era un trabajo reciente, por lo que presentí que estaba cerca de alguna vivienda. Avancé con cuidado, con mucha precaución.

Ahora escuché el mugir de las vacas. y después una voz. Era un campesino llamando a una vaca:

—Corina, Corina.

Caminé despacio, buscando orientarme, hasta que divisé un establo con vacas y un señor ordeñando.

Me acerqué receloso, mirando con atención. El vaquero me recordó a Roldán y temí que fuera él. Pero ya la suerte estaba echada. Me arrimé un poco más y saludé:

—Buenos días.

—Buenos —me contestó.

—Señor, necesito ayuda.

—¿Para dónde va? —me preguntó.

—No sé, porque no sé en dónde estoy. ¿Cómo se llama esto por aquí?

—Se llama Atravesao —respondió.

—Y ¿cómo se llama usted?

—Me llamo José.

—¿Hay algún pueblo por aquí?

—Sí, por aquí está San Agustín.

—Y ¿muy lejos? —volví a preguntar.

—Como a hora y media.

—Y ¿es fácil llegar?

—Sí, sí, no hay problema.

—Y, ¿allá hay policías? —continué.

—No, no hay policías.

Me sentí desilusionado, pero volví a preguntar:

—Y ¿Ejército?

—Sí, Ejército sí hay —me indicó.

Me sentí reanimado y seguí preguntando:

—¿Cómo puedo llegar allá?

—Es fácil. ¿Usted vio un tubo allá atrás?

—Sí —contesté.

—Bueno, por ese tubo se llega a San Agustín.

—¿Por qué no me acompaña? —le pedí.

—No puedo, estoy ocupado. Todavía me falta ordeñar y hacer unos trabajos en el rancho.

—¿Usted vive por aquí? —le consulté con un tono suave para no aburrirlo.

—Sí, allí a la vuelta está mi rancho —se levantó haciendo un ademán con la mano para mostrarme su rancho.

—Acompáñeme al pueblo —insistí—, que yo le pago por el servicio.

—No, no puedo. Estoy ocupado.

—¿Usted cree que yo pueda llegar solo?

—Sí, hay dos caminos. Puede irse por el tubo, o se va por la trocha.

—¿Cuál es más rápido? —inquirí.

—Por el tubo. Es más difícil, pero es más corto —sentenció.

—Bueno, voy a tratar. Si me pierdo, regreso y entonces usted me ayuda —le dije.

—Sí, señor, no se preocupe. Vaya que no se pierde.

—Le pido un último favor: regáleme un poquito de leche.

—Con mucho gusto —me contestó, y vació un poco de leche, de un balde azul que tenía, a una totuma y me la pasó.

La leche estaba tibia y me supo a gloria. Exquisita. Como un batido de chocolate. Me la tomé y me despedí.

—¿Cómo se llama usted? —me preguntó cuando vio que ya me iba.

—Mejor no le digo para no causarle problemas —le respondí y partí.

Regresé hasta el tubo que emergía del suelo. Era la tubería que conducía agua cruda desde San Agustín, en el río Magdalena, hasta el municipio de San Juan Nepomuceno, en el centro de Bolívar, en los Montes de María.

Observé que había una baliza vertical, de acero, pintada de rojo y blanco con una marca incrustada con soldadura: K 6 + 800, decía. Yo soy ingeniero civil, de modo que de inmediato entendí que estaba a seis kilómetros y ochocientos metros del inicio de la tubería. Esa era la distancia que me separaba de la libertad.

Y me puse en marcha. El tubo estaba enterrado en ese tramo, pero las balizas eran visibles y había una cada cien metros. A pesar de esto me extravié, pero buscando con esmero reencontré el camino. Me tocó enfrentar un cerro muy empinado, donde la tubería era visible. Comencé a escalarlo con mucho ánimo pero con dificultades. Se me vinieron a la memoria mis experiencias infantiles subiendo a La Popa, en Cartagena, por los caminos «tramposos», como decíamos, para ir a rezar la novena de la Virgen de la Candelaria. Pedí su protección y seguí subiendo.

Creo haberme demorado una media hora en ese trayecto, pero cuando llegué a la cima me di cuenta de que no había avanzado mucho, tan sólo cuatrocientos metros; sin embargo, no me importó. Desde allí divisé el río Magdalena y eso me infundió nuevos ánimos.

Luego vino el descenso. Más fácil que la subida, pero todavía con muchas dificultades. Seguí bajando y al llegar al plano revisé la baliza: K 4+ 800; «dos kilómetros menos», pensé y seguí adelante.

Nuevamente me extravié. Las señales se perdían en la espesura vegetal. Paré al lado de una caja de válvulas y tomé del agua que brotaba. Di un rodeo y continué desorientado. Entonces vi un nuevo portón y me dirigí hacia él, lo abrí y encontré un camino. En el suelo había una cajetilla vacía de cigarrillos y una lata de cerveza. Me parecieron una buena señal de que era un camino transitado.

Seguí adelante y divisé nuevamente la baliza K 3 + 800.

«Ya casi, ya casi», me dije.

Recordé la ruta que recorría trotando en Cartagena y las marcas que me servían de referencias. Mentalmente me ubiqué en Cartagena. «Voy —jugué en mis fantasías— por las murallas hacia Bocagrande, por la carrera primera, llegando a mi casa». A medida que avanzaba recordaba el olor refrescante del mar y la brisa marina de la ciudad de mis amores.

Hacía calor. Serían como las diez de la mañana. Continué mi camino y divisé a un campesino que cabalgaba a horcajadas sobre un burro. Llevaba una gorra de beisbolista, como las que usaban los guerrilleros cuando salían a los pueblos. Nuevamente me asusté.

Nos cruzamos y saludé.

—Buenos días.

—Buenos —contestó.

—¿A dónde va este camino? —pregunté.

—A San Agustín —respondió.

—¿Está muy lejos? —repliqué.

—Como a dos kilómetros —fue su última respuesta.

—Gracias —le dije y seguí.

Yo sabía que faltaba un poco más: K 2 + 800 había visto en la baliza, pero me pareció bueno confirmar el camino.

Lo siguiente que oí fue el ruido que producía un campesino cortando leña a la vera del camino. Pasé a su lado sin hacer ruido para que no me notara.

Después aparecieron las redes eléctricas, y me dije: «Llegué».

Entré al pueblo con cautela.

No veía a nadie en la calle, pero escuché música de un picó y vi a un señor en el patio de la casa con la música. Me acerqué y le pregunté:

—¿Tiene un teléfono?

—No, pero más adelante hay un servicio telefónico —me contestó.

Le pregunté si sabía en dónde estaba el Ejército.

—Ellos acampan por allá —me señaló a lo lejos.

Seguí mi camino buscando el centro del pueblo. Me crucé con unos niños que perseguían una iguana con una cauchera; «por allá, por allá», gritaban y corrían. Había un gallo al final de la calle. Todo me parecía irreal. Me sentía en una novela de García Márquez.

Subí a un promontorio y me encontré con una joven sentada en la puerta de su casa. Yo era consciente de que mi presencia podía asustar a cualquiera. Estaba sucio, sin afeitar, flaco, despeinado, con los pantalones rotos y con el pañuelo amarrado en la frente para protegerme del Sol. Con la cara llena de rasguños. Con toda la apariencia de un loco o un pordiosero.

Sin embargo, intenté ganarme la confianza de la joven con buenas maneras.

—Buenos días —le dije—. ¿Me puede regalar un vaso de agua, por favor?

Se levantó sin hablar, entró a la casa y regresó con un vaso de agua que me dio. Me lo tomé de prisa y le pedí otro:

—¿Me regala otro, por favor?

Nuevamente accedió. Entonces me senté con el vaso en la mano y le pregunté:

—¿Cómo te llamas?

—Me llamo Isabel.

—¿Y qué haces, Isabel?

—Trabajo en Barranquilla, con mi tío.

—¿Y qué haces por acá?.

—Paso vacaciones —terminó diciendo.

El calor era sofocante. Isabel estaba vestida de acuerdo con el clima. Llevaba una blusa delgada de algodón y unos pantalones muy cortos del mismo material. Era joven y bonita. Me pareció muy atractiva.

Continué preguntando,

—¿Has visto al Ejército por aquí?

—Creo que se fueron porque hace días no los veo. Ellos no son fijos. A veces vienen, a veces se van —fue su respuesta.

Yo no creía mi mala suerte. ¿Qué podía hacer? Le pedí que me prestara un teléfono.

—No tengo teléfono, pero allá abajo hay una señora que vende minutos de celular —respondió y me dio las señales para que la encontrara.

Le pedí que me llevara, pero se excusó con el argumento de que no podía dejar sola la casa que estaba cuidando. Entonces me despedí y salí caminando en la dirección que me indicó.

Bajé y doblé a la derecha. Después a la izquierda, caminando desconfiado. Me acerqué a una casa que tenía la ventana abierta. Llamé, pero nadie contestó. Seguí caminando y encontré un letrero pintado en la pared de una casa blanca, de esquina.

«Minutos de celular a $250», decía el letrero.

A la vuelta de la calle estaba una señora sentada en una mecedora de armadura de hierro y forraje de plástico azul. Tenía el celular en las mano. Me le acerqué y le dije:

—Señora, necesito hacer una llamada pero no tengo plata. Hay dos opciones: o me fía la llamada y le pago cuando vengan a recogerme, o me la regala. No será una llamada larga.

—¿A dónde va a llamar? —preguntó recelosa.

—A mi hermano, en Cartagena —le respondí.

—¿De qué compañía es el teléfono de su hermano?

—De Movistar —contesté.

—No se puede, este celular es de Comcel. Pero mire, allí enfrente vive el inspector, él tiene Movistar. Él se lo presta.

Hacia allá me dirigí. Había una ventana abierta y me asomé por ella. Una muchacha hacía oficios caseros. Vestía ropas ligeras, al igual que Isabel.

—¿Está el inspector? —le pregunté.

—No está —me respondió sin levantar la mirada.

—¿Está cerca? ¿Lo podemos llamar? —insistí.

—No está, está ocupado —me respondió con disgusto.

Desilusionado, regresé al frente de la calle. Encaré a la dueña del teléfono y le dije:

—Le voy a contar la verdad: estuve secuestrado seis años y acabo de escaparme. Necesito llamar a algún teléfono de emergencias para pedir ayuda y que vengan a buscarme.

—¿A qué número? —replicó, mirándome con curiosidad. Ahora estaba de mi lado.

—No sé, no sé —contesté—, pero usted debe saber, quizás #888, o algo así; yo he escuchado alguna propaganda para los conductores que se varan en las carreteras.

—Tome, llame —me dijo entregándome el teléfono.

Marqué #888 y me respondió un pito de desconectado. Pip, pip, pip, pip. ¿Qué hacer? No sabía qué más hacer.

En ese momento llegó otra joven.

—¿A dónde llaman? —preguntó.

—A algún número de urgencias —contesté.

—¿A quién necesita? —inquirió la joven.

—Al Ejército —le repliqué.

—¿Al Ejército? —dijo a manera de muletilla.

—Sí, al Ejército —insistí.

—Pero si ahí están —dijo y señaló con el brazo hacia la esquina siguiente.

Totalmente incrédulo me asomé y vi a dos soldados a cien metros de distancia. Lleno de emoción corrí hacía ellos, que me miraban acercarme con cara de asombro. Llegué y abracé al primero. Me miró espantado. Le extendí la mano.

—Soldado —le dije—, soy Fernando Araújo, exministro de Desarrollo. Estaba secuestrado por las FARC y me escapé. Llámeme a su jefe, por favor.

Me miró sin entender una palabra. Saludé a su compañero y le repetí, más despacio:

—Me escapé de las FARC el 31 de diciembre pasado, yo estaba en la lista de canjeables. Ayúdenme, por favor —le repetí.

Ahora sí reaccionaron. El primero tomó un *walkie-talkie* y comenzó a llamar:

—Sargento Morales, sargento Morales, atento, atento.

—No está —le respondieron.

—Búsquelo, búsquelo que es urgente —insistió ansioso.

—Debe estar en la tienda o en el muelle —dijeron del otro lado.

—Rápido, rápido, búsquelo que es urgente —ordenó el soldado a mi lado.

Cinco minutos después apareció Morales.

—Sargento —le dije extendiéndole la mano—, soy Fernando Araújo. Estuve secuestrado seis años por las FARC en los Montes de María, con Martín Caballero. Me escapé el 31 de diciembre. Usted tuvo que oír el combate y los helicópteros. Yo estaba allí y logré huir. Era de los canjeables. Por favor, llame a su superior y dígale que estoy aquí, que me vengan a recoger y que le avisen a mi familia que estoy bien.

—Claro que sí —me respondió—. Venga conmigo.

Me condujo hacia su campamento, pero tres pasos adelante me detuve y le dije:

—Sargento, tengo miedo de que la guerrilla se entere de que estoy aquí y pretenda recuperarme o asesinarme. Protéjame, por favor.

Me tomó del brazo y me dijo:

—No se preocupe, doctor Araújo, usted ya es un hombre libre. De aquí no nos lo quita nadie —y me llevó a una hamaca abierta bajo una carpa.

Inmediatamente organizó a sus hombres: todos a sus puestos, fulanos al muelle, fulanos a la cancha, fulanos a la guardia.

Los que quedaron a mi lado me rodearon:

—Cómase usted mi desayuno —me dijo un infante, al tiempo que me entregaba un pan y un pedazo de queso.

Después me trajeron gaseosa, agua, café.

Los infantes se paraban frente a mí y me apuntaban con sus celulares. Después yo oía un clic sin entender de qué se trataba. Hasta que uno de ellos me pidió autorización para tomarse una foto conmigo.

—Por supuesto que sí —respondí— pero ¿dónde está la cámara?

—Aquí —me contestó, señalando el celular.

Fue mi primer reencuentro con la tecnología. En seis años de ausencia, los teléfonos celulares se habían vuelto una herramienta indispensable de toda la sociedad, hasta el punto de que cada soldado tenía el suyo y además habían evolucionado para incorporar muchos adelantos tecnológicos, como la cámara fotográfica que ahora conocía.

Morales llamó a su jefe, el coronel Díaz, que comandaba el Batallón N° 2 de Infantería de Marina con sede en Corozal. Con Díaz estaba el coronel Augusto Vidales, segundo comandante de la Primera Brigada.

El coronel Díaz habló con Morales y colgó visiblemente emocionado.

—¿Qué pasa? —le preguntó Vidales.

—Que tenemos a Fernando Araújo en San Agustín —le respondió Díaz.

—¡Cómo así! —exclamó Vidales—. Llame a Morales y dígale que me lo pase, que Araújo es amigo mío.

La primera llamada que recibí fue del coronel Vidales, a quien yo conocía de mucho tiempo atrás. Él había sido edecán naval del presidente Andrés Pastrana cuando me desempeñé como ministro de Desarrollo Económico, y nos veíamos con frecuencia. Además, nuestras familias eran amigas. Vidales se aseguró de mi identidad y me anunció el envío de un helicóptero para recogerme.

Unos minutos después hablé con Gerardo por el celular de Morales. No podía contener mis emociones. La dicha era infinita.

Posteriormente me llamaron el presidente Uribe, el ministro de Defensa, el comandante de las Fuerzas Militares y el comandante de la Armada. A todos les expresé mis agradecimientos, en medio del hipo interminable que me había atacado desde las últimas horas.

La noticia se regó como pólvora por el mundo entero. El canal RCN logró entrevistarme a través del teléfono del sargento Morales. CNN tomó la entrevista y la dio a conocer en todas partes. Ruby y Manolete, que estaban en Chile, se enteraron de inmediato y se pusieron a la tarea de conseguir tiquetes de avión para venir a Cartagena y de obtener la autorización para la salida de Manuel de ese país, ya que por ser menor de edad necesitaba el permiso de ambos padres.

Por su parte, Martín Caballero había conseguido escapar del ataque militar del 31 de diciembre. Las tropas se tomaron el campamento y produjeron seis bajas a los guerrilleros. Murieron Estela, la compañera de Caballero; Elkin, uno de sus hijos; Talía, la compañera de Osvaldo y hermana de Carolina; Belisario, que se había despedido de mí el 30 de diciembre, alegre porque había sobrevivido ese año; Ángela, *la Boqui*, la del poema «Hermanas», y otro guerrillero llamado Fermín. Los demás lograron huir en desbandada y un poco después se reorganizaron. Caballero murió en octubre de 2007, bombardeado por la Fuerza Aérea Colombiana. En su computador, que recogieron por los agentes de la Rinca, se encontró el reporte que le envió a su jefe, Iván Márquez, dándole cuenta de la operación del 31 de diciembre y de mi fuga. Es el siguiente:

CAMARADA JUAN JOSÉ

Bolivariano y revolucionario saludo extensivo a todos

Informe sobre el asalto aerotransportado el 31 de diciembre a las 10:15 H

1. Ubicación. A 3 km de Jesús del Río y a 2 km de la Pista Las Vegas (Zambrano, Bol.) entre río Magdalena y la troncal.

2. El 14 de diciembre terminamos la Asamblea del 35 y nos cambiamos de lugar para realizar la del 37, iniciada el 26 y terminada el 30 del mismo, de este sitio el 28 salió una compañía al mando de Jáder a golpear una patrulla en área de S. Jacinto que estaba encima de un minado, y salió Richard con 15 unidades a misión de abastecimiento sobre el río y la troncal; los únicos que llevaban celular fueron Jáder, Jorge 35, Richard y Boris 37. Sobre el campamento no se observó sobrevuelo anormal, sólo unas luces que causaban iluminación y desaparecían en el espacio. Se había determinado cero llamadas en el campamento pero se violó esta medida, el 24 y 25 se permitieron llamadas a familiares de guerrilleros, incluyendo urbanos (Diotima). Se elaboró plan de campamento por escrito y cada compañía o escuadra lo recalcaba antes de la carpada. En el área

no había civiles sino en las cabeceras municipales y corregimientos al otro lado del río. Casos disciplinarios que sobresalieron en el campamento: bulla, humo en la rancha, macheteo en busca de leña y organización de caletas, aula, oficina, etc.; el 24 y 25 se hizo baile. Todos los días en la mañana y en la tarde se camuflaba con hojas el campamento, pero por los caminos externos al campamento se movía ganado cimarrón, dejando trillos muy extensos.

3. El día 31 se hizo la reunión de comando en la mañana, se organizó el orden del día normalmente, incluyendo marrano y pavos para un sancocho, microfútbol en sitio improvisado, donde había algunos jugando en el momento del asalto sin consultar y sin planificar todavía; el oficial de servicio era Dávinson. Después de la reunión de comando se inició reunión con Pablo y un amigo que trajo de Venezuela, la cual se prolongó hasta la hora del asalto. La flotilla de helicópteros y el fantasma venían a baja altura entrando por el lado del río, confundiéndose inicialmente el ruido con el de los remolcadores; cuando nos percatamos ya estaban encima de nosotros dándonos plomo, lanzando cohetes y granadas de mano en racimo, gases y granadas de humo. Inicialmente el ataque se concentró donde estaba Araújo, la oficina, la rancha pequeña y caleta de Caballero. Desembarcaron por la retirada de dos unidades de apoyo y la unidad técnica donde se encontraba el mando, ahí fue donde nos causaron las bajas; por ese lado salimos 16, se cometió una falla al no asegurarse un filito por parte de la escuadra que cubría ese sector, los tipos tomaron posición y al que iba llegando le iban dando muriendo Fermín, Ángela, Estela, Talía, Elkin (hijo de Caballero), al día siguiente Belisario 37 en registro buscando disgregados, a los cinco días Robert 35 en busca de comida, a los ocho días Angélica 35 buscando yuca.

Al siguiente día se presentó combate con una compañía que se retiró hacia el río, donde iba Manuel herido levemente con esquirlas de granada en la mano, arriba de la rodilla y costillas.

Se dio un cerco y patrullaje del área con ametrallamiento, bombardeos, cañoneo, bloqueo económico, esto acompañado con el largo verano y altas temperaturas, dejando la vegetación sin hojas y secándose la mayoría de los pozos, hay trayectos hasta de diez horas donde no se encuentra agua. En los últimos 45 días nuestra unidad ha tenido nueve campamentos, abasteciéndonos de agua de un solo sitio, frecuentado y vigilado por patrullas.

4. Tres días después del asalto llegaron informes donde Dúber y Arturo, provenientes de una fuente en Cartagena de un abogado y de un tipo de la Armada donde se previene que Diotima estaba involucrada en el asalto, que había recibido un dinero para instalar microchips

en campamento de Caballero. Como se explicó en correo anterior, los únicos urbanos que se reportaron fueron ella y Geovani, los recibió la unidad de Jorge donde estuvieron 20 días y de ahí el 14 de diciembre se recogieron para el campamento para recibirles informes y vincularlos al equipo de propaganda y educación. Como estaban manejando el trabajo con los presos, se les permitió hacer algunas llamadas y enviar algunos mensajes de texto donde aprovechó Diotima para confirmar información al enemigo. En medio del operativo la retuvimos (unidad de Camacho), se autorizó a Camacho para el interrogatorio, ya que con anterioridad la habíamos sacado para otra área porque donde ella estaba seguían cayendo bombas, cañoneo y la aproximación de patrullas, por lo que sospechamos que tenía algún microchips en el cuerpo. El interrogatorio fue pobre y no fue mayor cosa lo que dijo, sólo que ella no era ninguna débil y que la mataran, que ya estaba preparada para eso, Camacho se apresuró y la fusiló muy rápido. En la cárcel fue donde se la ganaron. A Geovani lo capturamos y lo interrogamos pero no encontramos evidencias ni pruebas que lo implicaran, lo tenemos en observación. Internamente tenemos en observación comandantes y guerrilleros de base de los dos frentes. Pensamos que puede haber mandos involucrados porque el 30 en la madrugada era el copamiento a los 30 IM en el área de S. Jacinto y el 29 en la tarde les llegó la información, empacaron maletas y se abrieron, también manejaban información de un mortero y un motor que teníamos guardados, de los computadores, de medios técnicos con que contábamos, del evento en que nos encontrábamos, presencia de Araújo y por la forma como se dio el asalto indica que conocían al menos las rutas de retirada.

Después del asalto hubo incremento de indisciplinas: bulla, trillo, defecaciones, robos, insubordinaciones, irrespetos a miembros de dirección, incluso a Manuel, por las circunstancias no convocamos CRG, pero estuvimos a punto de proceder sin hacer el mecanismo por algunas actitudes que parecen más de policía que de simples indisciplinados, caso Geovani (el que vino trasladado del 35 hace 18 meses) y otros que tendremos que irle buscando solución.

5. Material perdido. Unos 70 equipos con lo que normalmente se carga y algunos además con material de explosivos, incluyendo los de la unidad de Jáder y la de Richard que los encaletaron cerca del campamento, otros porque estaban lejos de los equipos o el factor sorpresa se los hizo dejar.

6. Medios técnicos. El HF estaba instalado en el momento por Libardo 35. Estela (radista) se encontraba en la rancha deparándoles una comida a unos de cumpleaños, ella sacó los códigos hasta el sitio donde la mataron,

Libardo sacó el HF pero lo dejó más adelante. El motor lo dejó en la retirada el que lo portaba. El computador de comunicaciones lo sacó Deisi por un lado donde no había mucha concentración de fuego, le entregó el equipo a Yimi 37 para que se lo entregara a Caballero pero más adelante lo dejó encaletado en unas matas de piñuela, ella se devolvió a rescatar otras cosas de menos importancia que había dejado en la caleta, cuando se devolvió un comando a rescatar el equipo con el computador ya estaba ahí una patrulla. En el computador había bastante información (correos enviados y recibidos, mayoría de códigos de 2 m, celulares y HF de todas las unidades, fotos de cumpleaños de Caballero de hace dos años con guerrilleros y el amigo de la cámara (J.E). Varias veces se le ordenó borrar los correos del computador y las fotos, aun cuando de todos modos faltó ser más enérgico y hacer cumplir lo ordenado.

7. Araújo. En el momento lo cuidaba una escuadra al mando de Lucho y Stívenson y había una guerrilla de apoyo al mando de Edenso, Fermín. La seguridad para el retenido era el guardia y dos de apoyo permanente, fuera de la escuadra y la guerrilla que debían estar al tanto. Independientemente de la sorpresa que se dio se presentaron los siguientes aspectos negativos: a) Faltó más supervisión por parte de los demás miembros de dirección. b) Se sacó personal antiguo y con experiencia para abastecimiento caso Boris, Cristina 37, entre otros, vinculando gente sin experiencia y nuevos como Gustavo 35 (guardia en el momento del asalto). c) Fermín estaba encargado del arreglo de los cerdos como ecónomo de su unidad. En el momento del asalto el señor se tiró a la bejucada y el guardia no le quemó, el resto del personal que se encontraba cerca concentró fuego a los helicópteros y no al retenido. El comandante de la escuadra (Lucho) en el momento estaba fuera del área de la escuadra sin consultar para salir.

El 26, en la reunión de mandos, Caballero planteó a Manuel, Jorge, Pedro Parada, Dávinson y demás comandantes moverse del sitio y hacer cambios de personal en las distintas escuadras por un comentario que surgió de una posible deserción de dos ó tres guerrilleros según conversación que escuchó Viviana 37 de 2 personas no identificadas el 25 en la noche, no se le dio credibilidad al informe, guardándose silencio y dándose inicio a la Asamblea del 37.

El tipo duró cinco días oculto en el área.

8. Enemigo. Se tiene conocimiento de dos helicópteros averiados, muerto el comandante del grupo de asalto (capitán). En los choques presentados al siguiente día murió un IM y tuvieron cuatro heridos, otras bajas no confirmadas en choques y campos minados.

9. En medio de los operativos nos tocó despachar unidades en diferentes direcciones con dificultades como sin códigos, sin orden operativa escrita; algunas unidades que tenían establecido el rumbo terminaron para otros lados y debido a la dificultad de agua y abastecimiento nos tocó hacerlo por escuadras.

41

5 de enero de 2007
El regreso

A las 6:00 a.m. de ese viernes, 5 de enero, el almirante Guillermo Barrera se encontraba a bordo de la fragata ARC Independiente, en compañía del contralmirante Roberto García Márquez, comandante de la Fuerza Naval del Caribe; del capitán de Navío Guillermo Laverde, comandante de la fragata, y de doña Candelaria Juan y sus hijos.

Se disponían a cumplir la última voluntad del primer almirante de la Armada Nacional, Jaime Parra Ramírez, quien había estado al frente de esa fuerza desde 1967 hasta 1973.

También eran parte del cortejo el gobernador del departamento de Bolívar, Libardo Simancas Torres; el alcalde de Cartagena, Nicolás Curi Vergara, y otros familiares del difunto, como Cristina Londoño Juan y su esposo, Santiago Perdomo.

El almirante Parra había programado su sepelio con todo cuidado. Había dejado determinadas las coordenadas exactas del lugar donde se debía arrojar su cadáver, a una hora de Cartagena, y había preparado su propia mortaja con las especificaciones técnicas que garantizarían que no se destruiría antes de la completa descomposición de sus restos mortales. Tuvo en cuenta hasta la calidad de los hilos con que la cosió. Sus familiares obtuvieron los permisos ambientales necesarios para cumplir con todas las exigencias legales.

A las 7:30 a.m., bajo las notas marciales del himno nacional y después de los toques de diana respectivos, fue arrojado al mar el cadáver del insigne comandante:

«Almirante Jaime Parra Ramírez, sale», anunció por el altavoz el señalero del buque.

Los marineros arrojaron el cadáver al mar, acompañado de coronas de flores con la bandera nacional, en medio de pitos y sirenas. A continuación, el ARC Independiente dio dos vueltas en círculo y la nave con sus tripulantes se dispuso a regresar.

El almirante Barrera estaba retrasado para cumplir una cita con Gerardo Araújo en las instalaciones del periódico *El Universal*, con el propósito de comentar con él los detalles de la operación que se había llevado a cabo para mi rescate y lo que debía hacerse en adelante. La falta de noticias exactas sobre mi ubicación lo tenía muy mortificado. Meditaba una y otra vez sobre la forma de abordar el tema con Gerardo, tratando de superar el dolor que le producía no poder llevarle un parte de victoria. Llegó a Cartagena y se dirigió a la Base Naval para cambiarse el uniforme. Inmediatamente después, cuando caminaba hacia la puerta de la Cámara de Oficiales de la Base Naval para cumplir su cita, sonó el teléfono del almirante Echandía: la inteligencia le estaba informando que yo estaba con la Infantería de Marina.

Barrera pidió de inmediato que lo comunicaran con Cárcamo y después conmigo. Entonces aceleró el paso hacia el muelle. Ahora tendría noticias que darle a Gerardo.

Pero el almirante no sabía que Gerardo ya conocía la noticia de mi fuga. Diana Vidales, hermana del Coronel Vidales de la Infantería de Marina, se lo había informado.

—¡Gera, apareció Fer! —le dijo ella llena de emoción, por teléfono.

Enseguida le explicó que su hermano, que era el segundo comandante de la Primera Brigada de Infantería de Marina, le acababa de contar que había hablado conmigo. Que yo estaba en San Agustín con una unidad de infantes de marina y que iban a mandar un helicóptero para recogerme.

Después le ofreció el número del teléfono de su hermano para que a través de él se comunicara con el sargento Morales y así pudiera hablar conmigo.

Cogió el teléfono y llamó a mi papá:

—Vente corriendo para mi oficina que te tengo una buena noticia.

Y a continuación me llamó:

—Lo llama su hermano —me dijo el sargento.

—¿Ferna? —oí la voz de Gerardo.

—Sí, Gera, soy yo.

—¿Cómo estás?

—Al ciento por ciento. ¿Cómo están todos por allá?

—Bien, Ferna, todos bien.

Fue una conversación llena de emoción contenida. Gerardo estaba nervioso e incrédulo, pero feliz. No podía creer que era yo mismo y que estaba bien.

Terminó de hablar conmigo y empezó a saltar como un canguro.

Llamó a mi papá por segunda vez y le dio el parte de libertad. A continuación se dedicó a llamar a todos los miembros de la familia y a los amigos. Una de las primeras llamadas fue a Juan Gossaín, en agradecimiento a su ayuda permanente para transmitir los mensajes que me mandaban a través de RCN. La noticia comenzó a regarse como pólvora en medio de la alegría de la mayoría de los colombianos.

A medida que los medios de comunicación iban transmitiendo la noticia, *El Universal* se convirtió en el punto de encuentro de mi familia.

Allá llegó Luis Ernesto en un vehículo que le habían facilitado para transportarse desde Mamonal, donde se encontraba en una reunión de trabajo.

—Vente para acá —le había dicho por el teléfono celular su abuelo—, que hay noticias de tu papá.

Lue salió de prisa y asustado. En el vehículo iba rezando para que las noticias fueran buenas. Una segunda llamada de mi papá, confirmándole mi liberación, lo hizo romper en llanto.

—¿Se le murió alguien? —le preguntó el conductor.

—Al contrario —contestó Lue—, hoy resucitamos.

Cuando llegó y se enteró de los pormenores de mi rescate, Lue se puso en contacto con la viceministra de Relaciones Exteriores, Adriana Mejía, y le solicitó su colaboración para que Manolete, que estaba en Chile, pudiera regresar cuanto antes a Cartagena. Había que hacer algunos trámites legales para que autorizaran su salida por ser él menor de edad.

La oficina de Gerardo se llenó de risas, de llantos, de abrazos, y se generó una gran expectativa por el reencuentro. Todos estaban eufóricos: mi papá, mi mamá, Lue, Ferni, Sergi, mis hermanos, mis amigos, los militares…

Las llamadas se sucedían una tras otra. Una de ellas la recibió Luis Ernesto, del presidente Álvaro Uribe, que estaba feliz.

—Aproveche mucho a su papá —le dijo—, que yo no tuve esa oportunidad.

El coronel Bautista Cárcamo llegó esa mañana al aeropuerto de Cartagena, a la patrulla aeronaval, para coger el helicóptero que debía llevarlo a Corozal. En ese momento recibió una llamada del almirante Barrera, que le reclamaba por la falta de resultados en las operaciones de búsqueda para localizarme y para perseguir a los guerrilleros de Martín Caballero. En los días anteriores se habían presentado combates donde habían resultado heridos un teniente y un suboficial. El infante Tayron Almanza había muerto.

—¿Qué está pasando? —preguntó el almirante Barrera.

—Estamos trabajando, señor —contestó Cárcamo y se subió al helicóptero.

A bordo de la aeronave comenzó a orar:

—Señor, otro muerto; ¿cuántos muertos más me vas a dar? Señor, yo no acepto otro infante muerto.

El helicóptero estaba configurado para realizar asaltos y no tenía sillas ni nada. Cárcamo, que viajaba solo, se arrodilló en el piso:

—Señor, me rindo ante Ti; yo no sé nada, yo no soy nada sin Ti, estoy en tus manos, haz de mí lo que quieras; Tú verás si quieres que yo siga, pero no acepto más muertos en mi brigada.

Se sentía derrotado cuando recibió una llamada del coronel Díaz.

—Mi coronel, ya tenemos al doctor Araújo.

—¿Que qué? —reaccionó sin entender lo que le decían porque el ruido del helicóptero no lo dejaba oír.

En ese momento aterrizaban y Cárcamo se alejó corriendo del aparato:

—Ahora sí, Díaz, cuénteme.

—Que tenemos al doctor Araújo, que está en San Agustín.

Cárcamo se aseguró de estar por fuera de las aspas del helicóptero y levantó los brazos al cielo:

—Señor, ¡gracias! —dijo y volvió al teléfono.

Recibió las explicaciones detalladas de los acontecimientos y enseguida pidió que lo comunicaran conmigo:

—Mire, habla el coronel Cárcamo; ¿cómo está?

—Bien, coronel, muchas gracias por todo. Mande a recogerme, por favor.

Después habló por teléfono con el comandante de la Armada:

—¿Qué pasó?

—Señor, lo tenemos.

—¿Estás seguro?

—Sí, almirante, yo hablé con él.

A continuación Cárcamo se dirigió al Comando de la Brigada, donde la gente saltaba contenta. Vidales, que era el segundo comandante, gritaba de emoción.

Llegó el padre Adalberto y todos juntos dieron gracias a Dios.

Cárcamo sentía que era el día más feliz de su vida.

Ahora había que ir a recogerme. El coronel Cárcamo organizó la operación con dos helicópteros que se posaron en el campo de fútbol de San Agustín. Hasta allá me desplacé, caminando temeroso por las calles del pueblo, y fui recibido por el almirante Roberto García Márquez y por los agentes de la Rinca que habían desarrollado la inteligencia para liberarme. Querían conocer de inmediato información sobre Martín Caballero y sus compinches, así como escuchar directamente de mis labios la odisea que había vivido.

Cárcamo, Vidales y otros oficiales permanecieron en el aire, en el segundo helicóptero, para cubrir al que estaba en tierra y evitar cualquier sorpresa.

A bordo del aparato me brindaron una botella de agua, que tomé con deleite, y comenzaron las preguntas, mientras me grababan y me tomaban fotos; querían saber todo lo que había pasado. Yo contestaba a todas las preguntas de la mejor manera, pero pensaba al mismo tiempo en el reencuentro con los míos. ¿Estaría Mónica esperándome?

A pesar de todo, todavía no quería abandonar la ilusión ni perder la esperanza. En una ocasión en que discutimos por alguna historia que le contaron sobre mí le dije: «Nunca creas nada hasta que no me lo preguntes. Te prometo que siempre te diré la verdad». Ella me contestó: «Trato hecho, pero que el acuerdo sea de doble vía». Este recuerdo lo tenía presente y había llegado el momento de la verdad. Ahora sabría qué era lo que había pasado con ella.

Pasado un tiempo, y cuando me parecía que el vuelo duraba más de lo que yo me había imaginado que tardaría, pregunté:

—¿Cuándo llegaremos?

—Ya casi, doctor, estamos sobre Mamonal —me respondió el coronel Ávila, de la Rinca.

Me asomé por una claraboya y sentí una emoción infinita cuando divisé las instalaciones industriales de mi ciudad.

Minutos más tarde, al acercarse el helicóptero a la Base Naval, en Bocagrande, muchos cartageneros, asomados en los balcones de sus residencias, me saludaban con pañuelos blancos.

Lue miraba el helicóptero como un regalo de Navidad volando en el aire. En ese momento sentía que le volvía el alma al cuerpo. La había tenido extraviada desde el primer día de mi secuestro. «Se acabó este lío», se dijo.

La nave aterrizó y yo, custodiado por un grupo de soldados, descendí con los brazos en alto en señal de júbilo.

Mi hermano Juan Carlos pensó al verme que se habían equivocado. Ese hombre escuálido no podía ser yo. Siguió escudriñando tratando de localizarme, y sólo lo logró cuando estuve un poco más cerca de él.

«¡Es él!», exclamó para sus adentros cuando me reconoció.

Yo había perdido quince kilos de peso y tenía una expresión extraña, con los ojos brillantes y dilatados, barba de varios días y ropa destrozada.

—Cuidado al abrazarlo —les había advertido Gerardo a todos los presentes—. No lo aprieten duro que le pueden hacer daño.

El primero que me abrazó fue mi papá; después mi mamá, quien me estrechó con dulzura infinita. Yo sentía que ella quería prolongar el abrazo para compensar todo el tiempo de mi ausencia. La caricia de su amor me llenó de fortaleza.

Unas horas antes, cuando mis hermanos Juan Carlos y Rodrigo la habían tomado de las manos para darle la noticia de mi libertad, sobraron las palabras:

—Como los conozco tanto, me bastó con mirarlos para saber que traían noticias tuyas —me comentó después.

Me abracé con mis hijos, con mis hermanos, con mis amigos. Pero no veía a Manuel,

— ¿Y Manolete? —le pregunté a Lue.

—Está en Chile. Después te explico —me respondió.

Muchas cosas habían cambiado.

Todos, felices, entramos a la sede de la Rinca. Allí, en una pequeña oficina, conversé con el ministro de Defensa, Juan Manuel Santos; con el comandante de la Armada; con mis padres; con mis hijos; con Gerardo.

—Firma aquí —me dijo Gerardo y puso un papel en la mesa.

—¿Eso qué es? —le pregunté.

—Firma para que Manuel pueda salir de Chile —me respondió mi hermano.

Mientras firmaba, vi el reloj de Gerardo y le dije en tono de burla:

—Bacano el reloj, ¿ah?

Lue, que me escuchaba, reflexionó:

«Mieerda, es mi papá. Ese es mi papá, está con nosotros», porque físicamente no parecía.

Lue me abrazó y me dijo:

—Papi, tú eres un berraco.

—Lo dices y no lo sabes —le contesté—. Déjame que te cuente cómo hice para estar aquí.

Nadie en ese momento sabía que me había escapado y que había estado huyendo durante cinco días. Se enterarían en la rueda de prensa.

Unos minutos después, pedí que me dejaran solo con Gerardo y cerré la puerta:

—¿Y Mony? —le pregunté.

A Gerardo se le aguaron los ojos y me contestó:

—Fer, olvídate de ella. Está en Bogotá, pero con otro man; no resistió.

Entonces supe que sí la había perdido.

Salí con el alma adolorida para una rueda de prensa a contarle al mundo lo que me había sucedido. Después me llevaron al Hospital Naval para los chequeos rutinarios: sólo tenía una insuficiencia renal leve que me obligó a estar un par de días en observación. Y unas cuantas garrapatas pegadas al cuerpo.

Y, finalmente, regresé con mi familia.

Epílogo

Cuando descendí del helicóptero, me sentía realizado. Había logrado mi objetivo de regresar sano y salvo y había demostrado la vulnerabilidad de la guerrilla. Sí era posible derrotarlos. Sí era posible escapárseles, a pesar de todas las advertencias que recibí:

—A nosotros no se nos escapa nadie —me dijeron muchas veces.

Además, se demostraba el éxito de la Política de Seguridad Democrática del gobierno nacional. Con paciencia, con constancia, con entereza, con decisión, con profesionalismo, se había logrado el objetivo. El santuario de los Montes de María que había establecido Martín Caballero, con base en terror y dolor, comenzaba a derrumbarse. Ahora, sin el escudo humano que lo protegía, Caballero sería perseguido con toda la determinación por las Fuerzas Militares.

La constancia rindió sus frutos. El 24 de octubre de 2007, 297 días después de mi fuga, Martín Caballero murió como consecuencia del bombardeo a su campamento. Esta vez las bombas sí dieron en el blanco apuntado. A su lado murieron todos los miembros de su guardia personal, los integrantes de la compañía Che Guevara, con quienes conviví durante los últimos veinticuatro meses de mi secuestro.

En una intervención ante miembros de la Fundación Jean-François Revel, en Bogotá, el 22 de mayo de 2007, al conocer la muerte de cinco guerrilleros de sus cuadrillas, yo dije:

«Quiero aprovechar este escenario para preguntarle a Martín Caballero, del frente 37 de las FARC, cuántos muertos más necesita en su corazón para entender que la violencia no es el camino. Quiero decirle que usted es el responsable de la muerte de estos jóvenes.

Colombia es una democracia abierta y pluralista, donde las ideas se pueden debatir ampliamente. ¡Señores terroristas de las FARC, paren la violencia. ¡Colombia se lo exige!».

Desafortunadamente, no han escuchado mis palabras. Los terroristas de las FARC siguen amenazando a Colombia. Todavía mantienen a muchos colombianos secuestrados y continúan sus actividades de terror en contra de un pueblo libre que los rechaza totalmente.

La lucha en Colombia sigue, con el sacrificio de muchos militares que ofrendan su vida por la seguridad de la patria. Este libro es un homenaje a su memoria. A todos los que han caído en esta lucha que los colombianos libramos desde hace muchos años contra el terrorismo, y a todos los que siguen construyendo un país en paz.

Es también un homenaje a todos los que han sufrido por el secuestro en Colombia. Y a mis familiares y amigos.

El 6 de enero de 2007, al día siguiente de mi regreso, me visitó en el hospital Ruby Rumié, mi primera esposa, madre de mis cuatro hijos. Ella regresó ese día de Chile, con Manolete, nuestro hijo menor, y desde el aeropuerto fueron directamente a visitarme. Por fin estábamos todos juntos. Conversamos largo y tendido sobre lo ocurrido.

Ruby me contó que mi secuestro les significó un dolor indescriptible a nuestros hijos, pero que la actitud que asumieron les permitió fortalecerse en el dolor:

Es un dolor que les esculpió el alma para construirlos como mejores seres humanos. Yo no quería que ninguno tuviera algún resentimiento con nadie, ni siquiera con las FARC. Lo peor que puede tener un ser humano adentro es resentimiento, eso te quita energía para la vida. Nunca hubo un sentimiento de venganza en ninguno porque contaron siempre con el respaldo de la familia y los amigos. Tampoco ninguno se puso en plan de víctima; todos trabajamos más, todos salimos como mejores seres humanos de esta experiencia. La comparo con la ostra: la ostra es carne viva adentro, pero la forma de crear la perla es con la arena que le molesta adentro. Uno puede quejarse todo el tiempo de la arena o convertirla en perla. Y eso fue lo que hicimos. Mis hijos son personas que tienen muchas cosas positivas que dar. En todo caso, es una experiencia que no se la deseo a nadie.

Finalmente, mirando la foto de mi llegada a Cartagena, que había tomado mi buen amigo Pedro Luis Mogollón, y que aparecía publicada en la primera página del periódico *El Universal* de mi ciudad, Ruby me preguntó:

—¿Cómo te sentías en ese momento, cuando te bajaste del helicóptero?

Meditando profundamente mi respuesta, le contesté desde el fondo de mi alma:

—Me sentía un triunfador de la vida.